THE ENEMY AT THE GATE

HABSBURGS, OTTOMANS AND THE BATTLE FOR EUROPE

安德魯·惠克羅夫特 Andrew WHEATCROFT◎著　黃中憲◎譯

1683維也納攻防戰

哈布斯堡王朝與土耳其人的對決

獻給

德尼絲・古爾尼・惠克羅夫特

一九一四～二〇〇七

母親，你使他胎化，是你成全了他的初始；

他是你的新生面，你把友愛的世界

俯身射上初生的眼睛而抵拒陌生世界。」

——里爾克，《杜伊諾哀歌》〈第三哀歌〉

（譯按：本譯文摘自張索時譯《里爾克的絕唱》，爾雅出版）

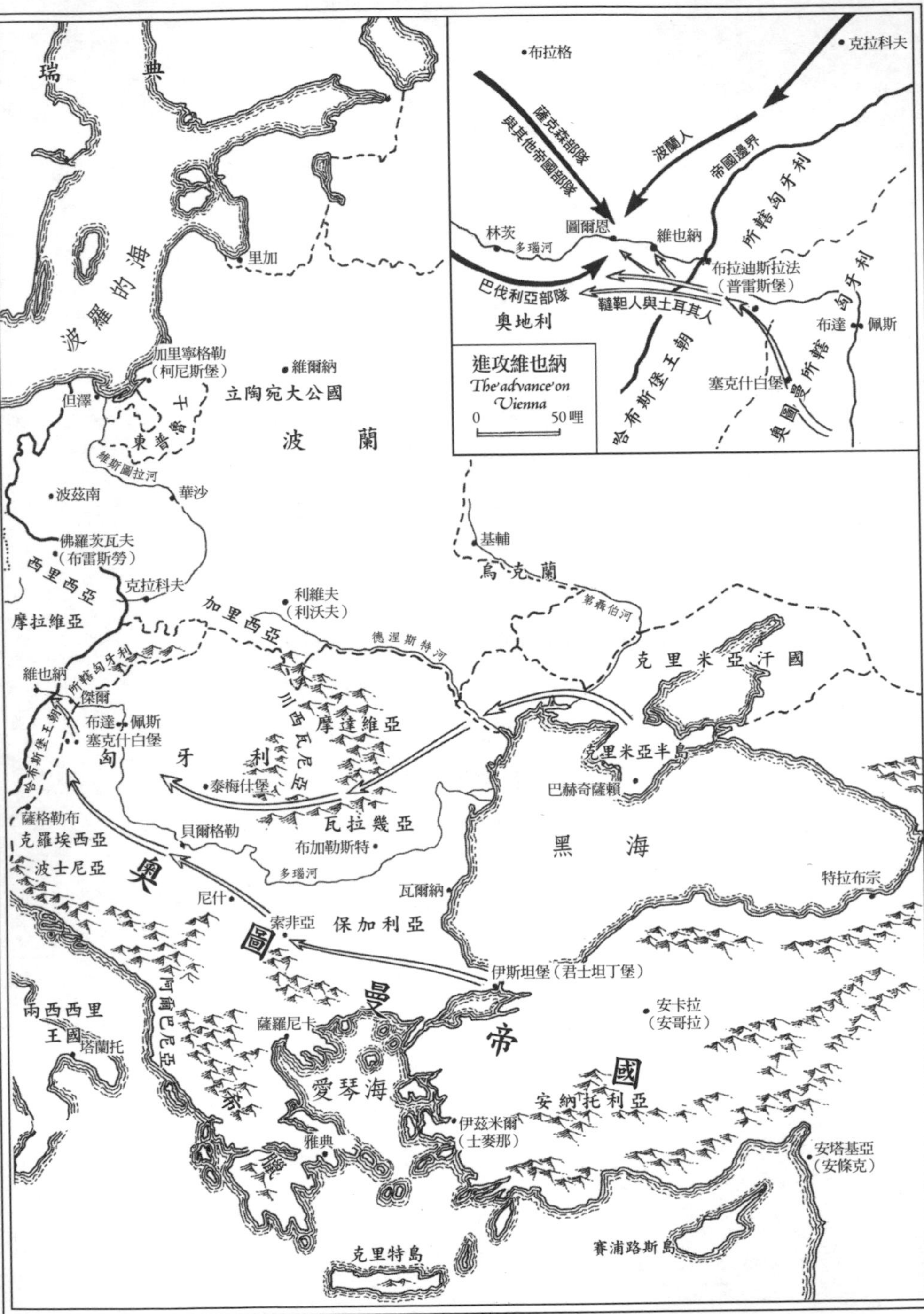

進攻維也納
The advance on Vienna
0 50哩
布拉格
克拉科夫
薩克森部隊與其他帝國部隊
波蘭人
帝國邊界
所轄匈牙利
林茨
多瑙河
圖爾恩
維也納
布拉迪斯拉法（普雷斯堡）
巴伐利亞部隊
韃靼人與土耳其人
奧地利
布達
佩斯
鄂圖曼所轄匈牙利
塞克什白堡
哈布斯堡王朝
瑞典
波羅的海
里加
加里寧格勒（柯尼斯堡）
但澤
東普魯士
維爾納
立陶宛大公國
波蘭
維斯圖拉河
波茲南
華沙
佛羅茨瓦夫（布雷斯勞）
西里西亞
克拉科夫
摩拉維亞
基輔
烏克蘭
第聶伯河
利維夫（利沃夫）
加里西亞
德涅斯特河
克里米亞汗國
維也納
所轄匈牙利
傑爾
布達
佩斯
塞克什白堡
哈布斯堡王朝
匈牙利
泰梅什堡
川西瓦尼亞
摩達維亞
瓦拉幾亞
克里米亞半島
巴赫奇薩賴
薩格勒布
克羅埃西亞
波士尼亞
貝爾格勒
布加勒斯特
多瑙河
黑海
特拉布宗
瓦爾納
尼什
索非亞
保加利亞
鄂圖曼帝國
伊斯坦堡（君士坦丁堡）
安卡拉（安哥拉）
兩西西里王國
塔蘭托
阿爾巴尼亞
薩羅尼卡
愛琴海
希臘
伊茲米爾（士麥那）
雅典
安納托利亞
安塔基亞（安條克）
克里特島
賽浦路斯島

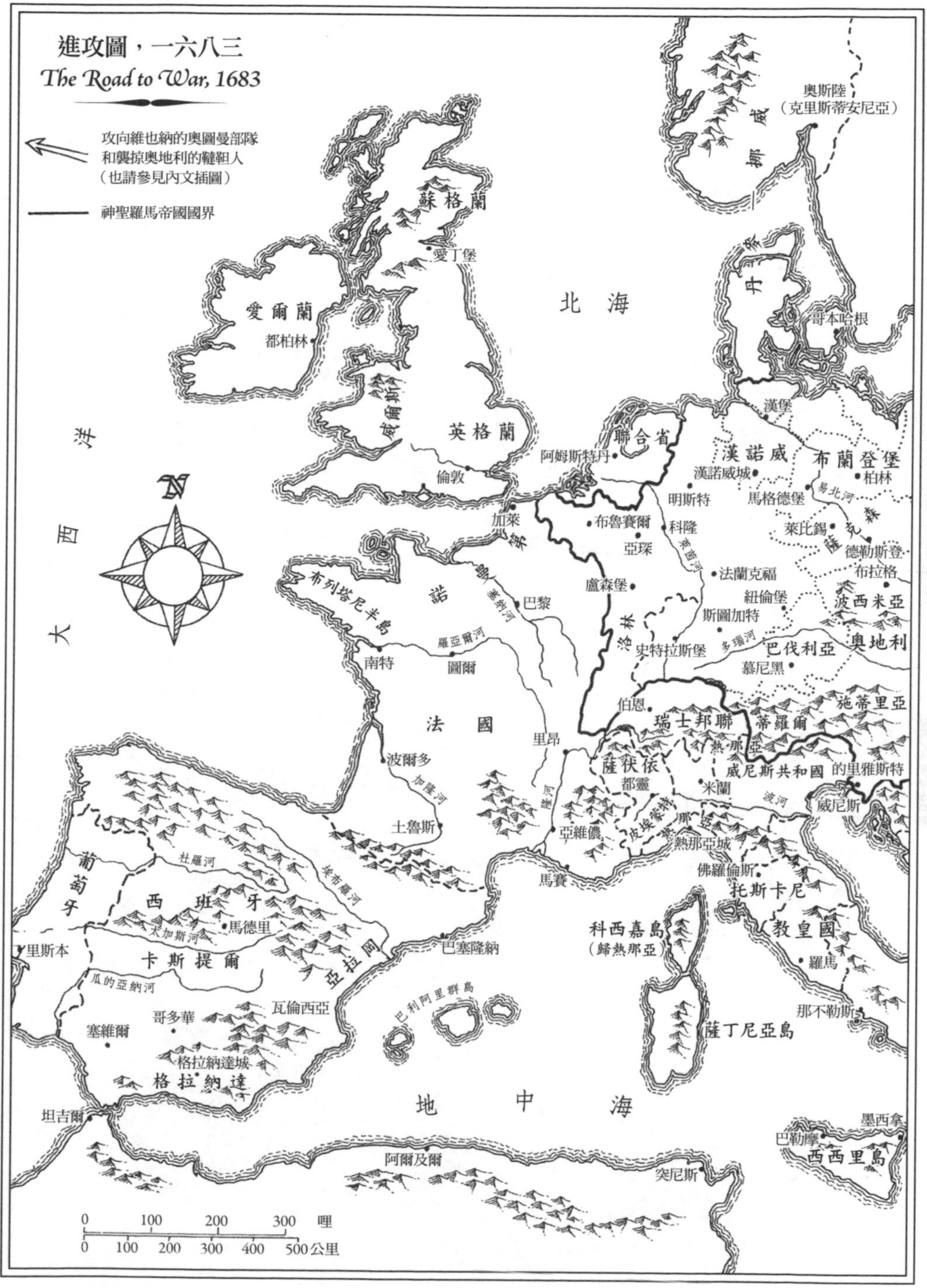
進攻圖，一六八三
The Road to War, 1683
攻向維也納的奧圖曼部隊
和襲掠奧地利的韃靼人
（也請參見內文插圖）
神聖羅馬帝國國界
奧斯陸
（克里斯蒂安尼亞）
挪威
蘇格蘭
愛丁堡
北海
丹麥
哥本哈根
愛爾蘭
都柏林
威爾斯
英格蘭
倫敦
聯合省
阿姆斯特丹
漢堡
漢諾威
漢諾威城
布蘭登堡
柏林
明斯特
馬格德堡
易北河
加萊
布魯賽爾
科隆
萊比錫
薩克森
德勒斯登
亞琛
萊茵河
布拉格
大西洋
布列塔尼半島
諾曼第
塞納河
巴黎
盧森堡
法蘭克福
紐倫堡
波西米亞
斯圖加特
洛林
史特拉斯堡
多瑙河
巴伐利亞
奧地利
羅亞爾河
南特
圖爾
慕尼黑
伯恩
瑞士邦聯
蒂羅爾
施蒂里亞
法國
里昂
薩伏依
熱那亞
威尼斯共和國
的里雅斯特
波爾多
都靈
米蘭
加隆河
隆河
波河
威尼斯
土魯斯
亞維儂
皮埃蒙特
熱那亞城
葡萄牙
杜羅河
馬賽
佛羅倫斯
托斯卡尼
西班牙
埃布羅河
馬德里
太加斯河
科西嘉島
（歸熱那亞）
教皇國
里斯本
巴塞隆納
卡斯提爾
亞拉岡
羅馬
瓜的亞納河
巴利阿里群島
瓦倫西亞
那不勒斯
哥多華
塞維爾
薩丁尼亞島
格拉納達城
格拉納達
地中海
坦吉爾
墨西拿
巴勒摩
西西里島
阿爾及爾
突尼斯
0 100 200 300 哩
0 100 200 300 400 500 公里

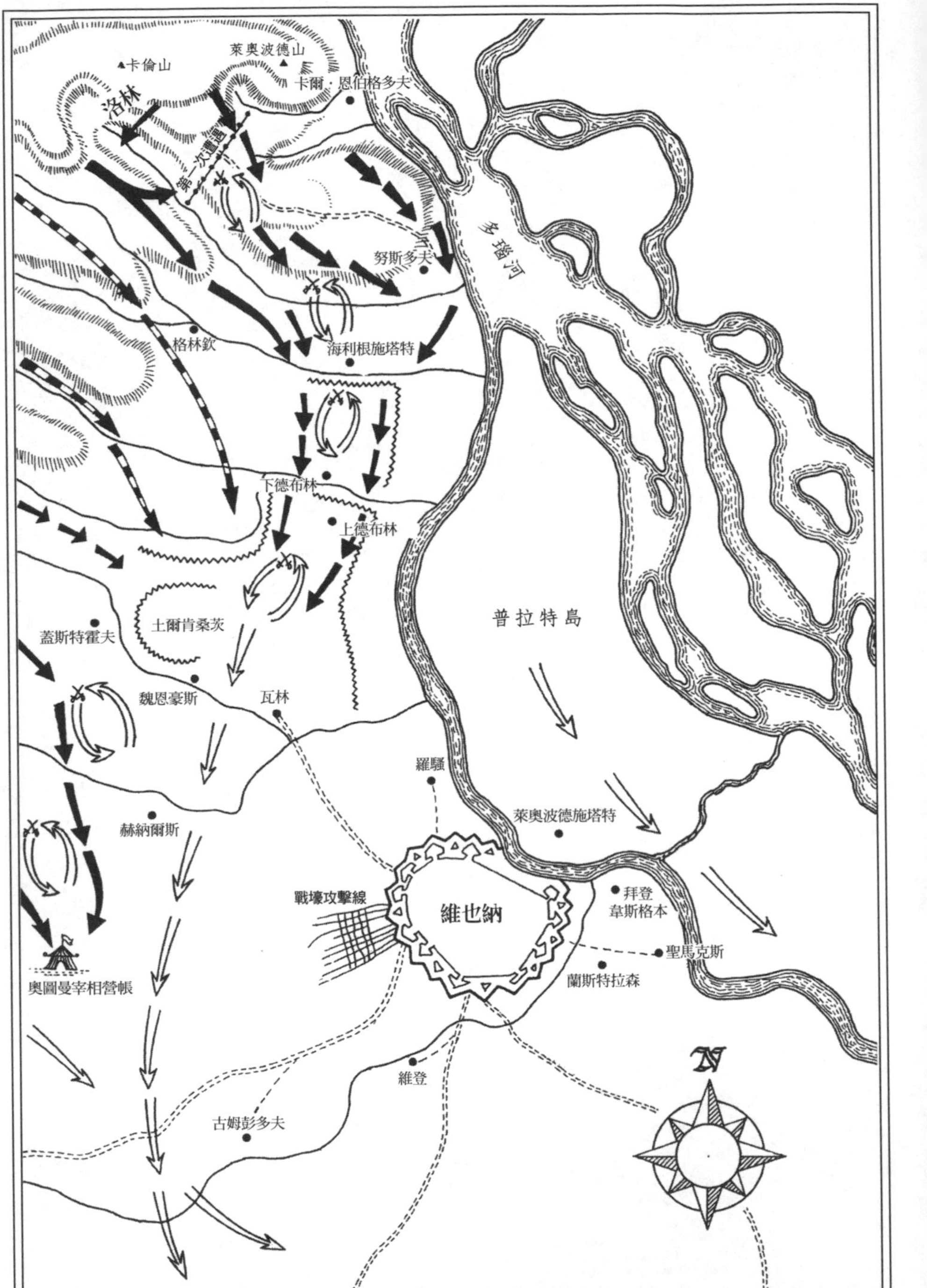
卡倫山
萊奧波德山
卡爾·恩伯格多夫
洛林
第一次遭遇
努斯多夫
多瑙河
格林欽
海利根施塔特
下德布林
上德布林
土爾肯桑茨
蓋斯特霍夫
魏恩豪斯
瓦林
普拉特島
羅騷
萊奧波德施塔特
赫納爾斯
戰壕攻擊線
維也納
拜登
韋斯格本
聖馬克斯
蘭斯特拉森
奧圖曼宰相營帳
維登
古姆彭多夫
N

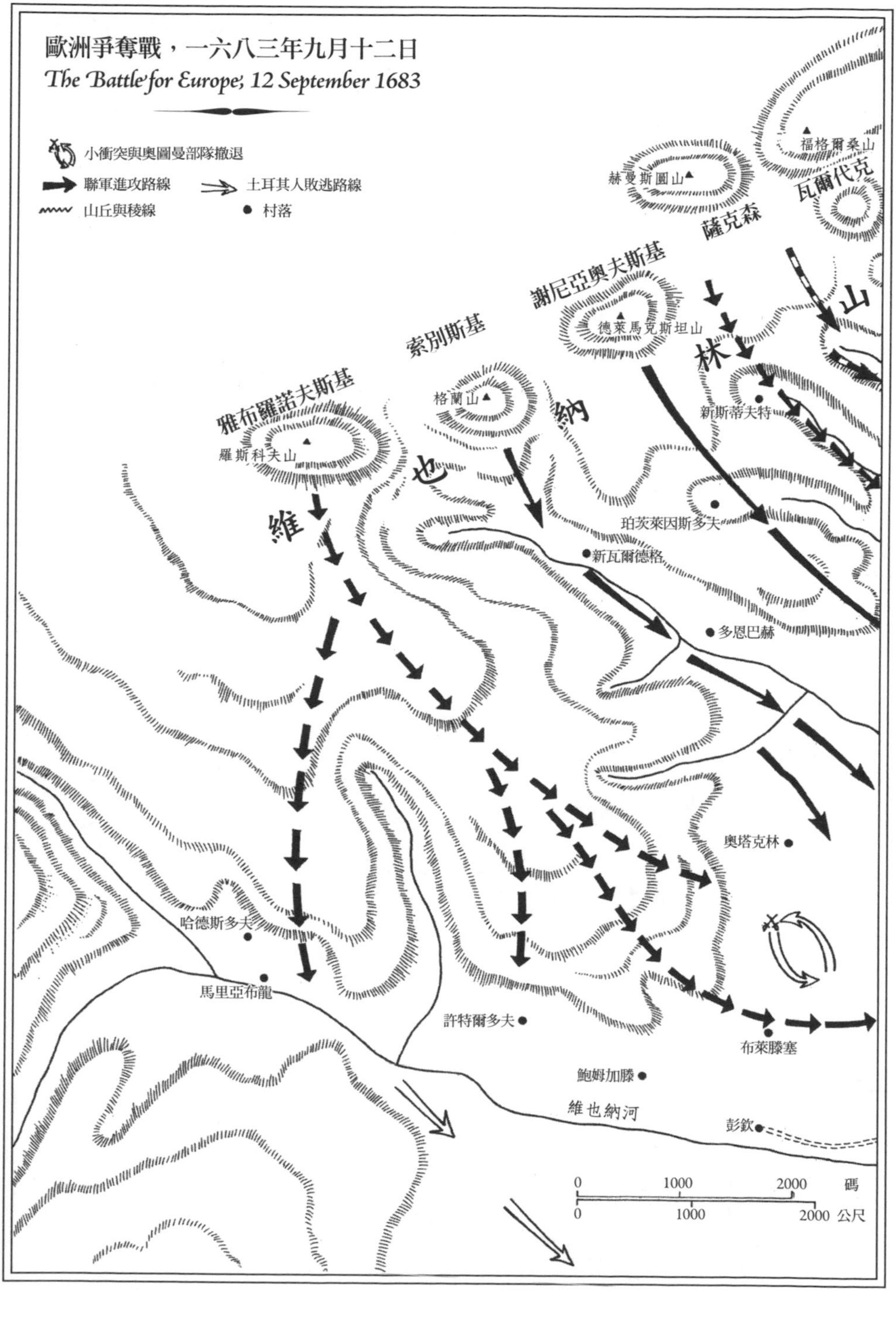
歐洲爭奪戰，一六八三年九月十二日
The Battle for Europe, 12 September 1683
小衝突與奧圖曼部隊撤退
聯軍進攻路線
土耳其人敗逃路線
山丘與稜線
村落
福格爾桑山
赫曼斯圖山
瓦爾代克
薩克森
謝尼亞奧夫斯基
德萊馬克斯坦山
索別斯基
雅布羅諾夫斯基
格蘭山
羅斯科夫山
維
也
納
林
山
新斯蒂夫特
珀茨萊因斯多夫
新瓦爾德格
多恩巴赫
奧塔克林
哈德斯多夫
馬里亞布龍
許特爾多夫
布萊滕塞
鮑姆加滕
維也納河
彭欽
0 1000 2000 碼
0 1000 2000 公尺

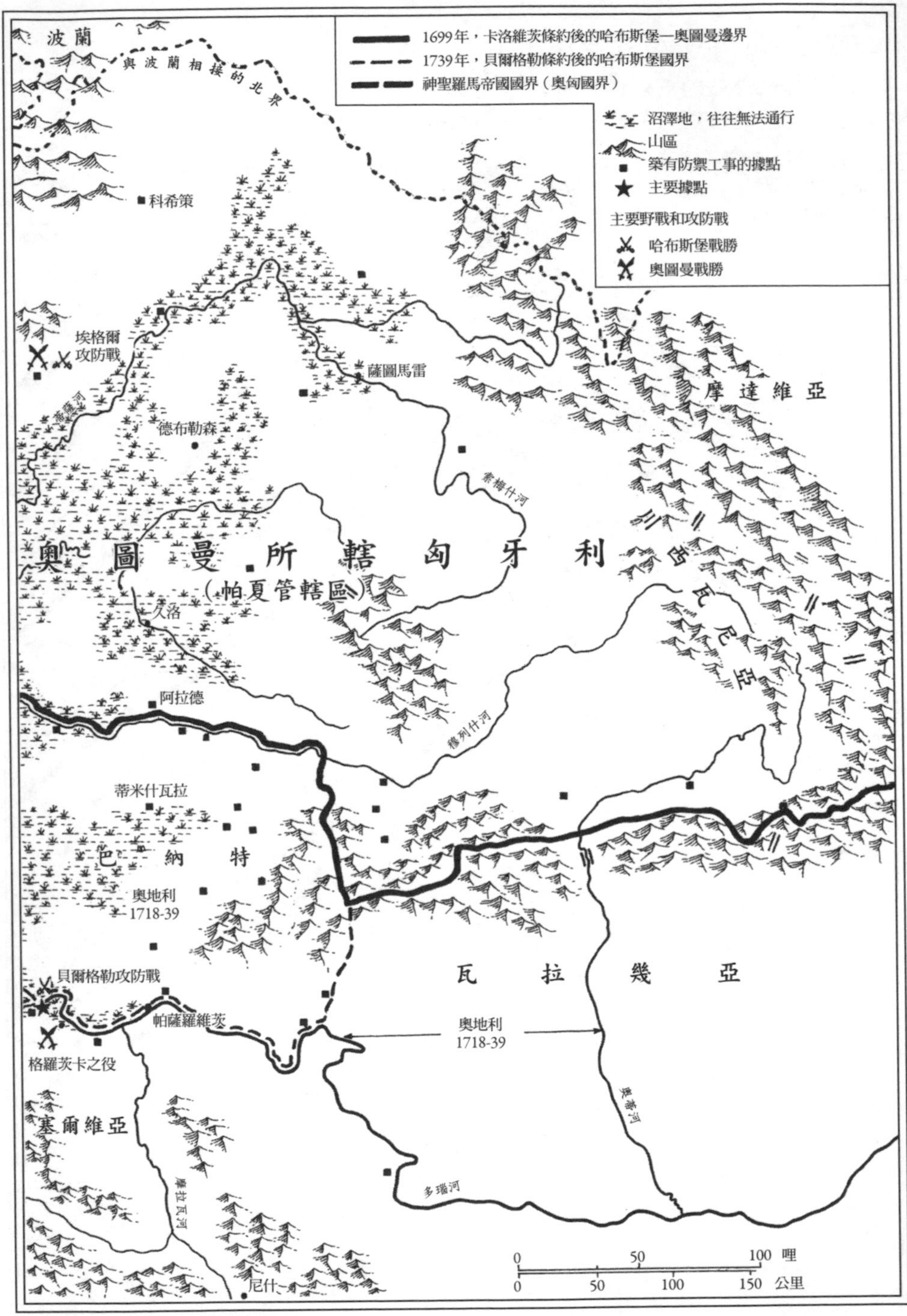
1699年，卡洛維茨條約後的哈布斯堡—奧圖曼邊界
1739年，貝爾格勒條約後的哈布斯堡國界
神聖羅馬帝國國界（奧匈國界）
沼澤地，往往無法通行
山區
築有防禦工事的據點
主要據點
主要野戰和攻防戰
哈布斯堡戰勝
奧圖曼戰勝
波蘭
與波蘭相接的北界
科希策
埃格爾
攻防戰
薩圖馬雷
摩達維亞
德布勒森
索梅什河
奧圖曼所轄匈牙利
（帕夏管轄區）
久洛
西瓦尼亞
阿拉德
穆列什河
蒂米什瓦拉
巴納特
奧地利
1718-39
貝爾格勒攻防戰
帕薩羅維茨
格羅茨卡之役
瓦拉幾亞
奧地利
1718-39
塞爾維亞
奧蒂河
多瑙河
摩拉瓦河
尼什
0 50 100 哩
0 50 100 150 公里

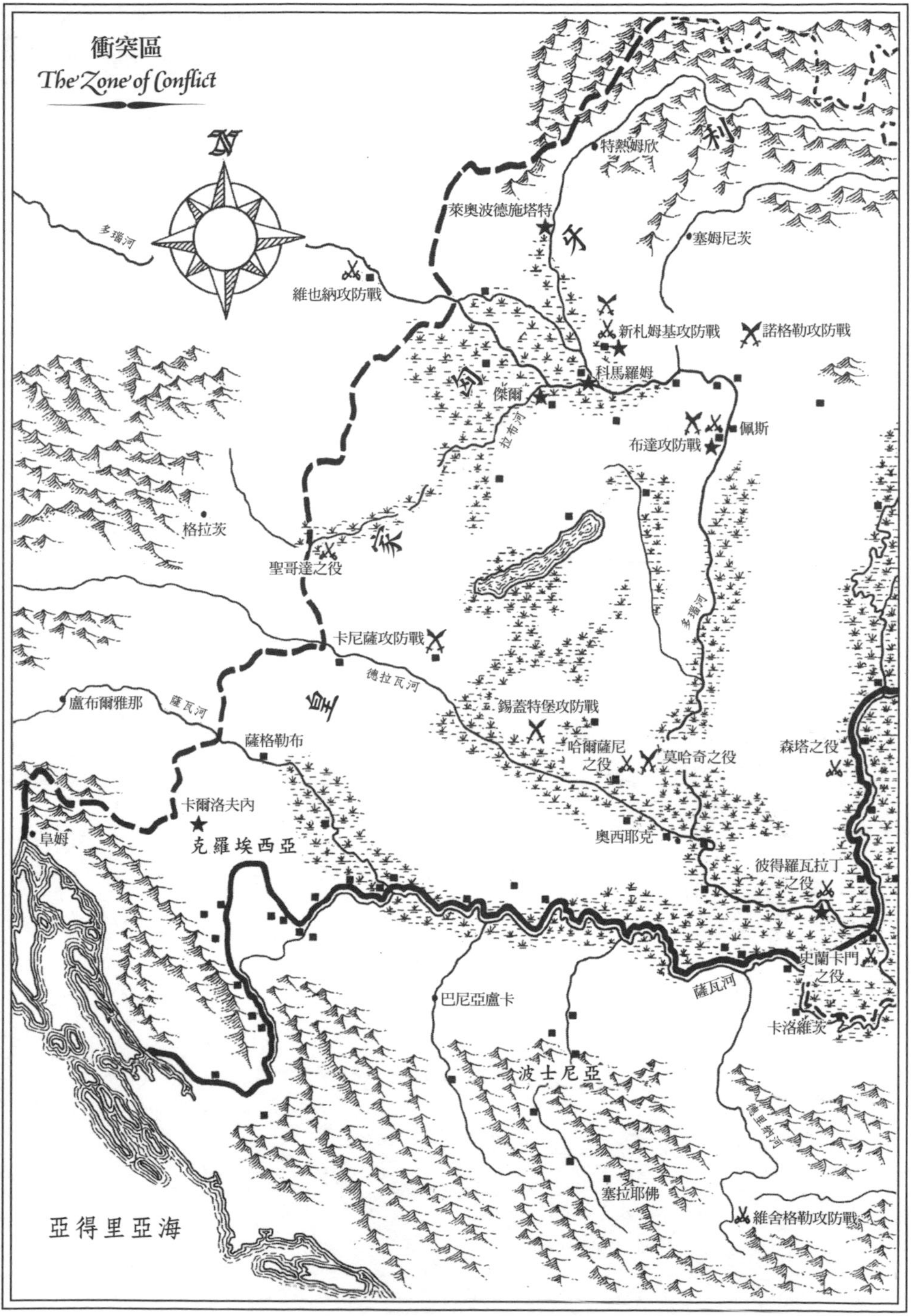
衝突區
The Zone of Conflict
N
多瑙河
維也納攻防戰
萊奧波德施塔特
特熱姆欣
塞姆尼茨
新札姆基攻防戰
諾格勒攻防戰
科馬羅姆
傑爾
佩斯
布達攻防戰
拉布河
格拉茨
聖哥達之役
皇家匈牙利
卡尼薩攻防戰
德拉瓦河
多瑙河
盧布爾雅那
薩瓦河
薩格勒布
錫蓋特堡攻防戰
哈爾薩尼之役
莫哈奇之役
森塔之役
卡爾洛夫內
阜姆
克羅埃西亞
奧西耶克
彼得羅瓦拉丁之役
史蘭卡門之役
薩瓦河
巴尼亞盧卡
卡洛維茨
波士尼亞
德里納河
塞拉耶佛
維舍格勒攻防戰
亞得里亞海

第一部 PART 1

皇家帳篷建造隊供應了一萬五千多頂大大小小帳篷，其他每樣生活必需品數量也一樣足夠。不凡之處在於其甚至估算了禁衛軍的鞋子穿多久後須換鞋底，因而在大軍抵達某地時，另外徵召補鞋匠來修補鞋子。

奧圖曼人的攻城術，不靠火力，而是靠一批批前仆後繼、即使碰上強大炮火也不後退的坑道工兵。這一西征，工程浩大。此後直到拿破崙皇帝於一八一二年揮兵進攻俄羅斯，希特勒於一九四一年循同一路徑攻打蘇聯，少有比這更大膽的軍事舉動。

✦ Contents ✦

目 錄

第二部 PART 2

3 瘟疫……105
A Plague on the Land
夜裡，天氣轉壞，早上，從上游山區和附近丘陵滾滾流下的水，已使拉布河水位大漲。禁衛軍的戰壕塞滿水，對岸的火炮陷入泥濘，動彈不得。……下游處，溺死的奧圖曼士兵遍布河面，有如堵塞河道的木材。只有駕馬的韃靼人能涉水渡河。

4 踏上征途……135
Taking the Road to War
開拔前，出現不祥兆頭。當營區進行大閱兵，蘇丹穆罕默德四世下令開拔時，在所有奧圖曼部隊和外國使節面前，突然颳起一陣大風，吹掉蘇丹的頭巾，當場，全軍一陣顫動。

5 敵人……159
The Adversaries
匈牙利人雖是基督教徒，本應站在哈布斯堡這一方，但他們大多信奉基督新教，多年來受到哈布斯堡的打壓，雙方仇意甚深。於是奧圖曼、哈布斯堡和匈牙利三方，玩起各懷鬼胎、真假莫辨的遊戲。

✦ Contents ✦

目　錄

第三部 PART 3

12 迷思取代歷史……343
Myth Displacing History
十九世紀，兩國的國力已在實質上降級；開始發現彼此有共同利益。
一八二八年，作風務實的奧地利首相梅特涅終於可以寫下其肺腑之言：
「我們把奧圖曼帝國視為我們最好的鄰邦。」
他們得共同面對斯拉夫民族勢力的興起。

尾聲……371
注釋……375
名詞對照表……i

✦ 重要人物表 ✦

洛林公爵查理
Charles, Duke of Lorraine, 1643—1690

神聖羅馬皇帝萊奧波德的妹婿，被任命為維也納圍城戰的統帥。作戰經驗豐富，早年在聖哥達之役打敗過土耳其人，也有與路易十四交手的經驗。是名將蒙帖庫科利的接班人，有圓融的外交手腕，可以擺平不同意見的基督教盟軍。維也納圍城戰之後，又攻下布達，一六八七年又在第二次莫哈奇之役告捷，使得一五二六年匈牙利王國在莫哈奇遭蘇萊曼一世消滅的恥辱終得洗雪。

卡拉·穆斯塔法
Kara Mustafa, 1634/1635—1683

奧圖曼土耳其的宰相，實際領軍，攻打維也納的領導者。他被科普律呂家族收養，後來繼承養兄弟法濟爾·艾哈邁德·科普律呂的職位，成為宰相。生平具傳奇色彩，官場事業扶搖直上，得到蘇丹寵信，但因維也納圍城戰的失敗，以及之後埃斯泰爾戈姆之役失利，被蘇丹賜死。

約翰三世・索別斯基
John III Sobieski, 1629—1696

波蘭國王和立陶宛大公。早年無法抵抗奧圖曼的侵略，只好與土耳其人議和，直到維也納圍城戰，受教皇英諾森十一世支持，帶領人數最多的部隊來援救基督教世界。

呂迪格・馮・史塔勒姆貝格
Rüdiger von Starhemberg, 1638—1701

早年跟隨名將蒙帖庫科利、洛林公爵查理在聖哥達打過土耳其人，維也納圍城戰時，擔任城內指揮官，以兩萬名守軍對抗十萬土耳其大軍，想盡辦法苦撐到基督教援軍前來解救。

巴登侯爵路德維希・威廉
Ludwig Wilhelm, Marquis of Baden, 1655—1707

外號「土耳其人剋星」，維也納圍城戰的援軍。之後又在一六九一年的史蘭卡門之役消滅土耳其軍隊。

薩伏依的歐根
Prince Eugene of Savoy, 1663—1736

在拿破崙眼中是自古以來最偉大的軍事指揮官之一。維也納圍城戰是他的第一場戰爭，戰後，為了補強維也納的防禦能力，替這個城市打造了「利寧城牆」。一六九七年在森塔（今塞爾維亞北方境內）大敗奧圖曼，然後南襲波士尼亞，洗劫塞拉耶佛。一六九九年，雙方簽署卡洛維茨協議。當拿破崙威脅要消滅奧地利帝國時，人民想起的民族英雄就是歐根親王。

馬克西米連·埃馬努埃爾
Maximilian Emmanuel, Elector of Bavaria
1662—1726

巴伐利亞選侯，維也納圍城戰的援軍，後來成為神聖羅馬皇帝萊奧波德的女婿。他在一六八八年攻下貝爾格勒，這座歷來兵家必爭之城；但隔年又被土耳其人奪回。

✦ 哈布斯堡與奧圖曼土耳其人關係的重要事件 ✦

1071	曼齊刻爾特戰役（安納托利亞高原），塞爾柱土耳其人勝利
1095~1099	第一次十字軍東征
1100s	匈牙利和拜占庭之間尋求合作，共同對抗土耳其人
1271~1272	第九次十字軍東征
1360s	奧圖曼土耳其人†與拜占庭關係密切，在歐洲的領土比在亞洲的多
1389	土耳其在科索沃擊敗塞爾維亞，成為巴爾幹的新興勢力
1453	土耳其擊敗拜占庭，拿下君士坦丁堡
1456	匈牙利的匈雅提（人稱「白騎士」），在貝爾格勒大敗土耳其
1458~1490	匈牙利的馬提亞處在中間，哈、土兩方不致越界交鋒
1510s	馬提亞過世，哈、土兩方首次正面交鋒
1521	蘇萊曼一世拿下貝爾格勒
1526	蘇萊曼一世在莫哈奇（匈牙利境內）大敗匈牙利軍隊
1529	土耳其第一次圍城維也納，失敗
1566	錫蓋特堡攻防戰（匈牙利境內），哈布斯堡在茲林伊領導下，雖然失敗，但全城英勇的表現成為傳奇

腓特烈三世 1440~1493‡

馬西米連一世 1486~1519‡

查理五世 1519~1556‡

穆罕默德二世 1451~1481

塞利姆一世 1512~1520

蘇萊曼一世 1520~1566

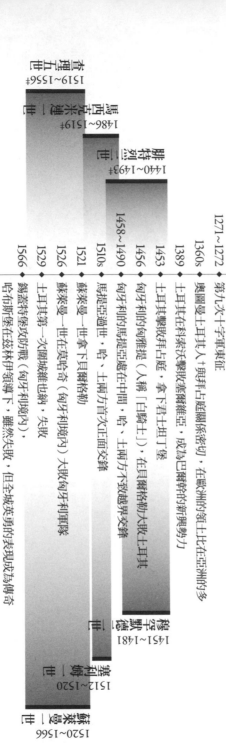

穆罕默德四世 1648~1687

萊奧波德一世 1658~1705‡

1618~1648 ◆ 發生影響全歐的三十年戰爭

1664 ◆ 聖哥達之役（匈牙利境內），基督教聯軍大敗土耳其

1672 ◆ 土耳其成功取得德涅斯特河（今烏克蘭）北端領土

1682 ◆ 土耳其於夏末準備出征

1683 ◆ 土耳其第二次圍城維也納，失敗

1684 ◆ 基督教重新組織，東征追擊土耳其，但不如預期
＊例如：布達之役失敗

1685~1686 ◆ 哈布斯堡另一次東征布達，終於奪回此要塞

1687 ◆ 哈爾薩尼之役（匈牙利境內），哈布斯堡得勝

1688 ◆ 哈布斯堡攻下貝爾格勒，但隔年又被土耳其收復

1696 ◆ 歐根親王打贏森塔之役（1699年簽訂卡洛維茨和約）

1717 ◆ 歐根親王奪回貝爾格勒（1718年簽訂帕薩羅維茨和約）
＊但後來又失去貝爾格勒，1789年收復，最後簽約仍歸土耳其人所有
＊＊兩合約使奧地利勢力深入巴爾幹半島而成為西方強權之一

1737~1738 ◆ 尼什之役（塞爾維亞境內），哈布斯堡守軍不戰而降

1791 ◆ 雙方在錫斯托瓦簽訂和約，哈、土戰爭可謂告終
＊但18世紀哈布斯堡面對的主要威脅，其實來自西線的法國和普魯士

1806 ◆ 拿破崙解散神聖羅馬帝國，土耳其的國勢也走下坡
俄國、普魯士、英國成為歷史舞台的主角

† 當初被塞爾柱土耳其授予帝國最西方的土地

‡ 被選為神聖羅馬皇帝的期間

Acknowledgments 誌　謝

《1683維也納攻防戰》從醞釀、茁壯、到完成，為時甚久，幾乎涵蓋我整個寫作生涯。從某個角度來說，這本書醞釀自一場會議，完成於另一場會議。一九七二年，喬福瑞·貝斯特與我在愛丁堡大學辦了一場會議，主題是當時的新興研究領域：戰爭、和平、民族。那時我們兩人的興趣都已轉向研究戰爭與社會；喬福瑞在這領域的研究成果已遠超過我：自那之後，我和他的友誼一直常在。

一九九〇年代末期，我重拾已擱置十五年的這一主題。那時我已寫了幾本以哈布斯堡王朝和奧圖曼帝國為題的著作，自覺有把握處理作為本書主題的大疑問：他們為何相互攻伐如此之久，為何最後停止攻伐？二〇〇七年，我快結束文稿時，參加了另一場會議，開會地點是瑞汀大學，主題是「跨越分水嶺：中世末期、現代初期戰爭的變與常」。在愛丁堡那一次，我們短短時間就湊到精心挑選的一群人，在四天時間裡聚會、交談、辯論（有時是激烈辯論）。而這一次，法蘭克·塔列特、大衛·特里姆，則花了兩年時間邀集專家，才辦成這場規模更大得多且更開放的會議。說實在的，我並不喜歡研究戰爭；描寫戰爭和苦難有時仍讓我極度反感。但一九七二年的愛丁堡會議和二〇〇七年的瑞汀大學會議，讓我體悟戰爭與衝突是了解歷史的關鍵。

我要感謝既給我鼓舞，且一如好友般給我實質幫助的人。在列出他們大名時，我斗膽省去了頭銜。

約翰・基根是一九七二年我們愛丁堡小組的成員，自那之後，我一直很珍惜他的友誼，欣賞他的努力。我們合寫過幾本書，是他第一個鼓勵我研究哈布斯堡王朝，鼓勵我使用視覺資料。在這本書裡，我努力將他的畫時代大作《戰役之面》中的部分洞見，運用於書中。

約翰・布魯爾對此書的寫成有無形的貢獻。在我所探討的主題中，他幾乎都是開路先鋒。《權力的主要憑藉》說明了在已開發社會裡，戰爭的經濟影響；與羅伊・波特合編的大部頭集體創作《消費與商品世界》，提供了我有關交通網研究的上層結構。如今，他以《感性殺人：十八世紀的愛與狂》一書的最後一章，再度把我個人絕不可能發現的理念和材料引介給我。過去幾十年裡，在佛羅倫斯、洛杉磯、牛津、倫敦，約翰與史特拉一直是我最好的朋友；他們不知道，他們兩人持續不斷的支持，對我意義重大。

撰寫此書使我對陌生的匈牙利燃起強烈興趣。神奇有力的匈牙利語，我很遺憾只懂寥寥幾個字和短語；同事黛安娜・卡利則告訴我，現在開始已經太晚。我很感激她幫忙將匈牙利文資料翻成英文，包括將有關米克洛斯・茲林伊的史詩作品《錫蓋特堡之亡》的最後一段，化為令人蕩氣迴腸的英文版。這部史詩出版於一六五一年，此前從未翻成英文。

如今我可以完全領會拉丁古諺 *extra Hungarian non est vita, si est vita non est ita*（出了匈牙利，沒有生命，如果有，那也不是生命）的意思。在這新天地指引我前進者，乃是史蒂芬・帕爾菲。在安娜瑪麗亞・阿爾馬西的熱情支持下，史蒂芬引導我認識了匈牙利人的生活方式（從佳餚、美酒到生活樂事），並為我沒完沒了的疑問，提供了往往難懂的答案。叫我受益特別大的，乃是史蒂芬有廣博的知識，對我所遇到的問題、人物提供幫助。帕爾菲家族有數代人出現在那些戰場上，因此他的解惑對我彌足珍貴。

對我來說，布達佩斯已成為我學術生涯的中心。多虧華盛頓特區的加博・阿戈斯頓為我鋪路，我結識了帕爾・佛多爾，還有匈牙利科學院那群博學而精力特別充沛的奧圖曼學者。透過其中的泰爾札・奧博尼，我又進一步認識任職於國立塞切尼圖書館的阿涅斯・薩爾戈・沃伊提拉。該館所收藏的圖像資料，品質之精，是我在其他地方所未見過。圖書館對面的城堡丘上有一座哈布斯堡皇宮（本書中上演過無數次殺戮的所在），如今內部闢有國立藝術館，館內珍藏十九世紀歷史畫；藝術館隔壁的市立博物館，收藏有關於一六八六年布達攻防戰的大量資料。

本書其他部分，得益於在維也納、格拉茨、愛丁堡、倫敦、華盛頓特區、費城的研究。在維也納，我去了維也納圖書館、奧地利國立圖書館、維也納博物館；在格拉茨，我去了約安努姆國立博物館；在英國，去了大英博物館、倫敦圖書館、劍橋大學圖書館、蘇格蘭國立圖書館；在華盛頓，去了國會圖書館和佛爾格圖書館。在斯德哥爾摩，亨利克・安德森帶我到皇家兵器館看了義大利人馬西利最後一部作品的手寫稿；在費城，厄爾・史班默協助我研究美國哲學會所收藏的數卷林賽手稿。我特別要感謝彼得・帕夏爾，經他的引介，我才得以一窺華盛頓特區國家藝廊格外豐富的雕版畫、木刻版畫收藏。

對於任職於慕尼黑巴伐利亞邦立圖書館的克勞狄婭・法比安，我要致上萬分謝忱。她是第一個理解到我為撰書而蒐集圖像一事，可為歐洲諸圖書館的數位化工程提供多大的「附加價值」。她與詹姆斯・諾爾斯、傑拉爾・麥克林、阿涅斯・薩爾戈・沃伊提拉、席爾維雅・馬特爾・伍姆、專案經理蘇珊・彼得斯，一同設定了我們的研究計畫「印刷圖像研究聯合會」的方向。為這本書付出最多的莫過於蘇珊。她一字不漏看過沒完沒了的草稿，委婉提出修正建議，毅然決然刪掉草稿中某些冗言贅語，並出借書籍予我，提供許多寶貴看法。光是「謝謝」兩字無法表達我的謝忱。本書最後呈現的內容，有許多部分得益於傑拉爾・麥克林透過文字與言語的啟發。多虧他和唐娜・蘭德里的協助，我才得以更深入理解以「馬」為中心的世界，進而理解「馬」在東方戰爭裡扮演的角色。我那些流於簡單的提問，想必曾叫他們大為搖頭。

我還要感謝彼得與芭芭拉・蓋邁耶夫婦在巴伐利亞的慇勤款待，感謝彼得在奧地利雕版畫領域的淵博學養。例如，因為他的藏書，我一下子就掌握了一九一四年前波士尼亞兵團的駐地詳情，使假設一下子變成史實。書中之所以一再出現格拉茨，除了基於充分的歷史理由而必須如此，還因為彼得與格蕾塔．科切瓦不僅把我逗樂了，也為我解答了關於施蒂里亞這個古奧地利心臟、這片神奇地區的疑難問題。

與泰莎．哈維一起處理本書文稿，始終是愉快且成果豐碩。對於文章該如何鋪陳才能吸引人，她有其一貫正確的判斷，叫我受益良多；如今，我還能聽到她在說：「還不到說出這事的時候。」

在此提到克雷吉本這地名，或許會叫人覺得突兀。本書圍繞著邊疆、邊界而談：住在這棟非常老的房子，在一五七〇年首次遭劫掠者放火燒毀的蘇格蘭邊界塔塔頂上寫作，使筆下這段發生在另一個遙遠邊界上的襲掠、戰爭史，顯得非常真實。歷史上，克雷吉本一直是有爭議的領土，受搶奪的標的，非常類似令哈布斯堡、奧圖曼兵戎相向的那塊領土。克雷吉本曾上演了大小戰爭，但如今它體現了何謂友好。

內人珍妮是這本書的中心，其他每樣事情的中心。她抽出時間協助我完成這計畫，提供建議，幫我回想我們去過而我已忘記的地方。最叫我感激的，乃是她幾乎完全配合我的工作，使我免遭許多俗務纏身。

安德魯．惠克羅夫特
克雷吉本宅
二〇〇八年四月

Preface
序

我首次踏足維也納，乃是一九六三年八月下旬，從貝爾格勒搭火車去。[1] 出火車站不遠，我找到一間昏暗骯髒的「旅館」。我這輩子沒住過那麼糟糕的旅館，可怕程度連塞維爾的工人平價旅社都比不上，房間裡臭蟲、蟑螂橫行。但我只住得起那間旅館。其他垂頭喪氣的房客，帶著以粗繩捆紮的卡紙板手提箱，來來去去，但都住不久。我則住了很久，因為我在隔壁街認識了一個好心的當地人，可以去他那裡喝湯吃麵包打發三餐，有時，大概每隔幾天，我還會犒賞自己一杯澀味白酒。

一六八三年，整整兩百八十個夏天前，前來圍攻維也納的奧圖曼大軍，就在那個地點紮營。那是歷史上土耳其人第二次圍攻維也納。一五二九年秋，第一次圍攻時，他們就來過那裡。當然，一九六三年時，已沒有蛛絲馬跡或回憶可追溯那兩場惡戰，而我也幾乎未聽人談起它們。能見到的，就只是更晚近一場攻擊留下的痕跡。一九四五年，蘇聯第三烏克蘭戰線部隊與納粹武裝黨衛軍打了十二天的巷戰，最後於四月十三日拿下維也納。十八年後，我仍可在一長條公寓大樓的正立面高處，見到當時留下的累累彈痕。

在那幾個月前，我在馬德里人文學院後面停車場牆上，見到一樣的痕跡；在我們上課的那些房子裡，共和派曾拼死奮戰，逐樓撤退，最終擊退佛朗哥將軍非洲兵團的進擊。那是一九三六年初冬的事。在維也納見到那些彈痕，立即叫我一陣戰慄：我知道它們的來歷。雖然距當時那麼遙遠，此刻沉浸在生機勃勃的維也納飲食、藝術、音樂、文化中，當下的感覺也與一般人無異，但我還是有種不安，對戰爭、暴力、生死搏鬥的不安。

我祖母曾是奧匈帝國子民，對一九〇八年之前的事，懷有浪漫回憶。十八歲時的我，滿懷祖母所灌輸給我的那些回憶，覺得維也納既迷人且叫人有點失望。但那些彈痕累累的牆，在有些地方那就像張醜陋的大麻臉，卻在我腦海徘徊不去。第二次來時，我至少對一六八三年土耳其人圍攻市中心的事有所了解。約翰．史托耶的《維也納攻防戰》是我的旅遊指南，當時才出版（一九六四）不久。我每天沿著同一條路線，在市中心穿街過巷，試圖將一六八三年所發生的事與矗立在該區的建築串連在一塊。城裡大部分地方，街道布局和一六八三年時大同小異，但這時（還未列為「世界遺產」之時），已沒有標記或牌匾可訴說數百年前所發生的事。

我很快設立了自己的地標：一家販賣美味新鮮香腸、外加一碟泡菜、一份油亮亮馬鈴薯沙拉的肉品店；一間供應平價好葡萄酒（九、十月時最佳）的破舊酒吧。後來，我搭電車到

序

城外格林欽的葡萄酒村，或搭火車到克洛斯特新堡大隱修院附近的酒館，找到遠遠更好喝的葡萄酒。但接下來幾十年，我那些常去的老地方漸漸消失，雖然不像其他歐洲城市裡消失得那麼快。一九八〇年代地鐵的建造，標誌著一九一四年前舊世界的終結；那是自一個世紀前拆除舊城牆、建造環城大道之後，維也納最浩大的營建工程。

或許表面上看來是如此。事實上，那反倒促成舊世界的重見天日。原據認已拆掉的舊城牆和稜堡，其實仍存在於這座十九、二十世紀新城表面底下，至少仍存在痕跡和基礎。完成這本書之前幾個月，我告訴一友人，在國家劇院附近見到有人在挖掘。工人挖地基，以便建造新辦公大樓，結果挖出像是舊拱頂的東西。牆與瓦礫的顏色古怪，很淡，我不確定是磚造還是石造。他說他知道我看到的是什麼：維也納城牆。一八五〇年代起，環城大道工人將城牆一塊一塊拆下，拆到地面下一點點時就停手，以便為這道路工程留下堅實的路基。因此，維也納城牆，或至少該城牆的殘餘，仍在原處，一如俄羅斯人進攻該城所留下的痕跡，在一九六三年時仍在原處一樣，如果你知道去哪裡找的話。[2]

知道歷史事件在哪裡發生，很重要。四處走覽是不錯的點子，但地理景觀往往已不復原貌。不過，在這段歷史於筆下漸漸成形且筋肉日趨壯大時，我另外去了一些戰場和其他可憑弔歷史的遺址。事實上，那些地方多是歷史湮沒不明之地。在那裡，沒有人知道遭遺忘已久的戰役曾在哪裡開打，甚至沒有人講得出那地名。有時我運氣較好。在現今奧地利、匈牙利交界上，大約在莫格斯多夫村附近，聖哥達之役的遺址上頭，有座小丘俯瞰戰場。當地一位熱心人士和村民，在小丘上蓋了座小型紀念館。[3]那場戰役是莫格斯多夫村最重大的歷史事件。[4]但那紀念館所記錄的，只是漫長複雜歷史裡的一刻，從歷史割離開來，而看不出來龍去脈。

❖ ❖ ❖

因此，這不是段容易理解的歷史。由於某種和恐懼（我主要的研究課題）一樣短暫且難以捉摸的東西作祟，我不清楚什麼東西會是重要或有用。後來，因為研究奧圖曼匈牙利史卓然有成的史學家帕爾·佛多爾指點，我才了解為何會有這樣的事。有天，在布達佩斯，走出科學院時，他告訴我，對於在奧圖曼匈牙利境內發生的許多可怕之事，我們知之甚詳。我們可能知道某種暴行在哪裡發生；甚至可能知道誰受害或知道他們的遭遇。但這些可怕之事，都未能創造出適用於所有類似情況的一般概念，一貫說法。每件事都是獨一無二，除非我們能切實提出那事的普遍之處。歷史一團亂，通常叫我們吃驚。

我在無意間走進一塊遼闊而只有局部耕耘的領域。關於十五、十六世紀，已有大量優秀作品問世，關於十七世紀，少得多，關於十八世紀，則幾乎沒有。[5]因此，我把焦點放在這段較晚的時期，以一六八三年維也納攻防戰為核心，直到哈布斯堡和奧圖曼土耳其這兩大帝國衝突的最後時期為止。[6]為使本書不致龐雜失控，我不得不略而不提這場對抗奧圖曼帝國

序

的戰爭中其他的參與者，不得不捨棄有關維也納之角色與在伯羅奔尼撒半島、島嶼、地中海所發生之戰役的資料。有關克里米亞半島和俄羅斯往東擴張、最終將勢力伸入中亞諸汗國的資料，也有很大部分不得不割棄。我不得不百般不捨地擱置我對中國的冗長補論。[7]

就奧圖曼、哈布斯堡後期的軍事對抗來說，最晚近的原始資料，仍是那些寫於十九世紀的資料。這場聖戰曾占據歷史舞台的中心位置許久，但老實說，到了聖戰晚期，該聖戰已跌出歷史重心的舞台。第一次到維也納之後的幾年裡，研究之路未把我引向十七世紀的軍事史，而是十九、二十世紀的軍事史。檔案室裡的爬梳，重點放在奧地利於國際武器買賣裡的角色，我在小鎮施泰爾，埋首於當時的航海日誌和存貨清單，度過快樂的幾個星期。我從那裡去了維也納戰爭檔案館的密室數次。但一直以來，在許多史料裡，都潛藏著某種未明言的恐懼：恐懼競爭者或對手會取代奧匈君主國；恐懼未做好準備，恐懼科技落後，技不如人。最後，當我轉而探討其他哈布斯堡的主題時，仍察覺到這股幾乎未曾消失的隱隱焦慮。那焦慮從何而來？

❖ ❖ ❖

大部分書籍需要在正文開始前預為解說。首先，我得益於一些學者的研究，也就是說，我的想法承襲自某些學者。我想寫這本書想了很久，但若沒有羅德斯·默菲的《奧圖曼戰爭，一五〇〇至一七〇〇》在一九九九年出版，卡洛琳．芬克爾《奧斯曼的夢想：奧圖曼帝國一三〇〇至一九二三年史話》在二〇〇五年出版，這本書不可能寫成。當代出版品對於「土耳其人」那種根深抵固的負面看法，我從來不信。我可以說明這些負面觀點如何透過書籍、小冊子、繪畫、版畫、甚至茶杯和瓷磚，在西方世界一個接一個滋生，但我提不出另一種看法。默菲和芬克爾摒除了某些刻板觀點，但更重要的，他們也縮小了雙方在戰場作為上實際的差距。西方作家認為「土耳其人」的行徑超乎人類正常範疇——殘酷、好色、受盲目信仰不斷的驅策；因此，在他們筆下，土耳其人無異於人格變態的民族，奧圖曼帝國幾乎不可能有別的行徑，例如人道行徑。但這一形象根本與實情不符，從法醫學角度得到的證據，均一再顯示那些刻板看法不實，令人不安。

另一位對我思想有所啟蒙者，乃是奧地利社會人類學家安德烈．金格里奇。大部分資料，還有我對歷史事件的較深入研究，都不適用於任何思想架構。金格里奇將對西歐以東地區所發展出來的觀念，從該地區的民族和文化發展出來的觀念，稱作「邊境東方主義」（frontier Orientalism）。我嘗試以這概念去解讀我的資料，那些資料前後涵蓋的時期，比金格里奇原本所描述的時間更長得多。結果管用。這概念給了我一個基本模板，讓我可將一個個證據像拼圖一樣拼出完整面貌。我想未來史學家會發現「邊境東方主義」是個無限好用的觀念。

本書並非根據原始手稿寫成（只有一兩處例子用到原始手稿），而是根據十六到十八世紀出版的資料寫成，當時人對那些事件的了解，想必大部分得自那些資料。那些是我已研究了二十幾年、至今仍在研究的資料。如今，我仍在發掘遭湮沒的歷史，且也正在改變對已研究過之資料的看法。偶爾，我們無法得知人如何形成其看法，但我們可以了解資料如何呈現在他們眼前。自十五世紀迄今，情況改變不大。一如你手上這本書，有人決定將其出版，希望從中獲利。有些書、小冊子的印刷出版，出於別的動機，但我所用過的資料，大部分清楚屬於營利性質。它們是待賣的產品，而印刷業者（當時的出版商）努力使它們盡可能為潛在顧客所買走。促銷的關鍵手法之一，乃是替它們配上雕版畫、木刻版畫插圖。在識字率較低的年代，這特別管用。

欲了解某書是否大賣，方法之一是查明印了幾版，在市場上賣了多久。同樣的，如果某書出版了別種語言版本，那書想必又得到了新一批不同族群的讀者。我們慢慢查探這些網絡。有些書籍催生出為整個歐陸人民所信持的看法。英國人保羅·萊科特的著作，出版了好多版且譯成法文（兩次）、荷蘭文、德文、義大利文、波蘭文、俄文；維也納被圍期間一直住在城裡的律師約翰·彼得·馮·費爾克倫，寫了一本小書，一六八四年在布魯賽爾出了法語、拉丁語兩種版本；在林茨出了德語版；在維也納、威尼斯、那不勒斯出了義大利語版；在克拉科夫出了波蘭語版；在倫敦出了英語版。還有一些書只是剽竊已出版書籍的內容，掛上不同書名出版。手寫稿是最普見的傳播方式，但傳播範圍相當有限，而印刷書、木版畫或雕版畫、或小冊子，則是為了大規模銷售而問世的東西，是可買賣的商品。從這角度來看，後人所收藏之印刷珍本上的記述，往往比大檔案館所收藏之手寫稿的內容，更能揭露大眾的態度和看法。

如何才能理解真正發生的事？可以用華麗的「文明衝突（與失敗）」思想模式檢視那事，結果頭一次檢驗證據，那模式就不管用。可以審視「穆斯林衰落」這觀點：從中世初期幾場大勝之後，穆斯林就步上漫長的江河日下路程。但我也不覺得這觀點站得住腳。本書用了不同的措詞。我談（奧圖曼）「土耳其人」，而非「穆斯林」。奧圖曼帝國是非常虔誠的穆斯林，但除了瀰漫奧圖曼帝國的伊斯蘭文化，他們還有明確的突厥語族文化傳統。近來，史學家避用「土耳其人」一詞，原因是奧圖曼帝國認為「土耳其人」是鄉巴佬，覺得被叫作「土耳其人」是一大侮辱。的確如此。但在這同時，他們也極自豪於自己的土耳其先祖和出身。再怎麼說，突厥語族認同，為凱末爾的新國家土耳其共和國，提供了意識形態。

哈布斯堡王朝在偶然間成為奧圖曼帝國在西方長久的死對頭。波蘭人、匈牙利人也有各自一段與奧圖曼帝國衝突的歷史，那是與哈布斯堡、奧圖曼帝國衝突史有所不同且同樣重要的歷史。但奧圖曼、哈布斯堡的對抗，是兩個「帝國」的對抗，雙方都想取得某種支配和管轄權。兩者共通之處較多。這兩個古老帝國，在第一次世界大戰後滅亡，但在滅亡的許久以前，就老朽不堪（在其競爭者眼中）。老朽不堪的認知、古老過時的儀式、十九世紀末期對他們老態龍鍾、看笑話式的包容，這些不只在一九〇〇年時不符事實，且還歪曲了他們的歷史。本書以兩者歷史開始合流之時為開頭，以兩者不再相互殺伐之時作結。戰爭能揭隱發微，診出弊病，就像具折射力的稜鏡，能將錯綜交織的問題分解為各自的基本組成。它幫助史學家提出（並回答）以下問題：奧圖曼政權為何落敗？怪的是，失敗的哈布斯堡政權，卻沒有受到以同樣問題如此追根究底的質問。[8] 本書不是部軍事史，重點其實在探索社會如何因應這主要挑戰。若欲了解那段歷史，套句約翰・基根那個震聾發聵的觀點，我們得了解奧圖曼帝國的「戰役之面」。

最後，有個麻煩的術語問題。同一個地方或事件，有時會有德語、土耳其語、匈牙利語、克羅埃西亞語或塞爾維亞語的不同名稱。從頭到尾使用其中某種名稱，不可避免會予人站在某一方的聯想。但為讀者閱讀方便，名稱不得不有所統一。我大部分使用今日通行的名稱（但有一些例外），某些名稱用捷克語或斯洛伐克語的說法，其他名稱用德語、匈牙利語、保加利亞語、羅馬尼亞語、克羅埃西語、或土耳其語的說法。對於國際知名事件，例如戰役或條約，對於在英語裡有不同拼法的當地地名（例如維也納和慕尼黑），我均使用英語說法。書中提到匈牙利人名時，先名後姓，以避免對非匈牙利人造成困擾（譯按：匈牙利人名原本是先姓後名）。我也自然而然使用「土耳其」、「奧圖曼」，一如十七、十八世紀那麼自然的使用這兩字眼。拘謹的奧圖曼人，現仍在世者必然已不多，但我還是希望這不致冒犯到他們。

Introduction: The Terror in the East
導論：東方的恐怖

在《羅馬帝國衰亡史》第十五章，吉朋寫道：「追索六百多年來君士坦丁堡與日耳曼旋起旋滅的諸皇帝之後，現在我來到……這希臘王國的東界。」他描述了「那位阿拉伯先知的才智」，說到「他所創宗教的精神」如何導致這東方帝國的衰亡。吉朋斷言，「我們滿懷好奇，目不轉睛注視著一場叫人極難忘懷的革命，一場已將一恆久不消的新性格烙印在地球上諸國的革命。」

但阿拉伯人支配的這塊穆斯林疆域，維持了差不多三百五十年，[1]其範圍最大時，從阿拉伯半島往西綿延到大西洋，往北進入中亞沙漠。取而代之的民族，來自東方更遠處。關於這民族的發祥地，基督教、穆斯林的傳說未有二致。那是塊由兩位巨人國王果戈、馬果戈統治的土地，那是個境內山區布滿可怕凶殘戰士的王國，且那些戰士「多如海沙」（聖經〈啟示錄〉第二十章第八節）。世界英雄亞歷山大大帝造了一道只開了兩座大鐵門的大牆，藉此使文明世界免遭他們的蹂躪。西方因此得以免去一場浩劫。

這傳說既可見於可蘭經，也可見於六世紀用希臘語寫成的《亞歷山大傳奇》。我們可以從歷史根源理解這個傳說。在中國的確有為防範游牧民族入侵而建造的大牆（長城），成為蠻族一波波往西遷的理由。亞歷山大的防禦土牆和鐵門是虛構說法，但在當時人看來不無可能。[2]來自東方的恐怖，乃是來自乾草原的游牧土耳其人。他們先是進入波斯文明世界，繼而征服拜占庭帝國，最後推進到東南歐境內。在某一點上，阿拉伯人是西方人所熟悉，而土耳其人則充滿神秘。羅馬人已知道阿拉伯半島，並將該地劃分為肥沃阿拉伯、沙漠阿拉伯，在地圖上標出阿拉伯半島。但安息、波斯以北的廣大東方地域，遠非西方人所知。

對羅馬來說，這些東方民族全是錫西厄人，他們騎著一身粗毛的小馬，不懷好意，四處劫掠，人數多不勝數。吉朋在書中寫到：

> 突厥人，第一次十字軍東征主要討伐的對象。他們在西元前六世紀建立的錫西厄帝國早已是昨日黃花，但他們的名號仍為希臘人和東方人所熟知；錫西厄族分裂出的各部，個個都是強大而自成一體的族群，散居於從中國到烏滸河、多瑙河之間的沙漠；匈牙利人的殖民地獲准加入歐羅巴共和國，而亞洲多國的王位遭突厥裔奴隸和軍人拿下……這些北方牧人布滿波斯諸王國；他們的塞爾柱族王公建立了一個龐大而強固的帝國，版圖從撒馬爾罕延伸到希臘、埃及邊界；突厥人一直支配小亞細亞，最後將其勝利的新

月旗插在（君士坦丁堡）聖索非亞大教堂的圓頂上。

二〇〇五年十二月，倫敦皇家科學院辦了突厥人文物展，展名「千年日誌」，文物涵蓋年代從六世紀到十七世紀。看過展出的奇特文物，包括雕刻、繪畫、（頂柱過樑與挑簷之間的）雕帶、裝飾物、青銅門，立即就會了解，這許多突厥語部族有著共同文化。這不單純是伊斯蘭文化（突厥語族十世紀才開始接受伊斯蘭），他們還把許多舊民間信仰的殘餘帶進這新信仰裡。或許因為吉朋的影響，我們把阿拉伯世界視為永恒的存在，視為伊斯蘭的發電廠和心臟。但十一世紀時，阿拉伯人已失去支配地位，失去奮進活力。阿拉伯學術在知識界無疑仍是舉足輕重，特別是在科學、數學、發明方面，但維繫穆斯林文化於不墜，這時靠的是土耳其人。

伊斯蘭對突厥語族的影響既劇烈且深刻，但此前突厥族群裡殘存的社會、文化模式，並未因此給完全抹除。從實際層面（而非神學面）來看，伊斯蘭傳播到許多地方後，因地制宜而有許多局部變異。突厥人，一如中亞所有民族，在中國文化區邊緣壯大，從他們許多最古老的手工製品可清楚看出這點；相對的，阿拉伯文化在希臘世界邊緣壯大，伊斯蘭誕生前，阿拉伯半島上有許多基督徒聚落和猶太基督徒聚落。突厥人是後來才進入西亞，與位於地中海邊緣的諸文化，阿拉伯、希臘、羅馬文化，共通之處極少。進入中東的突厥人擁有特色鮮明的雙重傳承：首先，他們自認先祖是神話人物烏古斯汗和存在更早的諾亞；

其次，他們自認於十一世紀起以穆斯林身分得到重生。若要理解奧圖曼帝國，就得理解這一複雜的雙重特質。

❖ ❖ ❖

本書首先探討歐洲對土耳其人的恐懼，然後，在末尾，探討恐懼本身。欲了解這過程，就得知道土耳其人並非在一四五三年突然迸出來。在那將近四百年前，土耳其人已進入歐洲人的記憶，而且我們可以精確標出何年何月何日在何地：在一〇七一年八月十九日，安納托利亞高原東部凡湖附近的曼齊刻爾特戰役之後。卡羅爾．希倫布蘭不只已使今人對十字軍東征時期的看法改觀，且看出曼齊刻爾特之役真正的意義和其在歷史上的影響。親眼目睹該役的史學家麥可．阿塔萊特斯，理解到該役的強烈衝擊：

那就像場地震：叫喊、汗水、猛然湧上心頭的恐懼、漫天煙塵、特別是騎馬包圍住我們的土耳其游牧民族。那場景真是悲慘，用痛心或哀嘆也無法形容……帝國軍隊全部潰逃……整個羅馬國遭推翻。

土耳其人分數個階段進入西亞。最初以奴隸或傭兵的身分進入。塞爾柱土耳其人（曼齊刻爾特戰役的勝利者）繼續挺進，攻下耶路撒冷，促使羅馬教皇烏爾班二世呼籲東征，而有一〇九六年第一次十字軍東征。其他土耳其人，即為阿拉伯統治者效力的奴隸兵，起兵反叛，建立了統治埃及的馬穆魯克蘇丹國（一二五〇～一五一七）。繼馬穆魯克王朝之後入主埃及的，又是一批土耳其人，即奧圖曼帝國。奧曼圖人當權，建立了兼具突厥語族特色與伊斯蘭風格的政權，而該政權統治的地區，最終和羅馬帝國一樣廣大，且國祚幾乎和羅馬帝國一樣長。

在奧圖曼土耳其人於一四五三年進入歐洲之前，視土耳其人為基督教世界之敵的想法就已出現。匈牙利是消息西傳的管道之一。十二世紀時，匈牙利國王和君士坦丁堡的政治活動已有密切聯繫。他們透過聯姻和共同利益與拜占庭緊密結盟。曼齊刻爾特兵敗的消息，還將近一個世紀後（一一七六）拜占庭在西安納托利亞的米里歐塞法隆再度兵敗的消息，都是經由匈牙利傳到西方。匈牙利國王貝拉三世曾在君士坦丁堡受過教育，且派兵參與了一一七六年那場落敗的戰役。當時甚至有計畫讓拜占庭、匈牙利兩王國合而為一。一一八〇年三月，拜占庭皇帝曼努埃爾．康尼努斯的兒子阿歷克賽，透過代理人與法蘭克國王路易七世的公主成親，因而有了將消息傳往西方的第二管道。[3]

曼齊刻爾特之役後，西歐得知東方有日益壯大的土耳其勢力。那場仗的四百年後，法國畫家梅特．德．羅安為薄伽丘《名人的命運》畫了數幅小型畫，其中一幅呈現拜占庭皇帝狄奧根尼．羅曼努斯遭塞爾柱土耳其領袖阿爾普．阿爾斯蘭俘虜的情景。在他筆下，土耳其人身穿西方金屬盔甲，因為他不知土耳其人盔甲長什麼模樣，但他至少知道土耳其人佩戴與歐洲筆直大刀大不相同的彎馬刀。畫的下半部，拜占庭皇帝趴在地下，作為阿爾普．阿爾斯蘭上馬的腳凳。

塞爾柱人進入安納托利亞後，有幾個小土耳其部落跟著進入，奧圖曼人（Ottomans，意為「奧斯曼之子」）是其中之一。[4] 一三二四年，奧斯曼之子奧爾罕是塞爾柱人扈從，獲授予土地，土地位在塞爾柱人領土的極西邊，君士坦丁堡附近。由於靠近危險敵人，那是隨時可能不保的邊疆職務。但人稱「加齊」的奧圖曼人（譯按：gazi，宣誓打擊異教徒的伊斯蘭聖戰士），逐漸壯大，與拜占庭人打小規模戰鬥，除了以驍勇善戰令敵人刮目相看，還慢慢擴張領土。東正教拜占庭人與穆斯林奧圖曼人之間的往來，很快就變得更為直接。一三四六年，奧爾罕娶拜占庭皇帝約翰六世的公主為妻，一三五二年，奧圖曼人受邀為皇帝駐守位於馬爾馬拉海歐洲一側的加里波利。一三六〇年，奧圖曼人在歐陸擁有的土地，已多過在亞洲的土地。同年，他們將首府遷到哈德良城，並將該城改名埃迪爾內（譯按：位於巴爾幹半島上，今希臘、保加利亞邊界附近）。

奧圖曼人進居安納托利亞西北部不到四十年，實力雖仍不如拜占庭，但已使情勢翻轉。這時，君士坦丁堡擔心其好戰的土耳其鄰居進攻。內陸的基督教公國，例如波士尼亞、阿爾巴尼亞、塞爾維亞，亦然；許多基督徒琵琶別抱，把新登基的奧圖曼蘇丹穆拉德一世，而非衰弱的拜占庭人，當作最高主子。一三八九年，穆拉德和其基督教藩屬，在科索沃波利耶原野上大戰塞爾維亞國君拉札爾，結果擊敗對方。但戰事方酣之際，蘇丹遭一名偽稱改信伊斯蘭的基督徒殺害，塞爾維亞人落敗後，拉札爾遭處決作為報復。西歐人很快即得知在東南歐多山地區（奧圖曼土耳其語稱此地區為巴爾幹），有一新強權興起。科索沃之役兩年後，土耳其人進抵多瑙河，攻占尼科波利斯；歐洲人發動十字軍回應。

一三九六年的尼科波利斯十字軍，組織凌亂，領導無方，以慘敗收場。但對歐洲帶來最大衝擊者，乃是這場戰役的後續影響。尚・德・佛魯瓦薩爾在其《編年史》第四卷，描寫了戰後奧圖曼蘇丹如何下令處死許多貴族俘虜，以報復法國人屠殺奧圖曼俘虜。在某一版佛魯瓦薩爾的著作中，有幅小型畫描繪砍了頭的屍體在蘇丹面前愈堆愈高。蘇丹希望藉此警告敵人反抗他的下場。在洛克曼所寫的十六世紀奧圖曼宮廷史裡，那幅水彩畫，一如佛魯瓦薩爾，將土耳其人描繪為可怕的敵人。奧圖曼人終於在一四五三年攻占君士坦丁堡時，他們那殺人如麻的殘酷形象，已形成將近三個世代，並在此期間日益深植歐洲人心。這份恐懼的根源，可追溯到更久遠的一〇七一年夏天曼齊刻爾特戰場上，且因為太久遠，而讓人忘了那根源。但那份恐懼並未遭遺忘。

❖ ❖ ❖

有條古羅馬軍事馳道，從君士坦丁堡穿越巴爾幹山區，抵達多瑙河畔的貝爾格勒，也就是羅馬人稱的辛吉杜努姆。沿多瑙河往上，有布達城，即羅馬人稱的阿昆庫姆，更往上游有維也納，即羅馬人稱的溫德博納。羅馬帝國滅亡許久之後，「身為羅馬人」的觀念仍未消失，而羅馬人長久統治所留下的具體證據，例如「鐵門」附近橫跨多瑙河的「圖拉真橋」殘柱，仍訴說羅馬帝國曾有的榮光。巴爾幹、匈牙利的基督教諸國和奧圖曼帝國，都自認是羅馬光榮歷史的繼承者。奧圖曼人，一如塞爾柱人，認為他們已透過征服拿下羅馬帝國，且他們深信，羅馬帝國已成為他們繼承的財產。在《歐洲史》中，諾曼．戴維斯提到穆拉德「大膽」僭稱羅馬蘇丹，此後直至奧圖曼帝國於二十世紀覆滅，歷任蘇丹都以此頭銜自稱。一四五三年征服君士坦丁堡時，穆拉德後代，外號「征服者」的蘇丹穆罕默德二世深信，他在亞、歐兩地恢復東羅馬帝國（奧圖曼土耳其語所稱Rum）的一統。

奧圖曼帝國認為西方的神聖羅馬皇帝篡奪了理當屬於他們的頭銜。在他們眼中，哈布斯堡家族只是奧地利公爵，或頂多是個小國君。這一耐人尋味的現象——彼此都以羅馬帝國的正統繼承者自居——使這兩個王朝之間的對抗日益激烈。哈布斯堡王朝深信他們的職責乃是往東恢復「羅馬」版圖，因為耶路撒冷國王是他們尊貴的頭銜之一；奧圖曼帝國則深信，以君士坦丁堡為基地，往西收復羅馬帝國，是他們的天命。這加劇（或毒化）雙方的對抗。

東西方間這場決定性的搏鬥，根源在於雙方都自稱是已滅亡許久之羅馬帝國的繼承人。以現實政治、經濟對抗或意識形態（宗教信仰）對立為基礎所提出的解釋，表面上看或許較說得通，但在十五世紀的時空環境（這場東西方對抗開始時的環境）下，這場東西對抗是重大議題。奧圖曼人和哈布斯堡王朝都是新掌權，都根據自己家族的古老淵源，合理化統治之位。他們所精心擬出的世系，都把祖先溯及諾亞和更古老的人物，而那些顯然是虛構。哈布斯堡家族是從奧地利大公腓特烈四世，在羅馬由教皇尼古拉五世，以查理曼皇冠加冕為神聖羅馬皇帝腓特烈三世後，才展開其世代為皇帝的漫長歷史。加冕日為一四五二年三月十六日。就在那一年後的一四五三年五月二十四日，年輕蘇丹穆罕默德二世攻下君士坦丁堡。這時，腓特烈三世雖有皇帝頭銜，卻無實權，奧圖曼人則正迅速成為東方的軍事霸權。

雙方的對抗並未立即展開，因為在哈布斯堡王朝的腓特烈三世和奧圖曼蘇丹穆罕默德二世各取得羅馬皇帝這個至高頭銜之時，仍有個強大國家阻隔在他們之間。在維也納與君士坦丁堡之間，座落著匈牙利王國，該王國統治者，名叫約翰．匈雅提的川西瓦尼亞貴族，是當時最能征善戰的將領之一。因身穿極為光滑而亮如白銀的盔甲，一般人稱他「白騎士」。攻占君士坦丁堡的三年後，穆罕默德出兵攻打貝爾格勒，結果在一四五六年七月被打得潰不成軍，而擊敗他的，就是匈雅提統御有方的軍隊。但此戰之後三星期，白騎士死於瘟疫，他的次子，最終繼承他王位的馬提亞．科維努斯，只有十二歲。

一四五八年，馬提亞才獲推選為匈牙利國王，他在位的三十二年間，匈牙利版圖往東、往西擴張：哈布斯堡王朝和奧圖曼帝國都不敢攖其鋒。但他於一四九〇年死後，匈牙利國力大衰。一五一〇年代，哈布斯堡王朝與奧圖曼帝國首度正面交手。兩位年輕而又野心勃勃的統治者上場較量。

一五一九年一月神聖羅馬老皇帝馬克西米連一世去世，由其孫子哈布斯堡家族的查理繼位之前，查理已從其外祖父亞拉岡的斐迪南繼承了西班牙國王之位，且已從其父親繼承了勃艮第、低地國的肥沃土地。馬克西米連死後，查理又繼承了哈布斯堡王朝在奧地利、日耳曼的土地。隔年，已為奧圖曼帝國拿下黎凡特、埃及、阿拉伯土地的奧圖曼蘇丹塞利姆一世去世，由其獨子蘇萊曼一世接位。[5]

塞利姆在位時已自封「天下征服者」，他兒子則決意成為名副其實的「天下征服者」。蘇萊曼比查理大六歲，但兩人都有稱霸天下的使命感。蘇萊曼曾致函波蘭暨立陶宛國王席吉斯蒙德一世，自稱統有廣大土地，

> 〔自稱〕帕迪沙（即萬王之王），統有白海（地中海）與黑海，統有魯梅利（即「羅馬人土地」）、安納托利亞、卡拉曼，統有杜爾卡迪爾、迪亞巴基爾、庫德斯坦、亞塞拜然、波斯、大馬士革、阿勒頗、埃及、麥加、麥地那、耶路撒冷諸省、整個阿拉伯半島、整個葉門，還有我偉大父親和諸位偉大先祖以摧枯拉朽之勢征服的許多土地。

查理則在更早幾年前申明他的顯赫：

> 羅馬王、未來皇帝、永遠的奧古斯都，西班牙、西西里、耶路撒冷、巴利阿里群島、加納

利群島、大西洋彼岸的印度地方（譯按：即西印度群島）和大陸的國王，奧地利大公，勃艮第、布拉班特、施蒂里亞、卡林西亞、卡尼奧拉、盧森堡、林堡、雅典、帕特拉斯的公爵，哈布斯堡、法蘭德斯、蒂羅爾的伯爵，在勃艮第、埃諾、普費爾特、魯西永諸地享有王權的伯爵，亞爾薩斯的領主爵，史瓦比亞的伯爵，亞洲與非洲之主。

其中至少有三個地方（耶路撒冷、雅典、帕特拉斯），由蘇萊曼牢牢掌控在手。明顯可見的衝突區，將會是地中海，以及已隨時可接收的龐大匈牙利王國境內地區。匈牙利的年輕國王——波西米亞暨摩拉維亞的國王、克羅埃西亞與達爾馬提亞的受推選統治者——缺乏其東鄰、西鄰兩大強權的資源。奧圖曼帝國攻打匈牙利時，歐洲將不會發動十字軍前來救援。

❖ ❖ ❖

在當今宗教與政治脫鉤的年代，有人可能會覺得，在蘇萊曼一世準備發動其征討大業時，宗教因素在基督教世界與伊斯蘭世界的鬥爭中所占的比重並不大。但哈布斯堡與奧圖曼的較量是信仰的對抗：查理五世是基督教世界的領袖（最終由教皇親手加冕予以加持）。蘇萊曼則是穆斯林世界大部分地方馬首是瞻的領袖，麥加與麥地那兩聖地的守護者，先知穆罕默德之象徵性寶物的持有者。他晚年在伊斯坦堡（君士坦丁堡）的蘇萊曼清真寺，命人刻了如下語句：

蘇丹蘇萊曼已接近真主，接近威嚴、全能之神，接近萬邦林立之世界的創造者……蘇萊曼是祂的奴僕，因擁有神力而全能，蘇萊曼是哈里發，因擁有神光而燦爛耀眼，他履行「隱藏之書的命令」，在所有可居住地區執行該書的敕令：在全能之神和他攻無不克之軍隊協助下，征服了東方與西方，統轄世上諸王國……

雙方無可妥協。查理五世告誡兒子西班牙腓力二世，絕不可割讓哈布斯堡寸土寸地：「如果你的先人，承蒙天恩，堅守不退……那麼你應信任上帝會幫你守住你所承繼的。」

一五二一年，蘇萊曼承繼大位一年後，重啟塞利姆的征討大業。但他未用兵東方，而是攻打他的曾祖父「征服者」穆罕默德二世在一四五六年未能攻下的地方。年輕的蘇萊曼率領其部隊走出都城君士坦丁堡，然後往北進軍，抵達多瑙河和貝爾格勒的「白要塞」。這一次沒有人來救匈牙利，一五二一年八月二十九日，白要塞（基督教世界的前衛堡壘）落入蘇萊曼軍隊之手。五年後的一五二六年，蘇萊曼在莫哈奇之役大屠匈牙利軍隊，一五二九年夏末，他的軍隊來到維也納城牆外。奧圖曼與哈布斯堡的搏鬥持續了兩百五十年，其餘波蕩漾至今未歇。

PART 1

第一部

試著把過去和未來拆散、解開
再拼湊為一，
在午夜與黎明之間，過去全是欺騙之詞時，
未來成為沒有未來，在早班之前，
時間停下而時間永沒有盡頭之時；
——艾略特，〈乾燥的薩爾維吉斯〉

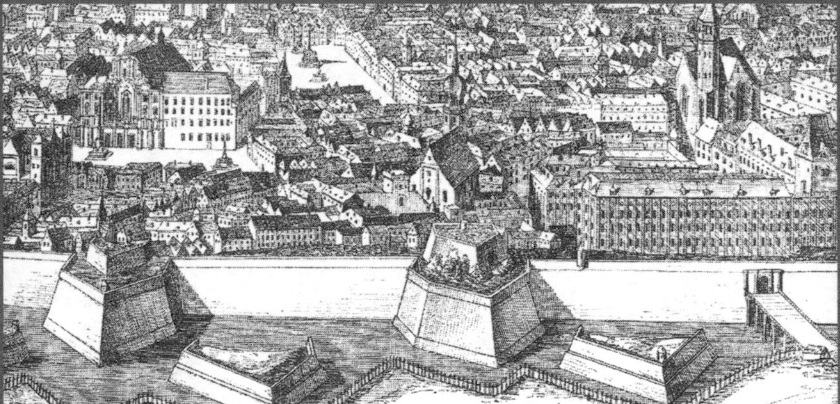

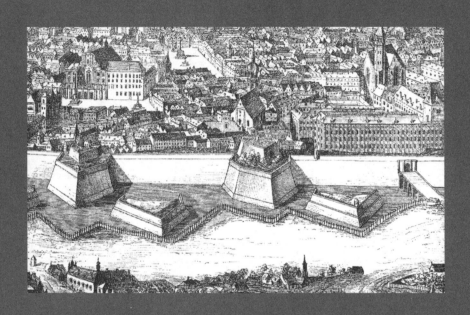

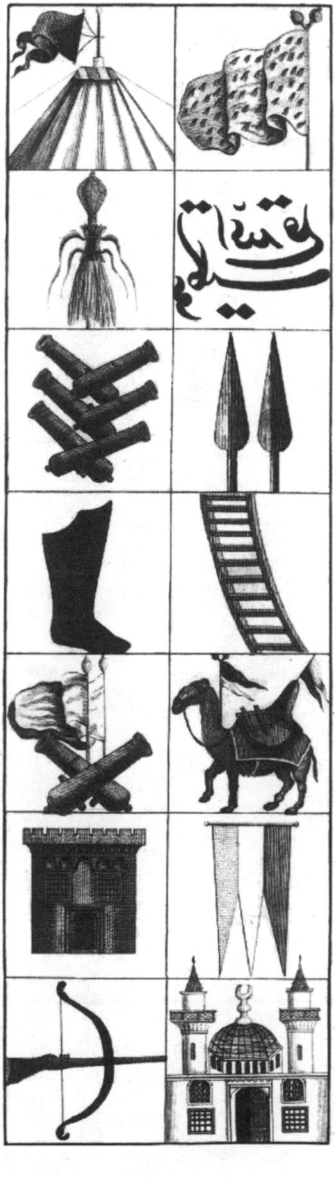

皇家帳篷建造隊供應了一萬五千多頂大大小小帳篷，
其他每樣生活必需品數量也一樣足夠。
不凡之處在於其甚至估算了禁衛軍的鞋子穿多久後須換鞋底，
因而在大軍抵達某地時，另外徵召補鞋匠來修補鞋子。

CHAPTER

1

A Call to Arms
戰鬥號令

一六八二年八月六日晚上，蘇丹穆罕默德四世的園丁在伊斯坦堡托普卡珀宮的皇門旁，挖了一道窄溝，然後插上七根鮮紅色長竿，每根竿子如手臂粗；竿子上段精雕細琢且鍍金，從竿頂圓球垂下一束黑色與塗上顏色的馬尾。這些馬尾是奧圖曼土耳其人的先祖──乾草原戰士──的古旗，土耳其語稱之為圖格。[1]平常它們存放在該宮深處的珍藏室，但一旦搬出珍藏室，插在宮門前，代表的意義就再清楚不過。穆罕默德四世──眾汗之汗、伊斯蘭信士的指揮官、帕迪沙、戰士之子、戰士之父──將其圖格旗插在其「營帳」前，準備出征。將要打的仗可能只是場夏獵，但出征儀式仍具有深層意涵，那天晚上，那是洪亮的戰鬥號令。[2]

一六八二年夏末，一場大戰蓄勢待發。決定性會議在皇宮第二殿的小會議室召開。開了大半天，但最後沒有異議：蘇丹宰相，梅爾濟豐的卡拉．穆斯塔法，要反對他者全部閉嘴。會議決議，不只奧圖曼軍隊要西征以維也納為都城的哈布斯堡王朝，且最重要的，大軍要由蘇丹本人親自統率。蘇丹將統率帝國全部兵力征討其敵人。在這之前，穆罕默德就曾率軍北征，為帝國擴張版圖；他的御駕親征，可能只是名義上而非實質上，但象徵意義十足。從圖格旗插於地上那一刻起，複雜的出征儀式就開始。

首先，「兩洲之王」，一如其游牧遠祖，在君士坦丁堡（或一六八二年時已為人所知的伊斯坦堡）的三重拜占庭高牆外不遠處，設立他的戰營。小隊工人開始將一塊高低不平的牧草地，整修為沒有石子或其他障礙的完美校閱場。那塊地，人稱徹爾佩奇草地，平常只有山羊和綿羊會來。不久，皇家紮營隊和帳篷建造隊的四輪貨運馬車開始抵達，數百名壯丁開始根據嚴謹的平面圖搭設御用營地。那營地中心將是蘇丹的營帳群，再往外是宰相營帳群，然後是軍隊指揮官營帳群，最後是供隨蘇丹出征的宮中人員、朝中小官居住的營帳。營帳工人最後會沿著林立的竿子拉起一張繡有圖案的布幕，圍住蘇丹營區裡紅褐色的營帳，象徵性將該營區與外面的營區隔開，一如托普卡珀宮的城牆將王宮與伊斯坦堡的喧囂隔開。

對西方人來說，戰營讓人想起倉促搭設在行軍路線上骯髒、雜亂的簡陋野戰營地，營地裡淨是吵鬧而危險的惡棍。但奧圖曼帝國營地卻是完美的城市，用細平布、帆布、絲、織錦、繡製品搭成，而非用磚、石砌成。在這一世紀前，有位派駐君士坦丁堡的哈布斯堡王朝大使，就以自嘲口吻論道，「凡是了解我們營地情況的人，都會難以置信這樣的事，但事實擺在眼前，（土耳其人營地）處處都是絕對的安靜……乾淨到了極點，沒有糞堆或垃圾，沒有任何難看、難聞的東西。」更晚近，在伊斯坦堡的英格蘭人貿易公司當牧師的約翰・科維爾，描述了一六七五年在埃迪爾內，蘇丹穆罕默德四世設於皇宮外的營地。那營地有將近六十頂帳篷，最大一頂帳篷中，有「一嵌有寶石、鋪了艷麗針織物的王座，地板上，一如在其他帳篷裡所見到的，鋪了華麗地毯，帳內披掛艷麗織物。經由一廊道進入的第四帳，是蘇丹的個人帳，帳內有一床，床頭擺有一可蘭經架。」

一六八二年迅速搭起的那個戰營，外觀與此大同小異。托普卡珀宮的設施，在這行宮裡一樣不缺。皇宮的所有職能，在行宮各有權宜辦法來施行。在伊斯坦堡，蘇丹和其貴賓可從司法塔俯瞰下方的群眾，而在行宮，就仿該司法塔，以帳蓬搭起一塔狀司法閣。司法閣近旁有一供執行儀式的帳篷，功能類似宮門旁那個場所。行宮裡有供大小便、沐浴、或舉行洗禮的帳篷；有作為慶典廳、覲見室、起居室、會客室、更衣室的大帳；有供舉行盛宴、娛樂的大帳，甚至有用來安放蘇丹遺體的帳篷。一五六六年蘇萊曼一世在匈牙利征戰時去世，這帳篷就派上用場。就連蘇丹最心愛的馬，也有專屬的帳篷馬廄。

奧圖曼人非常喜歡待在戶外。蘇丹或其官員常選擇在戶外用餐，地點可能是宮中的露天庭院，或博斯普魯斯海峽的海岸上，或城外的森林裡。他們抵達用餐地點時，會有一排帳篷搭好，食物、飲料備好，到了晚上，這群為數不多的帳篷會點上數百盞小燈和燈籠。穆罕默德四世在世時，皇家紮營隊和帳篷建造隊有將近千人，住在城中心附近碩大的舊皇宮裡。在舊覲見廳和公用室裡，有數百人盤腿坐在地上，縫製新帳篷，替新帳篷繡上圖案，或者修補舊帳篷。面積較小的儲物室則塞滿數千頂帳篷，大小從御用大帳到沐浴小帳不一而足，全都細心折好收起，帳上標示大小、新舊程度、顏色、功用。每頂帳篷都列入清冊，以便上頭一通知，就可立刻取出所要的帳篷。[3]

最大的帳篷非常重，需要六到十名壯漢才抬得動，而要搭起，則需要更多壯丁。[4]皇帝所用營帳，都有一層外帳和一層內帳，外帳防雨雪，以織工細密的帆布製成，通常染成紅色或淡綠色，內帳用質地更細緻的布製成，往往有裝飾或繡有圖案。士官兵帳小得多，沒那麼精緻，往往以毛氈製成，類似亞洲乾草原游牧民的帳篷。帳內，軍官擺設地毯、繡有圖案的垂掛織物、家具，營造舒適家居，但就連基層士兵的帳篷都製作精良且舒適，遠非西方軍隊所用的粗陋野營帳所能比擬。以五或十名士兵為單位，合用一遮風避雨的帳篷，每名士兵發予一張綿羊皮作為睡墊。「神光」澤被的士兵得到很好的照料。

就一六八三年這場仗來說，皇家帳篷建造隊供應了一萬五千多頂大大小小帳篷，其他每樣生活必需品數量也一樣足夠。作戰時軍隊可能的需求，樣樣得到滿足。步兵行軍時不帶武器：滑膛槍、矛、弓、箭筒，還有口糧，全由駱駝馱運，或用兩牛拉的兩輪車運送。奧圖曼士兵不必自行覓食，不必靠沿途所經地區給養。每天晚上紮營時，都已備好新鮮食物，士兵只需帶上米和麵粉，而米、麵粉用四輪運貨馬車載運。行軍途中，部隊有自己的綿羊群趕在部隊前頭，並配有屠夫負責在每晚紮營時殺羊，準備晚餐。

這個戰營以皇帝營帳群為核心，井然有序往外延伸。步兵和皇家騎兵隊營帳以同心圓式布局層層往外鋪排，但除此之外，還有炮兵營地和工兵營地，清楚說明此行意在作戰：因為蘇丹出獵從不帶火炮同行。每個營區各不相同，每個獨立小隊的營地，各以紅、藍、黑、綠色的獨特徽章和旗幟區別彼此，徽章和旗幟上會有畫上或繡上的劍、龍、鷺、狗、象圖案。營地生活處處受到規範。就連野戰廁所的挖掘都有規定：四周圍以矩形帳，上方敞開，用一塗成紅色的木底座遮住底下的糞坑。每七或八名士兵有一專屬炊事帳，每個炊事帳外，有數只著名的大銅鍋用以煮湯、煮飯、煮肉飯或燉肉菜，提供美味而又能充分補給體力的一餐。哈布斯堡大使吉斯朗・德・布斯貝克認為，「有兩樣東西最有利於土耳其人（作戰）……（就是）以米為穀類食物，以駱駝為馱獸，這兩者特別適於他們的長征。」遭土耳其人俘虜、關押的馬西利伯爵路易基·費南迪諾，驚訝於土耳其士兵每日三餐，相較於西方士兵供餐標準，「極度的豪奢」。按照伊斯蘭觀念，身與心的乾淨是真主所規定，並由真主的僕人蘇丹來貫徹。

炮兵營區裡，一個接一個整齊排列著各種大小的火炮，小至可由一隻駱駝馱運而供兩人操作的小野戰炮，大至得靠長列公牛拉動的厚重青銅攻城炮。這些重炮最難搬運，遙遠邊境發生戰爭時，走河路或陸路運到戰場所花的時間，將決定它們可投入戰場的時間長短。巴爾幹半島以北的戰爭，完全受制於天候和季節。匈牙利大平原是亞洲乾草原的最西段，除了東面，其他三面為丘陵、高山所圍繞。西面是往下逶迤至維也納多瑙河畔的阿爾卑斯山；北面是從西邊的捷克、斯洛伐克地區往東沿著喀爾巴阡山脈延伸的中歐高大山脊。多瑙河以南是土耳其語稱之為「巴爾幹」的山區，後來，多瑙河以南這整個地區，就沿用這土耳其語，統稱為巴爾幹。但在巴爾幹和喀爾巴阡山山麓丘陵之間，有一望無際的平原，冬季時，那平原空蕩蕩，景觀單調，稀疏點綴著村鎮。初春時，死寂大地變成豐茂草地，可供奧圖曼帝國數千隻馬匹一路啃食，直抵基督教歐洲的邊界。但春季降臨有利也有弊，因為滋養供馬兒啃食之青草的大小河川，也淹沒大片低地，在某些地方形成沼澤，拖慢載運奧圖曼軍隊輜重的四輪運貨馬車行進，以致一天只能前進數哩。至於重炮，若無法走水路北運，根本動彈不得。

但奧圖曼帝國有一秘密武器。營地裡，火炮旁邊，座落工兵營區，營區裡擺滿巨型起重機、浮橋、繩捲、替部隊架設臨時性渡河橋樑的主橫樑，還有用來破壞敵人防禦工事的所有神秘裝備。西方的防禦工事很強，但西方很少有工兵能比得過奧圖曼的軍隊。

伊斯坦堡城外營地的喧鬧，叫人想起一個無人觸及的問題。在奧圖曼帝國上次攻打哈布斯堡王朝已隔八十七年後，為何這位蘇丹要親率大軍浩浩蕩蕩開往西北，攻打哈布斯堡王朝？過去奧圖曼曾幾次派大軍攻打哈布斯堡王朝，但鮮少由蘇丹御駕親征。這麼做似乎沒有理由。哈布斯堡與奧圖曼之間的停戰協定一直有效，雖然未能完全消弭衝突，但並沒有發生嚴重到必須率大軍來攻的事件。在奧圖曼宮廷當人質的哈布斯堡外交官，曾寄數封信回維也納示警，說明奧圖曼帝國真的要進攻，絕非虛張聲勢。但他們提不出奧圖曼帝國為何要來攻的有力理由。

哈布斯堡王朝自認為帝胄，要一統天下，但有限的物質資源撐不起他們的雄心。癥結始終在錢，還有較次要原因，該王朝的領土很零散。皇帝萊奧波德甚至無法命令他的子民，下了命令也沒把握子民定會遵行。欲得到神聖羅馬帝國內部諸邦的支持，皇帝得向易怒、好爭吵、自私的選侯、地方統治者、議會好說歹說，甚至動用賄賂。難以彌合的裂痕——天主教與新教間的裂痕——仍影響歐洲的內部政治，新教諸國理所當然不想幫信仰天主教的皇帝。這就是萊奧波德所能局部掌控的神聖羅馬帝國，其內部的情況。號召整個歐洲——包括死對頭法國——聽命於哈布斯堡王朝，機率微乎其微。

西方的專家學者會拿出各種證據，證明奧圖曼國力在衰落，但說到打仗，土耳其人的攻擊力道，大大強過歐洲組成防禦部隊的能力。皇帝萊奧波德沒有蘇丹穆罕默德四世那種下令開戰的權力，或如臂使指般召集部隊遠征的權力。用最粗淺的話來說，蘇丹號召戰鬥時，會有十萬人毫無異議隨他出征；神聖羅馬皇帝下令集結部隊時，若有他所希望兵力的五分之一上前線，就要慶幸。

❖ ❖ ❖

在人員、裝備進駐戰營時，平常滿是軍人的城裡和城郊愈來愈空蕩。在薩赫札德清真寺旁有幾座大兵營，在緊鄰舊拜占庭城牆的城外有皇家騎兵營地，在博斯普魯斯海峽附近的托普哈內地區，有幾座生產火炮與滑膛槍的兵工廠。在這些軍事設施裡，商人、商店，乃至清真寺，全靠領蘇丹薪餉的士兵過活，也就是間接靠蘇丹過活。隨著每天都有小部隊離開，進駐戰營，街上變得詭異的冷清。大部分外地人只看到奧圖曼帝國透著異國情調的恢宏氣派，看不到支撐該帝國的精細複雜制度。布斯貝克在他那時候就已看出這兩點。他提及騎兵「騎在高大駿馬上，駿馬經精心梳理、漂亮打扮」……「看著那些各式各樣、五顏六色漂亮至極的衣著；給我再多時間，也無法把因金、銀、紫衣、絲織品、絲絨而到處熠熠耀眼的情景，完全傳達給你；給我再多言語，也無法讓你充分明瞭那景象的奇怪和奇妙：我這輩子沒見過這麼漂亮的場景。」

騎兵身穿絲綢織錦和鎖子甲，插上鷺羽裝飾，的確威風凜凜，非常氣派，但若客觀條件對，他們不只中看，還很中用。大部分奧圖曼騎兵，類似西歐中世紀的封建騎兵或十七世紀波蘭的胡薩里亞騎兵，擁有采邑。上戰場廝殺是他們的義務，以回報蘇丹賞賜莊園。他們得奉召入伍，為期一個戰鬥季。蘇丹的常備皇家騎兵隊，編制六個團，是土耳其菁英騎兵隊，其薪餉、訓練、武器裝備全由奧圖曼政府負責。這些重騎兵以善使刀、狼牙棒或戰斧而著稱，但他們最具殺傷力的武器是反曲弓。他們一如乾草原騎士，能在馬兒全速奔馳時彎弓搭箭瞄準，連續射擊一定距離外的敵軍步兵和騎兵，且命中率高，箭能穿透金屬盔甲。與西方騎兵近身混戰時，他們的速度和劍術則是殺敵利器。因此，在西歐，隨著近身肉搏愈來愈少見，騎兵逐漸拋棄胸鎧和頭盔時，在東戰線上與土耳其人交手的居拉西耶騎兵（上半身披鎧甲的騎兵）和龍騎兵（譯按：進攻時騎馬作戰，防禦時下馬成為普通步兵的一種騎兵），仍從頭到大腿包著鋼質盔甲，以防範奧圖曼重騎兵的箭和刀。除了重騎兵，還有數千名看似不起眼但非常能打的非正規輕騎兵，以及其他盟軍。輕騎兵為蘇丹效命，以征戰所能搜括到的奴隸和戰利品為報酬。盟軍當中則以精於襲襲且令西方人聞之色變，而由克里米亞汗領軍的韃靼游牧民最為著稱。

職業步兵，也就是聞名遐邇（或惡名昭彰）的土耳其禁衛軍，穿著雖不如皇家騎兵隊華麗，但同樣能征善戰。對許多西方人來說，光是這名號，就足以讓他們心生恐懼。兩百年來，奧圖曼帝國主要就靠土耳其禁衛軍團，十四世紀創立的「新軍」，在戰場上取得傲人勝績。從十四世紀起，幾乎所有禁衛軍都是同一出身。禁衛軍的兵源來自巴爾幹半島的基督教村落，那裡的孩童被強徵來予以訓練，並強迫改信伊斯蘭。禁衛軍團成為他們的家，蘇丹成為他們的父親和兄長。但到一六八二年時，禁衛軍團已充斥為取得終身飯碗和養老金而入伍，且其父親或叔伯也是禁衛軍的成員。禁衛軍成員，身上有代表其身分的標記，終生不失。如果是基督徒，只要加入時行割禮，就成為穆斯林。一旦受訓，右臂和右腿會刺上所屬小隊的象徵符號和個人編號，代表成為該隊的正式成員。如此殘酷的作法，目的在禁衛軍戰死後便於認出其遺體，但也作為領取薪餉和配給的資格憑證。每個禁衛軍營，編制三百人，分成五十至七十個獨立小隊。每個小隊為一獨立單位，吃住生活在一起。

由於愈來愈多人選擇結婚、離營與家人同住，導致住在兵營的人數愈來愈少。做此選擇會失去領取津貼與升遷的資格，但也取得做生意、做買賣的寶貴權利。禁衛軍成員做生意，有禁衛軍勢力做靠山，且有同袍光顧，不愁沒有客人。因此，在伊斯坦堡，他們不只在軍界、政界形成勢力，在商界的影響力也漸增。隨著禁衛軍升遷的管道變多，許多禁衛軍成員飛黃騰達。升遷仍得經過基層歷練，有時靠特別英勇的戰功得到升遷。時時有人抱怨最高階職位總是落入朝中官員青睞的人選，但也有許多基層禁衛軍成員靠才幹升上高位。奧圖曼帝國數百年間，有七十九位宰相、三十六名海軍艦隊司令，出身自禁衛軍。蘇丹本人名義上也是禁衛軍一員，刺有編號第一號。

漫長歷史裡，駐守都城的禁衛軍和其他部隊的人數，未有一定。發餉名冊和人員名冊往往遭貪污官員非法灌水，藉以中飽私囊。稱奧圖曼政府養了二十萬的軍隊，誇大過甚，但一六八二年時，伊斯坦堡城內和城外周邊的軍隊人數，大概有那十分之一。在禁衛軍各主要兵營的中央，有一名叫「肉廣場」的大操練場。每個星期，他們全副武裝，列隊走到那裡，操練規定的戰鬥動作。衝刺、集體突襲、擊劍、射箭，駕輕就熟，但他們也學習使用土耳其重型戰壕燧發槍。這種槍較像是安在要塞牆上的炮，而不像西方軍隊使用的較輕型武器。許多禁衛軍士兵受訓練為神槍手，他們所使的武器，火藥威力強，比起歐洲的火繩槍，射程和殺傷力較大得多，更準得多，因而成為重創敵軍的利器。

說到這裡，禁衛軍似乎是個鐵板一塊、行動一致的整體。每個成員無疑都給灌輸要時時刻刻注重自己小隊榮譽、整個禁衛軍榮譽的觀念，但事實上，禁衛軍的強處（和其弱點），在於其成員各屬於一「兄弟小隊」，由十至十五人組成的小隊。每個成員信賴刺有同小隊符號的戰友。首要效忠的對象是同隊戰友，然後是同營兄弟和營隊軍官，最後才效忠關係較遠的人，例如禁衛軍將領和蘇丹。禁衛軍雖然打起仗特別驃悍，但如果授與他們不認同的命令，也非常難駕御他們。他們不會盲目的惟命是從，這點是每個有見識的禁衛軍軍官都知道的。一千多年前的羅馬兵團老兵，可以說也有差不多的性格。若領導有方，羅馬兵團能完成超乎常人的成就；但如果沒了百人隊隊長和十人隊隊長，他們打起仗就會有氣無力。土耳其禁衛軍則不一樣，因為他們不只有深厚的袍澤情誼，還受到共通伊斯蘭信仰的激勵。他們不只是蘇丹的戰士，還是受神靈啟示的真主戰士，他們的衝勁和熱情受到配屬每個部隊的比克塔西教團苦行僧鼓舞。他們就像是狂野不羈的駿馬，指揮官必須想辦法說服他們接受指揮。辦法除了動粗使其就範，還有給予褒揚、獎賞、掠奪品。但基本上，每個禁衛軍戰士，以「真信仰」的戰士（加齊）身分，與敵廝殺、戰死。

在奧圖曼帝國占領的佩斯城，布斯貝克首次見到名聞天下的土耳其禁衛軍。他們死氣沉沉的面容，叫他大感意外：

> 這些人穿著及踝的袍服，用風帽蓋頭，而據他們所說，風帽原是斗篷的袖子，一部分蓋住頭，剩下的部分垂下，貼著頸子。額頭上置有一個頗長的銀質鍍金錐狀物，錐狀物上嵌有不值錢的石頭……老實說，若不是事先有人告訴我他們是禁衛軍，我會毫不遲疑把他們當成某土耳其教團的成員，或某穆斯林學院的學員。但這些就是所到之處令人聞風喪膽的著名禁衛軍戰士。

在大部分藝術家筆下，不管是奧圖曼或西方的藝術家筆下，土耳其禁衛軍身穿標準制服，有時還是顏色鮮亮的制服。禁衛軍軍官的確穿戴有凸花紋和毛皮鑲邊的長袍，但基層士兵的制服，卻是布斯貝克筆下的暗沉毛料、毛氈織物：「他們的穿著一點也不起眼。」但穿著雖然樸素，他們著名的繫帶帽——有白色寬帽邊替脖子遮陽的帽子——飾有羽毛，「在這上面，他們各發奇想，讓想像力恣意奔馳，特別是把帽子後邊翹起的老兵。插進他們額飾的羽毛，使人覺得像是座移動的森林。」但每個羽飾、每個徽章或裝飾，其實都是光榮或資深的標記，或最受看重的，對英勇表現的獎賞。布斯貝克無疑見到了曾在戰場上英勇殺敵的百戰老兵。

一六八二年十月六日，偌大戰營終於完成，擠滿禁衛軍和皇家騎兵隊。幾天後，齋戒月結束時，蘇丹離開托普卡珀宮——他的圖格旗高舉在隊伍最前頭，以讓街上所有人看見——浩浩蕩蕩住進他的作戰營帳。這支隊伍的出現，斬釘截鐵表示大軍就要出征。[5]每個階段都舉行了複雜儀式，通曉內情的外國人清楚知道將有事要發生。甫抵達的哈布斯堡王朝特使，伯爵卡普拉拉，知道奧圖曼帝國正準備攻打他的主子——神聖羅馬皇帝萊奧波德。他奉派前來協助倒楣的前任特使，自一六八〇年起在伊斯坦堡一直遭蘇丹冷落的格爾奧格・克里斯多夫・庫尼茨。庫尼茨與卡普拉拉彈同樣的調子——神聖羅馬皇帝希望將一六八四年到期的停戰協定延長二十年——但奧圖曼朝廷裡沒人願意聽。基於外交禮儀，卡普拉拉與庫尼茨別無選擇，必須隨蘇丹與其大軍北征。往樂觀想，他們或許會偷偷送口信回維也納示警。卡普拉拉秘書喬凡尼・貝納利亞在這途中所寫的日記，細膩觀察了他和大使見到的周遭情況，從中我們知道卡普拉拉見到什麼和理解到什麼。庫尼茨也生動記錄了他形同受俘的遭遇。

當時的西方人常以驚奇口吻談到「土耳其人」的尚武本質和他們的好戰天性。但一如所有看過戰營者都清楚理解到的，土耳其人真正厲害的地方，在於他們以認真和不拘一格的創新精神來看待作戰。戰爭勝負難料，但伊斯坦堡把開戰的準備過程化約為一套公式。當然，世事難料。糧秣可能會遲來，火炮可能會困在泥淖中，搭橋可能會因惡劣天候而延擱，補給船可能會在往往險惡的河上沉沒。但奧圖曼帝國的備戰體制，不凡之處在於其毫無遺漏的事前設想。那甚至估算了禁衛軍的鞋子穿多久後須換鞋底，因而在行進大軍抵達某地時，適時有另外徵召的補鞋匠來修補鞋子。一如行宮靠在都城時服務蘇丹的各行各業來維持，支援軍隊的服務業也跟軍隊同行，或者走在前頭，在每晚軍隊歇腳處等候。自羅馬帝國盛世以來，沒有其他國家如此規範、計畫、組織邊疆戰爭。

他們令人聞風喪膽的威名是否當之無愧？他們在裝備、後勤、飲食上，都比未來的對手更勝一籌。土耳其禁衛軍和皇家騎兵隊是受過訓練的職業軍人，但使他們與眾不同者乃是作戰方式和作戰動機。奧圖曼的禁衛軍（和重騎兵），與他們所要面對的敵軍不同。他們服役時間長，朝夕相處，死心塌地效忠所屬單位的隊徽，打起仗驃悍又能吃苦，但作戰時以獨立戰士的身分與敵廝殺。禁衛軍一起用餐時所講述的故事，乃是古往今來的英雄事蹟。在伊斯坦堡的禁衛軍兵營裡，老戰士住在原本所屬的單位附近，成為過去豐功偉業的活記憶。欲激勵下屬士氣的軍官，總會訴說那段過去。每個單位在梅赫特樂隊的激勵下上場殺敵，那樂隊就像蘇格蘭人的風笛手，激發不畏死的好戰精神。大定音鼓砰砰響，小鼓發出更急切的節奏，在穩定的敲鈸聲中，發出衝鋒的號角。

衝鋒是他們在兵營裡談論過，且在操練場上練習過的動作。眾人一致發出喊殺聲，數千個喉嚨發出的如雷吼聲，愈逼近敵人，聲音愈響。往前衝時他們擱下滑膛槍；披上弓，準備最後階段的攻擊：每個人手上握著粗重馬刀或可怕的禁衛軍彎刀（手腕一揮就能砍下敵人頭顱的短彎刀），眼睛盯著敵人，衝過最後幾公尺，衝進敵陣。在這些時刻，每名禁衛軍都只想著要殺死當面的敵人。衝鋒令一發出，就不能收回：不是打贏，就是遭擊退。到這時，禁衛軍這種作戰方式，已歷經兩百多年，且隨著他們所要攻打的敵人和戰役而有所改變。十四世紀時，他們已是奧圖曼戰線的核心，戰力強大而紀律嚴明，作戰時前面有反應靈敏且隨時準備犧牲的輔助部隊擋著，或有一排四輪運貨馬車擋著，誘導敵軍進入他們滑膛槍、矛、劍的攻擊範圍。在戰場上，他們能止住戴盔甲騎士的衝鋒，然後往前衝，撕碎敵人隊形。

但到了這時，戰爭已經不一樣。土耳其人攻占匈牙利大部分地區之後的一五五〇至一六〇〇年間，戰爭愈來愈多是位在哈布斯堡、奧圖曼兩帝國交界地區，或更北邊波蘭王國境內，曠日持久的城鎮、要塞攻防戰。[6]禁衛軍和奧圖曼炮兵、工兵，已開始改變作戰方式，以因應變動不居的戰爭需求。[7]十五、十六世紀，許多著名的交戰是在開闊地迅速分出勝負，但到了十七世紀，在西方的戰場，大部分衝突走上持久的攻防戰。猛烈的對陣戰相對較少，每場戰役裡，包圍、強攻具有城牆的城鎮、木堡、乃至沿西歐防線而築的現代化要塞，愈來愈多見。土耳其禁衛軍漸漸發展出打這類戰爭所需要的部分專業本事。他們成為數百年後所謂的突擊營或衝鋒隊。在敵軍炮火下越過破牆或穿過防禦工事缺口攻擊守軍，需要過人的勇氣。他們唯一的任務就是攻擊再攻擊，直到攻下目標為止。敢冒著槍林彈雨攻進敵軍防線缺口者，事後會得到巨額獎賞。同樣的，敢進入地下，與鑽進土耳其地道的敵軍坑道工兵廝殺者，事後也會發大財。

奧圖曼帝國精心挑選一些禁衛軍士兵，訓練其使用手擲式炸彈，也就是手榴彈。他們丟下滑膛槍，投入最後攻擊時，帶著一袋黏土材質或粗玻璃材質的小圓球，圓球裡塞了火藥。這些炸彈長得很像大石榴——因此西班牙語稱之為granata，法語稱之為grenade——有根短導火線，如石榴梗般從球體伸出。歐洲軍隊也用手榴彈，但那些手榴彈為鐵殼，內含的爆裂物較少；奧圖曼的手榴彈可擲得較遠，禁衛軍每個擲彈兵可帶較多手榴彈進入混戰的人群中。在你死我活近身肉搏的最後時刻，奧圖曼兵擲出的一波手榴彈，就能炸開敵人防線。手榴彈這種武器特別適合禁衛軍的作戰方式。它和刀劍、矛、戟一樣只能近敵使用，在戰鬥來到最危險且決定勝負的關鍵時刻，將火力投向敵方。它是新武器，但也是淵源久遠而叫人不敢小看的武器；後來，西方軍隊裡的擲彈兵被視為特別勇敢之人，因為他們冒著敵人最強大的火力往前衝，倖存機率極低。

這時，西方軍隊正往不同於奧圖曼帝國的方向發展。當奧圖曼帝國倚賴火力和野戰防禦工事擊敗穿盔甲的騎士和士兵，在西方，以三、四公尺長矛為武器的長矛兵，則成為步兵戰場上的主力。作戰時，數千名長矛兵的移動，從不超過平常行走速度；成功的關鍵在於保持方陣隊形，步伐一致。長矛只在野戰戰場有用武之地，用於防禦騎兵或用於攻擊其他步兵。但學習使用長矛，有助紀律養成。一如西方帶兵官所發現的，三千名手持矛或長矛的烏合之眾，與三千名行動一致的長矛兵隊大不相同。

在西方，印刷術的發展與普及，使兵法論著得以大為流通，一次印製以千本計，讀者除了專業人士，還有業餘人士。有操練手冊在手，加上一群聽話的新兵，幾個星期內就能訓練出有戰力的長矛兵，甚至滑膛槍兵。訓練一名土耳其禁衛軍嫻熟土耳其弓的使用，可能要花上數年。土耳其禁衛軍與蘇丹皇家騎兵的戰技，在某種程度上適應了多變的客觀環境，但戰技從未有根本的變革。勇敢與精於使用武器，是奧圖曼軍隊最看重的特質。相對的，在西方，紀律與秩序最受看重：步兵訓練愈來愈著重於聽口令或鼓聲做動作。有經驗且訓練有素的西方步兵，可以逐個單位轉換方向，往前、往後、轉往旁邊；能形成密集縱隊，或在幾分鐘內形成長列。

手持四公尺長矛的長矛兵，其漫長的風光歲月，已在一六四八年隨著三十年戰爭的結束而下場，而由滑膛槍兵漸漸取代其地位。西方將領已開始發展可挑戰奧圖曼帝國優勢軍力的戰術。打扮氣派的蘇丹皇家騎兵隊，看去或許威風凜凜，但在行家眼中，得打點折扣。一如西方步兵，一六四八年後，西方軍隊裡已出現新武器和新裝備。騎兵配備了多種火器：手槍、滑膛槍、設計來騎馬使用的卡賓槍。哈布斯堡王朝的居拉西耶騎兵和龍騎兵，穿著黑色胸鎧和露臉式頭盔，看來不起眼，但他們是西方騎兵中，最早開始配備奧圖曼帝國擁有已久的東西：火力加機動。但他們仍不是奧圖曼騎兵的對手。奧圖曼重騎兵的馬刀，設計來大肆砍殺，砍出深長切口，比西方武器更鋒利，且較不會變鈍；重騎兵很自豪能砍下敵軍長矛的矛尖。西方騎兵很少用火器；有些人說那是因為擊發滑膛槍和手槍會在他們精緻的袍服上留下油膩的火藥痕跡。但隨著哈布斯堡王朝的新騎兵（居拉西耶騎兵和龍騎兵）摸清楚土耳其人的實力，他們在對戰中愈來愈占上風。他們仍帶重劍以便近身搏鬥，但他們的新威力無疑來自他們所佩戴的槍。

還有個新設計，對付奧圖曼騎兵更為有效。刺刀要到十八世紀初才在歐洲廣泛使用，但更早之前，在一六四〇年代後，哈布斯堡王朝步兵就在用某種初期刺刀。那是根帶矛尖的長鋼矛，靠絞鍊裝在滑膛槍槍筒下方。理論上，若將這種滑膛槍往前伸出，可將奧圖曼騎兵隔在距滑膛槍兵至少一個劍身之外，但實際上它的護身效果遠不如更長的長矛。效命於哈布斯堡王朝的義大利將領萊蒙多·蒙帖庫科利，促成更進一步的發展。他將用來獵野豬的傳統短矛「豬羽」，改造為滑膛槍托架，托架上有一鋼鉤用來安置滑膛槍。在滑膛槍兵手中，這既可當作短矛，防禦騎兵攻擊，又可使滑膛槍射擊更準。防護滑膛槍兵最有效的東西，乃是名叫「西班牙騎士」的防柵。這種防柵包含一根長三公尺的堅硬木樑，木樑兩端各有堅固的台座，樑上開孔，插入「豬羽」，「豬羽」呈三十至四十五度的斜角伸向前方。迅速組合之後，就成為既穩固且攻不破的刺矛屏障：面對如此危險的東西，沒有馬敢衝上前。數百年來，弓箭手已懂得將削尖的木樁插入土裡，以阻止騎兵衝上前，但藉此保命的結果，卻也完全失去機動。只有靠長矛的保護，他們才能保有某種程度的機動。「西班牙騎士」是數百年後大幅改變戰場風貌的帶刺鐵絲網的始祖，藉由布設這種防柵，滑膛槍兵首度得以保護自己側翼，免遭奧圖曼騎兵的衝鋒攻擊。

但面對土耳其人的箭攻，西方人還沒有防禦之道。土耳其人的箭，射程比滑膛槍遠得多：據奧圖曼帝國的記載，有支箭射了八百公尺遠。就一六八〇年代的大部分用途來說，弓箭的威力仍強過槍，但箭術需要漫長訓練、不斷練習才能精通，需要強大臂力才拉得開弓弦，需要高明的力道控制才能射得準，且騎馬射箭時，騎士得只靠雙膝的施力來操控全速奔馳的馬。在西方的軍隊裡，菜鳥新兵訓練幾星期，就能成為優秀的滑膛槍步兵。但他們就只有這本事。最優秀的奧圖曼步兵，會的本事則多得驚人。他們能用劍、矛、穆斯林彎刀、箭或滑膛槍與敵廝殺。每個禁衛軍成員可從軍械庫裡選取自己最拿手的武器：列隊行進時，各人手上的武器不盡相同，也未像西方部隊那樣步伐一致。禁衛軍的機動性有限：他們願意前衝殺敵，但只願以古老尊貴的方式前衝。

雖有種種傳言說土耳其禁衛軍已然「沒落」，但只要領導有方，受到充分鼓舞，且客觀環境利於他們大展身手，他們還是難纏的對手。不過奧圖曼帶兵官無法像西方將領指揮其步兵那樣掌控或指揮其禁衛軍。在十七世紀漸漸接近尾聲時，對奧圖曼帝國來說，戰場是愈來愈覺陌生且綁手綁腳的地方。過去的英雄傳奇已不存在：禁衛軍英雄，第一個衝進敵人防線缺口，第一個翻過敵軍城牆，英勇仍舊無人能及，但在新戰爭形態裡，這樣的人愈來愈無足輕重。

❖ ❖ ❖

有些親眼目睹者，為歐洲提供了第一手資訊，說明「可怕或危險」的土耳其人軍力。從十六世紀最後二十五年起，就一直有以奧圖曼帝國為題的書、小冊子、新聞信札問世，但其中大部分著作的內容，大體上來自作者的道聽途說。後來的著作採用已出版著作的內容，把同樣的傳聞和故事，還有往往圖片，傳播到別的國家、別的民族。拉丁文著作，各地受過教育的人都看得懂，在歐陸的話，往往飾有精致插圖。因此，法國的古文物收藏家（和出色素描家）尚雅克．布瓦薩的《土耳其蘇丹的生活與肖像》出現在歐洲各地學者的書架上。一六〇三年，英格蘭小學老師理察．諾爾斯撰寫《土耳其通史》時，理所當然查閱了布瓦薩的著作。《土耳其人通史》以英語而非拉丁語寫成，鎖定的讀者群更廣。但布瓦薩的著作，也有許多地方根據一些前輩作家和藝術家的作品寫成。這些作品不可靠且常相互矛盾，有時卻是作者所能取得的最佳原始資料；而寥寥可數出於親身見聞的記述，更是不加批判就獲引用。

在一百多年的歲月裡，只有三位探討東方奧圖曼的作家，兼具寫作才華和敏銳的觀察能力，對這個奇怪且往往令人困惑的世界有長期的了解。這三人都不是蜻蜓點水的旅人；他們一待就是數年，而非數月或數天。因為僑居當地與土耳其人長期為伍，他們的生活徹底改觀。[8]他們都以有關奧圖曼帝國的著作而聞名全歐，且那些著作前後出了許多版，翻譯成多國語言。其中待的最久者，就是前面已提過的奧吉耶．吉斯朗．德．布斯貝克。據認他是布斯貝克勛爵的親生兒子，一五二〇或一五二一年在法蘭德斯境內，靠近法國邊界的城堡出生。他最得父親寵愛，但私生子身分使其得不到明確的社會地位。布斯貝克得以擺脫環境的束縛，大體上憑藉其衝勁和無可抑遏的才智。他為神聖羅馬皇帝執行了多次小任務，[9]因此，哈布斯堡王朝欲找人出使蘇丹蘇萊曼的皇廷時，他順理成章出線。那也是個苦差事：前幾任特使受過奧圖曼帝國恐嚇、囚禁、揚言給予更慘的苦頭吃。

布斯貝克的《出使土耳其書信集》暢銷全歐，出現了拉丁語、法語、德語、荷語、西語、特別是英語諸版本。其他作家往往直接抄襲布斯貝克的見聞，當作自己的知識來賣弄。在布斯貝克居留伊斯坦堡三百年後，他的作品仍被視為符合當代情勢的精確資料而為人使用，且至今仍在印製出版。[10] 他的《書信集》率直而令人驚艷，全是寫給尼古拉・米修爾的信。米修爾是他在神聖羅馬帝國的外交同僚，自他在威尼斯求學時就結識的朋友。那些書信出版時，他似乎只更動了原稿少許地方，但對於那些誤解奧圖曼帝國本性的西方人，他毫無遮掩顯示其不耐；身為基督徒的布斯貝克，特別強調了西方基督教徒該向奧圖曼帝國學習的地方。

由布斯貝克的書信，可以看出他有著無可壓抑的好奇心，在形同受軟禁期間，他還在庭院和馬廄裡養了各式各樣動物供研究和觀察。布斯貝克渴望揚名立萬，很想看看這個充滿異國情調的東方新世界。米修爾問起他在這大城見到什麼，他在信中語帶愁苦回答：「若非奉皇上之命前來晉見蘇丹，或者說若非奉命前來抗議土耳其駐軍的劫掠和惡行，我大概不會這麼做。如果偶爾想由看守人跟著，騎馬到城裡逛逛，應該可能獲准……但我喜愛的是鄉村和田野，而不是這個城市，更何況這城市已快要瓦解，其往日的榮光，除了尚享有的崇高地位，已蕩然無存。」布斯貝克觀察入微，不管觀察對象是花草樹木、景觀或人。他的書信集，前後出了那麼多版，全未飾以雕版畫，且未遭過苛刻的惡評。他的著作一點都不花俏，這點令人納悶。隨他出使的隨員中，有位丹麥的青年才俊藝術家，名叫梅爾希奧．洛爾克，又名洛里克斯。在他的主子形同受軟禁期間，他可以在外自由行動。他所繪製的素描和雕版畫，最終集結成書，死後出版（一六二六）；他這兩類作品重繪了布斯貝克的筆下世界，但以更富異國情調的風格予以呈現。洛爾克看待伊斯坦堡的景物，就如同看待畫室裡的模特兒。他筆下的世界，人、物凍結於某一刻，不管那是清真寺、宮殿、王子、蘇丹、老百姓皆然。

另外兩名作家，比布斯貝克和洛爾克更早來到伊斯坦堡。尼古拉．德．尼古萊描繪奧圖曼世界的著作，一五六七年在里昂出版。若說布斯貝克沒有讀過這作品，實在叫人難以相信。[11]這位藝術家在一五一七年出生於法國東南部的多菲內。一五五一年，法國國王亨利二世派遣已任職大使十年的阿拉蒙伯爵，率領更龐大的隨員隊伍回蘇萊曼王廷。隨員之中包括法國的官方地圖繪製員和素描家尼古拉．德．尼古萊。[12]他從二十五歲起當傭兵兼旅行家，四處遊歷、打仗，足跡北至波羅的海，東至希臘。後來，靠著自學而成的素描本事，他改行繪製地圖，跟著使節團來到奧圖曼世界。其實尼古萊可能是派去刺探敵情的。他奉命畫下沿途所經過的港口和陸標，特別是通往伊斯坦堡的路徑和保護該城的陸上防禦設施。在官派任務之外，他自行畫下他所見到的其他東西。一五五五年離開東方之後，他又遊歷了其他地方，在十餘年後的一五六七至一五六八年，出版他的東方見聞錄，書中附上六十多幀有關服飾的雕版畫和取材自當地生活的敘事畫。

尼古萊坦然承認他的插圖不盡是事實。女人圖像，例如「貴婦暨土耳其大人的妻子」或

「在自己屋裡的土耳其貴婦」，無疑和實際的土耳其女人有出入。他提到有個來自拉古薩的宮中太監，「做人低調而正直」，從市場買了一些體面的衣服，把兩名妓女精心打扮，然後這位藝術家根據她們畫了他想像中的貴婦。他所描述的事物，有許多是他親眼所見，例如那些著名的摔角手（「因為我在君士坦丁堡見過他們」），但也有不少是來自他人轉述。有一些完全出於想像，例如羅馬人打扮的兩名男子，或拿著顯然是西式流蘇旗子、赴麥加朝覲的信徒。[13]

他曾詳細描述他的模特兒——不怕死的巴爾幹輕騎兵，人稱「德利」。尼古萊說他第一次見到這種騎兵「是在阿德里安堡，當時他與阿拉蒙勛爵位在魯斯圖姆帕夏家中，那位德利騎兵是魯斯圖姆帕夏的家臣（譯按：帕夏是奧圖曼帝國高級文武官員的稱號，置於姓名後）。那騎兵跟著我們到我們的住所，而他這麼做，不只是應我們的要求，也是希望得到禮物。」他的外表很特別：「緊身上衣和緊身長褲……為小熊皮製成。從他頭上垂下一件波蘭式或喬治亞式的長斗篷，蓋住一邊肩膀，斗篷以帶有密集斑點的花豹皮製成。為更顯猙獰可怕，額前綁上一根長長雕尾，小圓盾上釘上一對雕翼。」尼古萊問他是哪裡人，通過翻譯，他說他是塞爾維亞人，但其祖父是「安息人後代」，他表面上自稱是穆斯林，「但出生時是基督徒，且未來也會是基督徒。為使我更加相信，他以通俗希臘語唸了……主禱文、聖母經、使徒信經。我又問他為何打扮得這麼奇怪，插上這麼漂亮的羽毛，他答那是為在敵人面前顯得更凶猛、更可怕。至於那些鳥毛，根據他們民族的習俗，只有不凡的（英勇）戰功者才能配戴……那是英勇士兵的典型飾物。」這段話淋漓盡致描寫了他那位「漂亮的德利」。

尼古萊的《航遊記》裡，哪些是真，哪些是虛構？如今難以確認，對當時大部分讀者來說，書中充斥的未開化事物似乎千真萬確，因為他們心裡原就抱持如此的認知。該書出版後立即大賣，很快就出現義大利語版、法語版、英語版，每個版本都用到尼古萊為該書所繪的整套作品（有時還加上別的作品）。他為說明當時東方服飾所出版的畫作，其中人物的姿勢和服飾的種類成為後來許多雕版畫、木版書製作的張本。[14]但一如梅爾希爾．洛爾克，尼古萊著迷於古怪事物，乃是因為在他的藝術家眼光中，拿那些事物畫出來的主題，較有力，較吸引人。古怪稀奇的故事，也有類似的吸引力，因此他聆聽有關波斯人的性習慣、伊斯蘭卡倫德里教派可怕的自殘、或土耳其浴熱氣蒸騰激發出浮濫的女同性戀行為等古怪故事。在此之前幾個世紀裡，有些旅行家報導東方住有狗頭人，也是這種盲目輕信的心理作祟所致。

第三位親眼見證者保羅．萊科特，與布斯貝克、尼古萊都大不相同。保羅．萊科特的父親彼得．萊科特是個經商有成的胡格諾派教徒，約一六〇〇年時離開安特衛普前往倫敦，靠著與義大利和西地中海地區貿易賺了大筆錢，用這筆錢在英格蘭社會定居下來。受封為爵士後，他支持英王查理一世，在內戰期間借了大筆資金給保皇運動。查理一世落敗後，新成立的共和政府逼他出境。他生了十個兒子，一六二九年出生的保羅是老么。保羅在劍橋受過教育，且拜其父與西班牙王室的廣泛人脈，進西班牙的阿爾卡拉德埃納雷斯大學唸過書。他遊歷義大利各地，最後加入查理二世在布魯賽爾的流亡王廷。查理二世於一六六〇年復辟後，保羅出任溫奇爾西伯爵的秘書，而出任此職時，伯爵正受命出使君士坦丁堡。

來到奧圖曼帝國時，他三十二歲，接下來四十年，奧圖曼帝國一直是他生活、名聲、利益的中心。他最初在伊斯坦堡待了十七年，一六六七年起，擔任英格蘭駐士麥那（英格蘭與安納托利亞、黎凡特兩地區貿易的主要港口之一）領事。他在伊斯坦堡開始寫那部有關奧圖曼帝國的著作，且據他所說，曾把書中許多內容唸給大使聽。他蒐集經專業人士讀過、修正過的最可靠資料，打算以那些資料為基礎，寫一本科學性的研究作品。他告訴其讀者，「謹在此獻上土耳其人政府與宗教的真正體制或模式；我的作法與某些聰明而善於想像的旅行家不同，那些人把他們的觀察發現說成是旅途中發生的事，其實大部分採集自他人之口，以及偶然同行的旅人之間的交談，因而易有許多謬誤。」

相對的，萊科特派駐「帝都」五年，「時時有機會見到該國宰相」，能「比走馬看花而不得不滿足於表面認識的旅人，更深入這個叫我們覺得奇怪而野蠻的神秘政府。」靠自我推銷，他成為英國皇家學會一員，成為著名的奧圖曼事務專家，且名聲終生不輟。誠如他所說的，他「熟悉」奧圖曼帝國，建立與奧圖曼帝國友好的「形象」。他告訴其贊助者阿靈頓勛爵，土耳其人是「與我們一模一樣的人，不可能如一般所說的那樣殘暴、粗野。」

但有時他們的確「殘暴而粗野」，叫他費解。最後，萊科特對他筆下的奧圖曼世界感到困惑，慶幸自己的國王是查理二世，「慶幸自己生在世上最自由、最公義的國家；慶幸自己是天下最寬容、最仁慈之國君的子民。」一如他所倚賴的奧圖曼帕夏和朝中大臣必須諂媚蘇丹以得到寵愛，他也得諂媚英王以求國王垂青。而且一如他們，他未如願，一如他們，他幾次陷入險境。他父親的財產已幾乎全葬送在英格蘭的政治革命；他經歷過四處流浪的流亡生活。一如他的前輩布斯貝克和尼古萊，他的描述帶有個人回憶的色彩：私生子布斯貝克、傭兵尼古萊、移民英格蘭的第二代萊科特，全都靠他們與奧圖曼帝國的交往闖出名聲。誠如萊科特所說的，他們三人都發現奧圖曼帝國的本質與歐洲人無異，但也同時發現奧圖曼是個可怕而陌生的國度。

這三位在奧圖曼僑居過的歐洲人，乃是十六、十七世紀時最接近於了解奧圖曼世界的歐洲人。呈現在他們筆下的奧圖曼，是個已將原由基督教君王統治的多個地區納入版圖的國家，是個宰制與亞洲貿易、其私掠船甚至襲掠歐洲大西洋岸的國家，是個往西野蠻攻擊、最遠及於日耳曼邊境城鎮林茨的國家。他們實地看過土耳其人的軍力，評估過其強處與弱點，但仍認為他們是非常危險的敵人。

他們的看法沒錯，因為奧圖曼帝國在軍事、政治、宗教信仰上，挑戰整個歐洲。最後一項挑戰至今仍顯而易見，但在十七世紀，這三項挑戰無所不在。不過只有少數幾個國家，面臨全部的挑戰；有些國家，例如法國和瑞典，基於「敵人的敵人就是朋友」的原則，甚至認為應與奧圖曼帝國交好。法國人陷入與哈布斯堡王朝始於十六世紀初期的殊死鬥爭，一心欲突破困境；瑞典人則正為爭奪波羅的海的霸權而與俄國沙皇大動干戈。對這兩國來說，支持土耳其人，不必勞民傷財，就能輕鬆打擊不共戴天的死敵。英格蘭和尼德蘭兩國在地中海地區都有貿易利益，若與奧圖曼帝國翻臉，大不利於在當地的貿易。對於該如何對應奧圖曼土耳其人，歐洲人並沒有共識，但即使未公然與奧圖曼為敵者，仍心懷不安看待奧圖曼帝國。[15]

在三百多年後回顧一六八二年的情勢和接下來幾年的發展，很難理解奧圖曼政府和其意向、動機。它的內部政治活動至少和其西方對手國一樣複雜，成敗的賭注更大。失勢或不得人心的政治人物，仍將為失敗付出砍頭的代價，一如英王亨利八世朝中的政治人物。但並非每個失勢的政治人物，都落得這般下場。一六五六年，流亡在外的穆罕默德．科普律呂成功東山再起，建立了一段由連續幾位宰相掌握實權的時期（這段時期直到進入十八世紀許久以後才結束）。奧圖曼帝國頻頻發生政治整肅、暴民統治、地區叛亂、軍隊叛亂、暗殺、政治謀殺，直至二十世紀初該帝國覆滅為止。環顧當時西方世界，沒有哪個國家如此強大，擁有如此複雜的官僚體系，以如此無情、如此不受約束的貴族階層治理國家，且引發如此普遍的恐懼。[16]

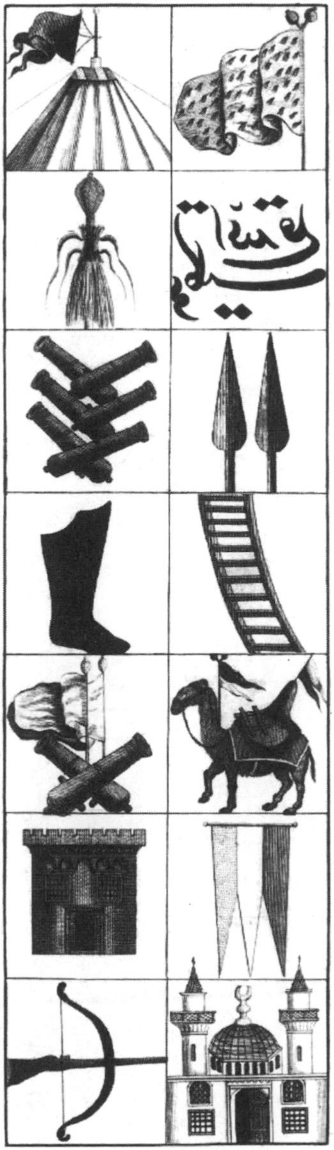

奧圖曼人的攻城術，不靠火力，而是靠一批批前仆後繼、即使碰上強大炮火也不後退的坑道工兵。

這一西征，工程浩大。此後直到拿破崙皇帝於一八一二年揮兵進攻俄羅斯，希特勒於一九四一年循同一路徑攻打蘇聯，少有比這更大膽的軍事舉動。

CHAPTER

2

土耳其人與韃靼人

Turks and Tartars

蘇丹穆罕默德四世在伊斯坦堡城外的大營地待沒多久。進駐的隔天，他就帶著朝臣和數千名御林軍，啟程前往都城西北方約兩百四十公里處，位於埃迪爾內的皇宮。龐大馬隊前進緩慢，因為前往色雷斯地區途中，有大量動物可獵，機會難得。他無意趕路，也無此需要。隔年春天雪融之前不可能開戰，而且無論如何，他對打仗沒什麼興趣。蘇丹的馬隊浩浩蕩蕩北行時，禁衛軍的主力，炮兵和工兵，仍留在伊斯坦堡城外的營地裡，等最後的必需品運到。這是場已排定時程表的戰爭，但時程訂得很寬鬆。

要不是有打獵，穆罕默德四世的一生將過得乏味而無趣。一六八二年秋時，他四十歲，從八歲即位，當「眾蘇丹之蘇丹」、「眾汗之汗」、「伊斯蘭信士的指揮官」，已當了三十二年。只有一個世紀前的「立法者」蘇萊曼一世，在位更久於他。他能活如此久很不簡單，因為他是在政治大亂的情勢下建功立業。他父親「瘋子」易卜拉欣，眾所公認沒有當蘇丹的本事。奧圖曼蘇丹以好色無度的形象著稱於世，讓西方作家大大滿足了他們淫穢不堪的想像，但揆諸歷史，只有少數蘇丹符合這形象，而易卜拉欣就是其中之一。他母親擔心他生不出兒子，於是以女色誘惑他，他因此給培養成色情狂，墜入狂亂的感官想像中。有關奧圖曼歷任蘇丹的故事，有一些叫人難以相信，但就易卜拉欣來說，有許多大概為真。他最後遭罷黜，一六四八年遭以殘酷方式殺害。穆罕默德四世繼位後，由他可怕的祖母攝政，但為時不久。她遭殺害後，他母后哈狄嘉．圖爾罕．哈提斯在宮中掌理國政。那時大概沒有人會料到，他會在位將近四十年。

穆罕默德四世年幼時就著迷於過去蘇丹的豐功偉績，特別是他的叔叔穆拉德四世。穆拉德的軍事功績，這時仍為老百姓所津津樂道。後來，史學家奈瑪稱穆拉德是戰爭英雄的典範，親自帶兵出京打巴格達戰役，「騎著像龍的馬」，頭戴「纏著紅色頭巾的鐵頭盔」。有幅肖像畫，畫他騎馬東征，腰際掛著飾有珠寶的小刀，肩上披著弓和箭筒，罩著毛皮斗篷。為紀念他的兩場大勝——包圍、攻占埃里溫（一六三五）和巴格達（一六三八）——他在托普卡珀宮的庭園裡建了兩座宏偉的亭子。兩年後，穆拉德去世，他的形象仍活在人民心中。他的侄子穆罕默德四世也被封以或被罵以一個響亮的封號，也就是他的偉大先王、一四五三年征服君士坦丁堡的穆罕默德二世的封號（「征服者」）。一如塞萬提斯筆下的堂吉訶德，「一年裡絕大部分時間閒暇無事，使他迷上閱讀騎士傳奇故事。」

托普卡珀宮的寶庫裡，多的是珍貴書籍。皇家畫院製作的王朝插圖史，製作於蘇萊曼一世和其兒子塞利姆二世在位的一五二〇至一五七四年間，頌揚從開基祖奧斯曼以降，該家族數百年來的豐功偉業。蘇萊曼的勝績，展現在《蘇萊曼本紀》，始於他登基，迄於他在匈牙利攻打錫蓋特堡的最後一場戰役。這一系列出色的彩繪書籍，飾有許多炫麗耀眼的微型畫，和西方最偉大的同類彩繪手抄本無分軒輊，生動闡述了奧圖曼人在戰場上的成就。畫中的禁衛軍與騎兵、圍城與廝殺的場景，填滿穆罕默德年輕易感的心靈。並非每個蘇丹都能成為穆罕默德二世、蘇萊曼或穆拉德四世；但戰士這個角色被認為特別適合奧圖曼統治者。

君士坦丁堡，或者伊斯坦堡（過去這兩個名稱都有人用），始終被視為是奧圖曼認同的象徵，而「征服者」穆罕默德二世在位時，命人在改名為聖索非亞清真寺的拜占庭聖智教堂後面的廢棄空地上，建造巍峨的托普卡珀宮。這塊位於岬角尖端的地區，可能是該城最開闊氣派的地方，隔著博斯普魯斯海峽遠眺對面的亞洲陸地。在君士坦丁堡，就只有這裡能讓人像在埃迪爾內般，感受到遠山、樹木、庭園營造出的迷人情調。托普卡珀宮被稱為「新宮」，供蘇丹夏季避暑之用，因為穆罕默德在城中心建的第一宮，擠居在高大城牆後的狹促空間裡，在夏冬兩季都叫人窒悶不舒服。托普卡珀宮於一四七九年一月建成，穆罕默德二世忍著腿部化膿腫脹的巨痛，在養傷期間，將該宮最深處化為由他親自設計、種植花木的秘密花園。該宮外圍區是開闊的公共空間，只供蘇丹一家人使用的內層私密空間，是個與伊斯坦堡完全屬於不同世界的庭園。在該宮最深處，最響亮的聲音是鳥鳴，而非該城街頭的喧囂。這位蘇丹試圖在皇權中心區複製埃迪爾內的賞心美景；他於一四三二年在埃迪爾內出生，那是他童年的家。但如今，托普卡珀宮倖存下來，埃迪爾內則只存於想像。埃迪爾內的皇宮，先是在一七四五年損於大火，繼之在一七五一年損於地震，接著在一八七八至一八七九年抵擋俄羅斯人圍攻的戰役中幾乎全毀，只剩幾棟宏大建築存世至今。如今，我們大體只能根據奧圖曼人在伊斯坦堡的城市環境裡複製的埃迪爾內宮，捕捉該宮當年的模樣。

穆拉德四世短暫如流星的征戰生涯，只是奧圖曼政治體制在緩慢衰敗的過程中短暫的停頓。當時西方人認為奧圖曼的日漸沒落已成定局。宮廷陰謀、蘇丹昏庸、地方叛亂，使外界認為這帝國必將分崩離析。結果，這帝國的強韌超乎任何人的想像。不過，奧圖曼帝國的中興，不是靠蘇萊曼一世或「征服者」穆罕默德之類明君的再世，而是靠科普律呂家族所打造，由宰相掌權的政治王朝。在日本，皇族也遭孤立，且在一六〇三年德川幕府成立之後，國政大權旁落。在伊斯坦堡的奧圖曼王朝與日本不同，一六五六年後，該王朝仍是政治體制的中樞。

已有大把年紀的帕夏，穆罕默德．科普律呂，原在不屬京畿的安納托利亞地方，安靜過著形同退休的生活，卻在穆罕默德四世的大位風雨飄搖之際，受那位一心挽救兒子的母后力請，回到都城力挽危局。戰爭——集結人心共護中央的傳統利器——給了這位新宰相整肅異己的大權。四年內，軍事體制重振活力，他開始巧妙利用年輕蘇丹亟思有所作為的形象整頓政局。科普律呂籌謀畫策，殺害安納托利亞叛軍頭子之一的阿巴札．哈桑和其黨羽，割下頭顱，拿下頭皮，在頭皮裡塞進禾草使其密實，送到都城，然後，志得意滿的穆罕默德．科普律呂迅即擬定由蘇丹盛大出巡，慢慢進入叛軍心臟地帶，抵達舊都布爾薩的計畫。在布爾薩，蘇丹穆罕默德四世以隆重排場祭拜了遠祖的墳墓。在布爾薩那個晚上，他端坐在先知穆罕默德的斗篷旁邊受晃，斗篷是從托普卡珀宮的寶庫運來。一隊隊官員和民間領袖上前，向這件聖徒遺物和奧斯曼家族的在世化身致敬，表示服膺該家族威嚴王權的領導。這傳達的訊息再清楚不過。這位蘇丹雖然尚未成年，但他擁有的權力，不可挑戰或推翻。

但要貶低蘇丹的王權，又要使他深處宮中，與外隔絕，兩者間的平衡需要巧妙拿捏。法濟爾．艾哈邁德．科普律呂，科普律呂家族的第二位宰相，也是最有成就的宰相，在父親於一六六一年去世後接掌父職。穆罕默德四世喜歡埃迪爾內，而不喜伊斯坦堡，法濟爾・艾哈邁德・科普律呂樂得順他的意，因為他發覺帶兵出征時，這樣正有利於讓他主子遠離都城的陰謀和烏煙瘴氣的政治。但一如他父親，他堅持要蘇丹履行其象徵性的義務。這位蘇丹的參戰可能完全是象徵性、做做樣子：一六六三年，才二十一歲的穆罕默德四世就曾「率」軍北征，但行至埃爾迪內的夏宮就停住，然後在該地，他任命法濟爾・艾哈邁德・科普律呂為戰場統帥，他本人則留下來享受打獵之樂。事後看來，這反倒是好事，因為這場仗的主要目標全沒達成，大軍在聖哥達之役（一六六四）遭哈布斯堡部隊擊潰。但這對蘇丹幾無影響。

穆罕默德自認是個剛強、精力十足、幾乎生活在馬背上的統治者。一如他的外號「獵人」所顯示的，他極好動，一刻也靜不下來。如今常有人據此認為，他對自己未能善盡蘇丹職責感到丟臉，但在奧圖曼人眼中，一如在歐洲人眼中，打獵就是種作戰，從中可展現騎馬、射擊本事和勇氣。但追獵成年公鹿、在馬背上射殺狼、或甚至獵熊，絕無法讓他贏得「征服者」的封號。畢竟得此封號的蘇丹穆拉德四世，有拿下巴格達的功績，而最後一位得此封號（「埃格爾的征服者」）的蘇丹穆罕默德三世（受封理由較牽強得多），曾在一五九六年率軍征歐。穆罕默德四世渴望得到一場大勝，一場和先王相比毫不遜色的大勝。

一六六五年秋，新宰相在匈牙利打了上任後第一場大戰役之後，他帶領蘇丹和滿朝文武再次出巡，檢視由母后圖爾罕出資興建的達達尼爾海峽防禦工事。在奧圖曼都城於一六四八至一六五六年間遭威尼斯艦隊封鎖之後，此舉表達奧圖曼王室能自己出錢，以保護「最上國」

的土地與人民，使其免遭異教徒威尼斯人傷害的決心。這也將國人的注意力引離前一年的挫敗。穆罕默德四世安然返回埃迪爾內後，宰相和軍隊在內格羅龐特島（又稱歐維亞島）登船，準備進攻威尼斯人在克里特島的據點，在這同時，位在埃迪爾內的蘇丹則白天打獵，晚上聽宮中史官講述先王輝煌的征戰史。

克里特島一役得勝，報了聖哥達之役大敗的恥辱。穆罕默德四世收到圍攻坎迪亞的軍情回報時，渴望參戰之心更為熾烈。眼見戰事進展順利，攻下該城指日可待，蘇丹不再猶豫，一六六九年春決意親赴戰場。他準備啟程時，正好傳來攻陷威尼斯人在島上最後一座要塞伊拉克利翁的消息。穆罕默德四世未踏上克里特島就返回埃迪爾內，但官方為討好蘇丹而捏造事實，指稱這場仗是蘇丹御駕親征。一六七〇年，宰相法濟爾・艾哈邁德帕夏率領勝利之師凱旋回京。這一次威尼斯人的據點，抵抗奧圖曼人圍攻二十二年的坎迪亞，終於被他攻下；不到一年，他又計畫出征，這一次是德涅斯特河另一頭的極北邊。

這一次蘇丹穆罕默德四世決意親征。在一六七二年這場戰役中，他率大軍來到前線，並帶了大兒子穆斯塔法同行。一如克里特島之役，預定目標全部達成。築有城牆且有波蘭王國派兵駐守的卡門內茨鎮，在圍攻不久、轟城九天後就投降，守軍將城門鑰匙交給法濟爾・艾哈邁德。降城後的那個星期五，穆突默德四世進入卡門內茨城，受歡呼為「加齊」戰士、戰士蘇丹，並將天主教的聖彼得大教堂迅即改名為蘇丹穆罕默德清真大寺，赴該寺參加集體禮拜（主麻拜）。這場勝仗與一四五三年蘇丹穆罕默德二世的勝仗——「征服者」穆罕默德二世攻下君士坦丁堡的聖索非亞大教堂，將其改闢為清真寺——兩者間的相似之處，不言可喻。但南返之行，曝露了這場戰爭較不光彩的一面。

當時有位法國人寫道：「奧圖曼群臣經過四十五天的痛苦跋涉，在一六七二年十二月八日抵達阿德里安堡。由於這季節天候惡劣、糧食與其他必需品短缺、路況糟糕，途中死了許多人和牲畜。路況之糟，不管用哪種方式，使得火炮的拉運不管用哪種方式都極為勉強，習慣於寒冷與水折磨的波蘭人，若能追擊這些勝利者，應該不難報敗戰之仇……。」不過，奧圖曼人終究打勝了，穆罕默德下令每個城鎮慶祝。「整個帝國為他出征得勝的消息舉國歡騰……（他）命令各省省長辦三天三夜的公開慶祝活動，把街頭、港口、商店、道路、廣場裝飾得美侖美奐，以放炮、生篝火表達這個普天同慶的歡欣。」

一六七六年十一月三日，法濟爾・艾哈邁德帕夏突然死在從伊斯坦堡到埃迪爾內的路上。他有酗酒的習慣，酗酒最終引發中風和癱瘓。但經過科普律呂家族二十年的掌朝，由誰來接任宰相，朝中百官心裡早有數。他的養兄弟卡拉・穆斯塔法，早已得到蘇丹的寵信，且是科普律呂家族選定的接班人選。卡拉・穆斯塔法一當上宰相，立即展開法濟爾・艾哈邁德攻打俄羅斯人的未竟計畫。卡拉・穆斯塔法沒有養兄弟那種胸有成足的政治手腕，也沒有養兄弟那種縝密周詳事先規畫的本事。他處處以他的父親為師——以恐懼和嚴懲為治理手段——但未能領會第一任科普律呂家族宰相微妙的政治操作手腕——用心經營家族之外的人脈。若由更英明、更善於規畫的領袖帶領，他會是英勇而能幹的下屬。但他拙於領導統御。

他指揮的第一場仗未如計畫所願：一六七七年他失敗撤回。但隔年，他率軍重返該地，終於達成目標。奧圖曼人攻下遭俄羅斯人占領的烏克蘭關鍵城鎮徹爾延。接著他開始計畫一雪一六六四年敗於哈布斯堡王朝之手的恥辱。那是科布律呂家族漫長的輝煌歷史中，唯一的一場大敗。

❖ ❖ ❖

在徹爾佩奇草地舉行過的出征儀式，這時搬到埃迪爾內重新舉行，埃迪爾內是攻打基督教異教徒的第一個集結點。但蘇丹已對上戰場不感興趣。一六八二年九月，他無意重溫十年前那個不舒服的經驗，寧可在他的天堂花園度過冬天，或許加上春天和夏天。埃迪爾內已是奧圖曼王朝在歐洲的權力中樞所在，且繼續在土耳其人征服歐洲的戰爭中扮演特殊角色。蘇丹穆拉德二世在一四一七年建造的埃迪爾內皇宮，乃是奧圖曼人在歐洲建造的第一個宏大建築。[1]穆拉德的兒子，攻下君士坦丁堡的穆罕默德二世，曾擴建該宮，後來他的曾孫，被西方人冠上「偉人」封號的蘇萊曼一世，亦予以擴建。馬爾馬拉海沿岸的托普卡珀宮，從庭園到蔭涼的林間通道和庭園建築，都是仿埃迪爾內皇宮建成，但不如後者精緻。布斯貝克在埃迪爾內見到「一處種滿鬱金香的庭園，庭園位在土質肥沃的寬闊草地上，周邊為登薩河所圍繞。在庭園的一側，有片小樹林，裡面種了柳樹、懸鈴木、柏樹、楊樹、榆樹予以美化，每棵樹仰首向天……各種野生動物和鳥在樹林棲息，多到塞不下。」奇罕努馬樓，樓高七層，狀似角樓，鶴立在樹林中；最頂層是拱頂裝飾的閣樓，閣樓中央是一芳香池，往外可俯瞰賞心悅目的林園並遠眺宮苑裡的三條河和幽暗森林。

對於伊斯坦堡，許多奧圖曼蘇丹是既愛又恨。皇宮外的伊斯坦堡正愈來愈奧圖曼化，大清真寺和其他官方建築成為該城最搶眼的建築。但該城的拜占庭背景卻始終歷歷在目。如果蘇丹騎馬出高聳的招呼門，右手邊的聖索非亞大清真寺雖已添上穆斯林元素，骨子裡仍是古老的聖索非亞（「聖智」）基督教堂。在儀仗隊擁護下，穿過古羅馬的賽馬場，前往「征服者」穆罕默德、塞利姆一世、塞利姆二世所建的諸座清真寺，途中走過的是古羅馬的過去，而非土耳其人的過去。

埃迪爾內的整體性格，予人不同的感覺。[2]它代表了奧圖曼人的特質，淋漓盡致體現了何為近乎無窮的空間、快速流動的河川、綿延直至遠山的壯闊景致。特別是對穆罕默德二世來說，埃迪爾內的王宮是他最大的樂趣來源。狩獵是他可以在該地盡情追求的最大消遣，但建造庭園也是他最看重的興趣。遊歷過波斯、北非、奧地利，著名的奧圖曼旅行家艾佛利亞．切列比，以抒情語調描述了埃爾迪內的王宮；他走過那麼多地方，未見過像它那樣的處所：「這個濃蔭處處的庭園，叫蘇丹穆罕默德汗覺得賞心悅目……那是言語所不足以形容，但我們不揣敝漏，嘗試描繪了它奇觀之海裡的一小滴。」埃迪爾內王宮的庭園，「是世上其他任何庭園所比不上，甚至連帝城維也納的庭園也比不上它。」

一如艾佛利亞所說明的，這位蘇丹一生大部分歲月待在埃迪爾內，從那裡派統兵官前去征服川西瓦尼亞地區、築有強大防禦工事的哈布斯堡王朝烏伊瓦爾（今新札姆基）城堡、克里特島上的坎迪亞。在他於埃迪爾內發號施令下，匈牙利、波蘭境內的八十一座城鎮、要塞皆落入奧圖曼人之手。一六八二年時，穆罕默德四世也是打定主意這麼幹。他打算在埃迪爾內過冬，等他的部隊前來會合；然後他要帶著他那支無往不利的大軍挺進到位於貝爾格勒的多瑙河前線，在那裡將戰地指揮權交給宰相，由宰相率軍往西北進入匈牙利，蘇丹本人則在一段時間後返回埃迪爾內，埃迪爾內將再度成為他的個人指揮所。

他可以從母后圖爾罕為慶祝他二十歲生日在埃迪爾內建造的亭子和梯級式庭園，指揮部隊攻城略地。母后已命人在下層庭園栽種稀有品種的玫瑰，在名叫朵馬巴切的上層庭園，則廣植白茉莉。白天，空氣裡將瀰漫玫瑰花香，暮色降臨時，換成迷人的茉莉花大放香氣。穆罕默德很喜歡這禮物，立即命人另外栽種會攀緣的茉莉以爬滿城牆，命人從附近森林挖回松樹，種於園中，以增添氣味。他最鍾愛的靈獵犬，穿著「金色織錦和其他昂貴布料……爪和尾巴塗成紅、黃色」，踩著輕盈步伐，跟著他在宮苑裡四處走動。

埃迪爾內的每樣東西，都是為了讓他在感官上、知識探求上更為快活而構思出來。在此，他可以擺脫托普卡珀宮死板的繁文縟節，可以想做什麼就做什麼。他會一時心血來潮，決定帶著幾名同伴追獵宮苑裡的小獵物，或到河對岸的林地裡獵成年公鹿。「在這裡，在這座絕妙的庭園裡，我們偉大的蘇丹，與來自他皇家騎兵隊的萬名騎著戰馬、身手矯健的武裝騎兵會合，前去打獵或征戰。」一六八二年時，穆罕默德四世已不再擁有年輕時那種躍躍欲試的衝勁。十年前他御駕親征，乃是出於宰相的建議。一六八二年，卡拉．穆斯塔法，一如任何優秀的朝臣，察覺到蘇丹本人無心出征。他向蘇丹清楚表示，他並不認為統治者該親冒矢石，承受作戰的艱苦。這不只正是蘇丹所想聽的，而且也讓宰相得以在戰場上獨斷行事，不必受到蘇丹的掣肘。

事實上，有本事或毅力帶兵作戰的蘇丹只占極少數；喜歡過艱苦匱乏戎馬生活的蘇丹更少。但一六八二年，穆罕默德四世所同意做的，不只是在伊斯坦堡城牆外的戰營象徵性進駐幾天，然後在皇家禁衛軍開赴前線時，他即返回王宮。他要扮演總司令的角色，直到抵達多瑙河畔為止，然後，在貝爾格勒的白堡，蘇丹再以古老隆重的方式，遞交象徵指揮權的信物——先知穆罕默德的聖旗和兵符——藉此將指揮權交給宰相。此後，所有參戰人員，都得「把他（這位指揮官）所說的每句話，視同從我（蘇丹）本人含吐珍珠的舌頭，當面親口說出的話，當成我本人吉祥之語的一部分。」

舉行出征儀式時，奧圖曼人仍遵循祖先的傳統。獲授予戰旗的戰場統帥，其命令，除了蘇丹本人之外，任何人不得違抗。這不表示戰場統帥可以完全作主，因為一旦戰敗，將招來恥辱、去職、乃至處死。但藉由統治者的指派，他從此站上軍事體制的最高位。那軍事體制會將訓練有素的職業軍人、封建重騎兵、糧秣、衣物、武器送到前線，接下來要支應軍隊在戰場上的一切所需。根據乾草原傳統，他將擁有所有下屬的生殺大權，且雖然照規定他應與他們一同謀定戰術、戰略，他的命令卻不能輕易受到質疑，權力不能輕易受到限制。那是個殘酷的制度，在那制度裡，失敗的結果，往往不只是降職，還要砍頭。但那並非不合理。

這一奧圖曼制度，乃是以人趨利避害的原則為核心，加上一套精心計算、用以激勵士氣的獎金、升遷制度而設計出來的。戰勝可帶來無法計量的財富和榮耀，一如英國許多船長是靠劫掠船隻的賞金，奠下財產基礎。一旦戰敗，幾乎會一無所得。未能向軍隊慷慨發賞的蘇丹，可能遭罷黜或殺害。為軟弱指揮官上場殺敵的卑微士兵，要運氣好才能活著回來。有些士兵是出於宗教熱情而上戰場，一心欲殺掉異教徒，但普遍來講，他們都希望保住自己和家人的地位，心裡想著未來。因此，他們最看重的，乃是英勇殺敵，以戰功得到升遷，藉此在退役後得到終生養老津貼；士兵上戰場主要是為了錢和戰勝的無上喜悅。

❖ ❖ ❖

當蘇丹和隨從騎馬前往埃迪爾內，而留在伊斯坦堡城牆外的部隊準備跟進時，奧圖曼體制的隱形心臟仍在都城裡穩定的跳動。已在伊斯坦堡集結的職業部隊，只是最終將開赴戰場的大軍當中的一小部分：要集結足夠攻打西方的兵力，需要動用到帝國內許多地區和帝國以外地區的資源。最後將有大量非正規步兵和封建騎兵，壯大此次出征的陣容。正式決定出征之後，一組組書吏和辦事員立即緊鑼密鼓開始寫命令狀，以便送達遠方各省，要他們出兵。

奧圖曼人靠這文書作業和這文書作業激起的恐懼統治其帝國。違抗蘇丹命令者處死；各省帕夏未收到書面命令之前，不敢輕舉妄動；但一旦令狀抵達，作業就極快速。省長將擔心蘇丹發怒辦人的恐懼傳給下屬，如此層層往下傳。不久，在最遠至敘利亞、巴格達的各地區裡，獲蘇丹授予土地的非正規騎兵奉命在各區集合，然後一起騎馬到更大的鎮。不過幾星期，亞洲諸省的道路上，就滿是騎往伊斯坦堡、接著騎往貝爾格勒的長龍，儘管這場仗要到隔年春天才會開打。在都城裡，鑄炮所需的新燃木和新礦石一旦送達、搬運半開膛炮管所需的工人一旦抵達，托普哈內製炮廠立即趕工增產。一切倚賴那些寫命令狀的「文書」居間聯絡。

纏頭巾的書吏，盤腿坐在宮中辦公室裡，排成數道長列，形成生產命令狀的裝配線。命令狀製成，發送出去，驅動蟄伏的軍事機器。不久，就連最沉寂的巴爾幹城鎮，也因蘇丹信使的抵達而甦醒。這些信使將命令送達巴爾幹之後，換馬，帶著新的指示，往西北疾馳，前往將作為隔年作戰基地的遙遠匈牙利諸城和諸要塞。遠在多瑙河上游的布達城據守的帕夏，負責徵集當地部隊，在大軍行進路線上組建裝滿食物的糧站，備好大量補給火藥，派間諜蒐集敵軍備戰的最新情報。這是個經過充分考驗的戰爭機器，能將多達十萬人的大軍和支援這大軍的資源送到前線。在大型戰爭裡，這一精巧的戰爭機器使奧圖曼人大占上風，但不一定保證戰勝。

一如古羅馬的作戰方法，勝利主要取決於是否遵循屢試不爽的傳統作法，而非卓越的領導統御。戰爭的每個層面都謹遵前例。奧圖曼人的攻城術，不靠火力，而是靠一批批前仆後繼、即使碰上強大炮火也不後退的坑道工兵。奧圖曼步兵攻擊時，很少機動調度或組成陣形，而是在箭、子彈、或炮火如雨落下之際，一個勁猛往前衝，攻擊敵人。這些簡單的戰術要管用，需要每個人置死生於度外的投入，而在這點上，奧圖曼人也有屢試不爽的辦法來維持、提升士氣。奧圖曼帶兵官得贏得並維繫住部屬的信任。大體上，部隊會聽令於帶兵官，但兵變之事也不是沒有。但帶兵官還得說服、討好部屬，用錢籠絡他們，褒揚他們的英勇和不屈不撓。戰場統帥能讓部隊上場殺敵，且他們會為他而戰；但只有卓越的指揮官才能使他們表現出超乎常人的英勇和耐力。

宰相卡拉．穆斯塔法或許不久就會接下兵權，但在帶兵打仗上他絕不可能符合上述要求。他沒有激勵或領導部隊的本事。他打破奧圖曼人這一基本的作戰規則，導致最後的失敗，所以並非武器落後，或「東方人的死氣沉沉」，乃至愚蠢所導致的。[3]他底下有些人已和哈布斯堡王朝作戰數十年，知道西方士兵戰力會有多強、殺傷力會有多大，但對這些人的建議，他聽不進去。對於將面對的敵人，這位宰相心裡只存著鄙視，打算屆時要教訓、羞辱他們。大軍將往西穿越匈牙利平原，攻打哈布斯堡，但此次西征的任務，不只是拿下幾個戰略要塞。

仍秘而未宣的攻打目標，才是此行最重視的目標，即維也納城。如果得手，卡拉．穆斯塔法將為奧圖曼取得最偉大的戰果，使基督教西方的這個堡壘變成奧圖曼神聖國度的一個遙遠支柱。即使只攻占小小領土，且攻下那城後難以守住，這仍將帶有無比重大的政治象徵意義，就和一四五三年穆罕默德二世攻下君士坦丁堡的意義一樣重大。朝中主張審慎行事的顧問，曾指出西征耗費龐大、大軍跋涉將近一千六百公里有諸多現實上的困難，最後還指出一百五十年前蘇萊曼一世三次攻打該城都未能攻下的例子勸誡，但卡拉．穆斯塔法仍執意西征。從這三點來看，這大概是再大膽不過的壯舉。

這一西征，工程浩大。此後直到拿破崙皇帝於一八一二年揮兵進攻俄羅斯，希特勒於一九四一年循同一路徑攻打蘇聯，少有比這更大膽的軍事舉動。在這三個例子裡，遠征若失敗，將顯得那是愚不可及的冒進；若成功，同樣亦將顯得那是軍事上的一記奇招。

❖ ❖ ❖

蘇丹的信使把命令北傳到多瑙河，然後繼續深入歐洲；還有些信使橫越博斯普魯斯海峽，抵達于斯屈達爾，然後騎馬進入亞洲諸省。後來，有一艘槳帆並用的快速大木船，頂著強勁海流前划，載一名特使往北到黑海，再到克里米亞半島。若是傳信給奧圖曼的帕夏，那特使會帶去不容質疑的命令，但這次他帶去的不是這種強制的命令，而是給某位君王親切的邀請。那君王是韃靼汗，王宮位在巴赫奇薩賴，巴赫奇薩賴則位在某水源充足的河谷源頭，克里米亞半島南部的丘陵之中。大木船後艙室裡，擺著一卷沒有人敢怠慢的文件。那是蘇丹給其兄弟的文件，上面有蘇丹的專屬簽名，文件裡希望韃靼汗「為了伊斯蘭信仰」、「為了奧圖曼王朝的兄弟情誼」、「出手相助」；那卷文件旁邊，用絲綢精心包裹起來的，是一把飾有珠寶的劍、一件長袞袍、一只裝了數千枚金幣的盒子。在這些傳統禮物周邊，堆了其他包裹，裡面是較不值錢的禮物。這禮物是所謂的「箭筒價」，也就是訂金，付給願與蘇丹和其軍隊一起攻打西方的韃靼騎士。

韃靼汗穆罕默德．吉雷，掌控克里米亞半島和半島以北直綿延到烏拉山且一路景觀都不變的平原。他的韃靼人四處劫掠，有時最北達莫斯科，往西深入波蘭，但仍斷斷續續和其他乾草原邊境居民交戰，即位於俄羅斯、波蘭兩國邊境的哥薩克人。他手下八萬名騎兵，堪稱是當時世上最厲害的輕騎兵，他靠著這些人的高超本事稱霸一方。克里米亞雖是半島，但形同一座大島，只靠狹長的彼列科普地峽與北方大陸相連。該地峽上有一要塞，韃靼汗派了重兵防守。克里米亞半島翠綠、肥沃的南方沿海，由奧圖曼部隊控制，但在那沿海地區後面，有一道山脈將這個奧圖曼省與韃靼汗領土和他所統治的韃靼游牧民隔開。事實上有三個克里米亞，一是南部富裕的貿易港，一是以產葡萄酒和水果著稱的山區，一是位於那山區北側、為丘陵所環抱的韃靼汗王宮。過了丘陵，是開闊高原。巴赫奇薩賴混合了奧圖曼的繁文縟節和較粗野的乾草原習俗。在韃靼汗王宮和宮外的街道上，穿著絲織品和絲絨衣物的官員，與穿著粗布綁腿、緊身黑綿羊皮大衣、褐色毛氈帽的魁梧戰士，形成強烈對比。韃靼汗的地位介於奧圖曼蘇丹的藩屬和遠親之間，兩家族的世系最終都可溯至東方最偉大領袖成吉思汗。

奧圖曼人與韃靼人的結盟，初締於十五世紀，而這份關係的維持從來不易：有許多在位的韃靼汗遭奧圖曼蘇丹撤換或殺掉。但韃靼游牧民是奧圖曼禁衛軍和皇家騎兵無可取代的作戰夥伴。他們吃苦耐勞，騎馬移動速度是正規軍的十倍快，能泅渡寬而急的河水，冬、夏兩季都能作戰。他們的粗壯馬兒，即使靠最稀疏的草地也能活命，而且不背負拖慢職業軍隊行進速度的裝備。韃靼人不穿盔甲，不用火器，甚至只有少數人用劍。但他們能駕馬全速奔馳，在幾秒內連射四、五支箭，且箭無虛發。如果說蘇丹的軍隊令西方人恐怖，韃靼人則激起他們最深層、最內在的恐懼。

流傳於這邊境地區的神話，把韃靼人說成地獄怪物。他們靠劫掠和販賣人口為生，取得的報酬，與其說是錢，不如說是他們牽回的奴隸。他們把奴隸繫成一長串，趕到克里米亞的市場。其中有些俘虜會以高價讓人贖回，但更常見的，乃是被賣到奧圖曼帝國各地和帝國以外的地方。韃靼人的俘虜，大部分來自與俄羅斯相鄰的北部邊境，但來自奧地利和「皇家匈牙利」(譯按：Royal Hungary，一五二六年莫哈奇戰役之後，匈牙利遭瓜分，北部和西部落入哈布斯堡王朝之手，是為「皇家匈牙利」)的俘虜，賣價很高。韃靼汗對其游牧民所要負的職責，乃是發動讓他們可從中得利的戰爭，如果未能盡到此責任，他們會另尋明主。打仗是他們唯一的職業；他們是經驗老到的掠食者，絕不能完全信任，但用來對付敵人，仍是極具破壞力的武器。這時候，奧圖曼禁衛軍精進戰技，只為把自己訓練成突擊部隊。韃靼人也同樣發展出一種令對手幾乎無力防禦的作戰方式。

與敵廝殺時，韃靼人就像一群發怒的胡蜂，圍著、對著敵人飛，數百或數千名騎兵找出敵人弱點或突然曝露的側翼，衝上前痛擊。在他們眼中，一如在西方傭兵眼中，打仗是門生意，假英勇毫無用處。他們的不怕死遠近馳名，但非必要，他們不與敵正面交手、近身肉搏，偏愛隔著一段距離擾敵。韃靼人打仗只為獲利，會尋找好得手的目標，例如沒有防禦的村子或遠離人煙的基督教修道院。他們只會在天將亮時現身。那一刻，誠如可蘭經所說，在「黎明時，天邊的黑線和白線對你們截然劃分」，大地漆黑，別人看不到他們。但接下來不到一小時，村子或修道院的建築慢慢變分明，將它們團團包圍的小馬和韃靼人也顯出身形。他們的戰術，孕育自長久以來無數次襲擊的實戰磨練，非常簡單。他們會先觀察某聚落數天，查明村民何時離家去田裡幹活，何時回家。他們會計算男丁的人數，特別是女人、小孩的人數。修道院的防守人力較難估量，但他們耐心觀察，注意任何有武裝的男子。

即使破曉時，這些悄然無聲的襲擊者，身影仍是模糊不明。他們的小馬大部分是黑或褐色，他們不穿會反照曙光的鋼質胸鎧。[4]有些人帶短矛，但所有人，無一例外，背後都披著著名的韃靼箭，還有裝滿箭的箭囊。他們一動不動，完全不出聲（就連小馬都不移腳、不擺頭），看過去，更像是尊銅像，而非活人。對那些曾在戰場上和這些韃靼人交手過，見識過他們驃悍、迅疾、如蜂群密襲而來的人，肯定會對這一動不動的本事大惑不解。歐洲人替他們冠上的 Tartar（韃靼）一詞，源自拉丁語「Tartarus」，意指大地幽暗的深處，引伸為最深的地府。[5]他們野蠻至極，不顧任何危險往前衝，不知疲累，作風大膽，西方的農民把他們叫做「惡魔的騎士」。[6]

土耳其人和韃靼人只是出現自東方的諸多恐怖事物中，最晚出現的一個。匈牙利大平原，西以多瑙河為界，北鄰喀爾巴阡山脈，平原之勢往西一過維也納，幾乎就戛然而止。維也納林山位在多瑙河南岸，是阿爾卑斯山最後露頭之一，而在多瑙河北岸後面，則聳起波西米亞丘陵。但另一個方向，朝東望去，是開闊平原，平原沿著克里米亞半島北緣綿延，經過烏拉山南側，然後鹹海、巴爾喀什湖北側，直抵蒙古邊界。千百年來，以羅馬勢力興起之前的錫西厄人為開端，東方乾草原的游牧民族——薩爾馬希亞人、馬爾科曼尼人、匈奴人、保加利亞人、阿瓦爾人、馬札兒人、最後蒙古人——陸續展開西遷。其中有些民族沿著多瑙河谷往河源推進，繼續進入歐洲心臟。馬札兒人的攻勢，到了九五五年的萊希費爾德之役才遭徹底止住，但他們已深入到南德的奧格斯堡；遭逼回維也納以東的平原後，他們住下來，創建了匈牙利王國。這場最後攻擊，他們只動用到小股兵力（約五千多人），但已如秋風掃落葉深入西歐。

三百年後的一二四一年三月，已毀掉基輔城、並在利格尼茨之役擊敗波蘭與條頓騎士團聯軍的蒙古人（當時西方人通稱為韃靼人），挾著連戰皆捷的聲威，從北方大舉入侵匈牙利。他們只花了一天，就在地跨紹約河兩岸的穆希擊潰匈牙利國王的軍隊。匈牙利人兵力多過蒙古人，但沒有辦法利用人數優勢擊敗來敵。他們打歐式戰法，一身重盔甲，行動緩慢，根本不敵靈活的蒙古人。蒙古大將拔都說，眼見他們「把自己像綿羊那樣關在狹促的獸欄裡」，他命弓箭手「從遠處幹掉他們」。然後他讓未死的敵人逃出陷阱，只為讓抱頭鼠竄的他們成為蒙古騎兵一路截殺的獵物。匈牙利軍隊全軍覆沒，但國王逃脫。蒙古人接著往南，在一二四一年聖誕節那天，攻擊、洗劫了佩斯鎮。有位奧地利僧侶寫道：「這一年，已屹立三百五十年的匈牙利王國，遭韃靼軍隊滅掉。」一時之間，歐洲人普遍憂心蒙古人會轉而向西，如將近三百年前的馬札兒人那般直搗西歐。但地形和運氣保住基督教世界。一二四二年二月，緩緩流動的多瑙河水，在埃斯泰爾戈姆北側的河彎處結冰，蒙古軍隊得以大舉過河來到南岸，進攻多瑙河南側的城鎮。

然後，蒙古大汗窩闊台突然去世，救了匈牙利和巴爾幹；三月，拔都率軍返回蒙古，歐洲躲過遭東方人征服的下場。拔都若未撤兵而繼續西征，蒙古人能否在其他東方征服者失敗的地方成功，仍在未定之天，但他們在西方人心裡激起的恐懼，在此後數百年裡，轉移到下一個威脅——克里米亞韃靼人和奧圖曼人。在遙遠英格蘭的聖阿爾班斯修道院撰寫《大編年史》，並為其畫插圖的修士馬修．帕里斯，記錄了當時歐洲人對一二四一年蒙古人入侵的反應：

……這些人從高處看著大舉入侵的敵軍，一邊痛惡那些敵人的殘酷獸行，一邊將基督徒子民的駭人哀號，傳達給省長。所有相鄰省分裡的基督教子民，不分男女老少、貧富貴賤，全一臉驚恐，遭殘酷殺害。韃靼首領和他們殘暴的部下，大啖居民的屍骸，吃到只剩光禿禿的骨頭留給兀鷲；怪的是，貪得無厭的兀鷲竟不吃韃靼人留下的殘骸。他們把又老又醜的女人送給他們的食人同胞，當日常食物。年輕漂亮的女人，他們不是生吞活剝吃掉，而是慘無人道的予以強姦，在她們尖叫、哀號聲中把她們悶死，然後割下幼嫩處女的雙乳，送給他們的領導當佳餚享用，他們則吃她們的屍體。

有些西方旅行家，例如布斯貝克，大為佩服奧圖曼人，但一六八二年時，所有西方人一想到韃靼人就想到馬修．帕里斯筆下描述的那種人。

❖　❖　❖

一六八二年的克里米亞韃靼人，承繼了他們十三世紀先祖的所有耐力和打仗本事。他們已襲掠、征戰超過一世紀，除了死心塌地支持他們永遠的盟友奧圖曼人，他們有時攻打波蘭人、哥薩克人、俄羅斯人，有時與這些民族並肩作戰。在克里米亞半島的草地上，還有彼列科普地峽另一頭的大陸草地上，諾蓋韃靼人養馬。韃靼汗的最精銳部隊，就募自諾蓋人。他們一天能騎八十或一百公里，每個人騎行時，身後用繩拉著三或四匹馬，一如數百年前蒙古人所為。他們以四十到五十人為一組，分成數支襲擊隊，會派人到主力部隊前頭極遠處偵察敵情，通常每隔幾天就返回戰營回報。韃靼人紀律嚴謹且嚴格貫徹，能迅速集結大批人馬，即使是武器精良的軍隊都不是其對手。但他們能克敵制勝，端賴速度、奇襲、靈巧，到了山區或林地，韃靼人難以施展身手，優勢盡失。故防守嚴密的小地方，能不怕他們的箭攻，即使是最大批的韃靼戰隊來攻，都能予以擊退。

韃靼縱隊行軍時，戰士一天會換馬四或五次，以讓馬兒休息，維持充沛體力。因此，抵達敵人領土之前，他們行進緩慢，但一旦進入戰區，即使是艱難地形，他們都能疾馳。據記載，有一場戰役，韃靼人不到六天，就穿越一百九十公里的沼澤地。在西方人開始嘲笑奧圖曼的作戰方式遲緩笨拙之際，韃靼人仍讓西方人既敬又懼。有位赴俄羅斯旅行的法國人，在一六四五年寫到韃靼人獨一無二的作戰技巧。「（俄羅斯）將領退到某些河邊與樹林裡，以阻止他們通過。但敵人韃靼人輕巧又靈活，知道這點，於是放出兩、三萬匹馬逗莫斯科大公國的軍隊開心，同時派出一批人從別的方向突襲。他們來得極快，莫斯科人還未察覺，就被撂倒。」哈布斯堡王朝的整個邊界，向韃靼人敞開，無險可守。面對上溯河谷湧入日耳曼的韃靼襲擊部隊，哈布斯堡王朝無法阻擋，他們可一路推進到大西洋濱，幾乎暢行無阻。

❖ ❖ ❖

奧圖曼人和韃靼人結合，威力極大。蘇丹的軍隊已隨著較為先進的裝備而犧牲了機動性；一六八二年時，它移動的速度就像西方軍隊一樣慢。攻城設備和每次出征隨行的大批輜重，拖慢了行進速度。移動快速的韃靼人，正好彌補這失衡現象。距離和地形一直是決定奧圖曼人作戰成敗的關鍵因素之一。在德涅斯特河以北的乾草原邊境作戰，比在極西地區作戰，較為簡單，因為到前一地區的距離比到維也納少了將近一半，且只需渡過幾條河。奧圖曼人碰到每條河，都得大費周章架橋，讓步兵、騎兵渡河，韃靼人則策馬下水直接過河。攻打西方時，土耳其重騎兵愈來愈不管用，相對的，韃靼人的角色則愈來愈吃重。

土耳其重騎兵的馬，一如西方騎兵的馬，需要上等草秣，奧圖曼的補給線因而有很大部分用來運送馬所需的飼料。重騎兵的功用，在於戰場上扮演突擊部隊，除此之外，別無用處。在攻城戰日益頻繁的時期，重騎兵往往在戰壕裡充當普通步兵；但他們幾無使用滑膛槍的經驗，因此，若非給派去挖戰壕，就只能在攻擊時充當炮灰。輕騎兵一度給充當偵察兵，結果發現他們往往不可靠或不忠誠：這些非正規部隊的基層士兵龍蛇雜處，全軍裡最不守紀律、名聲最差的份子，有一部分就在其中。相對的，韃靼人看去野蠻，卻遵照明確的作戰計畫行事，完全聽命於韃靼汗。

他們最直接的效忠對象是部落，也就是他們在諾蓋韃靼游牧民族裡所屬的部落。每個部落由氏族長控制、指揮。得到一支大氏族響應參戰，可能就意味著有一萬兵馬前來助陣。但就戰術上來講，一如土耳其禁衛軍，重要的是小隊，就韃靼人來說，就是由十人組成的基本戰鬥單位。兵與兵之間往往有親緣關係。命令的傳達，大體上經由口耳。一五〇一年，可汗孟格利．吉雷把如下命令傳給散居各地的氏族：

如真主所願，我要騎馬上戰場，你們全得準備好跟我一起出征。得每五個人備好一輛兩輪貨車，每個人備好三匹馬……除非不足十五歲，每個男子都不得留在家中。凡是不出來者，就不是我的僕人、不是我兒子的僕人，也不是我底下各個氏族長的僕人。這種人，要洗劫、殺死。

這是個簡單但戰力無窮的軍事體制：頂多花兩到四星期，就能集結成隨時可上場殺敵的韃靼軍隊。他們出征所帶的東西極少：八磅烤過的小米就夠吃上五十天。大部分人還會帶一些結實的馬奶酪和曬乾或燻過的肉。

打仗是他們的生計，對奧圖曼指揮官來說，韃靼分遣隊的戰力，高過土耳其禁衛軍以外他底下的所有部隊。指揮官一旦放韃靼人出去攻敵，敵人隨時會死、會被滅，通信線可能遭不停的攻擊，平民百姓會嚇得動彈不得。當時人描寫了遠遠見到煙柱升起時心裡的恐慌，因為韃靼人會拿走所有值錢東西，把村子裡的人抓去當奴隸或殺掉，放火燒掉所有房子。韃靼人對危險非常敏感。他們很少攻擊成群的滑膛槍兵，但一如土狼，「他們喜歡攻擊脫離（主力部隊）的步兵，在其他步兵紮營時予以殲滅。」奧圖曼人深知，他們的韃靼人透過讓敵人心生恐懼，助長自己聲勢。蘇萊曼一世的兒子塞利姆二世論道：「我最怕的是韃靼人。他們攻擊敵人時快如風，因為他們把五、六天的路一天就趕完，而逃跑時，一下子就消失無蹤。特別重要的，他們的馬不需馬蹄鐵、釘子、或草秣。[7] 來到河邊，他們不像我們的部隊要等船。他們的糧食，就像他們身上的裝備，非常少；他們的戰力，由他們的不求舒適可見一斑。」但他們最致命的武器，乃是他們所激起的恐懼，而這是他們對奧圖曼人的西征大業最大的用處。

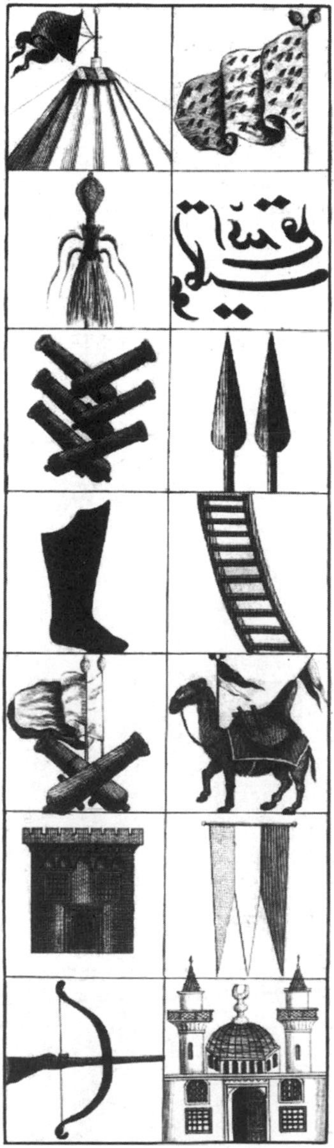

但當天夜裡，天氣轉壞，早上時，從上游山區和附近丘陵滾滾流下的水，
已使拉布河水位大漲。禁衛軍的戰壕塞滿水，對岸的火炮陷入泥濘，動彈不得。
……下游處，溺死的奧圖曼士兵遍布河面，
有如堵塞河道的木材。只有駕馬的韃靼人能涉水渡河。

CHAPTER

3

A Plague on the Land

瘟疫

在格拉茨大教堂的牆上，如今仍有一幅由著名巡遊藝術家托馬斯・馮・維拉赫在一四八五年繪製，而今已受損的濕壁畫。在那時的五年前，施蒂里亞地區於一季之內碰上三場災難：一是可怕的黑死病肆虐格拉茨城；一是蝗蟲過境，吃掉所有作物；一是土耳其人從西南方入侵。繪製這幅濕壁畫，既是要感謝上帝讓格拉茨人民度過劫難，也是想藉此祈盼聖父和聖母瑪利亞保護他們未來免於劫難。四十年後，土耳其人再度大舉來犯。這一次進攻，始於一五二一年，終於一六八三年，持續將近兩百年，可分為三個主要時期。第一個時期涵蓋蘇萊曼一世整個在位期間，從他登基的隔年開始，到一五六六年他死於匈牙利的戰場。第二時期，如今通常叫作「長戰」(Long War)，始於一五九三年，終於一六〇六年。第三個時期是一六六四年那場戰役，最後以奧圖曼宰相率領的野戰軍兵敗於與奧地利南部施蒂里亞交界地區的聖哥達隱修院。

這只是奧圖曼人四處征戰的一部分。奧圖曼人經由海路和陸路在地中海地區用兵，打過數場漫長戰爭，也攻打過東方的帝國強權波斯幾次。為控制德涅斯特河周邊土地，為控制蘇丹所宣稱屬他所有的瓦拉幾亞、摩達維亞、川西瓦尼亞，奧圖曼人也曾數次遠征波蘭。這意味著奧圖曼人往往無法趁哈布斯堡王朝虛弱無力時，予以摧枯拉朽的一擊。因此，當歐洲陷入三十年戰爭（一六一八～一六四八），哈布斯堡王朝正處於最難抵禦外敵入侵的時候，奧圖曼人卻因為雄才大略的波斯國王阿巴斯一世在一六二三年攻占巴格達，而只能把注意力放在東邊；接下來與波斯的戰爭，持續到一六三九年才結束。一六八二年的情勢——哈布斯堡王朝正受到法國的節節進逼，迫切需要延長一六六四年與奧圖曼在沃什堡簽訂的停戰協議，以免兩面受敵——給了奧圖曼人大好機會。

不過，即使在未爆發全面戰爭的時期，小規模戰爭——襲擾邊境者在陸上和私掠船在海上掀起的戰爭——仍未有停歇。這些小衝突或許已消失於歷史，但當時人把它們視為自一四五三年君士坦丁堡失陷後，奧圖曼人對歐洲無休無止、持續不斷攻擊的一部分。「征服者」穆罕默德二世樹立了此後蘇丹所遵循的模式。奧圖曼帝國絕不可戰敗，戰敗一次，後代子孫就有義務一雪此辱，未雪此辱，絕不罷休。

攻占君士坦丁堡的三年後，穆罕默德二世未能攻下貝爾格勒。方濟會修士約翰．卡皮斯特拉諾，與他那群衣衫破爛的十字軍，和約翰．匈雅提並肩作戰，寫下一頁傳奇。卡皮斯特拉諾是個慷慨激昂的傳道士，殘酷迫害猶太人，嚴懲異端；匈雅提則是當時最偉大的戰士。據那則傳奇所說，他們合力拯救了基督教城貝爾格勒，合力打進該城，合力逼退兵臨城下的土耳其人——他們的部下把成捆浸了瀝青而點燃的大樹枝，丟向牆下黑壓壓一大片的奧圖曼兵。然後，隔天，一四五六年七月二十二日，以農民十字軍為基督教軍左翼，以匈雅提的老兵為右翼，他們攻向土耳其人營地。卡皮斯特拉諾向他們宣達了戰鬥口號：「主開打的戰爭，主不會讓我們失望。」經過一場激烈肉搏，穆罕默德二世的軍隊大敗潰逃。這場位在基督教世界邊陲的勝利，在歐洲人心中留下強烈印記，久久未消。一五一五年，在遙遠的英格蘭，印刷業者懷凱恩．德．沃德看出《卡皮斯特拉諾》有銷路。那是以詩體寫成的長篇傳奇故事，描寫殺土耳其人的過程，內容極血腥。即使在兩個世紀後，仍有漢娜・布蘭德的一七九一年新劇作《匈雅提，或貝爾格勒攻防戰》，在諾里奇的國王劇院演出，全場座無虛席。

攻下貝爾格勒，得等更好的機會。但即使在穆罕默德忙於其他征戰時，他仍希望巴爾幹半島的諸省長和官員主動往西北出擊，跨過薩瓦河和德拉瓦河，攻進施蒂里亞、卡林西亞的富饒農業區。從一四六九年到蘇丹於一四八一年去世為止，每年只要雪融，都立即有騎馬襲擊者渡過這兩條河。一四七一年的五旬節（譯按：復活節後的第七個星期日），施蒂里亞首度遭奧圖曼鐵蹄蹂躪，套句替穆罕默德立傳的法蘭茨・巴賓格的描述：「每個地方的教堂、修道院、聚落都在熊熊烈火中燒毀；數千個壯丁和牛隻遭擄走；每個人都不知道自己能否活得了。」同年，數千名騎馬襲擊者燒掉威尼斯周邊的村落，濃煙使亞得里亞海女王（譯按：Queen of the Adriatic，威尼斯的別稱）的天空為之暗淡。

距匈牙利落入奧圖曼人之手的一百五十多年前，從亞得里亞海到多瑙河「鐵門」（譯按：Iron Gates，多瑙河一峽谷，在今羅馬尼亞與塞爾維亞的邊界上）這段邊界，年年陷入驚恐不安。貝爾格勒仍由匈牙利牢牢掌控，但波士尼亞、克羅埃西亞、達爾馬提亞、施蒂里亞、卡林西亞全遭到土耳其人無休無止的劫掠。在這東方整個邊界沿線，最西到卡林西亞的克拉根福，築有防禦工事的舊塔全得到強化，以防禦敵人入侵。維也納、布達等城市，沒有感受到威脅，但邊界地區從未獲致真正的和平。地方城鎮心知統治者無法出手救援，只好自己想辦法防禦。

他們在多個山頂構築烽火台，日夜派人值守，一見到敵人來襲，烽火台即點燃示警。小城堡增強防禦，以善盡保護土地和人民的原始功能，例如在格拉茨北方林木濃密的丘陵裡，由十二世紀十字軍戰士興建的佛倫斯堡。擁有少數隨從且隨從均配有滑膛槍的地方領主，往往就足以擊退只有寥寥幾枝槍的來襲者。較大的據點，例如位在火山稜線上而易守難攻的里格斯堡，戰時成為多達五千名武裝騎士的基地，扼控通往格拉茨的要道。土耳其人幾次進攻，都未能攻下。

穆罕默德的兒子巴耶濟德二世和孫子塞利姆，都沒有機會一雪蘇丹穆罕默德兵敗貝爾格勒城下的前恥。要到穆罕默德的曾孫，塞利姆的兒子，年輕有為的蘇丹蘇萊曼一世，在一五二〇年繼承王位，才迅即使戰爭成為可怕的事實；這一次，土耳其人成功拿下貝爾格勒這個重要城池（這只是蘇萊曼一連串勝利的第一個）。一五二一年拿下貝爾格勒後，他於一五二六年重返該地，渡多瑙河，攻進匈牙利。一五二六年八月二十九日在莫哈奇開打的大戰役中，他大敗人數居於劣勢的匈牙利野戰軍；戰爭結束後，匈牙利國王洛約什於混亂之中溺死於壕溝，王位虛懸，沒有繼承人。這場戰役的細節，有許多地方今已不詳，但最終奧圖曼人戰勝，殺掉兩千名戰俘。蘇萊曼往北推進，劫掠匈牙利都城布達，且曾短暫占領。蘇萊曼還從匈牙利王宮取走馬提亞・科維努斯國王圖書館剩下的藏品，經多瑙河往下運到貝爾格勒。如今，那批藏品位在伊斯坦堡的托普卡珀宮。

土耳其人離開布達後，奉奧圖曼為宗主且有資格登上匈牙利王位的匈牙利貴族約翰・札波利亞占領都城。宣稱匈牙利王位歸己所有的哈布斯堡王朝斐迪南二世，在一五二七年派兵從札波利亞手中拿下布達和其他數個要塞。蘇萊曼隨之在一五二九年親率大軍進入匈牙利，在九月八日奪回布達，殲滅哈布斯堡在該地的駐軍；一個多星期後，奧圖曼人兵臨維也納城下。這時候已步入適宜作戰季節的尾聲，蘇萊曼因此迅即展開攻城，希望速戰速決。

第一次圍攻維也納，持續了將近一個月。奧圖曼人缺乏重炮，但最缺的是坑道工兵和挖坑道設備。土耳其人開始挖深壕，把地下坑道鑿到卡林西亞城門旁。但經過兩個星期的每日攻擊，他們只打出幾個小缺口，每次猛攻都遭擊退。不過，到了十月上旬，情勢顯示，若哈布斯堡無援軍，攻陷該城指日可待。城裡只靠由尼克拉斯．薩爾姆所率領，經驗豐富的傭兵部隊苦撐。但薩爾姆部隊死傷愈來愈慘重，許多人認為該城守不住。然後，十月第二個星期，滂沱大雨轉為初雪。一五二九年十月十四日，奧圖曼全軍開始倉皇後撤，途經的積雪愈來愈深。

莫哈奇震撼和維也納被圍，時間相距如此近，使西方人開始覺得奧圖曼人所向披靡。在西方，對奧圖曼大軍的驚恐和對他們凶狠殘酷的畏懼，透過書、小冊子、單張報紙大為傳播，在這同時，印刷廠印出一套又一套生動駭人的圖畫。一五三二年，蘇萊曼再度率軍來攻，但循不同路線。這一次，奧圖曼大軍提早出征，但未往北朝向布達，而是往西朝向高地和維也納南方諸鎮。途中，大軍短暫包圍、占領了十七座築有防禦工事的鎮或城堡。八月五日，大軍抵達肖普朗南方的小鎮克塞格，距奧地利邊界只有幾哩。克塞格城堡若要抵擋，無異螳臂擋車，且已有許多防禦更強的地方未抵抗即投降。但該鎮指揮官尼古拉．尤里希奇，面對優渥的招降條件，不為所動。

尤里希奇和八百名克羅埃西亞守軍，在沒有火炮支援下，抵住十九次全面攻擊和不間斷的炮轟，守了超過二十五天。最後，奧圖曼人拔營退走：有了一五二九年的前車之鑑，他們不願再於九月下旬時才開始攻城。克塞格鎮的力守，擋住了一五三二年奧圖曼人對維也納的進攻；一五四一年，更大的鎮——錫蓋特堡，擊退奧圖曼人另一次攻擊，再度拖慢奧圖曼人的攻勢。一五五六年，錫蓋特堡再遭攻擊，差點失陷，但援軍及時到達，趕走土耳其人。錫蓋特堡成為反抗象徵。該鎮只有一個古城堡，沒有易守難攻的地利。該鎮唯一的防禦優勢，乃是整個鎮跨建在人工湖中三個相連的島上。進攻一方必須把三個島，包括城堡，全拿下。該鎮的抵抗和鎮守，激怒並羞辱了奧圖曼人，令年老的蘇萊曼嚥不下這口氣，非要在有生之年扳回顏面。

十年後，老病的蘇萊曼再度率軍北征；他已虛弱得無法駕馬，必須坐轎子由人抬。這將是他最後一次揚威於多瑙河彼岸，他決心掃除那個屢攻不下的障礙，狂妄的「鼴鼠丘」錫蓋特堡。這時，克羅埃西亞總督米克洛斯·茲林伊已派了兩千五百人駐守該鎮和護城城堡，一五六六年八月八日，奧圖曼軍隊遣人前來招降，反而招致他的嘲笑。各據一島的新鎮、舊鎮，城牆上都掛了國旗和節日時裝飾用的彩旗，護城城堡所在的第三島，則鳴禮炮歡迎土耳其大軍（可能意在嘲諷）。

經過炎熱的夏季，那座人工湖（錫蓋特堡最有力的防禦憑藉）已大部分乾涸，奧圖曼人

大無畏精神

奧地利藝術家約翰・彼得・克拉夫特
（Johann Peter Krafft，1780-1856）所繪的大型油畫，
頌揚一五六六年米克洛斯・茲林伊和其部眾，
抱著必死決心，
從錫蓋特堡的護城城堡，
往敵人做最後衝鋒的情景。

砍下樹枝，綁成一捆捆，填滿尚有水的湖區。圍攻第三天，位在第一島上的新鎮禁不住猛攻而失陷。但這次攻擊，土耳其人損失三千兵力，守軍損失將近三百。倖存的克羅埃西亞人和匈牙利人，走狹長堤道逃進舊鎮；舊鎮也遭一波猛攻，但經過土耳其人十次全面進攻才失陷。最後，只剩第三島上的城堡，城堡內有茲林伊所部的三百名殘兵和他們的妻小。奧圖曼人提出優厚條件招降，茲林伊嚴予拒絕，但失守只是時間問題。

守軍召開公開會議，全體同意快守不住時，親手殺死自己妻小，以免活著落入土耳其人之手。然後，這三百名將士，在了無牽掛之後，將衝進敵陣殺個夠本，直到戰死。被圍第三十三天，茲林伊脫下破損不堪的上半身鎧甲，穿上結婚時穿戴的華麗衣服，右手握著父親的劍，率手下到舊城堡的城門口，然後，這些剩下的守軍，在茲林伊帶領下，衝出城堡，屠殺被困在堤道上的土耳其禁衛軍。剛衝出不久，茲林伊就中了兩顆滑膛槍彈，眼睛也挨了一箭。豁出性命殺向敵人沒幾分鐘，這三百人就絕大部分戰死或負傷，只有三人毫髮無損。志得意滿的禁衛軍，持著插了茲林伊頭顱的長矛進城門，擠進城堡裡的小中庭。就在這時，有個躲在火藥庫裡面的年輕婦人，點燃庫裡的火藥，這座中世紀古堡瞬間化為一堆碎石瓦礫，三千名禁衛軍跟著她一起灰飛煙滅。

克塞格、錫蓋特堡、埃格爾等城堡的頑強防守，催生出有血有肉的抗敵傳說，透過書本、地圖、版畫傳頌於世間。到了十九世紀，這些了不起的勝利（乃至壯烈的失敗），成為大型愛國油畫喜愛的題材。但對奧圖曼人來說，它們也成為英勇悲壯的史詩。錫蓋特堡攻防戰化為《奧圖曼人錫蓋特堡戰史》，書中有二十幅彩色微型畫，呈現精美畫法，書的中央，畫了該城三島，描繪之精確一如西方人所製的該城地圖。蘇萊曼一世在完全攻陷錫蓋特堡之前，就因老病死於營中，隨之被尊奉為在攻打敵人時犧牲性命的烈士。基督教徒能承認奧圖曼人的英勇，奧圖曼人也常能賞識對方的勇武，但雙方也都認為對方是天理不容的可惡異教徒。

❖ ❖ ❖

奧圖曼人打起仗來很殘忍。講述那些戰爭的駭人故事，有許多確有其事：大屠殺和種種暴行，剛在塞拉耶佛淪為奴隸的匈牙利人，排成不見頭尾的人龍，走在前往伊斯坦堡的傷心路上。但這種事不只奧圖曼人會做。哈布斯堡的軍隊也活剝人皮，把俘虜釘在尖樁上，納人為奴，強暴俘虜。凶殘是戰爭武器，雙方都用。但雙方也有斯文有禮、表現出某種程度之人性的時候。一五二一年蘇萊曼拿下貝爾格勒時，是在同意讓守軍免於一死的特殊條件下拿下。經過將近七十二天的圍攻，七百名守軍裡的倖存者和其家人，終於在八月二十九日正午開城投降，這時，蘇丹蘇萊曼「希望見見這些勇氣和毅力令他佩服的人。一如慣例，這些免去一死者親吻蘇丹的手，蘇丹賜予他們袍服，與他們交談了幾句。」後來，這些人給送上船，送到多瑙河對岸的匈牙利國境內。「有些基督徒編年史家鉅細靡遺描述了這些後撤的匈牙利人遭屠殺的情形，但蘇萊曼似乎說話算話，履行了他的承諾。」

蘇萊曼之後的幾位蘇丹沒有他的征戰長才，一五六八年在埃迪爾內與哈布斯堡簽署的停戰協議，三次到期，三次重新訂約延長。這只是防止了圍城戰和全面戰爭；事實上，從一五六八至一五九三年，年年出現襲掠季，而這種「小戰爭」（譯按：Little War，指一五二九年蘇萊曼一世圍攻維也納之後，到一五九六年埃格爾攻防戰結束前，哈布斯堡王朝、其盟邦與奧圖曼帝國之間的一連串衝突）反倒比大規模交戰更為恣意而殘暴。對於這種未經授權的攻擊，雙方都表明非官方的作為，並定期接觸以解決邊界無政府狀態所產生的不斷抱怨和法律案件。不過，奧圖曼人幾未費心改善防務，相對的，哈布斯堡王朝則靠新稅收的挹注，投入巨資構築複雜的固定式防禦工事。到了一五九〇年代，哈布斯堡的要塞，大部分若非新建成，就是已花大錢予以現代化，符合最先進的防禦思維。這一龐大資金的投入，根本上改變了東部邊境的戰爭形態。路易十四的首席工程師沃邦，對這一情勢有最為鞭辟入裡的說明。他在一六七〇年左右說道，「要塞數目的大增，已使入侵者欲攻入敵境，必會碰到許多築有防禦工事的城鎮，因而，（攻擊要塞的）重要性，已提升到可以說是：攻擊要塞的成敗，就足以決定戰爭的成敗。確切的說，打贏一場仗，勝利者得以暫時控制鄉野，但只有拿下要塞，勝利者才能拿下整個國家。」土地遼闊的匈牙利境內，完全沒有築有防禦工事的城鎮，但在位於布達城以西和奧圖曼、哈布斯堡領土交界附近的北部邊界，這類城鎮逐漸以一個世紀後的沃邦所描述的方式，控制了該地區。

哈布斯堡的新要塞，採取「侵略性」布設，以占據既能堵住奧圖曼人前進，又能作為往東推進邊界之理想基地的地點。奧圖曼人也發展出防禦堅強的要塞，但他們做得不夠徹底，成效較差。這種新戰爭形態，在西方已司空見慣，而其產生的影響，在一五九三年停戰協議無可挽回的破裂後，清楚呈現。奧圖曼和哈布斯堡都厭倦了「算不上是戰爭的戰爭」，都很想在戰場上一決雌雄。雙方發現，這種新式戰爭打來辛苦，一場仗的勝負不能決定戰爭的勝負。十三年的衝突期間，雙方都未能取得壓倒性的優勢。日後的三十年戰爭期間，天主教一方的指揮官，例如阿爾布雷希特・馮・瓦倫斯坦和蒂伊伯爵約翰・車爾克萊斯，已經在「長戰」期間摸索出正確的用兵之道，他們從東方戰爭得出的教訓，轉用於西方的漫長戰爭。東方戰爭中出現的深仇大恨，有一部分注入到了西方。

一六〇六年停戰後，奧圖曼人面臨在亞洲對付波斯叛亂勢力的另一場漫長戰爭；另一方面，一六一八年，哈布斯堡王朝對已支配布拉格和波希米亞全境的新教徒發動反擊。哈布斯堡王朝和奧圖曼人都無意在一五九三年後雙方激烈爭奪的地區開闢新戰線。從許多方面來看，用兵東方，比用兵西方要難，因為那得長途跋涉，得橫越惡劣而不適人居的地形。但打波斯的作戰經驗，對於日後在歐洲戰線重新開打的奧圖曼軍隊幫助不大，特別是在三十年戰爭改變了西方整個作戰方式之後。「長戰」到了十六世紀末，這兩個死對頭已勢均力敵，奧圖曼人的組織較完善，但哈布斯堡則得益於作戰科技和戰術上的進步。打歐洲的新式戰爭，土耳其人或許居於劣勢，但在西方戰爭愈來愈笨重遲緩而不知變通的時代，他們在速度和機動上仍居上風。

哈布斯堡的指揮官，比奧圖曼的將領更能打。[1] 在他們底下，已有一指揮鏈在醞釀成形，而在某些軍隊裡，這指揮鏈從指揮官往下，經高階、低階軍官，經軍士、下士、長矛下士，到士兵，將上下串連為一體。這一組織結構，讓即使未打過仗的兵都能學會相當複雜的機動調度，然後在戰場上予以落實。將官、校官根據操練手冊下達的戰場調度指令，在情況許可下，會由低階軍官和軍士調教過的士兵在戰場上執行。

奧圖曼軍隊就沒有這控制、指揮鏈，後來的發展證明，那是其重大弱點。能幹的奧圖曼指揮官，可能幾乎不做戰術性或戰略性調遣部隊的事。他會叫部隊進攻，然後部隊會照辦。他可能設定目標，比如圍攻某鎮或戰鬥到底、至死不退，而部隊往往能予以達成。但出色的西方將領可能就團、乃至連、在戰場上（理論上）的移動，擬定作戰計畫。作戰時有複雜的信號和戰場通信，只見部隊之間旗語飛揚。在火器時代，戰場上煙霧瀰漫，很多情況看不清楚。但指揮官會下達戰術指令，且那些命令大體上得到落實。奧圖曼軍隊雖使用軍樂隊鼓舞士氣兼下達命令，其軍中卻沒有這樣的機制。奧圖曼人作戰，倚賴戰鬥單位的專業技能和決心，而非帶兵官的指揮才能。

奧圖曼沒有荷蘭的開創性軍事理論家莫里斯．拿騷之流的人物，沒有瑞典的古斯塔夫．阿道福斯之類善於鼓舞士氣的指揮官，沒有湯瑪斯．巴克爾稱之為「軍事知識分子」那種能征善戰的將領。在西方，戰爭已成為一種哲學；在東方，戰爭是複雜而奧妙的傳統。因此，土耳其人把為數有限但威力極大的整套戰術本事練到爐火純青的地步。比起歐洲大部分軍隊，蘇丹的職業步兵——禁衛軍——有較佳的後勤和補給，攻城較有經驗，滑膛槍射程較長，殺傷力較大。在合適的環境，合適的日子，他們能擊敗西方任何步兵。在不對的環境，碰上他們不信任的指揮官，他們很快就會瓦解為烏合之眾。不過，落敗之後，他們可以很快就恢復鬥志和信心，發動反擊，讓過度自信的敵人丟盔卸甲，潰不成軍。

萊蒙多．蒙帖庫科利（典型的「軍事知識分子」）等打過三十年戰爭的指揮官，發覺土耳其人比他們在西歐戰場所碰過的任何敵人，移動速度更快，殺傷力更強。經由重新摸索，蒙帖庫科利很快就抓到一套新的重點。對付使用馬刀、長矛、弓箭的敵人，盔甲不可或缺；在西歐，盔甲愈來愈少派上用場。對付行蹤飄忽而受過高度訓練的奧圖曼軍隊，笨重遲緩的西方長矛兵方陣，用處不大；蒙帖庫科利等指揮官愈來愈倚重滑膛槍兵。東方很快就成為難得一見的戰法實驗區，從中孕育出一些偉大指揮官。西方人從中了解到輕騎兵以及配戴滑膛槍、手槍之騎馬步兵（龍騎兵）的用處。他們還從重大代價中了解到必須建構強大火力，以消滅奧圖曼禁衛軍的進攻力量。奧圖曼人也學到東西。土耳其人不再拙於使用火器，愈來愈多土耳其人接受使用滑膛槍與精準射擊的訓練。但儘管有多種別出心裁的設計，例如由駱駝載運的輕火炮，他們在野戰炮的集結使用，或步兵操練與調動的精心策畫方面，仍趕不上西方。土耳其人把他們的傳統戰技磨練到更高境界：當火炮齊射這項新技法正在西方發展時，土耳其人也在訓練步兵運用這技法。十七世紀末期、十八世紀初期，團隊精神乃是奧圖曼職業軍人所大量擁有的優勢，遠非被逼上戰場的西方士兵所能及。

十七世紀的歐洲人無一例外高估了奧圖曼的兵力。他們推斷土耳其人集結了龐大兵力，往往投入戰場多達二十萬人。這純粹是幻想，可能是恐懼作祟所致。土耳其軍隊叫人望而生畏，且的確比西方諸國的軍隊龐大。這種旌旗蔽天的大軍形象，有一部分是刻意營造出來。從各封地層層召來的非正規軍，壯大了奧圖曼兵力，使奧圖曼軍隊得以予人這樣的印象。這些部隊的人數，遠超過主力部隊——職業步兵和騎兵——而主力部隊在奧圖曼大軍所占的比重較小。土耳其軍隊有很大一部分幾無戰鬥力，但的確能使首次見到（和聽到）的人心生恐懼。就質來講，奧圖曼軍隊的精銳跟西方部隊的精銳一對一較量的話，最起碼都能平分秋色，很可能更勝一籌。但養奧圖曼精銳部隊，成本昂貴，且雖然十七世紀期間兵員穩定增加，卻一直不敷所需。

奧圖曼人在戰場上如何指揮、管理其部隊，我們所知不多。但根據保存下來的紀錄，還有過去許多描述戰役與軍隊生活的文字著作，我們相當了解西方人如何指揮其部隊。奧圖曼人很用心於紀錄，只是他們寫作戰手冊和戰役紀錄時，必須用誇大溢美的口吻，因而難以從中推斷出真正意涵。相對的，某些官修史書裡用來輔助說明的微型畫，闡述戰爭真相遠更成功：它們格外講究真確，在細部上幾乎能完全反映事實。

❖ ❖ ❖

奧圖曼人為何走上衰落？傳統的解釋無一令人信服。是因為土耳其人不願改變經穆罕默德二世、蘇萊曼一世的輝煌戰績所肯定的戰法？是因為土耳其人堅決拒絕改變？從某個方面看，確是如此，因為奧圖曼人打從心底認為，他們的戰法較好、較高尚、較勇敢。他們也不相信，西方戰法必然較優秀。有此看法的不只他們：後來的評論家痛斥西式戰法流於虛耗而得不出結果。在這種戰法下，軍隊愈來愈常陷入曠日持久的攻城戰，愈來愈少在戰場上一決勝負。要靠拿破崙的天縱英才，才使機動作戰重現於戰場。他運用騎兵的方式，類似更古老的土耳其傳統方式，但予以大幅改良和系統化。[2] 並非只有奧圖曼人走上這「相對衰落」之路。一七九一年後，歐洲各國軍隊，甚至普魯士的軍隊，都一次次敗在大革命後的法國之手。土耳其人的敵人，哈布斯堡王朝軍隊，在「革命戰爭」（譯按：一七九二至一八〇二年間，大革命後的法國和英、普、奧等歐洲列強聯盟之間的戰爭）時期，也開始顯露出和奧圖曼人一樣，在前述土耳其戰爭（譯按：十七世紀下半葉奧圖曼與歐洲列強打的一連串戰爭）所顯露出的軍事弊病和政治保守作風。

今人的研究漸漸表明，奧圖曼軍隊，在許多例子裡，並非如世人所普遍認定的天生抗拒改變與進步。條件若合適，土耳其戰法威力極大。但奧圖曼軍隊的指揮官，在駕馭部隊上，遠不如哈布斯堡指揮官那麼得心應手。這是很要命的弱點，因為一六六四年起，奧圖曼指揮官面對的是年輕時在三十年戰爭歷練過的一代軍官，而那些軍官又訓練出新一代無情的、能幹的戰士——薩伏依的歐根那一代。我希望透過這本書讓大家了解，一直到一七九〇年代，哈布斯堡王朝都確信，他們在戰場上面對的是極危險、善使多種武器、敵意強烈的敵人。這是不折不扣的「對土耳其人的恐懼」。

發生在匈牙利境內的要塞戰，阻擋了奧圖曼大軍，使他們一時之間無法長驅直入攻打遙遠的目標，但未能徹底阻止此事的發生。十七世紀下半葉，奧圖曼人頻頻展露過人的「武力投射」本事。[3]他們一再用兵於國界以北的極遠處，攻打波蘭和俄羅斯，且再度生起攻打維也納的念頭。奧圖曼人過往的征戰經驗顯示，進攻哈布斯堡王朝的最佳切入點，乃是取道該王朝的南部省分施蒂里亞。但這條往西的路線，中途有該省首府格拉茨城阻止去路。格拉茨扼控穆爾河、拉布河之間的土地，防禦工事極為強固。過了格拉茨是俯瞰這兩條河谷的施蒂里亞高地。但如果大軍改為穿越拉布河後，沿著丘陵邊緣往北挺進，進抵維也納、多瑙河就輕而易舉。這條路線只有一處地方較麻煩，即扼守要地的城鎮肖普朗（德語為厄登堡）。但一旦通過肖普朗，維也納的弱點就曝露於眼前。一五三二年蘇丹蘇萊曼一世原就計畫走此路線；但背離計畫進攻克塞格，不只沒有必要，且還招致慘重傷亡。走這條路線進攻有許多優點。大軍會在貝爾格勒集結，靠長浮橋橫越湍急的德拉瓦河和其周遭的沼澤地之後，往西北進發。這時，指揮官有兩個方案可選，一是派其韃靼襲擊隊進入施蒂里亞的河谷，或繼續直往北，繞過施蒂里亞丘陵，進向維也納。

在一六八三年卡拉．穆斯塔法率兵圍攻維也納之前將近二十年，奧圖曼人就深信，利用哈布斯堡王朝位於多瑙河北岸和南部施蒂里亞戰線的兩個戰略弱點，可徹底擊敗哈布斯堡王朝。一六六三年，宰相法濟爾．艾哈邁德．科普律呂率軍北征，進入摩達維亞和瓦拉幾亞，收服心存獨立的川西瓦尼亞人，然後揮兵往西，進向維也納。他的部隊蹂躪了富裕省分摩拉

瘟 疫

維亞的數座小鎮，且這一攻擊曝露了哈布斯堡王朝難以抵禦敵人從東北來犯的弱點。這次勝利令土耳其人信心大增，令哈布斯堡王朝的作戰會議成員大為驚恐。一六六三至一六六四年冬，這位宰相帶兵重回貝爾格勒，打算隔年春天重啟攻擊。

他學到一重要教訓。一六六三年秋的進軍維也納，因遭遇哈布斯堡王朝小要塞新霍伊塞爾的頑強抵禦而中止。這要塞位在往南注入多瑙河的尼特拉河河畔，今稱新札姆基，當時土耳其人則稱之為烏伊瓦爾。猛攻該要塞，耗掉了可在好天氣征戰的寶貴日子。攻下該要塞時，時節已經太晚，不適合在剩下的日子裡打一場大攻城戰。這其實是歷史重演。一五三二年在克塞格，一五五二年在埃格爾，一五六六年在錫蓋特堡，一六六三年在新札姆基，都說明了未能在預定時間之前抵達最後目標所會帶來的大麻煩：高明的指揮官應不計代價避免重蹈這覆轍。因此，一六六四年這趟出征，宰相決定不攻擊多瑙河沿線，而是循南路往北挺進，沿著往北逶迤經過肖普朗的丘陵邊緣，穿過哈布斯堡轄下匈牙利境內的南部諸郡，逼向名叫維也納新城的舊鎮。維也納新城是進抵維也納的路上，最後一個大障礙。

一六六三年法濟爾·艾哈邁德在多瑙河北側連戰皆捷時，他的匈牙利敵人已準備要攻擊南方的奧圖曼人。小米克洛斯·茲林伊伯爵，也就是一五六六年力守錫蓋特堡至死的那位英雄的曾孫，攻擊德拉瓦河、薩瓦河沿線的奧圖曼城鎮和通信線，戰事持續了一六六三年那整個冬天。他募集到將近三萬兵力，其中有一部分是受過訓練的士兵，但沒有火炮。這有弊，也有利，因為這意味著他們可快速移動，痛擊敵人。他們先是在一六六四年一月最後幾天包圍錫蓋特堡，叫土耳其人完全猝不及防。[4]然後，在奧圖曼人慢慢集結兵力以圖反攻時，茲林伊的部隊南移，燒掉位於奧西耶克的大木橋，打掉奧圖曼軍隊跨河進入匈牙利的主要管道。在木橋悶燃之際，茲林伊的部隊進攻奧圖曼人占領的佩奇，燒掉該鎮，毀掉外圍的防禦工事，但未能拿下防守強固的護城城堡。二月六日，他們退入克羅埃西亞境內，心滿意足於毀掉奧圖曼人的防禦工事，準備來春再度攻擊敵人的弱點。

一六六四年三月，土耳其人正為新一季的出擊作準備，但他們大部分人紮營在薩瓦河錯誤的一側。在土耳其人以成排的泊船，在奧西耶克搭成新浮橋之前，南匈牙利境內的土耳其駐軍身陷險境，難以抵禦茲林伊和其部隊的攻擊。四月結束時，哈布斯堡王朝的非正規軍——大部分是人稱pandur的克羅埃西亞騎兵——出現在築有城牆的要塞鎮考尼饒城外。那是奧圖曼人位在邊境區的最後一個大型前哨基地。茲林伊的部隊未能拿下錫蓋特堡和佩奇，但如果拿下考尼饒，將足以大挫奧圖曼人前一年拿下新札姆基的威風。宰相率軍出征，離開貝爾格勒，在一六六四年五月二十日，經浮橋渡過德拉瓦河，進入匈牙利。為了在爛泥地上蓋木堤道，以便重炮橫越爛泥區，行進速度不得不放慢，因此他花了九天才走完到考尼饒的短短距離。若非指揮官只帶了七具攻城炮，其他全留在奧西耶克，這段路會花上更久時間。他們抵達時，匈牙利人和克羅埃西亞人正要發動最後攻擊。

為在南部邊境地帶取得有利位置，宰相不得不在往西偏離正常進攻線極遠的地方展開其一六六四年的戰役，而等到他劫掠茲林伊伯爵在茲林堡（考尼饒西方只需兩小時行程的地方）

的要塞，搗毀其莊園時，又已過了二十一天。七月初，奧圖曼軍隊已摧毀哈布斯堡王朝在該地區的所有防禦工事，但由萊蒙多・蒙帖庫科利將軍率領的哈布斯堡主力部隊，只是尾隨奧圖曼人，不願與其交手。土耳其人以為他們會在考尼饒出手，在茲林堡被圍時出手，但都不見他們的蹤影。哈布斯堡王朝的據點一個接一個拿下，法濟爾・艾哈邁德的前景一片大好。奧圖曼軍隊距「皇家匈牙利」和施蒂里亞的界河拉布河，只剩幾公里。土耳其人未朝這方向進攻已有約一百三十年。如果法濟爾・艾哈邁德沿著丘陵邊緣前進，他可以從南方進攻維也納，或沿著這高地往北到多瑙河，從東邊逼近維也納。

由原路返回奧西耶克，然後循平常路線往北，會耗掉更多時間，而這一個作戰季已因為邊境地區的作戰，耗掉一些寶貴時間。他決定跨河進入敵人領土，於是派出偵察隊，一則查探拉布河的理想渡河地點，一則探明蒙帖庫科利軍隊的駐紮地點。

偵察隊帶回好消息。他們沒見到蒙帖庫科利軍隊的蹤影，但得知他已渡過拉布河後撤，且據說是為了去保護格拉茨。此外，在莫格斯多夫村旁邊，距西妥會的聖哥達修道院不遠處，他們發現可涉水過河之處。經過乾燥的初夏，那裡的河水非常淺。已有一支韃靼人先鋒隊涉過那淺灘，沿著對岸偵察了一段距離。這裡正是奧圖曼人尋找已久，賴以突破敵人防線的弱點。大軍迅速穿過低矮丘陵，朝河岸走去，設立築有防禦工事的營地。橫跨淺水區建了一條便橋，以便四輪運貨馬車通過，但大部分步兵焦急的涉水而過。軍隊移動期間，宰相在其營帳召開作戰會議，獲致一重大結論。時節已經嫌晚，且軍隊的糧食和其他必需品，經過兩個月的征戰，已經不足。格拉茨是可想而知的攻取目標，但維也納的魅力難擋。下午時，大部分禁衛軍、帝國騎兵、加一些輕炮，已到對岸，但還有過半軍隊——來自各省的非正規軍和騎兵——留在此岸，等輜重車隊抵達。

渡河點差不多位在這條污濁河川U形河曲的中央，兩側是土質鬆軟的高岸。對岸是開闊平坦的平原，三側為拉布河所圍繞，禁衛軍迅即在該地挖掘戰壕。更遠處的陸地，密布林木，且朝距河約八百公尺的低矮山脊逐漸升起。神聖羅馬帝國軍隊躲在林子裡和高地沿線，靜靜等待。這支軍隊組成非常複雜。皇帝萊奧波德募集的軍隊，由蒙帖庫科利全權指揮，但除此之外，還有神聖羅馬帝國萊茵蘭諸邦募集的一支分遣隊，以及法國最低階貴族志願軍，前來助陣。這支志願軍能打，但不受約束。將近一百年來，哈布斯堡王朝首次得以在盟邦助陣下對抗奧圖曼人。但蒙帖庫科利發覺，管理那些固執的盟軍，非常累人——二十年後發生的事，在此埋下伏筆。

即使有盟軍相助，他們在兵力上仍大大處於劣勢。哈布斯堡這支軍隊，總數不到四萬，火炮也不足。[5]但蒙帖庫科利已在三十年戰爭練得一身作戰本事，他從山脊往下看，他看到約有三分之一奧圖曼軍隊擠在河曲裡。主要營地仍留在對岸，包括大批火炮。他們無法恣意展開，而他的火炮可打到下面的他們。如果他能將他們阻在沒有退路的U形河曲內，訓練有素的滑膛槍兵，將如他在前幾場仗裡所發現的，撕碎他們的隊形，然後他可以派騎兵攻打潰不成軍的敵軍。

瘟　疫

一如後來的基督徒宣傳家所宣稱的，上天助他一臂之力。土耳其人在七月三十一日已開始渡河，但因為那天是星期五，集體禮拜日，渡河因此暫停。剩下的部隊留待隔天八月一日星期六早上渡河。但當天夜裡，天氣轉壞，早上時，從上游山區和附近丘陵滾滾流下的水，使得拉布河水位大漲。禁衛軍的戰壕塞滿水，對岸的火炮陷入泥濘，動彈不得。黎明時，法國騎兵中隊的鮮紅外套、神聖羅馬帝國騎兵的深色盔甲，中間穿插著滑膛槍兵，突然從樹林現身，排成隊形，阻住奧圖曼軍隊的去路。

蒙帖庫科利深信火力的功用，而他那已排成數排的部隊，平日受的正是幾乎不間斷發射火力的訓練。他難以駕馭躍躍欲試而衝動急躁的盟軍，日耳曼騎兵衝向土耳其軍隊，結果反遭擊潰，在敵人緊追下狼狽逃回。著名旅行家艾佛利亞．切列比，站在奧圖曼軍隊這一方。他描述「穆斯林軍隊敲打定音鼓、小鼓，吹著喇叭時，異教徒嘴喊『耶穌，耶穌』，先行攻擊……一神教的士兵開始攻擊異教徒，嘴裡喊殺，如狼攻擊綿羊群般撲向他們。」但在這場持續超過六小時的激烈戰鬥中，奧圖曼人接下來的攻擊，一再被步兵的滑膛槍和高命中率的帝國野戰炮兩者的齊射火力阻斷。為這次敗戰辯解的艾佛利亞寫道，異教徒「出於對其偽宗教的熱愛，以火炮和滑膛槍從七個方向攻擊，宰相的兵員有一半在交戰的頭幾小時就壯烈成仁。剩下的穆斯林士兵，遭火炮與滑膛槍的強大火力夾擊，退出戰場。」

蒙特庫科利的居拉西耶騎兵，持大刀猛砍軍心渙散的敵人頭部和裸露的肩膀，潰散的土耳其部隊，禁不起此番襲擊，擠回到已變深的拉布河中。下游處，溺死的奧圖曼士兵遍布河面，有如堵塞河道的木材。只有駕馬的韃靼人能涉水渡河，他們一再駕著沒有護具的座騎返回戰場，盡力解救受困的土耳其禁衛軍。

拉布河大敗，使奧圖曼人失去一部分精銳部隊，但軍隊大部分仍毫髮無傷。神聖羅馬帝國軍隊死傷極少，維也納城內外欣喜若狂慶祝這場勝利。但這勝利是個假象。那是由一個能征善戰的將領，率領一支草草拼湊成而隨時可能瓦解的聯軍，在那將領選對位置且有天候優勢的情況下拿下的勝利。他們沒有合意的策略來防守邊境。特別是陣中的匈牙利人，提議接下來該採取攻勢，把奧圖曼人趕出他們的土地，但要打一場大戰役，蒙帖庫科利既沒有足夠的兵，也沒有足夠的資源。他在聖哥達獲勝是運氣好。皇帝萊奧波德想穩住東部邊境，因為他擔心路易十四有擴大法國在西歐版圖的野心（後來證明他的擔心是對的）。於是十天後，在距聖哥達不遠的沃什堡，雙方草草簽訂為期二十年的停戰協議。這份協議，哈布斯堡王朝和奧圖曼人雙方都不滿意，匈牙利人則是憤怒而絕望。協議將在一六八四年到期。[6]

但這停戰協議只意味著結束全面性軍事活動。從多瑙河以北山區往南延伸到亞得里亞海這段漫長邊境地區，過境襲擊仍時有所聞，從未稍減。這並非官方政策，而是地方指揮官（和近乎盜匪的人物）繼續執行報復、劫掠行動所致。漸漸又有愈來愈多人認為，雙方勢不兩立，衝突不可能和解。這有一部分得歸因於發生在遙遠匈牙利邊境的衝突在國際上產生的回響。在日耳曼刊行的暢銷單張報紙，描寫了「基督教子民與野蠻土耳其人之間的大衝突，在天助下贏得的大勝」。一六六三年，遠在倫敦，亨利．馬爾什出版一部長篇大作，描寫新霍伊塞爾的防守，和新近在邊境日益滋長的苦楚。馬爾什寫道，韃靼人造成「幾乎是筆墨所無法形容的嚴重破壞……（與那破壞）最近似者是世界末日；放眼望去，大火延燒二十哩，大地淪為一堆堆灰燼，而韃靼人，猶如許許多多的惡魔，把俘虜拖著走，用鏈條把他們拴在一塊……在他們發明的多不勝數的折磨中，彷彿人道已滅，人性已死。」兩萬名韃靼人拿下幾座築有城牆的鎮和相鄰的所有村莊，放火燒掉那些鎮，「占領山丘之間的狹窄通道，屠殺了數千人，綁走其他人，總而言之，凡是擋住他們去路者，都遭他們制伏。」[7]這些據稱的暴行，激起以牙還牙的報復。「為報復這些野蠻韃靼人的入侵，塞里尼（即茲林伊）的伯爵和布迪亞尼的伯爵，則把劫掠和毀滅帶進土耳其人省境，毫不留情毀掉他們所能毀掉的東西，帶走他們所能帶走的幾乎所有東西。」

停戰那幾年期間，雙方一再毀約。萊奧波德同意每年付給對方二十萬枚金幣的大「禮」（從未準時送達）。蘇丹也答應每年贈禮對方，且可能基於威信的理由，每年皆送到維也納。但除了這些金錢事務，雙方都不尊重停戰規定。奧圖曼人無心控制越境襲擾對方的自己人，甚至提供部隊幫助改信伊斯蘭的匈牙利人和新教徒叛軍，反抗日益不得人心、日益高壓的萊奧波德統治。但就表面上看，和平繼續維持，一六八二年奧地利人開始與奧圖曼人協商，以延長停戰協定。會談沒有進展，戰雲日益濃密。

奧地利大使在伊斯坦堡親眼目睹的備戰行動，顯然不是虛張聲勢，但與蘇丹一同在埃迪爾內等待的當下，他只知道全軍會在來春於貝爾格勒集結。沒有人確切知道，奧圖曼人會如一六六三年那一次往北走，然後攻擊多瑙河沿線，或是如一六六四年那次向西，直到兵敗聖哥達、前進受挫的地方為止。但無論最後目標為何，卡普拉拉憂心哈布斯堡王朝大概擋不住土耳其大軍。

這時的歐洲人，稱頌聖哥達之役的勝利是上帝出手相助促成，那場勝利，就和一五七一年的勒班陀海戰——基督教諸國的槳帆木船，在希臘外海殲滅奧圖曼艦隊——一樣不簡單。但這比擬不符事實。在聖哥達，基督教聯軍完全是因為好運，才得以將一分為二的奧圖曼軍隊，困在既無法後撤也無法施展的地方。如果土耳其軍全跨過拉布河，結果可能大不相同。因為哈布斯堡王朝的野戰炮，這時擺在維也納附近的兵營裡，在不利條件下欠缺火力，基督教聯軍勢必慘敗。

當時人以種種「如果怎樣會怎樣」的假設，評估過哈布斯堡和其盟軍的可能遭遇。土耳其人和韃靼人可能聯手發起所向披靡的戰爭。在開闊戰場上，西方軍隊占有優勢，但十七世紀的戰爭，大部分不是這樣的戰爭，而是在一個接一個的城鎮，一個接一個的要塞，遭圍攻、占領下，慢慢消耗敵人反抗力量的戰爭。在那之前，奧圖曼軍隊會藉由深挖地道、摧毀城牆、強攻突破口的方式，贏得數場大勝。但到了一六八二年時，西方的攻城術，一如西方的步兵戰術，已開始凌駕土耳其人。

奧圖曼人只在一點上仍凌駕西方諸國。要守住奧圖曼的韃靼騎兵，西方人唯一可靠的憑藉乃是防禦堅強的城堡，但韃靼騎兵鮮少冒險進入多山或林木濃密地區。一百年來，奧圖曼人一直倚賴從帝國各地募集來的非正規騎兵，其中許多人幾無異於拾荒者。[8] 但奧圖曼人愈來愈體察到他們韃靼盟軍的特長；在部落領袖的指揮下，韃靼人擁有用不完的精力和高超戰技，一如他們的乾草原先祖。韃靼人的戰鬥規則，嚴懲違抗命令與懦弱行為。他們把判定有罪者綁在木樁上，用馬刀挖出內臟，放在其頭頂上，任其痛苦流血而亡。因此，上了戰場，他們從不投降。

西方作家從十六世紀初開始散播奧圖曼人「衰落」的主張，其實是浮誇之詞。有人認為，奧圖曼人在蘇萊曼一世在位時，擴張達到巔峰，此後國力開始衰退，但即使這一看法都有悖離事實之處。奧圖曼人在東方的擴張，大體上是蘇萊曼父親塞利姆一世的成就。蘇萊曼揮軍進入匈牙利，特別是一五二九年圍攻維也納，令西方大為震驚且意外，但未能拿下維也納。奧圖曼人往北擴張的巔峰，是在十七世紀土耳其人推進到德涅斯特河以北之時。衰落的意涵頗為複雜，不只指涉戰場上的勝負：衰落代表了奧圖曼政權全面性的道德瓦解，在這時期，蘇萊曼在位時自律甚嚴的高貴情操消失，國政轉而由後宮把持，偏遠省分落入叛軍之手，坐大的禁衛軍，就如古羅馬皇帝的御林軍，操控皇帝的廢立。

在此，保羅．萊科特的影響格外重大。他對奧圖曼人的看法，透過多次的再版和多種外語版的發行，四處傳播，而這看法乃是根據古羅馬帝國的下場推斷而出。他寫道，「暴力與不公充斥時，最崇高的尊貴與最深的不幸，就只是一線之隔，因而一國之君可能在頃刻之間，從一者踏上另一者」，而他寫下這句話時，特別以斜體書寫，以突顯其重要。羅馬這主題始終盤據他心頭。一六八三年，他為約翰・德萊登版的普魯塔克作品《希臘羅馬名人比較列傳》，翻譯了其中早期羅馬國王努馬・龐皮利烏斯的生平。這套英語版《列傳》極為暢銷，到一七一六年時已出到第七版。[9]

萊科特始終以卑微但可靠的奧圖曼編年史家自居。他論奧圖曼的早期作品，據他完成於一六九九年的最後版本所述，因為他在奧圖曼的親身經歷算是很漫長，所以作品是以他本人在奧圖曼帝國度過的十幾年生活為基礎。那時候，他也倚賴各種通訊員（雖然不盡可靠）和其他作家都會使用的同樣二手資料。但從頭至尾，他始終保持一貫論點：如果基督教諸國能團結一致，他們就不應懼怕土耳其人，因為土耳其人的實力遭到誇大。這就產生一根本性的弔詭。為打破西方人的自滿，他強調土耳其人的強大。為堅定西方人的反抗意志，他告訴讀者，奧圖曼國力正日走下坡。

一七八一年，吉朋撰寫《羅馬帝國衰亡史》的自序時，言簡意賅的表示，他這部作品乃是在描述一連串令人難忘的革命，如何「摧毀掉彰顯人類偉大的堅實結構」。在那一個世紀前，萊科特在其著作中，也表達了雙重意涵。他描述了土耳其人在實體層面上帶來的威脅，以喚醒西方。他呼籲西方了解敵人，主張：「土耳其人被視為野蠻無知之徒，實是他們的一大幸事；因為這種心態作祟，基督教諸國國君對他們最大的危險敞開大門，毫不設防……在這同時，這強大敵人已完全掌控數個省分，大大瓜分歐洲現有的龐大財富。」

但他也寫到，在「這個舉世最自由、最公正的國家」裡，國內自由遭到的威脅。他用他在奧圖曼帝國見到衰落、專橫的危險事例，警告他的英格蘭同胞。這時，他的同胞剛經歷過一場內戰、一位國君遭殺害（萊科特是保王派）、復辟，還有發生在他晚年的另一場革命（一六八八年的光榮革命）。萊科特不只在寫一部平鋪直敘的歷史，還在抒發一特別有力且錯綜複雜的論點——如今已迴蕩全歐，且持續數世紀未衰的一個論點。但他所要表達的基本理念與土耳其人毫無關係，他拿土耳其人作為可怕的歷史借鑑，以讓英格蘭人知道若未能保住自己古老的自由，會有何下場。「比起遭外族奴役」，英格蘭人應「了解並珍惜自己的自由，應每天感謝上帝和國王，應人在福中要知福，勿墮入恣意妄為或革命衝動中。再見。」在這過程中，他把土耳其人打造成恐怖、專橫、壓迫的象徵，從此烙印在歐洲人心上。

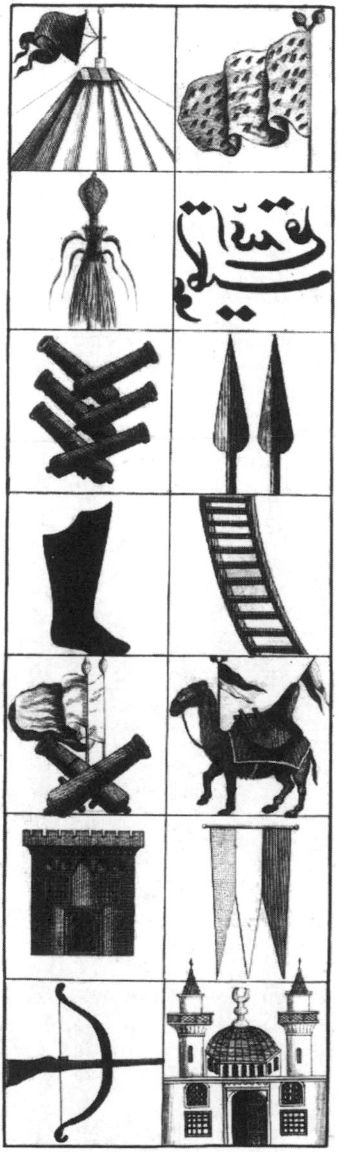

開拔前，出現不祥兆頭。當營區進行大閱兵，蘇丹穆罕默德四世下令開拔時，在所有奧圖曼部隊和外國使節面前，突然颳起一陣大風，吹掉蘇丹的頭巾，當場，全軍一陣顫動。

CHAPTER

4

Taking the Road to War

踏上征途

當時人記憶中最冷的一場寒冬，籠罩維也納與愛琴海之間的大地。在埃迪爾內的皇宮，蘇丹穆罕默德四世和朝臣大大地享受了在堅硬結冰的地面上狩獵的樂趣。西北方一千六百公里外，這場嚴寒毫不留情襲來，維也納的居民形同冬眠，城中街道幾乎空無一人。有部曆書準確預測，該年頭幾個月會特別「嚴寒（且持續特別久）」。即使三月中旬，每天早上街道和廣場上仍結著厚冰，常常下雪。在維也納與貝爾格勒之間的多瑙河沿岸，嚴寒天氣未斷，河面上有大塊浮冰漂往下游。但最終，雪停，換成連續大雨，注滿大小河川，低窪地變成一片泥淖。就連平常堅硬的小徑和道路，都變成泥塘，四輪和兩輪貨車都無法通行。多瑙河在布達佩斯南邊形成的外多瑙地區（譯按：transdanubia，東、北以多瑙河為界，南以德拉瓦河、穆拉河為界，西以大略沿著奧、匈邊界而行的阿爾卑斯山山麓丘陵為界），密布低窪的沼澤地和濕地。許多城鎮建在高地上，但初春時，隨著冬雪融化，便成為沼澤中的孤島。十六世紀印製的第一批匈牙利地圖，未注明這一季節性的氾濫，但事實上它左右了生活的每個層面。一六八二至一六八三年那個冬天的嚴寒，只掩蓋住另一個必然會發生的事：一旦春天掙脫冬天的掌控，奧圖曼大軍不久也會跟著到來。

奧圖曼大軍從埃迪爾內開拔，前往貝爾格勒，浩浩蕩蕩，叫人嘆為觀止。有位「在君士坦丁堡的殷商」寫信「給倫敦的友人」，描述一六八二年十月蘇丹從都城出發的情景：「這景象展露了這帝國最傲人的財富，包括價值無法估量的珠寶、馬、衣服、家具，那種華麗非筆墨所能形容。」不過，他接著還是寫到「一群騎士……帶著箭、箭囊、劍、長矛；接著是諸位帕夏，每個帕夏各有一批牽著備用馬的隨從，年輕英俊的隨從身穿華麗的鎖子鎧甲。」宰相的行進隊伍，由大臣衛隊領頭，「大臣衛隊身披獅、熊、虎、豹的皮，穿著各不相同；接下來是十八名漢子，手持數根十碼長的竿子，走在宰相前面，竿子上共有六個馬尾；再來是宰相的五十名青年侍從，步伐一致走在道路兩旁，宰相則騎馬走在他們中間。在他後面是兩隻大駱駝，『該帝國歷來所發現的最大駱駝』，第一隻駱駝馱負（先知）穆罕默德生前穿過的衣物，第二隻馱負可蘭經，因為那是穆罕默德交給繼承人的東西。」蘇丹穆罕默德騎著「乳白色的馬，馬身布滿無價的珠寶，隨行的青年侍從，穿著大體上沒兩樣，都是戴著以金打造的帽子，穿著長及膝蓋的金長袍，束上一圈三吋寬的腰帶，腰帶上嵌著密密麻麻的鑽石和其他寶石，到了已無空間再嵌上寶石的程度。」在這後面是騎馬的王子（王位繼承人穆斯塔法），「身穿樸素長袍，騎著尋常馬匹。他身後跟著約四百人，全是蘇丹陛下的青年侍從，個個配戴帽子、鎖子鎧甲、鐵手套、劍、盾，身子右側帶著箭囊，左側披著弓，箭囊裡是鍍金的箭。」弓套、箭囊表面鑲了鑽石「和其他寶石。他們身穿寬鬆的緞子衣服，顏色或綠、或鮮紅、或藍、或黃，所有顏色交織在一塊，賞心悅目。」殿後者是「約五千名薩菲（saphi），也就是騎兵，個個手執長矛在前。」他們通過之後，這場為時五、六小時的遊行隨之結束。雪融之後，這一遊行在埃迪爾內又走了一遍，隨後往貝爾格勒開拔，這時候，部隊人數已增加將近一倍。蘇丹的大軍，軍容日益壯盛。

這奇特而壯觀的出征行列，意在傳達仗還沒開打，他們就已取得某種勝利。大軍離開貝爾格勒，展開出征儀式的最後階段，即跨越邊界進入匈牙利時，這遊行會再演一遍。行軍途中，由前鋒部隊作前導，接著是浩浩蕩蕩的騎兵隊，再來是綿延數哩遠的龐大步兵。前鋒部隊由韃靼人和非正規輕騎兵組成，走在主力部隊前頭，與後者保持一兩日行程的距離。[1]主力部隊則是數千繼之以數千的騎兵。但殿後者是陣容日益龐大的火炮車隊和各式各樣的兩輪獸拉車，獸拉車上有火藥、子彈、所有軍用裝備。整支軍隊只能依照牛拉車和火炮車行進的速度來前進，一天可能行走十九公里。途中頻頻出現延誤。在一六八三年的惡劣天候下，車輪和車軸因輾過車轍和路面坑洞而斷裂，火炮得靠人力拉出泥濘。前進速度緩慢，部隊士氣跟著低落。

大軍開始穿過色雷斯地區河谷，接著在龐大幽暗的羅多彼山脈山腳下，一路紮設臨時營地，逐步前進時，無可抗拒的大自然發威，要人聽命其運行時間表。只有等春天降臨，大軍能夠移動，才能開赴戰場。在新春的青草長出之前，往北的路上沒有足夠的草可供牛、馬啃食。有份十五世紀的文獻對此有扼要的說明：「土耳其人時時在留意春天第一批草苗的長出。地上一長出草，土耳其人就會開拔，前來攻打我們。」

在日後的戰爭中，機械化部隊倚賴石油，但奧圖曼人的作戰方式，對於驅動馱獸所需的天然燃料，有同樣程度的倚賴。傳統上，作戰季開始於五月初的希濟爾・伊利亞斯紀念日前後（他是保護旅人和其他陷身危險者的穆斯林聖徒）。這意味著往北到貝爾格勒（這場仗正式開打的地方）的征程，會在三月或四月初展開。一六八三年，蘇丹的作戰營帳於三月十五日在埃迪爾內的皇宮宮牆內搭起，表示這場戰役不久就要展開；但火炮來得晚，大軍拖到該月底才能開拔前往貝爾格勒。且在開拔前，出現不祥兆頭。當戰營進行大閱兵，蘇丹穆罕默德四世下令開拔時，在所有奧圖曼部隊和外國使節面前，突然颳起一陣大風，吹掉他的頭巾，當場，一如卡普拉拉向維也納欣然回報的，全軍一陣顫動。在滂沱大雨中走了九天，大軍才抵達第一個目標菲利貝。還未抵達菲利貝，部隊中已有許多人快要叛變，宰相於是下令在此停留三天。溪水每天從山坡沖下，使河水大漲，往往沖垮橋樑。經過又一個星期的跋涉，大軍只來到省城索非亞，然後又在此多停留了幾天。四月二十四日，全軍抵達尼什，該地區有部隊駐防的主要城市。九天後的五月三日，蘇丹和其軍隊終於抵達貝爾格勒，即薩瓦河與多瑙河交會處。貝爾格勒約略位在伊斯坦堡與維也納的中途，從南往北的幾條主要道路在此相會；羅馬兵團在這裡建造了第一座石造古堡（譯按：castrum，古羅馬軍營或要塞），隨著歲月推移，在城牆環繞的卡萊梅格丹要塞城裡，出現了上城和下城。一五二一年終於攻下此城後，奧圖曼人強化其防禦，白色石灰岩城牆和高塔成為奧圖曼人每次遠征多瑙河彼岸時大軍的集結點。

蘇丹穆罕默德四世和其宰相，懷著一個只有他們兩人知道的秘密。一六八二年秋，他們已決定隔年出征以維也納為目標。秘而不宣意味著他們的計畫一旦失敗——一如偉大的蘇萊曼一世所曾遭遇的兩次挫敗——他們可免於失敗的羞辱。[2] 穆罕默德四世埋首於王宮檔案室裡的手寫稿，研究前幾次出征的經過。文獻資料數量龐大，因為奧圖曼史家鉅細靡遺記錄了軍事活動。那些資料雖以浮誇華麗的筆法寫成，從中卻可廣泛了解前人是如何打攻城戰、會戰，進而從中吸取教訓。我們可以猜測這些資料對蘇丹有所影響，但沒有手寫日記或戰略計畫可讓我們斷定他的意圖。一六八三年之戰背後隱而未顯的動機，一直未得到後人充分的思索，相關的資料也太少。但我們可以看出，奧圖曼人再度用兵西方，乃是因為伊斯坦堡托普卡珀宮的信心日增。在一六八二年，勝利似乎是唾手可得。

蘇丹和宰相都知道，打一場全面性戰役，所費不貲，且要拿他們的政治前途當賭注。既要付出如此大的代價，攻打的目標就必須有其價值。在此，衝動開始淹沒理性。駐守匈牙利的奧圖曼諸指揮官，想打的是非常有限的戰爭：拿下多瑙河南北側一、兩個哈布斯堡的強大要塞。若攻下傑爾的星形稜堡或扼控多瑙河的科馬諾炮陣地，將一舉改變戰略均勢，使哈布斯堡的防線破一個大洞。那將使奧圖曼人更牢牢控制已歸他們統治的布達城以西地區，且可能使他們得以更深入哈布斯堡王朝轄下的匈牙利。但拿下維也納的象徵性價值，明眼人都看得出，比軍事上的考量，更讓人心動。

穆罕默德四世渴望留名青史。一如前面提過的，他叔叔穆拉德四世，以「巴格達征服者」的威名永垂不朽；與他同名的穆罕默德二世，則是「君士坦丁堡征服者」。穆罕默德四世已在名義上「御駕親征」，拿下坎迪亞，「攻占」卡門內茨城。但他想真正親手打贏一場仗。就我們對穆罕默德四世的了解，從他博覽群書、熱愛英雄文學、傳承祖先榮光的使命感來研判，贏得「維也納征服者」的美名，乃是他無法抗拒的憧憬。宰相卡拉·穆斯塔法攻打維也納的動機，則較容易猜到。他所追求的目標，始終被說成是低俗而不值一談；不管是在奧圖曼，還是西方，批評他的人，都說他只想要錢和地。他拚命諂媚主子，滿足主子每個心血來潮的念頭，只為儘早實現自己的目的。如果蘇丹想拿下維也納，他這種人只會諾諾稱是。據批評者的說法，身為宰相的他，野心太大，太腐敗，太貪。因此，屆時上天自會出來主持公道，他最終會自作自受（後來他的確淪落到這下場）。但這說法，道德訓示意味是不是太濃了？

還有一個可能的動機：光耀門楣，打造萬世一系的宰相家族。卡拉·穆斯塔法沒有科普律呂家族的血統，而是被收養進入那家族。科普律呂家族暴得大權和一連數代主掌朝政，乃是史無前例。一六五六至一七三五年間，該家族有八人出任一人之下、萬萬人之上的宰相職位。在數十年間，科普律呂家族發展出特色鮮明的意識形態和精神特質。該家族的利益核心，不在東部諸省，而在西部諸省，即地中海地區和歐洲；卡拉·穆斯塔法擁有的一切，全拜其養父穆罕默德·科普律呂之賜。該家族猝然爬上權力頂峰，始於穆罕默德·科普律呂在一六五六年來到伊斯坦堡主持朝政，收拾亂局，而從一開始，卡拉·穆斯塔法就是該家族得以造就此一偉業的大功臣之一。科普律呂家族改變了他的一生，他則捍衛該家族的命運和榮耀作為回報。這一主從關係乃是奧圖曼社會的基礎，牢不可破。

對這位蘇丹和這位宰相來說，攻下維也納，代表的不只是再打一場仗。他們兩人暗地裡都認為，維也納必定會落入他們之手，他們將取得過去所有名叫穆罕默德的蘇丹所未能贏得的一場勝利。對這位宰相來說，那將使身為養子而暴得大權的他，成為科普律呂家族裡成就最高的一員。但這一切必然都是後人的猜測。不管是在一六八三年，還是那之後，都未出現決定攻打維也納的明確動機。[3] 當時有許多人，包括奧圖曼人和西方人，義正詞嚴的將最終的失敗歸咎於這位宰相，藉此四兩撥千金的，明明白白的，替蘇丹卸責。有些作家，例如前英格蘭駐士麥那領事保羅·萊科特強調，卡拉·穆斯塔法的穩坐高位，靠的是滿足他主子的欲望和奇想。

但蘇丹穆罕默德四世既不昏庸，也不像他父親那樣墮落。他很可能是這計畫的積極參與者；他是數代以來讀最多書的奧圖曼統治者，奧圖曼王朝的神秘特質和偉大先王的赫赫戰功，深印他的腦海。在他年幼時見過他多次的神聖羅馬帝國特使，曾論及他深受母親影響，有著「沉靜、憂鬱而透著嚴肅的特質」。如今難以清楚斷定他的性格，因為他的性格受到他漫長在位期間諸多事件的深刻影響。對穆罕默德四世來說，戰爭已是他憧憬的冒險。他喜歡以戰士形象示人，而許多歐洲藝術家描繪成年的他時，把他畫成戰士模樣。他們清楚該畫成什麼樣才能得到觀者和市場的青睞，因此也將他惡魔化。在書籍和版畫裡，他那矮小而似男孩的身材，常給畫成突兀而古怪的模樣，且附上「暴君與大獵犬」或「瘋狗與野人」之類的圖說。但我們找不到具體證據可證明他的邪惡。他很愛他兒子：他父親易卜拉欣的壞脾氣，並非他性格的一部分。

要勾勒出卡拉·穆斯塔法的性格較難。許多認識他或見過他的人，論及他不同於常人的自負和天命意識。與他那位無血緣關係的兄弟和科普律呂家族其他成員不同的，他哪種酒都不碰，且打從心底鄙視歐洲人和其他的非穆斯林。卡拉·穆斯塔法生在穆斯林家庭，父親身為奧圖曼重騎兵，受封有一塊采邑，采邑位在黑海以南的山區小鎮梅爾濟豐。一六五二年，在朝中失勢的穆罕默德帕夏歸隱莊園，莊園位在名叫科普律的鎮，距梅爾濟豐不遠。卡拉．穆斯塔法十幾歲時，由穆罕默德收養，穆罕默德受召回京出任宰相時，他跟著以勝利之姿返回伊斯坦堡。身為養子的他，很快就和家族打成一片。他與穆罕默德的長子法濟爾．艾哈邁德友誼甚篤，他娶了法濟爾．艾哈邁德的姊妹後，友誼更是穩固。

他早早就從養父那兒學到一個重要教訓：要當個成功的大臣，必須令人畏懼，而非令人愛戴。不過，作為朝中大臣，他很懂得向蘇丹獻殷勤，懂得向年輕王子穆斯塔法和艾哈邁德獻上關心；因此，他得到娶進奧圖曼公主、成為駙馬的回報，而他的第一任妻子則遭他離棄。蘇丹穆罕默德四世與卡拉．穆斯塔法的關係，不同於蘇丹和此前、此後朝中所有大臣的關係。卡拉．穆斯塔法比蘇丹年長約十三歲，身材高大壯碩，有著濃密黑鬍和淺黑色頭髮、眼珠。其他的科普律呂家族成員都是阿爾巴尼亞裔（該家族在奧圖曼的開基祖，年輕時因徵兵而來到伊斯坦堡），卡拉．穆斯塔法則是道地的安納托利亞人。他平步青雲：一六六三年出任愛琴海艦隊司令，與威尼斯艦隊交過手。他打過克里特島戰役，以敢衝不怕死而著稱。他正是（我猜）這位年輕蘇丹可能欣賞的那種男子漢。

因此，進攻維也納的計畫，可能是這位宰相與蘇丹聯手策畫，而非由他想出來，然後強迫猶疑、不情不願的蘇丹施行，甚至首倡此議者可能就是穆罕默德四世。[4] 傳說，制定進攻計畫時，這位宰相夢到自己穿著新靴，一條七頭龍出現在他面前，趾高氣昂走過來咬他。隔天，他找占卜者解夢。解夢者告訴他，「腳上那雙靴子，表示你要出征，那條龍代表受七個國王指揮的……哈布斯堡皇帝。你最好打消這次出征的計畫，否則一定會後悔。」

這類不祥之兆可能嚇到性格怯懦的穆罕默德四世，但肯定阻止不了卡拉．穆斯塔法。這一行動的魯莽大膽，正符合卡拉．穆斯塔法的性格。儘管如此，他的計畫並非出於一時狂妄自大的奇想。奧圖曼人的軍事情報很強，卻提供了相互矛盾的兩個訊息。首先，情報告訴他們，維也納這個令人垂涎的目標，受到東邊一連串要塞的保護，可望而不可及。此外，多瑙河以南地區，遍布大沼澤和大濕地，奧圖曼人要橫掃西方，取得全面勝利，這是一大障礙。但奧圖曼特使、間諜、敵後布建也清楚表示，一旦越過那些外圍防禦工事，拿下維也納就不是太難。該城的防禦工事未翻新，防守不強。拿下敵人都城和護城城堡所彰顯的象徵性價值，遠非拿下某個邊境要塞所能比擬，即使那要塞的短期軍事價值可能較大。一四五三年拿下君士坦丁堡，在軍事上價值不大，卻具有重大的象徵意義，同樣的，攻陷維也納也將帶來榮耀和優勢。

最後，我們應思考卡拉．穆斯塔法最私人、最深層的動機。對科普律呂家族來說，一六六四年兵敗聖哥達仍是不堪回首的記憶，是該家族的一大挫敗、一大恥辱。卡拉．穆斯塔法想用敵人鮮血洗刷家族的恥辱：熾烈的復仇之心，驅動他出征。蘇丹穆罕默德四世有類似動機。對這兩人來說，哈布斯堡家族不只是另一個基督教仇敵。奧圖曼對該家族特別厭惡、猜忌。他們與許多西方敵人的交往不同於此：十七世紀時，他們與俄羅斯沙皇和波蘭國王協商出滿意的結果，跟這兩國領袖談判，始終比跟哈布斯堡的神聖羅馬皇帝談判，容易談出結果。他們的厭惡是打從心底。哈布斯堡家族是無恥的篡位者，僭用理當歸奧圖曼人所擁有的皇帝頭銜，因為奧圖曼人可是藉由征服，承繼了羅馬帝國。

奧圖曼人在十五世紀初次進入匈牙利和哈布斯堡王朝土地，十六世紀開始征服行動。但他們的野心還未完全實現。征服大業仍未完成，伊斯蘭加諸的使命與奧斯曼家族深信不移的天命意識完全重疊。蘇丹的宗教使命乃是擴大「和平領域」，縮小「征戰領域」。奧圖曼王朝四處征討，乃是欲讓蘇丹成為名副其實的「諸汗之汗」、「諸沙之沙」、「諸王之王」。擁有這些頭銜的蘇丹，應成為最高統治者，統領其他所有較小的統治者。僭稱羅馬皇帝的日耳曼王，以維也納城為都城。在奧圖曼人眼中，這是欺世盜名。羅馬皇帝這個頭銜原屬以君士坦丁堡為都城的拜占庭皇帝。穆罕默德二世攻占該城，自然成為羅馬帝國的統治者。若能攻占維也納，在該地建造伊斯蘭聖寺，他將成為法理上暨實質上的西方統治者。蘇萊曼一世不就自稱是「統治羅馬所有土地的皇帝，凱撒、亞歷山大之土地的主人」?

在奧圖曼人眼中，這天命在開天闢地之初就已存在。奧圖曼人的諸位烏克斯族遠祖中，有一位殺了一隻狂狼而拯救了世界；還有一位用棍棒把發狂的駱駝打死，使人類倖免於難。根據史學家阿希克帕夏札德記載的另一則傳說，奧圖曼王朝的開基祖奧斯曼住在後來成為他岳父的苦行聖僧埃德巴利家中時，夢到月亮從埃德巴利胸口升起，然後進入奧斯曼心臟，緊接著，從奧斯曼肚臍長出一棵樹，最後，那樹枝葉繁茂，蓋住世界。在樹影裡有山，潺潺溪水從山流下。隔天早上，苦行僧向他解夢，說真主已把主掌天下的大權交予奧斯曼和其子孫。以這些說法合理化稱霸天下的作為，太含糊、太薄弱，但哈布斯堡王朝也有類似的說法，同樣也好不到哪裡去。蘇丹世襲的職責和統治大權，不只要涵蓋伊斯蘭信士，還要涵蓋全人類：蘇丹應將天下人納歸奧圖曼王朝統治，納歸伊斯蘭的管轄。

一六八三年發動大軍征討西方，絕非魯莽衝動之舉。宰相和其心腹非常清楚西方敵人正困擾於什麼難題。他們知道哈布斯堡王朝正忙於保住他們在日耳曼和低地國的地位，以防勢力日強的法國染指。他們還看出皇帝萊奧波德一世一再惡待其匈牙利子民，特別是大張旗鼓迫害匈牙利新教徒，使得哈布斯堡的東疆防禦格外脆弱。這時候，許多匈牙利人不願給予哈布斯堡物質援助。有些人甚至開始思索，奧圖曼人再壞，也不會比可惡的奧地利人更壞，甚至可能更好。

欲打敗哈布斯堡王朝，最大障礙是時間和天候。蘇丹蘇萊曼一世在十六世紀親征時所碰上的難題，比一六八三年奧圖曼諸指揮官所碰上的難題還來得少，結果他兩次都未能攻下維也納。第一次是一五二九年，受阻於維也納古城牆的堅固防禦和早到的冬天；第二次是一五三二年，受阻於一個微不足道的要塞英勇（或有勇無謀）的抵抗。從他在位的時候起，北方邊境的防禦就已大幅強化。與哈布斯堡王朝相接的多瑙河邊境，這時散布多個新式要塞，其中有些由奧圖曼人掌控，但大部分是哈布斯堡駐軍建造、駐守。這一新的軍事態勢，創造出任一方都無法取得壓倒性優勢的僵局，因為光攻占一個要塞可能就得花上數星期。因此，一五九三至一六〇六年在匈牙利西部打「長戰」期間，奧圖曼和哈布斯堡都未能取得決定性優勢。一六〇六年後的幾年間，又建了數座新要塞。

若要奧圖曼諸指揮官預期戰果，最樂觀也只是拿下一兩座要塞，然後班師回朝。但這樣不夠。奧圖曼人的作戰傳統，至少在卡拉．穆斯塔法眼中的作戰傳統，必須有更好的戰果。如此勞師動眾遠征，怎可只得到如此微不足道的收穫。進攻維也納或許有風險，但至少有可能一舉扭轉雙方的對峙態勢，即使成功機會渺茫。

❖ ❖ ❖

一六八二年秋發出的動員令，要求部隊在一六八三年五月初，在小鎮澤蒙旁的營地與蘇丹會合。這小鎮在薩瓦河匯入多瑙河附近，在貝爾格勒的城堡圍牆下方。戰營規模逐日壯大，長長的步兵隊伍和騎兵隊伍，跨越連接舊城區與薩瓦河西岸的橋樑，進駐營地。從卡萊梅格丹（貝爾格勒的護城城堡）望去，排列整齊的營帳沿著河岸往外擴散，數千上萬隻馬說明了將往北進發的大軍，陣容何等龐大。在港口，桶狀貨船排成一列，等著搬上重炮和體積龐大的攻城設備。每一天，重載的船隻航往上游的布達，或多瑙河支流德拉瓦河河港奧西耶克。日後奧圖曼大軍就在奧西耶克橫渡德拉瓦河，進入匈牙利境內。幾個星期來，非正規的波士尼亞騎兵、當地地主和其隨從、三五成群的巴爾幹滑膛槍兵和召募來的兵員，以及最重要的，來自克里米亞半島的韃靼人第一大隊，絡繹於途，使通往貝爾格勒的諸條道路為之阻塞。這些韃靼人各騎一匹馬，身後各拴著一隊結實的小馬。敘利亞人、安納托利亞人、北非柏柏人，從地中海諸省和東部諸省源源不斷湧來，使奧圖曼大軍日益壯大。外國盟友、當地權貴、官員紛紛前來向宰相致敬，申明效忠之意，使宰相營帳門庭若市。

開赴貝爾格勒途中使大軍腳步變慢的惡劣天氣，這時已漸漸好轉，濕漉漉的土地終於開始變乾。哈布斯堡邊界，位在布達佩斯以西一百六十公里處，距貝爾格勒五百六十公里。宰相於一六八三年三月底率軍從貝爾格勒開拔，要到七月中旬才能抵達維也納城郊。貝爾格勒與哈布斯堡邊界之間的土地屬於奧圖曼人，但面對大自然所加諸的障礙，卻束手無策。在此前幾個世紀，多沼澤地形不致構成這麼大的障礙。但十七世紀的奧圖曼軍隊，有龐大輜重車隊隨行，濕漉漉的環境就成為比敵人更難克服的麻煩。

不過，在多瑙河彼岸，一旦越過薩瓦河和德拉瓦河，第二階段的行程就會比較容易。天氣好，走在堅實的地面上，全軍可以穩定的速度前進。但即使天氣好時，仍有許多小河因雪融而水位大漲。每條小河都得架橋，且橋必須夠堅固，以便將四輪運貨馬車和火炮拖過河。但臨時浮橋往往禁不住重壓而垮掉，笨重的火炮落入水裡，再也撈不上來。

按照傳統作法，大軍在貝爾格勒集結時，仗就開打。奧圖曼大軍要花上多達六個星期，才能抵達與哈布斯堡領土接壤的北界。但每個指揮官心裡都很清楚，到了那遙遠的邊境，可用來攻城的時間有限。大軍最晚得在九月結束之前，從維也納打道回府，好在下雪之前回到安全的冬季營舍。不過，宰相信心滿滿，認為攻打異教徒不會太難。他的確有理由這麼認為。此去維也納，中途經過的是他們的領地，他們可以一路進逼到布達城另一頭的戰區，敵人擋不住他們。屆時，距目標只剩幾天行程，他們的攻擊將會勢如破竹。勝利掌握在真主手上：怎麼可能落敗？

在多瑙河對岸，座落著羅馬人稱之為潘諾尼亞的地區，也就是今日較多人知道的外多瑙地區。這地區也在奧圖曼人完全掌控下。外多瑙是「多沼澤的荒涼地區，居住人口持續急遽下降」，與南方的多山地區（土耳其語所謂的「巴爾幹」地區），位於布達東北方的另一個高地區川西瓦尼亞（土耳其語稱埃爾代爾），均大不相同。外多瑙幾無農業，大部分居民養牲畜過活。羅馬人入主時，已砍掉大片原始森林，燕麥和大麥成為主要作物，但產量不大。該地區一直很落後，只零星分布幾座羅馬人所建的鄉鎮。歷來的匈牙利國王大抵不重視這地區。土耳其人無意拓殖這片鄉野，無意使該地居民改信伊斯蘭：他們把穆斯林大量遷入這裡的鎮，以改造那些鎮，剷平大部分古建築，重建成土耳其式建築。

在奧圖曼帝國的城鎮裡，不同族群毗鄰而居，大部分相當和睦，在鄉間，和睦程度則可能較低。奧圖曼的治國理論，要求各族群必須和睦相處，以維持社會安定。見諸記載的宗教、社會迫害和暴行，確有其事，但這類情事的發生，零星且偶然；殘酷與恐怖是奧圖曼人的施政工具，但不致流於恣意濫用。一如史達林治下的俄羅斯，政府決定是否運用恐懼，誰該受罰、該受痛恨、該受壓迫，由伊斯坦堡中央決定，地方官員執行。

伊斯坦堡和其他城市的狀況，大不同於奧圖曼帝國邊界沿線。因此在西部邊界，存有不常見而特殊的客觀條件，會使自信滿滿的歷史評斷失準。或者，更精確的說，我們得知道我們正在用的歷史是誰寫的歷史。在這些邊境地帶發生的事，包含三個元素。首先，這裡原有一個民族國家暨強大王國匈牙利，但經過四代時間的改造，到一六八三年，匈牙利人已成為「夾在帝國的磨石中間而飽受折磨」的民族。第二，匈牙利成為哈布斯堡與奧圖曼這兩大帝國對抗的戰場；雙方變身為世界強權，困在原始的政治鬥爭中。第三，這一鬥爭通常從宗教角度來界定，反映了使兩帝國水火不容的意識形態分歧。上場者眾、衝突不斷、動機多得叫人眼花撩亂，使同一事件可以有多種解釋，進而使史料充滿一方之見而遠遠談不上公正。[5]

奧圖曼帝國長長的陸上邊境，大部分是法紀不彰、主權轉移頻繁而天高皇帝遠的惡地。它們類似法國文化人類學家保羅—昂利．雄巴德洛威筆下那個不穩定、動亂的環境。[6]「惡地」沒有固定的生活規則，沒有根深蒂固的社會習俗，沒有一成不變的思考方式，沒有眾望所歸而屹立許久的社會領袖，沒有已確立的宗教信仰模式，也沒有一套符合某強勢社會環境的觀念。[7]奧圖曼帝國的邊區，不管是巴格達以東的邊區，還是布達以西的邊區，都時時處於變動不居的狀態。布達以西的邊區，不在以城市、要塞為中心輻射所形成的勢力範圍內。那是個混亂的世界，從亞得里亞海綿延到多瑙河北方的上塔特拉山脈。

邊境地區這種無休無止的極端混亂，使布達城堡裡的帕夏和官員大為惱火，因為這使他們在伊斯坦堡的上司眼中顯得無能，烏紗帽可能不保。維持秩序是他們的職責，敵人每一場襲掠都是失職的表徵。哈布斯堡這一側的邊境地區，市鎮最高行政長官和要塞司令，同樣因為守土不力，遭奧圖曼人入侵，而遭責備。但在西方，襲掠也成為文學題材。這類文學作品大受歡迎，將土耳其人殘酷、侵逼不斷的形象傳播到西方各處。其中大部分作品是取材自遙遠的過去。巴伐利亞人約翰內斯·希爾特貝格的故事，成為經典。他是某巴伐利亞貴族的青年侍從，一三九六年尼科波利斯之役遭俘。他淪為奴隸長達三十年，中間換過數個主人，在這期間走遍東方，完成一連串叫人瞠目結舌的冒險。在尼科波利斯被俘後，他先是成為奧圖曼蘇丹巴耶濟德的奴隸，帖木兒領軍打敗奧圖曼人後，他成為帖木兒麾下蒙古人的奴隸。蒙古人把他帶回乾草原，中途穿越克里米亞半島、欽察人的乾草原地區、莫斯科大公國部分地區、高加索地區，最後在黑海東岸港市巴統脫逃，長途跋涉來到伊斯坦堡。然後他走路返鄉，在一四二七年回到巴伐利亞。這是個史詩般的故事，以手抄本的形式廣為流傳。一四五〇年代印刷術問世後，它是廣為流通的少數幾本早期印刷書之一，一四七六年在奧格斯堡首次印刷成書後大為轟動。一六〇〇年時已出到第十一版，希爾特貝格的故事成為此後所有俘虜自傳的典範。該書最引人注目的地方，不在希爾特貝格的記述，而在印刷業者插入其中的雕版畫。這是西方人首次以具象呈現世仇土耳其人，從此，就連目不識丁者，都能從圖畫中理解蘇丹的殘暴，明白下令斬首尼科波利斯城倖存者的血腥。

農夫安德烈亞斯·格萊恩的故事，則生動說明了邊境生活的危險和恐懼。一六四〇年，從官方角度看，處於哈布斯堡與奧圖曼停戰期間，但仍有敵人從北方越境襲擊。築有城牆的村子皮爾巴赫，位在新錫德爾湖旁邊，就頻頻面臨攻擊威脅；先前幾次敵人襲擊時，已有數名村民從田裡消失。甚至有傳言會有大批韃靼人來犯。若果成真，村子的城牆可擋一陣子，但村民還是決定，一旦發現敵人來犯就放棄家園，逃到多瑙河北岸普雷斯堡後方較安全的山區。

這類傳言有許多是虛驚一場，有時韃靼人進攻的是別的地方，但一六四〇年，果然有韃靼人大批來襲，逼近皮爾巴赫。在城牆外約八百公尺處有一塊地的安德烈亞斯·格萊恩，要妻子、小孩跟其他村民一起逃難，他則留下照料葡萄園和牲畜。結果韃靼人來到已不設防的村子近旁時，格萊恩並未察覺。韃靼人洗劫皮爾巴赫，發現格萊恩後先是一陣毒打，然後將他抓走。韃靼人轉進到下一個村子，用繩子拴著格萊恩，拉著他跑，但那村子的村民同樣都已跑光。再過兩天，這支韃靼作戰隊擔心奧地利騎兵隊前來阻截，於是調頭，越境回去。他們用繩子把格萊恩和抓來的其他倒楣村民拴在馬尾上，逼他們在馬後一路跑。韃靼人來到奧圖曼帝國境內第一個大鎮時，將格萊恩和其他俘虜賣人為奴。主人將格萊恩和其他俘虜安置在畜棚裡，把他們當公牛使用，逼他們白天時拉犁耕田。每天的食物只有一把堅果、些許小米和水。飽受折磨七年後，他靠一名奧地利女人的幫助逃脫出來。徒步走了許多個月後，一六四七年十月回到皮爾巴赫。他在距村子城牆約八百公尺的自家土地停下過夜。

隔天早上，他回老家，遇見妻子，發現她已在不久前改嫁。她未認出他，因為他蓄著久未剪理的亂鬍、長髮，一身又髒又破的衣服。他開口講話時，她也未認出是她丈夫。他口口聲聲說他是她死裡逃生、歷劫歸來的丈夫，然後經過一番討論，她才經由他的說話聲，有些不情不願的認出他來。格萊恩的故事，以妻子請求原諒，兩人一起過著幸福日子直到老死，作結。[8]那個倒楣的第二任丈夫，則不得不讓出他的新妻子。在皮爾巴赫城外，格萊恩回老家前一晚過夜的地方，格萊恩立了一根「聖三一」柱，上面刻著一六四七年。刻有他傳奇一生的那個大理石碑，至今仍在。

格萊恩的故事叫人難以置信，因為淪為奴隸後還能逃回家鄉的人少之又少。希爾特貝格和格萊恩是極罕見的例外。但透過印刷品，他們的故事和他們受苦的圖像傳出惡地，傳遍全歐。一個個燒殺擄掠的片段，交織出一個個駭人的形象。在西方社會，還有其他令他們恐懼的東西——海盜、公路上殺人越貨的強盜、新教地區潛藏的天主教徒、天主教地區隱密的新教徒——但四處劫掠、勢力強大的土耳其人，所激起的恐懼遍及全歐。一六八三年時，英格蘭讀者能見到三個基督徒被拴著脖子拉犁的圖畫，或更早之前，韃靼人把俘虜拴在馬後拖著跑的圖畫。這些都確有其事，但並非時時在發生，且不是每個人的遭遇。[9]這些發生於東部邊界而真有其事的災難，只是邊境生活的一部分，但它們很快就被視為典型的、日常的、無所不在的。那是土耳其人幹的事（必然是非常偏頗的觀點），但那也是極有力的反奧圖曼宣傳。

在官方停戰那幾十年間，一連串有關奧圖曼人施暴、施虐的故事出現於西方。發生於兩個世紀前的希爾特貝格冒險，一再重印出版，除此之外，另有人僥倖逃過殘酷、暴虐土耳其人的魔掌，寫下他們的歷險經驗。冒險家約翰・史密斯，以其在北美森林裡和印第安女孩波卡宏塔絲那段沒有結果的來往，而為人所知，但在前往美洲之前，他曾遭韃靼人俘虜。一六三〇年，他出版了生動有趣的自傳，書中如此描述受俘過程：

慘遭屠殺者橫七豎八躺在地上，史密斯躺在這些屍體之間……身有數處傷口，和其他倖存者一起在呻吟，最後……劫掠者根據他的盔甲和衣服研判，留他當作活口勒索贖金，比把他殺了更划算，於是把他連同其他許多俘虜帶走；他們善待他，直到他傷口復原，然後，在阿克索波利斯，把他們全賣去當奴隸。他們就像市場裡的牲畜，每個來買奴的商人檢視他們的四肢和傷口，要其他奴隸跟他們打鬥，以測試他們身體的強弱；巴肖·博加爾買走他，且立即把他送到阿德里安堡，再送到君士坦丁堡，當他情婦的奴隸。他們脖子上鏈，每二十個人串成一列，成列走向這個大城，抵達之後，分送給幾名主人。

現存一幅雕版畫，刻畫史密斯套著鐵項圈，在幾名帕夏嚴密注視下，被抓著項圈拖行的模樣。有許多幅畫作，描繪遭俘的西方人，在北非的奧圖曼人土地和摩洛哥境內受折磨，情景更為駭人。

從奧圖曼人角度所寫的類似受俘經歷，現知只有一個。奧斯曼·阿迦的父親是駐守泰梅什堡的土耳其禁衛軍老兵，他本人也加入禁衛軍，一六八八年遭哈布斯堡的先遣部隊俘虜。吃了許多苦頭之後，他終於被派予勞役工作，主人（同時也是俘虜他的人）把他當如奇珍異品般看待。最初他給派到某貴族家的畜棚工作，然後當男僕，最後當糕點廚子。一六九九年，他終於逃脫，最後回到家鄉。從這則記述，我們知道有數人跟他一起逃出，其中包括不只一個女人。不過，受俘西方人的故事，在西方印製成書，廣為流傳，但奧斯曼・阿迦精彩的歷險故事，如今卻只有一份手抄本（收藏於大英圖書館）傳世。

西方社會喜歡聽看東方人如何殘酷、好色的故事，且作家、劇作家、藝術家熱衷於滿足這樣的喜好。西方人比較在意的，不是蘇丹**是否**會來犯，而是蘇丹**何時**會來犯。在西方人眼中，征戰是土耳其人的天性，一六八三年春「土耳其人在移動」的消息，不只迴蕩在維也納和日耳曼諸城，還迴蕩在倫敦、斯堪的納維亞諸首府，最北遠至蘇格蘭的亞伯丁。對許多人來說，一六八三年維也納遭攻擊，不只是一場戰役。他們認為那是基督教信仰和龐大、邪惡、黑暗的伊斯蘭勢力無休無止的鬥爭中，另一段插曲。

當時，新教徒夾處在兩種威脅之間，一是假定異教土耳其人會來犯，另一是好戰天主教徒的危害。雖然他們有時較不認同土耳其人是基督教對立面這樣的觀點，但他們也未能擺脫這觀點的影響。英格蘭、蘇格蘭、荷蘭的新教作家，義憤填膺寫到基督徒在巴巴里沿海地區（譯按：指埃及以西的北非伊斯蘭教地區）受到的奴役，其口吻一如天主教作家。土耳其人可怕的負面形象，普見於幾乎所有西歐文化，透過教學、文字、圖象、口述、戲劇、民間傳說，深植人心。即使距「土耳其」最遠的人，都感受得到這威脅。

PART 2

第二部

在地與天站在上帝的大審判席旁邊之前，
東方是東方，西方是西方，兩者永不會相遇；
但世上既無東方，也無西方。當兩名壯漢相對而立，
即使他們來自地球的兩端，
沒有邊界，也沒有種族，沒有血統！
——吉卜林，〈東西方歌謠〉

PRO FIDE

CHAPTER

5

敵人 The Adversaries

匈牙利人雖是基督教徒，本應站在哈布斯堡這一方，但他們大多信奉基督新教，多年來受到哈布斯堡的打壓，雙方仇意甚深。於是奧圖曼、哈布斯堡和匈牙利三方，玩起各懷鬼胎、真假莫辨的遊戲。

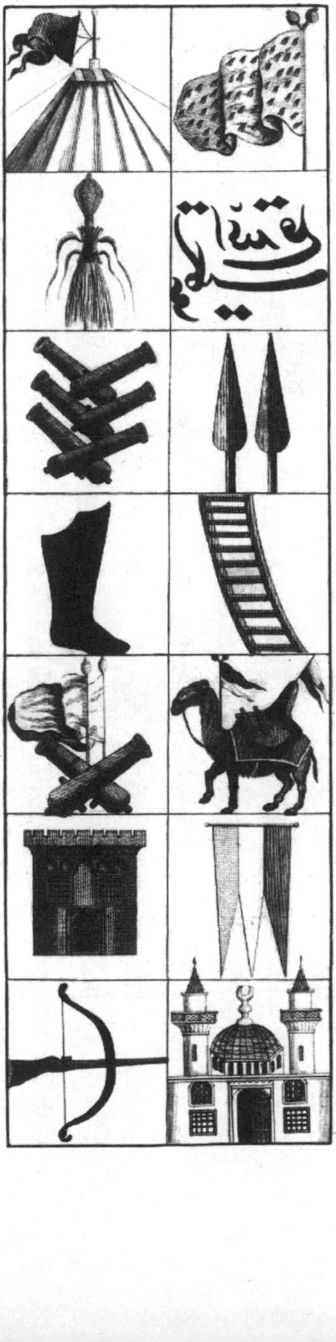

部隊在貝爾格勒集結那些天，穆罕默德四世與卡拉．穆斯塔法公開和私底下晤談了幾次。[1] 蘇丹會從城堡下來，過河來到澤蒙的營地。五月十三日，在薩瓦河畔的草地上舉行了全規格閱兵，蘇丹在兩個兒子穆斯塔法和艾哈邁德陪同下，當著全軍面前，將兵符正式交付卡拉．穆斯塔法，授予他先知穆罕默德三面旗幟中的一面（這三面旗幟是蘇丹塞利姆一世於一五一七年在埃及奪得）。宰相卡拉．穆斯塔法就此成為戰場統帥，擁有生殺予奪的無上權力。他跪在蘇丹面前，親吻他腳下的土地。

不管兩人在五月幾次晤談中作出何種計畫和決定，在大軍朝北進發之前，最後的決定為何，我們並不清楚。但受命為戰場統帥，卡拉．穆斯塔法就此要完全肩負起成敗之責。按照奧圖曼人傳統，若打勝仗，蘇丹將一如克里特島之役或烏克蘭境內多次攻城略地的勝仗，分享此功績，但若打敗仗，蘇丹會把責任推得一乾二淨。五月二十日，蘇丹最後一次駕臨宰相的營地，看著禁衛軍開拔，前往位於奧西耶克的渡河處。四天後，全軍跟進出發，經過四小時浩浩蕩蕩的行軍，抵達位在沃伊卡鎮的第一營地，而這段路的距離只約二十二公里。隔天早上，騎兵和四輪運貨馬車再度踏上征程時，下起大雨。他們也要前往奧西耶克。羅馬人早先在德拉瓦河上建了一座狹窄磚橋，還有一條堅實堤道，跨越河北岸的沼澤，通往潘諾尼亞省境內地勢較高的地方。有六條路匯集於奧西耶克，其中五條往東南、西南散開，進入巴爾幹半島。經過數百年歲月，這座河橋和河對岸跨越巴拉尼亞濕地的那條木堤道已朽壞，雖有渡船來往南北岸，德拉瓦河仍是另一個軍事障礙。一五六六年，蘇丹蘇萊曼展開其在匈牙利最後一場征戰時，召募了約兩萬五千名民工，命他們與他的工兵合力建造跨越該河的新木橋，以及長長的高架木堤道以通往距該河約八公里遠的達爾達村。

但一六六四年，米克洛斯・茲林伊率領兩萬三千名克羅埃西亞、匈牙利的騎馬戰士，攻占奧西耶克鎮，並在撤退前，放火燒掉蘇丹蘇萊曼所建的那座橋和那條堤道。這對奧圖曼人打擊甚大。往北的貿易路線隨之關閉，部隊、裝備的北運同樣斷絕；奧圖曼人迅即在燒焦的廢墟旁建了一道窄浮橋，也就是英格蘭旅行家愛德華・布朗在一六六九年九月見到的那座橋。布朗見到時，燻黑的舊木樁殘樁仍在，那些殘樁「固定得如此牢，又如此硬，若要拔掉，肯定要花去他們很大人力。土耳其部隊經由這浮橋進入匈牙利境內。」刻畫這舊橋的雕版畫，呈現了原鋪有堅實路面的厚實結構體：浮橋若未予以大幅強化，承受不了卡拉・穆斯塔法必須帶去的重炮。前鋒部隊抵達時，迫在眉睫的強化工程仍在進行。

為使一六八三年這場戰役出兵順利，卡拉・穆斯塔法早已命人修復進入匈牙利的舊堤道，以便拖運重炮。但持續不斷的雨，不只使大軍從埃迪爾內出發後，克服重重困難才抵達貝爾格勒，且已使架橋、建堤道的工程幾乎停擺。融化的雪水從蒂羅爾地區的遙遠上游流下，德拉瓦河水位大漲，連續猛擊橋樁。河對岸，部隊有時在受損的高架堤道下深及頸部的渾濁河水裡工作，許多人因此死在沼澤裡。

這一古老的堤道，距任何戰線都有數百哩遠，卻是接下來這場戰役成敗的關鍵。跨越德拉瓦河一事深具象徵意義，就和在伊斯坦堡的徹爾佩奇草地舉行的出征儀式，接下來在埃迪爾內的皇宮前舉行的校閱儀式，最後穆罕默德四世在澤蒙正式與部隊告辭，一樣深具象徵意義；這些全是作戰儀式。在蘇丹穆罕默德四世自己眼中，他和其威名顯赫的先祖都是羅馬皇帝，都是憑藉征服力量遂行統治者。他熟悉凱撒、亞歷山大的生平。他知道凱撒（一如普魯塔克所描述）如何

來到隔開高盧與義大利其他地方的那條河（今稱盧比孔河），然後開始反思的故事：這時，他更接近那可怕的一步，為自己的冒險行徑激動不已，為此，他放慢腳步。猛然停下後，他陷入沉思，長久不語……斟酌隨著他們渡過此河後，所有人將遭遇的重大災禍，還有渡過此河後他們將留給後人的廣大名聲。但最後，他懷著某種激動心情，彷彿放棄斟酌利害，猛然投身未來般，說出通常是人在孤注一擲、投身冒險之前所會講的一句話，「擲出骰子吧」，然後急急動身渡河。

在奧西耶克渡過德拉瓦河，就如同當年凱撒渡過盧比孔河。從那一刻起，戰爭無可挽回，且若未能得勝歸來，下場將很淒慘。卡拉・穆斯塔法知道骰子已擲出，他的所有希望和野心到了關鍵時刻。他不能失敗。一六八三年六月二日，奧圖曼大軍在奧西耶克橋頭紮營。河的對岸就是匈牙利，距異教徒土地只剩幾星期的行程。但橋還不能用。士兵在德拉瓦河岸的營地裡，焦急等待了十二天，坑道工兵在這期間拼命趕工，以修復跨越沼澤地、通往達爾達村

的堤道。這項任務很艱鉅。愛德華．布朗以欽佩口吻描述了橋原來的樣子：「局部蓋在（德拉瓦）河上，局部蓋在常氾濫的沼澤地上，能與（它）相比擬的橋少之又少。這橋長至少五哩，橋上每隔四分之一哩建一塔：橋兩側築有漂亮欄杆，以橋下的大樹幹支撐，每個跨距立九或十根樹幹。」

被迫枯候這十二天，戰場統帥卡拉．穆斯塔法未讓部隊閒著。奧圖曼軍隊的前進，一再遭暫停和禮拜日打斷，他因此下令禁衛軍進行日常操練，要求檢查、修理所有裝備。奧西耶克河港距多瑙河只約二十九公里，每天有貨船從貝爾格勒駛來，卸下額外的口糧、彈藥、補給。留在貝爾格勒的火炮，有一部分船運到奧西耶克，該地的木匠趕製兩輪獸拉車以載運這些火炮。卡拉．穆斯塔法收到探子回報，得知敵人在多瑙河南北岸整軍備戰，且驚訝得知維也納的奧地利人毫無動靜。土耳其人知道該城防禦破落，需要整修，奧地利人卻完全未予以強化。這一消息使他對於大軍延擱在橋頭一事特別感到洩氣，因為敵人修補城牆、稜堡的時間愈少，土耳其人就愈容易拿下維也納。

伊斯坦堡已啟動戰爭機器，維也納則是踉踉蹌蹌應戰。兩國這時由一連串的事件連接在一塊，一切都在未定之天。蘇丹和宰相深信，透過可能是千載難逢的諸多有利條件，這次可拿下維也納。哈布斯堡家族深信，他們擁有能征慣戰的軍隊，且儘管蒙帖庫科利已於一六八〇年去世，軍隊仍由曾在他麾下磨練出帶兵作戰本事的指揮官在統御。但這些想法都是表面之見。關鍵不在這些經驗豐富（而年紀日大）的指揮官和上校。哈布斯堡的問題更為根本。

兵力遠遠不足，錢時時不夠用，且這兩項缺陷不是速速就能補救。但皇帝萊奧波德和其顧問沉浸在聖哥達大敗敵軍的美好回憶，一副高枕無憂的模樣。那次勝利不正證明土耳其軍隊完全不是哈布斯堡英勇武士的敵手？特使卡普拉拉已告知他們，奧圖曼的戰爭機器能井然有序動員十萬兵力，且能滿足這些人遠赴異地打一整個作戰季所需的糧秣和必需品，但他們對此訊息幾乎置若罔聞。

雙方在信仰、語言、社會上的差異不言自明；但相似的地方，則遠不如那麼明顯。當時的英格蘭學者亨利．內維爾，在其對話錄中探討了歐洲所有政體。對話者有三人，分別是威尼斯貴族、英格蘭紳士、該紳士的醫生。內維爾論道，自古以來，帝國都是因為捲入「拘泥形式的蠢事」而垮掉。他對哈布斯堡王朝評價不高，該王朝的鄰邦「為了保住自己的幾項自由，免遭這奧地利王室侵犯，而付出極大心血。」相對的，他深信，若非土耳其禁衛軍「使宮廷和後宮成為王子的屠場」，奧圖曼王朝本有可能成為「世上最佳、最穩固的君王制國家」。但維也納和伊斯坦堡兩地的朝廷，都是以「拘泥形式的蠢事」此一古老傳統為基礎，兩者間有許多共通之處。十七世紀末期時，維也納的哈布斯堡朝廷和伊斯坦堡的奧圖曼朝廷，都已和外在真實世界脫鉤。這一與外隔離的狀態，對一六八二至一六八三年的情勢發展影響甚大。

但雙方的統治者（皇帝萊奧波德一世、蘇丹穆罕默德四世），有一些共通的特質。理論上，兩人都有無上權力，卻都完全倚賴身邊的朝臣。兩人過著與世隔絕的生活，年幼時不期然而然登上大位，都熱衷於看書和手抄本，花不少時間和精力打獵。他們也都不願更動心腹顧問，而那些顧問對主子的欲望和怪念頭知之甚詳。當時沒有哪個政治體制強調絕對的君權，但維也納和伊斯坦堡是兩個例外，朝臣對統治者畢恭畢敬。不讓君王煩心，乃是朝臣的責任。因此，匈牙利前線的地方指揮官，特別是有充分理由反對貿然攻打維也納的布達城帕夏，從未向穆罕默德四世提出建言。同樣的，在一六七〇年代期間，從未有朝臣向萊奧波德剖析在匈牙利境內實行高壓政策的弊害，直到情勢已惡化到無可挽回，才有人發出勸諫，而一六八二年他從顧問那兒所聽到的，全是土耳其人絕對會大敗的過度樂觀看法。

兩位統治者，在性格上有這些耐人尋味的相似之處，且同時出現在歷史舞台上，當然出於偶然。但他們統治的兩個帝國，雖然是世仇，卻也有許多重要的共通之處。撇開支配精神領域的羅馬教皇不說，一六八〇年代時，它們都是歐洲最古老的大國。哈布斯堡王朝和奧圖曼帝國都是在十五世紀期間緩緩嶄露頭角，而哈布斯堡始終稍稍落後奧圖曼，且資源較有限。兩者都在十六世紀初臻於成熟，查理五世於一五一九年成為神聖羅馬皇帝，蘇萊曼一世則在一五二〇年繼父王塞利姆一世之後當上蘇丹。兩個王朝都創建了自羅馬帝國覆滅以來，歐洲最早的官僚帝制體系（哈布斯堡在此又稍落後奧圖曼）。兩者在一六八〇年代時都出現疲態，需要重振活力。

歐洲的每個大國，都由新家族統治。在法國，波旁王室已取代瓦羅亞王室。在英格蘭，斯圖亞特王朝已取代都鐸王朝。在西班牙，最後一位統治該地的哈布斯堡家族成員，常年處於瀕死狀態，且沒有直系繼承人。在瑞典，本土的瓦薩王室已覆滅，而取代以一日耳曼裔伯爵，已故瑞典國王古斯塔夫．阿道佛斯的外甥。每一次的改朝換代，形同換上一批新的管理階層，最終帶來全面性的震盪，往往使人事和政策隨之改觀。相對的，奧圖曼王朝和哈布斯堡王朝，一百五十年來的「家族事業」從未中斷。

家族統治的連綿不斷，並不代表穩定。從歐洲作家幸災樂禍的記載裡，奧圖曼帝國有謀殺、廢黜、暴亂的情事發生，奧斯曼家族裡有「持續不斷的革命」。但在這段漫長歷史裡，這兩個國家的基本架構、習性、錯綜複雜的習俗和作為，都沒有改變；特別重要的是，十七世紀時，兩國都愈來愈自豪於自己的國祚綿遠，非其他社會所能及。實際上他們的歷史並不如他們所深信或宣稱的那麼悠久。十六世紀時，雙方都為自己的治理問題，找到非常現代的解決辦法。他們創造出以統治者和朝臣為核心且條理井然的統治結構。奧圖曼和哈布斯堡兩王朝，在任何可能的地方，藉由以下這些作為來遂行統治：創造先例；獨占他們所細心保存在宮中檔案室裡的檔案；中央集權；將法律制度系統化；使行政和政治都奉行固定一致的準則。奧圖曼人已在其帝國境內創造出強有力的軍事體制，而哈布斯堡王朝要到十八世紀才打造出類似的體制。不管是在哈布斯堡王朝，還是奧圖曼帝國，關鍵都在於能否施行上述作為。

奧圖曼和哈布斯堡王朝都執著於奉行傳統，且把這視為頭等大事。一如司提反．耶拉西莫斯所論道：

> 凡是傳統社會，都把「創新」視為「墮落」，因為創新被認為離經叛道。在這方面，奧圖

曼人也不例外……奧圖曼皇帝的遊行行列，也是炫耀奧圖曼國力、重振國力、向自己人民和其他人展現國力的機會。在節日期間，外國特使、政府官員、同業公會負責人、社會賢達與傑出人士，走在蘇丹前頭，在暗指全天下人向他重新表態效忠的典禮中，把禮物獻給蘇丹。事實上，我們必須把一五八二年的割禮節（最重要的節日）期間，參與遊行者包括犁田的農民、捕魚的漁民、各行各業的商人和工匠一事，視為一項明證和跡象，從中證明並顯示蘇丹是社會體制的照護者。在這情況下，我們應把奧圖曼皇帝的遊行視為意在減輕社會緊張、補強政治權力和威權的活動。

哈布斯堡王朝的遊行、宗教儀式、比武大會、戲劇演出，也有類似的用意。

到了一六八〇年代，這兩個古老的王朝有了一項重大差異。那時候，奧圖曼帝國的元首，可能徒有其位而無實權，但在哈布斯堡王朝，元首不可能是如此。晚近替萊奧波德立傳的約翰·史皮爾曼，如此描述皇帝年輕時：「他不是個行事魯莽而急欲創造歷史的年輕統治者，他是能夠讓尊重傳統的王朝與作風保守的貴族社會完全滿意的國君：他謙遜、謹慎、虔誠、既非浪蕩不羈者、也非掃他人興致者，是個不多言的年輕紳士，樂於遵守傳統與一切舊制。」家族傳統和外界期望他要主動積極，不應將所有決定權交予大臣和僕人——這點與奧圖曼的體制很不同。因為萊奧波德極其謹小慎微，且行事拖沓，他的個性不利於做出果斷而有效的決定；另一方面，一旦他做出決定，就不會改變心意。他在夜裡禱告，虔誠傾聽心裡收到的答案。穆罕默德四世在貝爾格勒將戰場指揮權全權交給卡拉．穆斯塔法，但一六八三年時，萊奧波德旗下的指揮官，沒有一人有這麼大的自主權。

靠後見之明撰寫的歷史，普遍把奧圖曼人必勝的自信視為虛妄。「土耳其人」開拔到如此遠的異地，補給線拉得如此長，怎麼可能會贏？簡直愚蠢至極，哈布斯堡也有同樣的想法。事實上，神聖羅馬皇帝和其顧問面臨難以解決的難題：該把哈布斯堡的軍力部署在哪裡？該用來防禦西側法國的威脅，還是防禦東邊奧圖曼人的威脅？法國的國力和威脅，哈布斯堡很清楚；奧圖曼人的危險，則幾乎是個古老神話。土耳其人在一五二九年進攻過維也納，未能得手。後來的幾次進攻，同樣失敗。另一方面，如果真的構成嚴重威脅，出錢出人迎接挑戰就是神聖羅馬帝國的責任。萊奧波德和顧問遣使赴帝國內諸國，收下教皇英諾森十一世熱心贊助的金錢，他深信應發動聖戰以對抗異教徒。萊奧波德最具創意的舉動，乃是努力爭取波蘭國王約翰三世．索別斯基與其締結共同防禦同盟。波蘭曾於一六七〇年代遭奧圖曼人攻擊德涅斯特河北部數次。萊奧波德的這些反應，審慎、冷靜且充滿政治自信。這個老練且運轉平順的政權毫不慌亂，有條不紊，且接下來，立即以同樣的從容不迫，應付更為迫切的其他問題：來自法國的威脅。

萊奧波德的最高明決定之一，乃是在一六八三年五月六日任命妹婿洛林公爵查理出任戰場統帥，也就是將近兩年前蒙帖庫科利去世後所留下的職務。洛林的查理曾在一六六四年的戰役中，以法國騎馬隊一員的身分打過土耳其人，也曾在與路易十四交手的幾場戰爭中建立

敵　人

彪炳戰績。一六八二年，他處於半退休狀態，代表皇帝坐鎮因斯布魯克，治理蒂羅爾地區。與他同時代的波蘭國王約翰三世．索別斯基，曾如此精確的描述他的容貌。他有著「幾乎像鸚鵡般」的長長鷹鉤鼻，許多人稱頌那是良好教養的表徵。天花在他臉上留下密密麻麻的疤痕，而且他看過去就像個戰士。「他穿沒有裝飾的灰衣服，戴不插羽毛的帽子，腳下的靴子已有兩三個月沒上油擦拭，有軟木後跟。他的假髮（爛假髮）是金色的。他的馬不差，配有破損不堪的舊馬鞍和馬飾。他顯然不太在意自己的外表，但流露出……上流人士的氣質。」雖然如此，無論是在波蘭或其他任何王廷，他都不會擺架子。

查理家族統治古老的洛林公國已久，身為這家族的一員，在接任戰地總司令之前，他的戎馬生涯即使不顯赫，也是紮實而豐富，而他對哈布斯堡王朝的忠心則毋庸置疑；他欣賞並尊敬萊奧波德，看待萊奧波德的角度與只認識皇帝而不了解其個性的人不同。這位公爵在統兵作戰上的最大特色，乃是能激起部屬的親愛信賴之心，部下都知道他是出了名的驍勇善戰。在戰場上，他總是身先士卒，身陷戰鬥最激烈的地方。他身上帶有許多場仗留下的傷疤，上場殺敵時通常拿掉那頂「爛假髮」，露出暗紅色的平頭短髮。但身為戰地總司令，他的職責乃是避免愚勇行徑以保住軍隊。畢竟那是哈布斯堡領地的唯一防線。

將指揮權交予洛林公爵的儀式盛大隆重，一如卡拉．穆斯塔法在貝爾格勒獲授予奧圖曼戰場統帥的儀式。土耳其大軍遠在南方的貝爾格勒紮營時，皇帝萊奧波德和朝臣，還有隨行的所有外國使節，上了一輛輛四輪大馬車，浩浩蕩蕩離開維也納，前往基特塞的平原。該平原位於多瑙河南岸，普雷斯堡的對面。即將負責守衛基督教歐洲的部隊，在那平原排成戰鬥隊形以供檢閱。一個又一個團以分列式走過，總共只有三萬兩千人多一點，他們前面排著七十二門火炮和十五門迫擊炮。早上八點，皇帝、皇后、十四歲公主瑪麗亞・安東尼亞和其剛婚配的未婚夫巴伐利亞選侯（萊奧波德最重要的盟友），跪在所有士兵之前。格蘭大主教主持彌撒，宮廷合唱隊伴唱，歌聲響徹雲霄。皇帝和文武百官從大主教手中領取聖體，然後，在隨軍牧師發送聖餐給士兵時，每名士兵和軍官也領到教皇頒予的特赦狀，以鼓舞他們在即將到來的戰爭中奮勇殺敵。稍後，萊奧波德加碼鼓勵，承諾加發一個月的薪餉。事後，一如每個人都料想得到的，那是空頭支票。

彌撒儀式之後，萊奧波德騎上腳步輕快的牡馬，在皇族與侍從隨同下，慢慢檢閱部隊。他來到一個又一個單位面前，稱讚他們有精神、有紀律、散發勇武精神，為時四個小時。他稱讚火炮擦得光亮，與團長、連長親切交談，特別向伯爵埃斯泰爾哈吉募集的匈牙利騎兵加油打氣。匈牙利騎兵艷麗的綠、紅、金色制服，與奧地利步兵的素白外套和騎兵的黑色上身鎧甲，形成鮮明對比。校閱結束，皇帝一行人轉赴盛宴，炮兵一次次齊鳴禮炮以示慶祝，最後，四輪大馬車隊返回都城。但有許多人，特別是匈牙利人，注意到部隊人數比他們所預期要少得多。典禮結束後，這位皇帝隨即把奧圖曼人在南部集結的事拋諸腦後。他已完成部署，事情已經解決。

客觀來看，對戰雙方的政治、軍事態勢，特別有利於奧圖曼人一六八二至一六八三年的

敵　人

征討大業。雖然理論上，基督教世界已開始團結，共禦野蠻的土耳其人，但基督教陣營內部的政治分歧卻日漸擴大。神聖羅馬帝國內的諸王國，已有一部分承諾原則上支持抵抗土耳其人攻擊，但那承諾並未落實在出兵上。只有他未來的女婿願意前來助萊奧波德一臂之力。一六八三年三月三十一日，萊奧波德與約翰三世．索別斯基簽署共同防禦條約，但波蘭人實際上願意出多大的力來協助抵禦奧圖曼人攻擊，同樣仍是未知數。最糟糕的是萊奧波德除了要應付奧圖曼人從東邊來犯，還得防範法國軍隊可能進攻該家族在西邊的土地。法國駐伊斯坦堡的資深大使，紀耶拉格伯爵，自一六七九年就擔任此職，靠著大筆饋贈和百般奉承，與宰相打下很好的關係。紀耶拉格信誓旦旦告訴卡拉．穆斯塔法，法國深信這是土耳其人出兵的絕佳機會，他的主子路易十四會竭盡所能支持奧圖曼。

不過，對一六八三年奧圖曼人攻打維也納最有利的因素，似乎是匈牙利人，包括新教徒和天主教徒，因為他們痛恨他們的國王——皇帝萊奧波德一世。哈布斯堡王朝不斷宣稱他們在匈牙利行仁政。歷任統治者都強調「王朝的仁慈」和善意，彷彿那是他們根深蒂固、「與生俱來」的集體特質。事實並非如此。萊奧波德的宣傳者表示，「奧地利王室溫和如蜜，只在迫於無奈時才動刀，讓有罪之人流血。」而「有罪之人」眾多，從馬札兒權貴到老百姓都是。不管是信新教還是天主教的匈牙利人，都反對讓皇帝權力往邊境地區不斷擴張；許多新教徒並不厭惡哈布斯堡王室，卻因為自身的「異端」信仰而不斷遭到迫害。

基於法律和習俗，萊奧波德有權以天主教為國教，但落實此政策的方式使他在人民眼中，比蘇丹還暴虐。一六七〇年代末期，維也納政府已幾乎無力掌控其「皇家匈牙利」的鄉村地區，自稱「十字軍」的新教徒，對哈布斯堡的反抗愈來愈強悍，愈來愈凶狠。一六八〇年，面對來自奧圖曼日益嚴重的威脅，萊奧波德對造反的匈牙利人稍作讓步；最後，一六八一年，他恢復匈牙利王國的古老權利，讓新教徒享有信仰自由。但要匈牙利人忘記此前十年不斷遭受的殘酷迫害，已經太遲。

要挽回匈牙利新教徒的民心，相當不容易。在川西瓦尼亞的高地和今日斯洛伐克山區，喀爾文派、路德派、一位論派的教徒人數遠超過天主教徒，而且從城裡和大平原不堪迫害而逃來的難民，更是拉大這差距。二十年來，萊奧波德一直認為新教徒是陰謀推翻哈布斯堡在「皇家匈牙利」統治地位的核心分子，而這推論的確正確。他們既侮辱他的信仰，也侮辱他的政治威權。但哈布斯堡在東部對新教的迫害也損及哈布斯堡王朝在西歐的地位。一六七〇年代侵擾匈牙利喀爾文教徒的舉動，就在新教國家當中，例如與他結盟對抗法國的英格蘭和尼德蘭，引來極大反感。一六七五年，四十名年長的新教牧師被發配到那不勒斯的西班牙哈布斯堡艦隊當划槳奴隸。這些「遭迫害的殉教者」所承受的悲慘命運，促使許多人寫書、寫小冊子，呼籲採取行動對付壓迫他們的人。最後，海牙的荷蘭國會派艦隊司令勒伊特，率領荷蘭艦隊赴那不勒斯拯救他們。一六七六年二月十一日，勒伊特派海軍陸戰隊摸上那些牧師工作的船，救出他們。當他們被送回阿姆斯特丹時，受到英雄式的歡迎。

哈布斯堡王朝與奧圖曼人對待新教徒的方式，天差地別。根據一六七六年在倫敦出版的

敵　人

一份小冊子，「在順服於（神聖羅馬）皇帝的那些地區」，新教教堂為數極少；在與土耳其人土地相接的那些地區，則有約兩百座，但「這些人（新教徒）每日過得提心吊膽」，因為哈布斯堡當局派了許多人前來嚇他們。不過，在歸土耳其人管轄的匈牙利南部，有大約六百座教堂，絲毫沒有遭到壓迫或迫害的跡象。哈布斯堡王朝在一六八一年正式終止對匈牙利新教勢力的掃蕩，但哈布斯堡「暴政」激起的仇恨並未隨之消失。萊奧波德於一六七三年暫時撤銷匈牙利的憲法，使許多匈牙利天主教徒也開始認為他們的國王萊奧波德是暴君，但矛盾的是，他們仍把他視為自身信仰的捍衛者。

最頑強的新教「十字軍」，在年輕的馬札兒貴族伊姆雷·特克伊領導下繼續抗爭。一六八二年，穆罕默德四世聽從宰相的建議，別有居心的封特克伊為上匈牙利國王，條件是他要受奧圖曼人保護，且必須每年納貢。上匈牙利位於布拉迪斯拉法北邊和東邊，境內包括保護維也納、抵禦來自多瑙河北側攻擊的諸座要塞。奧圖曼人深信特克伊能拿下該地區，成為名副其實的上匈牙利國王，進而破壞哈布斯堡的防線（事後證明奧圖曼打錯了算盤）。一六八二年十一月，萊奧波德邀請叛軍派代表團前來維也納與他會晤，隔年春天，代表團成員伊斯特萬·錫爾邁到南方，親自向奧圖曼朝廷報告那次會晤的情形。他充分利用赴維也納的機會，仔細觀察了該城的動靜。他告訴土耳其人，該城防守薄弱。他曾在霍夫堡宮短暫會晤神聖羅馬皇帝，親眼見到該宮旁邊的防線特別薄弱，皇帝的居住區緊貼著城牆。他有一名當過修士的僕人，甚至利用等主人的機會，偷偷畫下城牆上的稜堡和稜堡前方的三角堡。錫爾邁還告訴蘇丹，神聖羅馬皇帝試圖賄賂特克伊，使其在土耳其人進攻時保持中立。

奧圖曼人對特克伊玩著虛張聲勢、真假莫辨的遊戲，特克伊也對奧圖曼人、哈布斯堡王朝玩著同樣的遊戲，因此，我們難以斷定每個人的動機或用意。但似乎很有可能的是，蘇丹和宰相希望利用特克伊去治理他們所拿下的任何新土地，因為體認到長期統治與奧圖曼文化扞格不入的維也納，既困難且代價高。這種間接統治方式，在川西瓦尼亞、摩達維亞、瓦拉幾亞管用，可能也可輕鬆套用在上匈牙利，乃至奧地利的邊境地區。

❖ ❖ ❖

來自奧圖曼歐洲地區的分遣隊，例如瓦拉幾亞的基督徒騎兵和滑膛槍兵，從澤蒙開拔後終於趕上主力部隊。每日都有部隊分列式和檢閱活動。卡拉．穆斯塔法在大營帳裡修改計畫。他與特克伊開了幾次會。特克伊來得太晚，未及在貝爾格勒面見蘇丹。但與卡拉．穆斯塔法的幾次會晤，乃是論斤秤兩的討價還價，而非禮貌性的會面。卡拉．穆斯塔法的秘密策略要能成功，至少多瑙河北岸的匈牙利要中立化。對於特克伊更為狂妄的承諾——號召「皇家匈牙利」人民起來反抗哈布斯堡王朝——他並不相信，但如果這些叛軍牽制住同樣人數的敵軍，使其遠離奧圖曼大軍的主要攻擊目標維也納，就大有利於他拿下該目標。這位戰場統帥畫出在奧圖曼人支持下，如果一切順利，特克伊就能贏得「王國」的誘人遠景。屆時維也

敵人

納甚至可能成為他的都城，匈牙利人將在睽違數百年後再度成為這城市的主人。

雙方各懷鬼胎，互不信任。特克伊偷偷與皇帝萊奧波德商談更好的交易，卡拉．穆斯塔法則以一旦對方沒有利用價值即無情甩掉對方的作風而惡名昭彰。但眼前，彼此各取所需，利益相投。六月十四日，工程完成，宰相與其盟友率領奧圖曼大軍走過浮橋，越過沼澤地，來到匈牙利境內的第一個聚落。戰爭在此真正開始，進攻決心在此真正表露，因為從達爾達發出的幾條大路，往北呈扇形展開，奧圖曼軍隊距哈布斯堡邊境，只剩一個月的路程。[2]

韃靼部隊前進時，每天早上都有許多小隊脫離主力部隊，消失在敵人的方向。每支小隊可能有二十四名騎士，每名騎士身後牽著兩、三匹馬。有些小隊朝西北騎向格拉茨，有些騎向肖普朗，還有更多往北騎向多瑙河。這些小隊是指揮官的眼與耳。他們往往會帶著俘虜或哈布斯堡部隊的動向情報回來。還有一些小隊會從反方向過來，重新加入主力部隊。土耳其人以穩定速度往西北前進，一天行走四、五小時，卡拉．穆斯塔法知道奧地利騎兵與步兵的主要部署、哈布斯堡要塞的備戰狀態、以及前方縱橫交錯之河川橋樑的情況。相對的，敵軍總司令洛林公爵查理，卻對他的敵人動態所知甚少。

宰相已命匈牙利境內的奧圖曼部隊和他們的帕夏，全數到匈牙利舊都「白堡」見他。匈牙利舊都建在聳立於沼澤地的山丘上，位在布達城西南方約六十公里處，土耳其人稱之為伊斯托爾尼．貝爾格勒，今稱塞克什白堡。該城在一五四三年即遭土耳其人攻陷、洗劫，城中大教堂遭毀損，且立即移入穆斯林為居民。一六八三年時，該城看去就和巴爾幹半島上的任何奧圖曼城市沒有兩樣，舊城的建築只剩已改為清真寺的聖安娜禮拜堂。卡拉．穆斯塔法的大營帳搭在城牆下，六月二十七日用過午餐後，他召集指揮官開作戰會議。作戰的相關決定，應由族中高階指揮官集體做出，這是自奧圖曼人發跡初期即沿襲下來的慣例。卡拉．穆斯塔法擔心，進攻維也納而非小要塞的秘密計畫，可能會引發疑懼。所有人都知道，就連偉大蘇丹「立法者」蘇萊曼一世都未能攻下維也納，有些人可能也知道基督徒當中流傳這樣的說法：拿下維也納這個傳說中的「金蘋果」，奧圖曼的國力會開始衰退。[3] 一如大部分的神話傳說，「金蘋果」指的是哪座城市並不清楚。該傳說並未指涉，只有維也納是注定要被土耳其人征服的象徵目標，就像君士坦丁堡是「紅蘋果」一樣。還有一些日耳曼城市也是「金蘋果」。但該傳說的確顯示，征服西方一事深植於奧圖曼的政治觀念，而維也納對征服者來說，將是雖危險但上好的戰利品。

作戰會議的與會者，經卡拉．穆斯塔法刻意挑選。他要聽話的人。布達城的帕夏，駐守邊境的高階指揮官，並未受邀，因為卡拉．穆斯塔法知道他反對這一冒進舉動。有位作家記載，他在會議上宣布作戰目標後，與會者眾口一聲，開始唸誦可蘭經的第一章，以讓他們的大膽行動得到真主的賜福。最後他們唸道：「這等人，是遵守他們的主的正道的；這些人，一定會成功。」隔天早上，大軍拔營，準備進向維也納。

有位西方作家（以稍帶誇張的口吻）說道，一六八三年六月二十八日早上開拔的大軍，「從此地平線（綿延）到彼地平線，長六哩的隊伍，見不到其盡頭」；那「其實是一支新的薛西斯一世大軍（譯按：薛西斯一世是西元前五世紀的波斯國王，曾率大軍入侵希臘，洗劫雅典）。」但軍隊如此龐大且帶著重重裝備，使其前往維也納只有一條路可走。在塞克什白堡西北方，直直通往哈布斯堡都城的路線上，座落著要塞傑爾鎮。這座鎮建在戰略要地上，奧地利人稱之為拉布。從南方流來的兩條河，拉布河和拉布卡河在此匯入多瑙河的南支流。通往維也納的唯一理想道路得經過傑爾鎮近旁，而興建於十六世紀，到了十七世紀得到改善的強大防禦工事，則扼守這個有河流交會的要地。這一由稜堡和深溝構成的防禦複合體，加上下游四十公里處的島上要塞科馬諾，構成哈布斯堡防範敵人從東南方來犯的防禦體系核心。傑爾和鄰近數鎮座落在堅實土地上，但在南方和西南方，地形一變為沼澤和草地，其間有大河。河與河間的土地有小河、小溪縱橫交錯，是遼闊的多沼澤地區。

歷代哈布斯堡的軍官認定，要塞加上荒無人煙的沼澤區，將挫敗土耳其人對都城的攻勢，阻絕任何來犯大軍。這種想法滋生出自滿心態。奧地利人深信，最大的威脅位在多瑙河以北較易穿越的地區，因此把防禦重心集中在該地。維也納當局這些自信滿滿的假定，並非得自對傑爾以南地理環境的真實理解。在時人記憶中，沒有人勘察過那處荒野，皇家檔案裡也沒有關於該地區的報告。但卡拉．穆斯塔法率軍北進途中，韃靼人的偵察隊已帶回詳細勘察報告。該地區的河流不深，偵察隊可涉水而過或游過。在那些河上可以搭橋運送較重裝備。且當地農民為到田裡幹活或前往打獵，早已建了許多小橋。

身在維也納的神聖羅馬皇帝和其顧問，還有他那位在野外的指揮官，對此並不知情。

多虧一位二十五歲軍官，他們才發覺這些令人驚訝的事實。他是來自波隆那的義大利貴族，名叫路易基．費南迪諾，頭銜是馬西利伯爵。當時有許多能力不凡的義大利人，跨越阿爾卑斯山，投入皇帝萊奧波德麾下，他就是其中之一。他好與人爭吵，腦筋反應快，言語刻薄，在聖哥達之役大敗奧圖曼軍隊的萊蒙多．蒙帖庫科利，還有被迫隨奧圖曼軍隊北上的卡普拉，都是他的表親。馬西利生性好動，又有無可饜足的好奇心。好探究的個性，促使他在一六八〇年走訪伊斯坦堡，寫下有關博斯普魯斯海峽和其強勁海流的文章，並在這過程中學到一些土耳其語。一六八三年初春，他來到傑爾，因為當地要重建防禦工事，這位亟欲有番作為的軍事工程師，可一展所長。在那裡，有人要他去看看該城南邊奇怪的多沼澤區，這立即勾起他的好奇心。馬西利的報告和他用心畫下的素描顯示，有條小徑穿過沼澤區，他發現只要建造幾座臨時要塞，守住一部分水淺而可渡過的河段，就能擋住敵人。但整個來說，拉巴河沿線到處都可能遭遇敵人滲透，因此馬西利受命強化最遠及於聖哥達的三十八個難防之處，不然就毀掉能阻滯土耳其人前進的橋樑。

奧圖曼人從奧西耶克逐步逼時，哈布斯堡的指揮總部仍無明確的策略，仍不知土耳其人的意圖。他們每一天都不知道敵人已前進多遠，甚至不知道敵人前進的方向。卡拉．穆斯塔法抵達塞克什白堡時，他們還是一樣不清楚狀況。哈布斯堡的高階軍官，幾乎個個都有自己的看法，個個都想實行自己的戰略觀點。奧圖曼總司令可能會要其部隊繞過沼澤區以南向肖普朗挺進，然後如馬西利所認定的，渡過拉巴河，揮師往北，直搗維也納。也或者他可能會直抵哈布斯堡設於多瑙河南邊的據點傑爾，對其強攻。

他甚至可能會往正北進發，在多瑙河上構築浮橋，進攻這大河北方的諸座要塞。事實上，這些都是推測：他們沒有情報或報告，對於奧圖曼大軍的動向，只能訴諸猜測。土耳其人對哈布斯堡軍隊的部署瞭若指掌，皇帝萊奧波德和其麾下諸指揮官卻對敵人動態一無所知。在都城維也納，著名的軍事工程師格奧爾格・林普勒已命人著手改善防禦工事，但在超乎尋常的初夏熱氣中，改善工程進展緩慢。

洛林公爵查理抵達維也納時，發現朝中充斥各種相互扞格的目標和莫衷一是的建議。皇帝和其心腹深信，他應採取攻勢，以表明哈布斯堡軍隊隨時能痛擊敵人；又或者他應圍攻遠在東邊的埃斯泰爾戈姆——位於布達城上方，多瑙河轉彎處，防守薄弱的奧圖曼人要塞——不然，也可以攻打奧圖曼人據點新札姆基。新札姆基較接近傑爾，但位於多瑙河北岸，進攻該處或許可鼓舞波蘭人更快前來支援盟邦。但萊奧波德和其心腹也表明，這些大膽出擊絕不能削弱維也納或施蒂里亞的防禦，因此必須撥出部分部隊防守拉巴河沿線的南疆。

在各抒己見的背後，洛林公爵與作戰會議主席巴登侯爵赫曼之間，漸漸出現嚴重爭執。赫曼的父親是南日耳曼巴登一地的統治者，堅決捍衛天主教信仰。赫曼並非家中長子，一如非長子出身的皇帝萊奧波德，原本注定要獻身於羅馬教會（許多統治家族的非長子必然的歸宿）。一六八三年時他五十三歲，已在一六八〇年接替蒙帖庫科利，出任作戰會議主席。但他還想得到戰場統帥一職，結果皇帝將該職授予洛林，令他心生不滿。他身材高大，不怒而威，若依附於他，可得到他百般迴護，但若與他作對，則會遭到他惡整，而大部分高階軍官都靠巴結他穩住官位。因此，他們常常當他的應聲蟲，畢竟那是有野心的軍人最穩當的升官途徑。五月底，洛林不情不願的帶著他的步兵和騎兵啟程前往埃斯泰爾戈姆，卻遭皇帝召回，因為皇帝已決定改攻新札姆基。

人員可以說調頭就調頭，攻城炮要調頭卻沒這麼容易。六月第一個星期結束時，重炮和迫擊炮都已困在泥淖中，有些困在多瑙河北岸，有些困在南岸。六月十二日，洛林抵達目標；經過十天亂無章法的圍攻後，這支部隊再度南進。原奉命前往北方參與這次圍城的馬西利，奉命調頭，十萬火急趕回傑爾以南，以完成該地的防禦工事。奧圖曼大軍則逐步進逼；洛林公爵（再度）渡過多瑙河後四天，奧圖曼人已在距維也納只數日行程的地方紮營。

兩軍交手前那最後幾天，雙方的基本差距再明顯不過。在奧圖曼大軍這邊，雖然作戰會議只是個形式，但卡拉．穆斯塔法一人可全權作主。據說大馬士革這個富裕大省的省長曾對宰相說：「你負責發號施令，我們謹遵奉行。」哈布斯堡軍隊則是山頭林立，誰也不聽誰的：有由各上校自己募集、指揮的不同團級部隊，有盟軍，有傭兵，有一群私人部隊，最後還有民兵。這些部隊全需要靠一強勢、受尊敬、經驗豐富的戰場統帥來整合。這一角色，萊蒙多．蒙帖庫科利當得最稱職，但他已死，而當前並沒有才幹、聲望能和他相匹敵者，或者說他沒有接班人。哈布斯堡這邊的確有體制，有軍政組織，且理論上雖然運作非常遲緩，卻很平順。唯一真正一言九鼎、能讓各山頭都遵從者是皇帝萊奧波德本人，但他膽小、猶疑、沒有帶兵作戰經驗，所以他會明智的聽取專家的意見，問題是在這不尋常的情勢下，他該聽誰的？

蒙帖庫科利是個學者、戰爭英雄，性格剛毅。他年輕時好與人爭吵，性格衝動，打聖哥達那一仗時，脾氣已有所收斂。但終究沒有人會挑戰他。他死時，顯然未安排接班人。深得這老將軍賞識的洛林，能力不及他，但就現有的人選來說，他是最理想的。他還擁有他的老上司所欠缺的特質：魅力與外交手腕。這場戰爭得靠那些好爭鬥且個個都自視是天之驕子的盟軍，在這情況下，他的圓融老練就大有用處。他不像蒙帖庫科利那麼善於軍事謀略，也完全不像個廷臣，即使他有親王身分，因通婚而與哈布斯堡家族搭上關係，但他以坦率、勇敢、既冷靜且果斷的作風，贏得尊敬。

萊奧波德碰到大部分事情時，冷靜以對，外加長長的禱告。一六八三年六月最後幾天和七月頭幾天，他做了他最拿手的事。他下令不管白天、夜晚，在聖司提反大教堂裡的禱告都不能斷，而且城裡所有公會、行業、商行都必須參加。皇帝和皇族在週日早上九點出席，多瑙河漁民在星期四早上八點，小提琴製造業者在週六凌晨三點。他還重新施行奏「土耳其編鐘」的舊俗，讓維也納和各省城鎮的所有教堂每天早上鳴鐘。從他的言行舉止，外界看不出國家正遭遇困難或危機。他讓軍官負責籌畫軍事大計，他本人的日常作息完全一如往常。七月二日、六日，他去維也納西南方佩希托爾茨多夫的皇家圍場打獵。他唯一一次透露出遭逢危機，乃是下令將聖司提反的古王冠從布拉迪斯拉法的教堂帶到維也納。古王冠一直存放在該教堂，供匈牙利國王加冕之用。他在七月六日晚上回到維也納，打獵一整天，成果豐碩，心情大好，雖然夏季的酷熱無處能逃。

隔天，七月七日星期六，皇帝一如往常，大清早去做彌撒，然後若無其事進行他平常的作息。但從正午起，陸續有信使帶來匈牙利邊境的報告，且每次來報，情勢就惡化一分。這下大事不妙。奧圖曼大軍正逼近，像潮水般從傑爾往西漫來。韃靼人在沼澤區另一邊，移動快速，沿途燒村，並放火燒掉林地和玉米田。卡拉・穆斯塔法和土耳其大軍也在移動，朝維也納快速逼來，數千匹馬和行軍部隊捲起漫天塵埃。他們正朝布拉迪斯拉法的對面逼近，在那兒，多瑙河的南岸，有一排山丘，與北岸的丘陵遙相對峙。那是在維也納之前，哈布斯堡軍隊能固守且可能擋住奧圖曼人前進的最後一個有利地點。那是洛林正駐紮部隊的地方，諷刺的是，這個有利的地點就在基特塞旁邊，而基特塞就是兩個月前的五月六日，哈布斯堡軍隊集結進行大閱兵的地方。只要過了這高地，到了貝格村，地形就變得較平緩，有路直通維也納。

洛林於大清早騎馬出去巡視陣地時，有名軍官從東方快馬來報，說土耳其人已抵達莫松鎮，也就是萊塔河——匈牙利與奧地利自古以來的界河——注入多瑙河的地方。洛林公爵望向東方，看見一大團淡紅色塵埃浮現於遠方空中。然後，他們交談時，他注意到自己身後，駐軍與維也納之間，有數股煙霧從地上升起，表示土耳其人的前鋒部隊已在他與都城之間。六、七月兵棋推演時，哈布斯堡軍方一致低估奧圖曼軍隊的本事。許多人認定奧圖曼軍隊已失去銳氣和威力，就連來到邊境都不可能，更別提進逼維也納。他們所收到的情報似乎也證實了這一判斷。通風報信者表示，奧圖曼宰相受制於麾下諸指揮官間的對立與不和，成不了大事；奧圖曼軍隊裡能打的士兵較少，又有龐大的輜重隊牽累。如今洛林看出，敵人可能利用側翼包抄打垮他。成年後一直在軍中打滾的他知道，眼下有三件事要辦。首先，得把打散在多瑙河兩側陣地的部隊重新部署。他必須完好無缺保住這支部隊。第二，得拖慢奧圖曼人前進速度，以替都城爭取幾天時間備好防禦。第三，得承認以他手中薄弱的兵力，完全無力阻止維也納遭圍攻和遭攻陷。

這一即將降臨的浩劫，幾小時後在霍夫堡宮的皇帝住所裡，繪聲繪影上演。謠言滿天飛。洛林派來的奧爾斯佩格伯爵回報土耳其人已從傑爾衝出；然後埃尼奧·卡普拉拉將軍，也就是派往伊斯坦堡那位倒楣特使的兄弟，帶來土耳其人在萊塔河對岸的消息；不到一小時後，蒙帖庫科利上校（打贏聖哥達之役的指揮官之子）前來報告，說韃靼人正騷擾洛林的撤退部隊；他還誤報韃靼人已攻占費沙河上的橋，而那是抵維也納之前的最後一道天然屏障。傳到萊奧波德耳中的消息愈來愈不妙，他於是下令，皇族和作戰會議準備好立即離開，前往兩百一十六公里外，多瑙河更上游處，他們認為安全的林茨。載人、載行李的宮廷馬車集結；寶庫、宮廷檔案室、萊奧波德珍愛的圖書館裡最值錢、重要的東西全拿走。

霍夫堡宮裡亂哄哄準備離開的消息，很快即傳遍全城，許多權貴人家準備逃跑。下午六點，皇帝正式宣布他和廷臣將於當晚離開，留下臨時編組的作戰政府負責防守該城，抵禦土耳其人的野蠻進攻。[4] 這時候，只有約一千名受過訓練的士兵可供調度來防禦城池，而他選派的守城指揮官，呂迪格．馮．史塔勒姆貝格，是個身經百戰的驃悍軍人，但仍與軍隊位在多瑙河對岸，不在城裡。當時許多人把逃離維也納的決定視為怯懦的行徑，但在哈布斯堡王朝眼中，那絕對合情合理。萊奧波德有兩個兒子，分別是五歲大的約瑟夫和幾乎不到一歲而體弱多病的嬰兒萊奧波德．約瑟夫，兩人當時都和他住在維也納城裡。他沒有兄弟，也沒有在世的叔伯。如果他和兩個兒子遭土耳其人殺害或俘虜，王朝香火將無異於斷絕。屆時，血緣關係最近的男性繼承人將是西班牙國王卡洛斯二世，而許多人誤認為他是個低能兒，且認為他活不久。他沒有男性繼承人。在萊奧波德眼中，維也納若被奪走，可以奪回或重建；但最後的香火若斷絕，這個王朝就絕不可能重建。

晚上約八點時，一長列載客馬車和兩輪獸拉車，載著萊奧波德、他的孩子、他有孕在身的第三任老婆，加上大批武裝侍從，出宮門，沿著城牆往東，走向那條將東邊的防禦土牆與新開發區「萊奧波德施塔特」隔開的多瑙河支流。支流水流緩慢，且露出一半河床。隊伍過橋，來到平坦的孤洲，接著又過了數座橋，過了數座孤洲，最後一行人抵達多瑙河北岸。這不是最理想或最好走的路線，但韃靼部隊已在維也納西方的維也納林山出沒，他們不得不小心。居拉西耶騎兵和龍騎兵已等在河岸，防範敵人來攻。在這同時，萊奧波德的繼母，跟一隊強大騎兵，出宮門，循位於南岸而距離較短的直行路線，走向築有防禦工事的克洛斯特新堡修道院。那是易招來襲擊者攻擊的目標，正可藉此牽制襲擊者。兩支隊伍打算在上游處的梅爾克修道院會合，修道院位在河邊高聳的岬角上。

對萊奧波德來說，離開維也納，心裡並不好過。[5]他祖父斐迪南二世的英勇行徑，乃是哈布斯堡家族神話的一部分。一六一九年，斐迪南二世遭來自波希米亞的新教徒叛軍圍困在霍夫堡宮。斐迪南拒斥叛軍的要求，把生死交給上帝。聆聽他告解的神父拉摩爾邁尼，後來替他寫了歌功頌德的傳記《斐迪南的懿行》，而上述英勇行徑，就是該傳記裡的主要事跡之一。堅決捍衛天主教的斐迪南一六一七年被選為波希米亞國王後，成為神聖羅馬皇帝的當然繼承人，波希米亞新教徒擔心新教信仰遭到迫害，於是起而叛亂。但斐迪南陷身敵人包圍時，絲毫未顯出懷疑或驚懼。敵人的滑膛槍子彈直直射進他房間，他不動如山，面不改色。他成為哈布斯堡家族成員應效法的榜樣，而他孫子的表現，至這時為止，有辱門風。但萊奧波德做出正確的政治判斷。他的職責在於號召帝國境內諸侯出兵保護基督教世界，使基督教世界即使在維也納失守後，也不致落入異教徒之手。幾乎在皇族一抵達林茨鎮之後，就有人開始撰寫皇帝萊奧波德英勇堅毅的傳說，只是那仍無法完全掩蓋倉皇逃難的事實。

事實上，這位皇帝，一如維也納人民，已感染上群眾的瘋狂。據說，皇帝離城後的幾天裡，有將近六萬人逃離該城，而他們的家園則遭從鄉間前來城裡避難的難民占據。逃難潮後一星期，土耳其人來到城外，壯烈的攻防戰隨之展開。屆時，該城必須有戰鬥到底的準備。

CHAPTER

6

「起來，起來，各位基督徒」[1]

'Rise Up, Rise Up, Ye Christians'

土耳其人靠的不是炮火或正面強攻，他們發明出新攻法，
即挖地道到城牆、稜堡底下，然後在地道中引爆地雷炸垮上方城牆。
若守軍也開挖地道，雙方往往會在坑道相遇，
於是激烈的地下戰鬥，就在漆黑的坑道裡，打了起來。

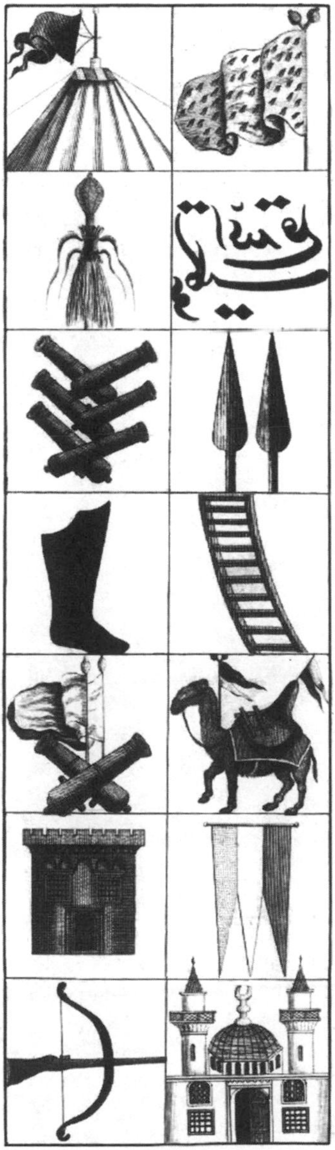

皇帝一行人在七月七日星期四晚上，坐馬車離開維也納，隊伍凌亂；二十四小時後，新任的該城防衛司令，呂迪格・馮・史塔勒姆貝格伯爵，返回維也納。還未明瞭來犯奧圖曼部隊的兵力和移動速度時，洛林已將旗下騎兵團和步兵分開，派步兵到多瑙河對岸歸史塔勒姆貝格指揮，直到確認土耳其人的攻擊目標為止。奧地利指揮部裡仍有許多人認為，奧圖曼人的計畫乃是渡過多瑙河，摧毀由多座要塞構成的哈布斯堡防線。但一確認他們的目標是維也納城時，洛林立即命史塔勒姆貝格和麾下數個團的部隊，以最快速度回防都城。洛林要他騎在前頭，儘快趕回，途中利用位於布拉迪斯拉法或維也納的浮橋渡過多瑙河，這樣才不會耽擱。

在多瑙河南岸，洛林擔心被移動快速的奧圖曼騎兵從幾個方向包抄，因此在奧圖曼重騎兵到來之前即撤退，且讓北岸的步兵自行儘快逃離。滾滾煙塵愈來愈逼近人數居於劣勢的洛林旗下居拉西耶騎兵和龍騎兵，顯見土耳其人進兵的神速。洛林旗下騎兵使勁奔馳，終於和奧圖曼大軍拉開距離，但其實是因為土耳其人放慢了速度。最後，洛林部隊駕馬疾奔，穿過維也納東郊，來到維也納城外，城中守軍見狀，高呼他們是救星。洛林騎兵繞行城牆，從南門進城，在喇叭聲和穩定的鼓聲中遊街，好似凱旋歸來，接受歡呼。他們以自信之姿出現，漸漸穩定了城中民心，使皇帝、皇族、權貴人家相繼逃離之後，那股日益升高的不安，大難就要臨頭的不安，開始消褪。[2] 這時謠言滿天飛，湧進城裡的難民大部分連一個土耳其人影都沒見到，卻都煞有介事說起可怕故事，然後口耳相傳，加油添醋，更為聳動。

這時維也納進行軍管，軍民都受到嚴格約束。七月九日，剩下的居民和數千名難民很快開始幹活，修復城牆和稜堡，將火炮拖至定位，將長木打進土裡，沿著漸漸崩潰的外圍防線構築出一道連綿不斷的防柵。在該城全景圖的印本裡，這道外圍防線呈現為一道強固的木牆，但其實多處早已倒塌或腐朽在地，還有些地方的牆上被維也納居民打出洞——他們覺得穿洞出城，比走城門出去更省事。這是該城第一道防線，看來雖弱不禁風，但若有死守的決心，仍是難以攻破的障礙。這些木樁粗如船桅，以同樣的間隔深深插入土裡。露出地面的高度不一，最短不低於一．八公尺，有時高逾二．四公尺。炮火雖能炸碎這新築的工事，但只有直接命中，才能將它們夷平。即使是炸斷的殘樁，滑膛槍兵若用為掩體，仍足以擋住進攻。大部分防柵築在該城南側，霍夫堡宮對面，該處的外圍防禦土牆較高，上面築有胸牆和沿胸牆開闢的狹窄走道。有些施工隊以原木和樑強化降入護城河的陡坡，其他施工隊則在外牆面鋪上平滑木板以使牆面變滑溜，有時穿插削尖的木樁。

他們在害怕心理驅使下拼命趕工，同時，木匠同業公會用木板、原木、塞了泥土或沙石的箴筐，搭建了一條覆有堅固屋頂的走道，以保護維也納城周圍防禦土牆上的守軍。另外還建造了一組防禦工事，讓守軍可向下方乾涸的護城河和爬上城外斜坡的敵人開火。工程在天將亮時展開，經過酷熱的白天，入夜後靠火光繼續進行。全城動員，就連數百名修士和神父都捲起袖子與俗人一起幹活。軍法官約翰．費爾克倫，圍城期間一直住在城裡，他所寫的日記流露出城民的危機意識。「不分男女老幼，不分俗人和神職人員，全部爭分奪秒，不辭勞苦，趕工挖掘、移除泥土，弄平乾溝底部，將乾溝挖得更深，以讓敵人更難通過。」

他們一邊工作，一邊漸漸了解到，維也納的守備根本頂不住圍攻。從軍事上看，維也納是築有城牆的十三世紀城鎮，十六、十七世紀期間，在該城較古老的防禦工事上，零碎加建了較有效、較現代的防禦工事。第一代城牆的建造，其實是由英格蘭人間接出資。話說偉大的十字軍戰士英王獅心理查，和其對手暨十字軍同袍奧地利公爵，巴本貝格的萊奧波德五世，鬧翻了；理查打完第三次十字軍東征返國途中，喬裝改扮，取道公爵的領地，結果失算被俘，關入牢中，被控謀殺罪，最後付了大筆贖金，才得脫身。那筆贖金據認是「六百桶白銀」，相當於英格蘭一整年稅收的兩倍。巴本貝格的萊奧波德，拿這筆錢為其都城維也納建造了高大的新城牆，完成他特別看重的工程，南方的邊境新鎮「維也納新城」。恢宏的防禦土牆和高塔，由他兒子「光榮者」萊奧波德六世完成，約瑟夫·馬蒂亞斯·特蘭克瓦爾德一八七二年的浪漫主義畫作，描繪了一二二一年萊奧波德六世初次騎馬隆重進入該城那天的情景。

城牆初建成時，城內除了有街道、房舍，還穿插有空地和菜園，但到了十六世紀末期，這些空地大部分已蓋上房子。[3] 蘇丹蘇萊曼一世於一五二九年圍攻維也納時，該城仍侷限在中世紀初建的城門和城裡，水與住屋的供應已幾乎不敷所需。那時，該城能撐過圍攻，大體上是運氣好，因為土耳其坑道工兵花了比預期還久的時間，才在卡林西亞城門附近的城牆炸出缺口，然後冬天提早降臨，奧圖曼人不得不撤軍。但經過那次恐怖的經驗，從一五三〇年代晚期起，慢慢的在緊靠舊城牆的城外，建造了一圈新的防禦工事。這些新工事——厚實的稜堡——從古城牆往外伸，城牆本身則降低高度、加固、加上扶壁支撐、改建，漸漸成為新防線的外牆，或所謂的圍廊。在城內，由於貴族、神職人員、商人已在十六世紀、十七世紀初期建造新豪宅，城內變得更擁擠、更壓迫。隨著哈布斯堡王朝的「皇帝」地位趨於穩固，維也納不可避免有了驚人成長，但只能是往上而非往外發展，直到最後，城區才擴散到這新防線之外。

一五二九年，城內唯一搶眼的高大建築是聖司提反大教堂。[4]到了一六八〇年，已到處都有高樓，舊城中心區的中世紀街道已變成又深又窄的小巷，有時每天只有一、兩小時有陽光射進。十七世紀末期，城裡雖有新皇宮和小遊樂園，整座城看來卻已不像是堂皇的都城，而是築有防禦工事的城市，永遠擺脫不掉宿敵奧圖曼人從東邊快馬馳騁數天就兵臨城下的威脅。每年都有土耳其人襲掠距維也納只數哩的村子，擄走村民為奴。維也納居民一直在抱怨浪費大筆錢在防禦工事上，但這時，他們應該會感謝當局的未雨綢繆。城牆、稜堡雖已朽壞，但仍能讓任何來犯者無法長驅直入。

一百多年來，維也納的防禦工事經過數個階段的轉型。由於成本高昂，往往數十年間未有增建，但新防禦工事一旦完成，防禦態勢就大為改觀。古老的防禦土牆，這時給圍上一道粗厚、堅硬、稜角分明的柱塊，狀似一個個寬箭頭，表面大部分砌上磚而非石頭。土牆的尖角往外刺向敵人。土牆上方外緣築上胸牆，供射手隱身其後和安置火炮。一五四七年的鳥瞰圖就顯示，該城為寬闊的護城河所完全圍繞，護城河水來自多瑙河，城牆上每隔一段距離築設稜堡，稜堡往河的方向突出。[5]護城河水不可避免滲入牆根和城牆裡的地窖，使維也納城裡最靠近城牆的建築潮濕而不舒服。皇宮霍夫堡宮尤其潮濕。但在敵人來犯的危機時刻，這些防禦工事證明了其存在價值。十七世紀期間，較老的稜堡得到「改善」；在這些十六世紀的防禦工事前面，座落一排厚實而獨立的三角形射擊平台（三角堡），高超過六公尺，猶如一個個林立著火炮的大戰艦艦首，補滿圍廊前面的空地。

一六七〇年代，這些三角堡靠錯綜複雜的走道或戰壕與稜堡、城牆相通。護城河一直是個麻煩。在許多描繪該城的畫作、版畫裡，護城河顯得很壯觀，但實際上，從來用處不大。天氣炎熱時，原有的漏水問題加上蒸發作用，使護城河水只剩下位於霍夫堡宮旁緩緩流動的一段小溪；這小溪每年夏天都完全乾涸。[6] 因此，護城河的構想作廢，改成一道寬闊而邊坡陡峭的乾溝，並在靠外一側築上高起的防禦土牆。防禦土牆以外是名叫「glacis」的開闊斜坡地，是來犯者要攻城必得經過的「殺戮地」，來犯者在此毫無藏身之處，在守軍炮火橫掃下得付出死傷慘重的代價。Glacis 一詞源自冰川（glacier）的冰坡，顧名思義，這地帶就是要和冰坡一樣叫人難以通過。外地人要進城，得先爬上這斜坡地，再穿過外圍防禦土牆裡防守嚴密的窄門，再走堤道越過乾溝，最後穿過第二個門樓，才進入城裡。卡林西亞城門是一五二九年奧圖曼人攻城的焦點，這時受到特別嚴密的保護；霍夫堡宮旁的新城門——布格托爾門，防禦則寬鬆得多。

這時，外地人若從南邊、西邊初次看到維也納，會覺得這城乏善可陳：陡峭的土堤上築了一道木圍牆，木圍牆以粗大木頭搭成，開有數個窄門。永不覺累的愛德華·布朗，一六七七年繞城走了一圈，在日記裡如此寫道：「有兩道城牆，在內的是舊城牆，當時幾無可觀之處……外城牆很寬，以土建成，表面砌磚，邊緣砌上毛石，建得很牢固，使這城成為歐洲防禦最強固的地方之一。城牆外的開闊地，往外緩降三百步；外圍的小型防禦工事很少。」

維也納這套新防禦體系，在一六八〇年代已屬落伍，因為它源自將近兩百年前的義大利。最初這叫 alla moderna，意即「新方法」；到了十六世紀中葉，大部分義大利城市的防禦工事屬於這一類，義大利建築師、工程師不久即將這類防禦體系傳遍全歐。從功能上看，它旨在解決火炮所帶來的防守難題。火炮的誕生，讓即使是最強固的石砌要塞圍牆，都可能遭炮彈炸開。君士坦丁堡從古羅馬時代留下來的宏偉城牆，保護該城將近千年，卻在一四五三年遭蘇丹穆罕默德二世的攻城巨炮打出缺口。在不斷炮轟下，石砌要塞實際上會自然瓦解，遭到自然界的基本力量拉垮。這類要塞以石塊往上重重堆砌而成，之所以強固靠的就是本身的重量和體積。炮彈一再撞擊，會使石塊漸漸鬆動，最後，整體失去穩定，遭重力下拉垮掉。集中式炮火，會將層層堆砌的結構體打得四分五裂。過去，高大建築是最可靠的防禦；俯臨大地的中世紀大城堡，完全無懼於下方遠處敵人的攻擊。但火炮問世後，最高大的建築反而特別危險，成為最理想的靶子，最容易打倒。

新式要塞的設計，把曝露於敵人炮火攻擊之處減至最少。它們周邊的土地往往被填高，以使敵人火炮無法近距離直接炮擊城牆或要塞。在這新時代，最佳的防禦設施要能吸收炮彈撞擊力且不會遭其摧毀。夯實的土，以磚塊、乃至木頭牢牢固定後，炮彈幾乎無法打穿。

這一新軍事建築問世後蔚為風潮，催生出自成一格的理論和哲學。這門防禦工事創新的幾何對稱布局，不只吸引了軍事人員，還吸引了藝術家和設計師。杜勒、米開朗基羅和其他人，將其對線條、布局的掌握，運用在戰爭藝術上。這一「現代的」軍事建築藝術，結合了大地的自然資源和火藥武器：兩者密不可分。首開先河，將人造物與自然力相結合者，乃是那些深受文藝復興整體論觀念薰陶的建築師。文琴左・史卡莫齊在《建築思想的共性》中寫道：「要塞要蓋得強固且設計周全，就必須按照大自然——萬物真正的導師——所指定的方式來配置、安排各元素……」他們從天地萬事萬物尋找以下問題的解答：什麼地形最適於建造要塞；哪種野生動物最強壯，防身能力最強，能抵禦比自身強大得多的野獸？答案近在咫尺，一般人都不陌生。不是高貴的獅子，甚至不是有厚甲裹身的犀牛，而是義大利人很熟悉的動物，豪豬。豪豬性情溫和，但沒有天敵，因為一旦惹火牠，要能在自身不受重傷下將其打敗，幾乎不可能。豪豬若遭攻擊，會豎起一根根又硬又尖的刺，讓敵人幾乎無法近身。法國國王路易十二（一四六二～一五一五）以豪豬為其徽章，加上以下座右銘：「不管是近處，還是遠處，都沒人敢動我。」豪豬就像是排列密集的一隊長矛兵，也就是西班牙的長矛步兵團。這種步兵團是十六世紀用兵上的重大創新，作戰時，長矛兵還會有獨立的滑膛槍兵分隊來支援——那是真正能「拒敵於遠處」的部隊。軍事建築和西班牙步兵團等強大編隊，都被譽為堅強防禦之物，只有炮火能予以攻破。偉大軍事思想家，哈布斯堡將軍萊蒙多・蒙帖庫科利，則形容長矛兵編隊是「戰場上的城堡」。

新式要塞具體說明了豪豬式防禦精神。它們的每一面都像豪豬般豎起硬刺，未留下明顯可見的空隙或弱點讓敵人近身。低矮防禦土牆、堅實稜堡、獨立配置的防禦工事，使敵人炮火威力大失。軍事建築師和工程師，在城牆、稜堡近旁設計了一處空間，讓來犯者一旦進入那空間，不只動彈不得，無處藏身，且還會遭到從上方、從兩側、從前方如雨落下的致命炮火轟擊。火器是這些新「天然」防禦設施必不可少的東西。在防禦土牆或箭頭狀稜堡上配置多門火炮，加上滑膛槍兵或火繩槍兵，守軍早在敵人來到可攻擊城牆的範圍之前，就將其悉數殲滅。一如現代的圍城戰史學家克里斯多夫・杜菲所說，那是場「火與石」的壯烈搏鬥。憑著固若金湯的陣地（「石頭」）所生起的信心，守軍能拒敵於安全距離之外。

但精心構築的防禦工事一旦遭攻破，敵我態勢立即反轉，轉由攻方占上風。工程師的本事，就在防止這事發生。稜堡建築群，加上稜堡與稜堡之間堅固的幕牆，還有布朗提及的小型防禦工事，催生出全新的專業特色和新式幾何。建築師在素描中以槍炮的發射線來呈現，城牆、稜堡、其他防禦土牆如何打造出固若金湯的防禦體系。但奧圖曼人於一六六九年攻占克里特島首府坎迪亞時，已向世人表明，即使是新式防禦工事也非堅不可破，而且他們靠的不是炮火或正面強攻。他們發明出新攻法，即挖地道到城牆和稜堡底下，然後在地道中引爆地雷炸垮上方城牆和稜堡。[7]

一六八〇年代，防守強固的要塞遭正面強攻而被攻破的情況很少見，但古斯塔夫・阿道福斯的瑞典軍隊，在三十年戰爭初期，卻曾強攻得手，其危險和困難可想而知。攻方得穿越一連串障礙，爬過低矮防禦土牆，涉過或游過護城河，或爬上深溝的陡直溝壁，然後殺過開闊無遮蔽的城牆前「殺戮地」，一路上都在守軍火力攻擊下。攻到深溝之後，近在咫尺的龐然新防禦工事，像巨大孤峰或巨石，聳立在攻擊者頭上，胸牆後擠滿步兵，配備了火繩槍、簧輪槍或較晚問世的燧發槍，步兵之間則穿插了能夠炸散攻擊部隊隊形的火炮。

隨著防禦工事的構築日益精進，軍事建築師開始設計能因應各種攻擊（包括挖地道）的要塞。但只有以防守為考量擇定新址建造的要塞，才能建構最強固的據點。有些最強固的據點是有深水保護的孤立要塞，例如科馬諾和傑爾；有些最難防守的據點是築有城牆的大鎮，需防守相當大的面積。維也納的防禦難題，則是連腦筋最靈活的工程師都無法解決。河水流經該城兩面。在東邊，多瑙河的眾多支流之一，已被改造成流動緩慢的水道和運河，沿著北面、東面的城牆邊流動，然後折返，匯入主河道。這支流是維也納的港口所在，一度也為那條繞行防線而最終遭廢的護城河提供河水。水仍是阻絕地道挖掘的最有效障礙，但一六八三年時，這護城河已失去其原始功能。維也納城東側的多瑙運河，經過一個世紀的侵蝕和不斷棄置垃圾，水道已變淺。該運河在夏季出現乾涸河段，是因為河岸上遍布讓水洩掉的洞和裂隙。

在該城西南側，名叫「維也納」的小河從維也納林山高處往下流，匯入多瑙河；但夏季時，它也常常乾涸。不過，只要下過幾天夏季大雨，它就會變成滾滾洪流，河水漫出河岸，幾乎漫到該河匯入多瑙運河處附近的城牆。多瑙運河和維也納河這兩條河，使維也納無法建構有效而現代的縱深防禦。該城城牆最弱的地方，無疑在面朝萊奥波德施塔特島的東側，該島為多瑙運河和多瑙河主河道完全包圍。在這裡，古城牆與河岸之間，沒有空間建造真正的稜堡和三角堡，而在海因利希·施密特所製的鳥瞰圖中，碼頭區就像是堅實防線上的一個大缺口，只靠一道厚實的木柵和中世紀古城牆來保護。哈布斯堡的作戰會議深知這個罩門，一六七〇年代進行的防禦體系重建工程，有一部分就針對這點。但若不拆掉舊城大部地區，強化效果還是有限。

但這個守方的罩門，也為來犯部隊帶來大難題。指揮官得將大批部隊和裝備運上萊奥波德施塔特島，而島上幾無調動空間，部隊實際上很容易成為甕中之鱉。多瑙河水位雖常低到可以涉水而過，突然下雨卻可能使河水在幾小時內大漲。一六八三年攻城一役，就發生這種事。此外，奥圖曼人沒忘記一六六四年在聖哥達，突漲大水困住他們部隊的事。由於多瑙河距城牆如此近，對來犯部隊最危險的事，乃是沒有機會挖地道；於是要攻破防柵和城牆，便只有靠密集炮轟和接下來的強攻。即使防禦薄弱，還是有襲查加和俗稱「大釘」的小襲查加這兩座要塞，對涉過多瑙運河渾濁河水的來犯部隊，賞以最強的交叉火力攻擊。來犯者將會死傷慘重，而且不一定能得手。

面朝維也納河的城牆，是另一個明顯的弱點。河床無水時，進攻者可從距城牆非常近之處開始挖掘戰壕。而且在東南角，河曲與稜堡之間有果園和許多建築，能為來犯敵人提供更好的掩護。這地區的稜堡面積小，能夠安置士兵或火炮的空間不多。它們的設計雖不如較先進的防禦工事，也沒有完善的維修，基本設計卻很完善。每座稜堡前有一新三角堡，敵人欲進犯稜堡和城牆，得先消滅三角堡裡的火炮和滑膛槍兵。

西南側的土地往維也納城緩降，除了幾道溪流，地乾而平。北側的地勢往城牆方向上斜，坡度較陡。因為這些因素，維也納城區往城牆外擴展時，主要往南側，從而在南側形成由別墅、一些產業、零星的貴族豪宅所構成的區域。比起城牆內狹促的街區，在這裡可建造更宏大得多的建築。有些有錢人城裡有一豪宅，在這些新郊區還有一避暑豪宅。所有軍事建築理論都主張，防禦工事前方數百公尺內絕不可有任何建築或障礙物，因為那可為來犯者的火炮提供掩蔽，且讓來犯者可以在接近城牆處進行開挖。

自十六世紀中葉起，維也納當局幾次打算擴大防禦設施，將這些新住宅區涵蓋在防線內，以及往西邊拓展，往東邊擴及到萊奧波德施塔特島，或者乾脆拆掉那些新建築；但事實證明，根本擋不了那些郊區的擴展，雖然下了許多道命令拆除新建築，最後都是不了了之。一七〇四年，奧圖曼人於一六八三年來攻之後約二十年，維也納面臨來自匈牙利的新一批劫掠者威脅，終於新建一道防禦土牆——利寧城牆——和一道深溝，呈大弧度圍住維也納城和其郊區。這些防線的痕跡如今仍在：環城大道基本上循著舊城的內防禦線闢築，外環道則取代利寧城牆原來的位置。

維也納在一五二九年遭奧圖曼人第一次圍攻，到了一六八三年，奧圖曼人若以同樣方式來攻，維也納理應可以漂亮頂住。一五二九年那一次，蘇丹蘇萊曼一世的工兵往維也納城的西南入口挖掘戰壕，把地道挖到卡林西亞城門邊；到了一六八三年，從卡林西亞城門往西北延伸到斯考特圖城門，雖已大大加強了防禦，仍為進攻者提供了最佳的得手機會。這段城牆外的護城河，只是道乾溝。在霍夫堡宮附近，不同階段興建的新防禦工事，產生了不相稱的奇怪現象。它們與兩側的結構體都未對齊，連接小稜堡勒布爾與較大稜堡布爾格的那段幕牆太長，且沒有保護。這一段幕牆興建於一五四〇年代，本來就應該蓋得比舊城牆更外面。後來重建時，也應該與三角堡和稜堡前面更往外突出的一連串乾溝對齊，而不是單單把它當成一個障礙物，沿著後方的舊防禦土牆重建就行了。這段防線的基本對稱自此喪失，相鄰的防守位置無法如軍事建築理論所要求的，以炮火完全相互支援。這段防線就此走樣了。該城另一邊，臨多瑙河那一面，也有同樣的問題。在皇宮附近，有個防守上的盲點，讓稜堡難以對來犯敵人施展全部火力。這些防禦據點彼此連接也不佳，因而不易將部隊從某段防線調到另一段防線。

這一段就像是豪豬的臉和頸，豪豬身體上唯一未有尖刺防身的部位。緊接在防禦薄弱這一段的後面，乃是皇宮建築群，再後面是如迷宮般的城中街道，以及又直又長而兩側林立貴族宅邸的大街——海倫街。[8] 敵人一旦在那個點破城而入，守軍將沒有多少空間在那段幕牆的突破口後面，建構緊急防禦設施：一旦碰上勢如破竹的敵人，勢將難以擋住。這一固有的弱點，因環境上的缺陷而更顯薄弱，它非常靠近郊區，特別是靠近與特勞琛伯爵的避暑豪宅相連的庭園和園中建築。這庭園和園中建築往維也納城的方向延伸，距該城外圍防禦工事只幾百公尺。防禦工事前的開闊斜坡地，也就是「殺戮地」，遭到翻掘，精心栽種植物，成為遊樂園和菜園，而充分翻掘過的土壤，將使土耳其人的坑道工兵往城牆這方向挖掘地道時，輕鬆許多。

負責該城防務者，非常清楚這些弱點。一六八二年，在巴登侯爵赫曼堅持下，哈布斯堡王朝以極為優渥的薪水，聘請作戰會議主席格奧爾格．林普勒（歐洲最出色的要塞工程師之一），改善該王朝領土和維也納的防禦，以防範來自東方的攻擊。他最初建議強化由諸要塞構成的外圍防線，特別是傑爾鎮，後來轉而將嚴格的目光落在維也納城本身。先前，奧圖曼人攻打威尼斯人的坎迪亞要塞時，林普勒在要塞裡；之後，他在一六七一和一六七四年，出版了兩部探討火炮使用和防禦工事的重要著作。從這兩部論著，可看出坎迪亞的防守經驗對他影響極深。他帶了一隊經驗豐富的工程師到維也納，其中兩位後來寫書詳細探討了這場攻防戰，其中一位是他的薩克森同鄉，名叫丹尼爾．蘇丁格，另一位是義大利人萊安德．安吉索拉。他們兩人一起系統化的檢討了防禦上的缺點和改進之道。

林普勒了解土耳其人的圍城戰法，知道必須削弱奧圖曼人的攻擊威力。欲補救防禦工事的基本缺陷，唯一法門就是修復逐漸崩塌的護城河牆壁和某些稜堡已嚴重蝕毀的磚造結構。但除此之外，他可以就地取材，自行發揮創意，大大增強防禦。攻城戰時，攻擊就像一道直直衝向防禦工事的強勁水流，其衝勁和壓力會迅速衝破城牆上的所有弱點。城牆一旦出現缺口，門戶洞開，敵人步兵、擲彈兵就會迅速湧入，消滅守軍。但只要能找出方法阻擋猛衝而來的龐大敵軍，或使其轉向，乃至拖延其前進，攻擊就會力竭。林普勒就從這些務實的角度看待維也納的防務。在土耳其人兵臨城下前僅有的幾天裡，他的主要任務是修復第一道防線，即防柵。然後他不眠不休的工作，在較接近城牆處設計新防禦工事。他命人挖掘新塹壕，在稜堡和三角堡上方建置新射擊點；他設計簡單的障礙物，挖掘戰壕，樹立臨時性防禦工事，以為保護乾溝底部的滑膛槍兵和炮手提供掩護。只要死守這些工事，可大大拖延敵人的前進。

林普勒所需的原料近在手邊：粗壯大木，有時甚至是樹幹，將兩端削尖，隨時可插入土中。用繩索將它們綁在一塊，或以橫樑予以加固，後面靠更多木頭支撐，可用來建造露出縫隙的木牆。瘦子可側身鑽過這些縫隙，但大軍攻勢可因此被迫停下。

奧圖曼人善於利用以原木和土建成的堅實木堡，林普勒也在建造類似東西。他利用木桶和盛有泥土的籮筐，沿著陡峭內牆（壕溝的外崖）頂緣而行的鋪木道路，建了一排木堡。守軍自此可向下方侵入廢護城河的土耳其兵開火。每座木堡都是座小堡壘，土耳其人得一一將它們消滅，才能前進。就護城河本身，他命人在三角堡基部挖掘塹壕，構築掩體和木堡，並在每座稜堡部署密集的滑膛槍兵，讓他們能阻止橫越護城河朝城牆、三角堡逼進的敵軍。他命人在胸牆上切出開口（射擊孔），以便稜堡上的守軍能往下開槍，射擊乾溝裡的入侵者。這些修繕旨在將乾溝裡原本非牆上守軍視線所及的盲點，納入攻擊範圍。但土耳其人開始進攻時，這些緊急趕工的設施尚未完工。

針對最要命的進攻方式，林普勒卻束手無策。一如坎迪亞圍城戰所顯示的，致命的打擊將不是來自炮轟，而是來自地底下逐步進逼而防護周全的坑道。奧圖曼人挖掘坑道時，邊挖會邊用覆土的粗大木樑蓋住坑道頂，以免坑道兵遭守軍炮火傷害。有時他們會挖得較深——地下四．五或六公尺——如礦井般以扶壁加固坑道。在坑道裡，攻方安全無虞，除非守軍也開挖地道。攻城時，往往爆發激烈的地下戰鬥，奧圖曼與奧地利雙方的坑道兵，在漆黑的坑道裡相遇，然後打了起來。維也納天生不利於抵禦來自地下的攻擊。它不是建在堅不可穿的岩質露頭上，而是建在多石的河土上，坑道兵挖來費力，但不是嚴重阻礙。一五二九年，土耳其人已表明他們能挖得多深、逼到多近。一六八三年這一役，他們逼近敵人城池的方法沒有改變。他們會挖進外圍防禦土牆（壕溝內岸），挖穿廢護城河的河壁，一路挖到三角堡和幕牆。這些舊防禦工事擋不住敵人地道挖掘，地道裡引爆火藥，就能使堅固的防禦工事瞬間化為一堆碎石鬆土。[9]

屆時，奧圖曼地道肯定會穿過防禦土牆，但林普勒最能依靠的防禦是，由駐守在突破口兩端的士兵，對衝進來的奧圖曼部隊兩側發出毀滅性的烈火。他的預想沒錯。最後，攻擊者必須花費很大工夫，夷平一大段外牆，才能暢行無阻的進入後面的乾溝，保護他們的突擊部隊免遭哈布斯堡的滑膛槍兵攻擊，因為這些滑膛槍兵就在土耳其人背後，駐守在壕溝外崖掩蔽廊道上的木堡。

這些防禦工事粗糙而克難，但那並不要緊，因為它們頂多只需堅守幾個星期，然後結局就會底定——若非敵人退兵，就是維也納遭攻陷。這場攻防戰，將與最近記憶中其他大部分攻防戰都不一樣。在西方的大部分攻防戰，要塞是否固若金湯並不重要，只要能守到讓來犯部隊比守軍更早放棄鬥志即可。爭取時間才是重點。在西歐，敵人光是完成挖掘第一波塹壕的準備工作，隔絕被圍城市與外界往來，大部分城市就會在這時尋求不失顏面的投降。林普勒知道，奧圖曼的工兵絕對有能力突破維也納不夠周全的防禦，但除非維也納開城投降（這似乎不大可能），要拿下該城，將只有靠強攻。坎迪亞於一六六九年，敵人最後一波攻擊之前，終於接受有利條件而投降，但維也納似乎不可能選擇這條路。根據戰爭的慣例，無論是東方還是西方，基督教維也納將被徹底擊潰、洗劫、大肆破壞。

林普勒別出心裁、即興想出的防禦設施，全是以消耗敵人戰力、抵銷敵人兵力優勢為目的。他已計畫好，如果其他辦法都擋不住，他會把粗鐵鍊橫拉過街道，然後把每間屋子都化為小護城城堡。鐵鍊已備好在軍械庫，隨時可派上用場。鐵鍊封阻的街道，將使奧圖曼人無法將火炮運進城裡，迫使他們只能透過近身肉搏，取得每次幾公尺的挺進。後代的軍事作家將會把維也納稱作奧圖曼的史達林格勒，而且這樣的比擬再貼切不過。史塔勒姆貝格決定，維也納只會被一塊塊攻占，土耳其異教徒拿下的，將只是一大堆破磚碎石和還在燒的木頭。最後的據點將是聖司提反大教堂，維也納人民將憑恃大教堂的牆壁戰鬥到底，至死方休。

❖ ❖ ❖

歷史將大書特書史塔勒姆貝格的英雄事跡，但他其實是個平庸的軍人。自十三世紀哈布斯堡王朝第一位皇帝魯道夫在位起，史塔勒姆貝格家族在上奧地利世代為男爵。一六八三年，恩斯特・呂迪格・馮・史塔勒姆貝格四十六歲。他與洛林公爵查理、蒙帖庫科利一起在聖哥達打過土耳其人，在日耳曼打過法軍。他的肖像畫，不管是他生前或死後所繪，都未能真實傳達其面貌。當時的肖像畫家以鬆垂的假髮柔化其臉龐，後來幾代藝術家則把他畫成秘密聖徒。而在布達佩斯的國立藝術館有尊他的青銅小雕像，乃是亞列克西・卡羅伊刻畫哈布斯堡將軍的系列作品之一。史塔勒姆貝格一臂倚著胸牆，上半身鎧甲緊束，鎧甲裡面穿著厚重暗黃的皮革外套，看過去好似整個人用鞣過的皮革製成。具有韌性但深不可測，細長鼻子像鷹嘴，身材高瘦而結實，卡羅伊製作的小雕像，呈現出史塔勒姆貝格在同時代人眼中一刻也靜不下來的形象。對這樣的人來說，本能反應是攻擊，而非防守。但史塔勒姆貝格絕不是那種會不顧後果衝入混戰的人。他斟酌、計畫，然後帶領守軍在日常行為中展現不可思議的勇氣。他不是出色的將領，但他擁有那種能激起空前絕後之抵抗意志的心智特質。

從皇帝出逃到土耳其人兵臨城下這一個星期期間，史塔勒姆貝格主導的防禦工程，倉促但目標明確。有些準備工作已經完成，該城的兩座軍火庫裡，備有大量火藥、炮彈、滑膛槍彈。土耳其人包圍之前，又運進更多彈藥。維也納軍火庫裡的彈藥多到快塞不下的程度，實在不常見，這是因為該城被指定為與「皇家匈牙利」境內進逼的土耳其人作戰時的軍需補給基地。圍城第一天，謠傳潛伏的土耳其破壞分子已縱火引爆火藥堆到天花板的軍火庫，造成人心惶惶。「有個一身女人打扮的十六歲青年……朝某修道院馬廄附近地上的麥稈或垃圾丟了幾把火，這座維也納最好、最大的修道院目前已付之一炬……火勢還一路延燒到存有大量火藥和其他彈藥的軍火庫；存放火藥的那道門著了火。」眾人往庫房裡潑水，「軍火庫奇蹟似保住」。

那個男孩可能是個演員或有變裝癖，也或者可能是馬廄的馬伕，總之，事發後遭處死，死狀極慘。群眾抓到他後，猛劈猛砍，挖出內臟，砍掉頭與四肢，剩下一具光溜溜的軀幹，軀幹被扯下數大塊肉，好似遭猛獸撕咬過一般。在這個已瀰漫憤怒、恐慌的城市，這只是諸多野蠻行徑的第一樁。

這都城裡備有格外充足的火炮，也是為因應在匈牙利的戰事而存放。圍城開始時，城牆上有三百一十七門火炮，比奧圖曼人調來攻打他們的火炮多了一半。維也納仍不足的乃是駐軍：平日駐軍（加上城裡民兵）只一千多一點。凱瑟史坦因的團已從布拉格抵達，有千餘人，但這兩千餘人絕不夠防守長六公里多的城牆。但還有步兵在趕來途中。維也納被圍前，為防土耳其人和其盟軍突然進攻要塞城市布拉迪斯拉法，史塔勒姆貝格麾下的幾個步兵團，由洛林指揮，駐守多瑙河北岸。還有些步兵團被派去防守上匈牙利的幾座要塞。如今，這些部隊奉命火速回防維也納，他們的指揮官舒茨中將，帶著剩下的步兵加一些騎兵，總共七千人（由波蘭傭兵和奧地利正規軍混合組成），從天亮到天黑，從遙遠駐地趕來。[10] 上天眷顧，他們比奧圖曼大軍，早一天，而非晚一天，抵達維也納。七月十三日，他們拖著疲累沉重的步伐走完最後幾公里路，越過維也納附近多瑙河上連接孤洲的浮橋，午夜時抵達洛林在萊奧波德施塔特的駐地。個個疲累不堪，許多人因罹患炎夏時迅速傳開的疾病而嘔吐。那是會拉血便的紅腹瀉病，因為走過多瑙河北岸沼澤地時受感染所致。

同一天，遠方捲起滾滾煙塵，表示剩下的步兵和野戰炮兵就要趕到。操練純熟的炮兵是防守成敗的關鍵。他們抵達之前，維也納有許多火炮，但沒有人操作，仍整齊排列在軍火庫裡。如今，它們給拉到定位，集結在牆上的防守要地，處於待發狀態，隨時可炮轟城外的敵人。在都城外紮營不到一天，洛林下令部分兵員負責守城，他要帶剩下的騎兵過木橋到多瑙河北岸，防範來自特克伊的叛軍與上匈牙利境內的奧圖曼駐軍來犯。但奧圖曼主力部隊抵達城下時已是七月十四日晚上，那時，韃靼人和巴爾幹輕騎兵已出沒於可見到城牆的地方。最後一批進城的部隊，來自東方，比土耳其人早到幾小時，其中有許多病號和傷兵。維也納守軍將他們迎進後，把各主城門砌磚封死，拆掉乾溝與多瑙河上的橋樑。只有位於東側的紅塔城門仍敞開，供落後的兵員進城；防守強固的卡林西亞城門未封死，以便出城攻擊土耳其人。

史塔勒姆貝格的守軍，這時包括七十二個步兵連和居拉西耶騎兵，加上本地的維也納城防衛隊、該城民兵、巡夜人，還有來自偏遠莊園的獵場看守人（事實證明這些獵場看守人是一流狙擊手）。這些人加起來，頂多約一萬五千，其中許多人雖能行走，但有傷在身，事實上，健康無恙者可能只有一萬。那麼，守住維也納的機率有多大？實在不看好。約兩百年前，奧圖曼人在蘇丹穆罕默德二世率領下，圍攻並拿下君士坦丁堡，成為基督教世界的一大劫難。

綿長且不規則彎曲的拜占庭城牆，既無足夠人力駐守，也根本守不住，最後，奧圖曼軍隊從許多突破口攻進城裡，擊潰守軍。維也納的防禦工事雖有諸多缺陷，防禦卻較君士坦丁堡強。然而他們現在面對的奧圖曼軍隊也更難纏。來犯者的鬥志或勇敢或許不如一四五三年攻打君士坦丁堡的軍隊，但在攻占具有防禦工事的城市方面，無論是經驗還是訓練都豐富得多。此外，他們除了有多次成功拿下現代要塞的經驗，還有一五二九年攻打維也納失敗的教訓可茲借鑑。大部分城市最終屈服於圍城之兵；有一些城市靠部隊來援才解圍。一六八三年的維也納就處於這樣的情勢。只要能多守住一天，得到援兵的機率就多一分，而能否守住，主要取決於牆後守軍的意志力。君士坦丁堡失陷，乃是因為人數不多的守軍失去了抵抗意志。守衛維也納者，乃是身經百戰且深知士氣淪喪會有何後果的軍人。

皇帝逃離的隔天，即有大批害怕、膽怯的城民逃出城。有位目睹者如此形容：「大家嚇得要死，沒人願意留下；能找到的馬和兩輪獸拉車，立即都給租走，而四輪大車和兩輪車滿載最高貴的貴婦和她們的小孩，她們丟下房子和昂貴家具，拋下所有食物，只帶走最不占空間的最值錢物品。到處只聽到哭聲和哀嘆聲，彷彿土耳其人已入主維也納。」這些人的逃離，更有利於防守。少數留下的權貴，決心死也不離開維也納。隨著包圍加緊，城裡不免出現疑慮、恐懼、士氣低落的危險，但同仇敵愾之心也極強烈。他們沒有「內部敵人」，無人願意妥協。死守到底的意志，將士兵、留下的城民、逃來都城避難的數千鄉民，團結為一。

自從七月八日與洛林的部隊第一次接觸之後，奧圖曼大軍的前進速度變得穩定但緩慢。

數條注入多瑙河的溪、河，妨礙了他們前進。每條溪、河都得搭橋。但七月十一日，他們來到築有城牆的海恩堡鎮，全軍大為雀躍。海恩堡位在多瑙河岸，是奧地利最東的城鎮。韃靼人攻擊該城已一個多星期，仍未能攻下，因為韃靼騎兵沒有攻破城牆的設備。土耳其禁衛軍和炮兵在天黑前來到，圍住該鎮。兩門炮連續轟擊城牆，部隊開始強攻。太陽落下時，他們已把從海恩堡擄獲的第一批俘虜和數袋割下的頭顱，送到宰相面前。該鎮遭洗劫後，城裡所有抗拒招降的領袖人物，一如奧圖曼典禮官在日記裡所記，「遭刀刃加身」。剩下的居民淪為奴隸。隔天，大軍沿著多瑙河前進，卡拉．穆斯塔法於晨禱之後，又收到部隊獻上另一批收穫──兩百個來自海恩堡的首級，外加十名俘虜。宰相甚為開心，賜予押送這些東西前來者尊貴的傳統袍服和厚禮，然後率麾下眾指揮官前去他們攻占的海恩堡，天黑前返回營地。七月十三日正午，奧圖曼大軍已渡過費沙河，在距維也納城牆只約十一公里的施韋夏特紮營。卡拉．穆斯塔法下令毀掉居民早已逃亡一空的河畔小鎮費沙蒙德，於是小鎮遭到火燒，火光照亮夜空。

如果維也納居民曾有得到援兵或得救的期望，眼下這些期望也將化為雲煙。土耳其人只會帶來死亡或火燒。只有波蘭國王因條約規定而有相救的義務，至目前為止，神聖羅馬帝國內部諸邦，全部袖手旁觀。要到八月六日，巴伐利亞選侯才出兵對抗土耳其人，而他實際上是哈布斯堡家族一員。奧圖曼的典禮官在七月十四日那天的日記開頭寫道，「維也納前的營地。今天，在宰相的馬尾旗帶領下，大軍從天亮就開始往前移到新營地，如此持續了整個白天。」他們經過人去屋空的錫梅林村，「以整齊步伐緩緩經過維也納的要塞」，一舉一動，城牆上的守軍全看在眼裡。維也納城內，約翰・彼得・馮・費爾克倫每天寫日記，生動而精確記下每天的事。該日記後來多次再版，且出了幾種語言的版本，包括由英王查理二世下令出版的英語版。

七月十四日，土耳其全軍，帶著多到不可思議的馬、四輪運貨馬車、牛、駱駝，翻越聖馬可教堂旁的山丘，往維也納逼來，主力部隊沿山邊而行，以防城裡守軍看得一清二楚……他們立即從多瑙河岸散開，以包圍維也納的姿態持續紮營，直到深夜。深夜時，我們守軍發現他們在皇帝城門（布格托爾城門）外開始構築工事，駐守該地壕溝外崖的守軍從防柵後面不斷朝他們開火，以阻止他們前進。我們很快就發覺自己已遭正式包圍。

奧圖曼人迅速而果斷的將維也納團團圍住，顯示他們對維也納的弱點，事先有充分的掌握。由帳篷構成的城市迅即出現：七月十六日拂曉，一大群奧圖曼重騎兵嘩啦啦馳過多瑙運河的淺水區，登上萊奧波德施塔特郊區所在的諸島，騎上前往多瑙河北岸的多座橋樑。他們擊退了仍駐守橋頭堡的三個騎兵中隊——由奧地利龍騎兵和波蘭傭兵組成，指揮官是盧博米爾斯基親王。部分騎兵固守開闊草地上的塔，最後仍遭擊垮。但因為這一牽制，剩下的騎兵有時間在奧圖曼重騎兵的不斷攻擊下，過橋撤退到北岸。奧圖曼重騎兵攻擊時的速度和殘忍程度，以及他們蠻不在乎的大膽騎術，讓盧博米爾斯基的部隊敬畏三分，他們自己可是被哈布斯堡盟軍認為近乎野蠻。只兩天時間，情勢已改觀。雖然維也納東面的紅塔城門仍有人進出，但如今，整個東面受到攻擊。奧圖曼人剛在燒毀的萊奧波德施塔特廢墟之間，構築龐大的新土質炮台，架設起排炮，以炮火壓制住維也納東面。維也納城中心很快遭到猛轟，教堂尖塔成為絕佳的炮轟目標。在城的另一面，土耳其戰壕逼近的速度，同樣叫守軍心驚。土耳其工兵先是在郊區菜園裡的軟土挖掘，繼而在防禦工事前的多石開闊斜坡地挖掘，只兩天的工夫，就將戰壕挖到距守軍外圍防柵不到五十公尺處，戰壕深達一．八公尺。

初期進攻的順利，使奧圖曼人開始自大起來。卡拉．穆斯塔法瞧不起對手，他還未兵臨城下，他們就先逃亡，對於他所提出的招降、皈依伊斯蘭的要求，不當一回事。土耳其人的營帳阻絕該城與西邊的交通。但與有經驗的西方將領不同的是，這位宰相未針對營地可能遭受從西側而來的攻擊做任何防備，甚至未派兵防守俯瞰該城的高地——維也納林山。他的韃靼部隊在維也納以西的廣大地區游移，但他似乎未像之前穿越西匈牙利往北進軍時那樣，設法從韃靼人那兒取得有關敵人動靜的情報。這位奧圖曼戰地總司令所關心的，只有他眼前的維也納城。

卡拉．穆斯塔法有實地作戰經驗，且帶兵大膽。但他此前的征戰經驗——在烏克蘭的兩場戰役和攻打克里特島的一場小戰役——對手都弱得多。他眼前的對手，在他眼中，或許微不足道，但他們受過實戰淬煉。洛林打過聖哥達之役，且和法王路易十四的軍隊交手過數年。他在一六七六年圍攻菲利普斯堡時斷了一條腿，這時走路仍一跛一跛；呂迪格．馮．史塔勒姆貝格在蒙帖庫科利麾下習得帶兵打仗之道，打過荷蘭戰爭，受過傷，菲利普斯堡之役時服役於洛林麾下。城裡的其他指揮官，則是其他各國前來投效哈布斯堡的軍人。巴爾庫海恩與費特尼爾的萊斯利家族，被譽為十七世紀最出色的蘇格蘭傭兵。他們在三十年戰爭期間忠心耿耿的效命於哈布斯堡王朝，瓦爾特．萊斯利最後獲神聖羅馬皇帝封為伯爵，賜予位在施蒂里亞、波希米亞的大片莊園。他的兩個侄子，詹姆斯．萊斯利與亞歷山大．萊斯利，都參加了維也納保衛戰。維滕貝格的斐迪南．查理帶了自己的團前來。從父親手中接下兵權的查理．德．蘇謝上校也是。這些人都像茲林伊一樣，寧死也不願屈辱而生。他們與自己的部隊在維也納的城牆上、廢護城河裡與敵廝殺，也有不少人因此戰死或受傷。

但對奧圖曼的戰地總司令來說，這些膽敢對抗他的人，和在維也納周遭村莊抓獲的那些死老百姓——據奧圖曼檔案有約八百人——一樣不值一顧。那些俘虜由擄獲者隨意發落，不是被砍頭，就是淪為奴隸。在奧圖曼人眼中，西方異教徒在他們大軍到來之前，就已像綿羊一樣嚇得四處竄逃。卡拉．穆斯塔法認為他的坑道工兵肯定會炸掉他眼前的城牆，維也納這塊肥肉肯定跑不掉。後來有人說他攻打維也納並未盡全力，因為他想占有城裡豐富的財寶，想拿下毫髮無傷的維也納。但這只是那些人的道德主義（或機會主義）心態作祟，把宰相看成是無比邪惡的貪婪之徒。除了未替其黑壓壓一大片的營地做好防禦工作，他的進攻計畫合情合理，因為他把最精銳的部隊集中在他們最能發揮威力的地方。卡拉．穆斯塔法或許統領了當時歐洲有史以來最龐大的大軍，但他麾下技術純熟的滑膛槍兵和受過訓練的突擊部隊、炮兵和工兵，人數卻不多。呈弧狀分布的廣大營地，沿著維也納周圍延伸超過二十四公里，但營地裡的人，大部分除了偶爾巡邏乾溝、防柵前的地區，沒做什麼事。或者他們對這場仗興趣缺缺，例如從摩達維亞、瓦拉幾亞徵來，在脅迫下不情不願投入這場戰爭的基督徒。來自各省的騎兵甚至不會用滑膛槍，不過後來作戰時，他們徒步進攻，就和騎馬進攻一樣一往無前。

在這位宰相眼中，攻下維也納就像撬開胡桃（奧圖曼人常吃的食物）。只要挑對施力點，撬開硬得穿不透的胡桃殼，柔軟的果仁就會露出。所有人，包括守軍，都認同突破點將是萊奧波德皇宮旁的區域。卡拉．穆斯塔法在維也納城的這個側面之前紮其大營，俯瞰該城。更前頭，乃是還在悶燒的郊區廢墟，因為史塔勒姆貝格在土耳其人到來的兩天前，叫人放火燒了那些郊區，而眼下，卡拉．穆斯塔法則命令在這些廢墟中建造精緻、豪華、類似木堡的工事，作為其前進指揮所。那指揮所距維也納的防柵不到四百五十碼，完全在守軍的炮火射程內。這座指揮所以更為華麗的形式，呈現了奧圖曼人傳統的木牆防禦工事。艾佛利亞稱那些是「塞滿迫擊炮的木牆」，路易基．馬西利則精確描畫下它的外觀。結實的竿子緊挨著插進土裡，形成兩道木排，兩排間留下至少六十公分寬的空隙，然後塞進泥土，予以夯實，再以木質繫樑和支架予以加固。

外面鋪上帆布，裡面鋪上絲織品，從外表完全看不出這結構體是多麼地牢固。它抵得住小型火器的攻擊，甚至抵得住重炮的直接命中。卡拉．穆斯塔法將在這裡觀看奧圖曼戰壕的前進，將在這裡隔著一段距離，指揮部隊一再衝鋒。從這一制高點，他能看見、聽見維也納防線後面持續不斷的活動。敵軍主要的進攻面，林普勒和史塔勒姆貝格都已看得很清楚，因此，守軍的活動全集中於西南側。整個白天，守軍忙於進一步加固強化防柵，敲打聲一直不斷，而在稜堡和三角堡上，火炮迅即就定位。

十七世紀末期的戰爭，愈來愈像是按照固定的劇本在搬演。土耳其戰壕的前進與守軍加固防禦工事的遲鈍動作，看上去幾乎是同步在進行。奧圖曼人開始挖掘三天後，其蜿蜒前進的坑道，最前頭距上方立有木樁牆的外圍防禦土牆只約三十公尺，防禦土牆後面，滑膛槍兵隱身胸牆後，隨時準備接敵。防禦土牆上，每隔一段距離有較寬的平台，平台上架設了輕型城牆炮，駐守著默然無聲的擲彈兵。城牆炮裡裝填了炮彈、石頭、廢鐵釘，每名擲彈兵手上則提著粗帆布背包，背包裡塞滿炸彈。

擲彈有危險，一連串的動作得一氣呵成，絲毫不能馬虎。擲彈兵隨身帶著緩燃引信，將冒煙的一端吹到火紅，確認導火線燒得夠旺之後，站直身子，甩臂過肩，將手榴彈擲進敵人戰壕，或擲進正朝著防柵吃力往上爬的土耳其軍隊裡。手榴彈爆炸，殺傷力很大，而技術純熟的擲彈兵，可在不到一分鐘內接連投出手榴彈。對圍城戰的攻守雙方來說，手榴彈都是最重要的武器。擲彈兵可迅速移到奧圖曼人任何攻擊點，反擊出毀滅性的火力網，為滑膛槍兵提供近距離的火力支援。體格強壯者可擲彈二十或三十公尺遠。擲彈兵的死亡率很高，因為擲彈的那一刻，他們曝露在敵人射擊範圍內。導火線也不盡可靠，手榴彈過早爆炸，反會造成守軍一方嚴重傷亡。但它們是近身搏鬥的理想武器，可殺死敵人或炸掉敵人手腳，雖然有可能讓木樁受損，但不會讓木樁傷筋動骨。這樣的戰鬥，很快就在防柵旁每日上演。

圍繞維也納城的那道堅實土堤，上面布有一排間隔一致的木樁，相較於後面厚實的三角堡和稜堡，那道土堤看來不起眼，開打之後，卻顯示那是維也納最可靠的防禦。土耳其坑道工兵往城牆推進時，會在兩側挖出與外圍防禦土牆平行的戰壕線。在某些地方，這些戰壕加寬，以便炮手能將輕型火炮往前運，在石筏筐的防護下，炮手能支援土耳其禁衛軍的衝鋒。前進部署的戰壕裡，擠滿突擊部隊。圍城第一個星期，執行進攻者是禁衛軍的滑膛槍兵，他們先不使用滑膛槍，而是衝過短短的開闊地，爬上陡坡到防柵前，試圖爬過防柵。在他們面前，一排排哈布斯堡的滑膛槍兵會站起，把槍架在木樁上，對著下方進犯的大批敵人開火。然後他們會退到後面，重新裝填子彈，另一排滑膛槍兵上前，接替他們的位置。衝到防柵前的土耳其人，會用矛、劍、穆斯林彎刀刺進防柵的空隙，攻擊敵人。守軍則以劍、截短的長矛、野豬矛回擊。進攻線一清楚呈現，鄰近炮台上的火炮會重新瞄準攻擊部隊，擲彈兵會立即移到攻擊點。

當時的記述，說明守軍攻擊行動的殘暴。文中提到守軍如何用綁了長鉤的竿子，將奧圖曼人拖進來，讓奧圖曼人死在基督徒的矛和小刀之下；還有守軍如何將割了皮的土耳其士兵屍體釘在防柵上，給土耳其同袍看。但這些小地方只是蜻蜓點水提到，而非專題報導，根據這些零星的記述，實在難以想像奧圖曼人如何拼命進攻，而守軍如何回擊。更別提要理解小小的城牆和防禦土牆，如何發揮功能，使人數不多的守軍得以擊退人數多更多的進攻部隊。[11]

因此，當時維也納發生了什麼事？築有防柵的防禦土牆為何能發揮如此強大的防禦功能？首先，防禦土牆防守嚴密。史塔勒姆貝格抽調城中守軍前來防守外圍防線和其後的乾溝。第二，防柵前的陡坡和防柵本身的強固，功不可沒。那是以新砍下的木頭深深插入土中構成，且加了橫樑，大大加固。奧圖曼炮兵或許可炸掉一段防柵，但炸掉的部分可迅速修復、補上。而且土耳其禁衛軍衝到防柵前幾公尺時衝力會變慢，那裡沒有平地可供他們擺放梯子，沒有空間可供他們集結於木柵前。頭幾波進攻的報告和卡拉．穆斯塔夫親眼見到的攻擊情形，使他體認到這道土堤和其上的木柵，就和該城主要防禦工事的大牆（有些高近十二公尺）一樣難以攻破。這道防柵防守太強，無法靠強攻攻下；得像之後對付維也納城那般，以包圍和從底下一段段破壞的方式才行。

這樣一來將曠日廢時。奧圖曼人在七月十六日就攻抵防柵，十天後仍未能將其攻下。前幾波強攻都遭擊退，且傷亡慘重，奧圖曼工兵開始較為費時的任務——挖地道到防柵底下，埋炸藥引爆，以突破防柵。但進攻仍然受挫。炸藥炸出一個土質鬆軟的大土丘和一個大坑，但奧圖曼步兵仍遭擊退，擊退他們的是「前來解圍的塞倫尼伯爵與杜皮尼團的聖克羅伊中校，還有一百名配備手榴彈且體力充沛的士兵；他們很快即打敗土耳其人，砍下對方許多頭顱，綁在壕溝外崖上，讓敵人看見。」展開第一波攻擊的三個星期後，八月第一個星期，奧圖曼人仍拼命在突破外圍防線。到了八月五日，他們已在突擊坑道兩側造了土丘，以使自己相對於防柵，處於居高臨下的位置。自此，他們可以從高處往下射擊守衛防柵的滑膛槍兵；然後土耳其人將火炮前移，集中炮轟防柵；配備手榴彈的土耳其禁衛軍，首度得以一波波衝過防柵後面的開闊地，來到四·八公尺深的那道乾溝邊緣。

於是，八月七日，圍城的第二十五天，卡拉·穆斯塔法的部隊突破了第一道障礙。第一批土耳其人在乾溝底部挖戰壕固守時，抬頭注視這時聳立在他們上方而伸出一根根炮管的維也納城主要防禦工事。他們往左右極目望去，都是高大厚實的磚牆；在乾溝裡的他們，前面是布滿滑膛槍兵的戰壕，那些滑膛槍兵後面，稜堡與幕牆的底部，是架設有輕型火炮的防禦工事。上方火炮所打擊不到的「殺戮地」，全在這些輕型火炮的火力範圍內。這個窄小的四方地，被戰壕與地道開腸破肚，被從土牆上方丟下的炸彈炸出一個個深坑，兩軍就在這塊地區對決，決定維也納這個基督教堡壘的存亡。

CHAPTER

7

地獄 The Pit of Hell

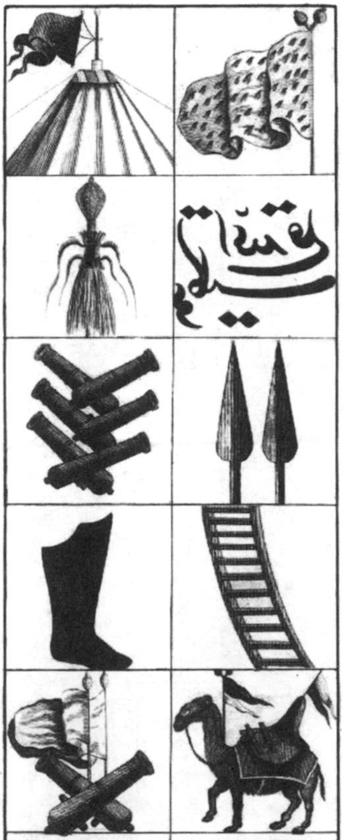

那稜堡上的平台，擠滿奮力阻擋土耳其人上來的戰鬥人員，而似乎每個方向都有土耳其人湧上來。稜堡上的守軍擁擠到死了也不會倒下，因爲有緊挨的人體撐著。

「一枚炮彈打掉我身旁同袍的頭。鮮血、腦漿濺到我鼻子上，噴進我嘴裡，因爲那天很熱，我那時張著嘴……事後我很不舒服，特別感到嚴重心悸和嘔吐。」

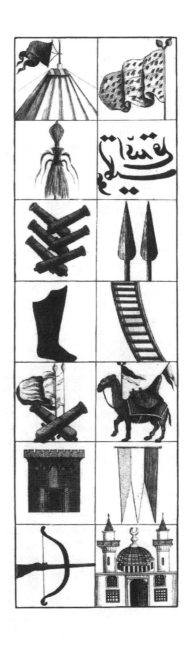

萬名部隊為爭奪勒布爾與布爾格兩稜堡之間那道狹長土地，奮戰了三十七天。從八月初起，護城河——這時已成為外圍和內圍防線之間的乾溝——成為維也納存亡的關鍵。城牆上的守軍，一天天看著奧圖曼人在下面挖出蜘蛛網般的戰壕，感覺土地似乎以沛然莫之能禦的氣勢向他們一步步逼近。一堆堆鬆軟的土壤，就像蚯蚓挖出地面的大土丘，在半掩蔽的塹壕兩端愈堆愈高。不久，這些土丘就堆得比三角堡的牆壁還高，奧圖曼炮手和滑膛槍兵因而可以居高臨下，往守軍在破損不堪的防禦工事上方挖出的淺壕裡射擊。土耳其人的炮轟愈猛，哈布斯堡的步兵就把壕挖得愈深，挖出的土當防禦土牆，抵禦不斷的炮火。這一慘烈的戰鬥，以鏟和鍬為武器。

呂迪格·馮·史塔勒姆貝格自被飛濺的磚、石砸傷後，就穿起騎兵的暗黃皮革外套。白天大部分時間，他待在這處戰場上方的城牆上。經過接連幾次拉血便的腹瀉折騰，他走上幾步就走不動，得坐在椅子裡，由人扛上高處，以看到下方戰鬥的情景。他的書信被偷偷帶出城，造成很大衝擊。有些書信在戰事方酣時就廣為流傳，信中向正在多瑙河另一岸苦惱戰局的總司令，描述維也納的狀況。有時，若洛林的查理離維也納夠近，他可聽得到炮擊聲，但通常他位在距該城極遠的西邊，焦急等待向多瑙河北岸攻擊的號角響起。[1]

奧圖曼人的火炮，形成三大群，架設在維也納諸稜堡對面的一個巨大炮陣地上，以固定節奏朝城中開炮，守軍的排炮也開火反擊。沒有哪個目標不值一轟。誠如某人在八月二十日的日記上所寫：「這天，有個炮手，位在卡林西亞城門與（該城南側）供水系統稜堡之間的三角堡上，發現一名土耳其人帶了兩匹馬在維也納河邊喝水，立即開炮，一發就打斷他雙腿，當場要了他的命。」

雙方的射擊手都在等待目標出現，或者希望會造成某種傷害下開槍；時密時疏的炮火聲持續一整天。不久基督徒這邊就體會到，什麼是土耳其人最致命的武器。城牆數個地方的邊緣砌上加工過的石頭，成為牆頂部的保護性遮蓋，又稱壓頂。當壓頂遭重炮彈擊中，會裂成尖銳的碎片，四散飛射，造成嚴重的割傷。有些土耳其迫擊炮，以高弧線將炮彈射向高空，落地爆炸時就像巨大手榴彈。可能有數十人，遭這些從天上悄悄降下的死亡天使打死或打出致命傷。雙方都有厲害的狙擊手，在奧圖曼軍隊這邊，最厲害的是來自巴爾幹半島的滑膛槍兵，而來自維也納周邊貴族莊園的獵場看守人小隊，駐守在城牆上的要地，槍法的命中率最高。土耳其武器射出又大又重的鉛彈，能射穿盔甲或頭盔。奧地利用來福槍，威力較弱，但精準，粗心曝露自身的土耳其人，對此有慘痛的體驗。

夜色一降臨，另一種戰鬥開打。三角堡上和乾溝底部戰壕裡的哈布斯堡部隊，利用夜色掩護，取得糧食、人員、彈藥的補給，有時還送傷兵回城裡。但雙方都對敵人戰壕發動突襲，因此大部分夜晚不時傳來滑膛槍開火聲、手榴彈爆炸聲、或垂死者尖叫聲。有些出擊任務較奇特，例如基督徒動用一群人，每個人推一部手推車，挖走最高土丘底部的鬆土，然後運走，使土丘發生小崩塌，進而曝露原來隱身在土丘後的奧圖曼人火炮。土耳其人發覺遭襲後，立即向下方這些人猛射箭、猛擲手榴彈。這類行動，一如大部分出擊行動，總是死傷慘重。

維也納城的主要入口，卡林西亞城門，就位在布爾格、勒布爾兩稜堡之間的激烈戰場南方，有專屬的三角堡、位在外圍防禦土牆上的兩組大門、一條嚴加保護的回城牆之路，提供保護。突擊隊會在土耳其人看不到的地方偷偷集結，薄暮或夜深時，外城門會打開，騎兵和滑膛槍兵衝向奧圖曼人營地。城牆上守軍會突然停止開炮，這時他們衝進錯綜複雜的土耳其人戰壕，朝擠在下面的人丟擲手榴彈。有時他們會前往位在更遠處的奧圖曼人營地，然後趕著牛或綿羊回城門。偶爾他們會把沒有警覺的哨兵抓回去訊問，最後以慘無人道的方式將其處死。

一個星期又一個星期過去，雙方陣營的士氣日漸低落。史塔勒姆貝格和麾下高階軍官發動突襲，以維持軍、民士氣。最初，這些攻勢非常成功。塞倫尼伯爵與謝芬貝格伯爵領軍的一次強力反擊，殺掉正往勒布爾稜堡逼近的所有奧圖曼坑道工兵。他們放火，火勢迅速蔓延，毀掉奧圖曼人用來建造進攻性戰壕的備用篾筐（塞滿棉布的篾筐）和木頭，使土耳其人在那一段的攻勢後退了約十二天。但哈布斯堡人員損失慘重。一百人死在這次出擊之下，而參與出擊者，都是最優秀、鬥志最高昂的守軍。奧圖曼人不斷的炮擊施壓，不斷的挖地道潛攻，助長了莫名的恐懼。謠言滿天飛。頭幾天傳言有援軍會來解救維也納，到這時仍不見一個人影。他們很可能會死，但死得光榮偉大，有上帝與他們同在。城裡教堂擠滿人，儘管教堂是特別危險的地方。萊奧波德施塔特島上的奧圖曼炮兵，理所當然以教堂尖塔和高塔為炮擊目標，因為它們是城裡唯一清楚可見的目標。

地　獄

八月一日，有枚炮彈穿過聖司提反大教堂的高大桃尖拱窗，撞上一根柱子，碎石和金屬碎片灑在會眾身上。但一如城民和守軍不久就體認到的，多虧上帝恩寵，只有一名男子重傷：雙腿遭炸爛。隔天，位於西南側的奧圖曼炮兵連開始炮轟。「因為是聖日，土耳其人一大清早就朝嘉布遣會教堂發了許多炮彈，使教堂裡做禮拜的人瞬間陷入混亂……一枚炮彈挾帶著可怕聲響砸中教堂頂部，落在大拱上，當時教堂裡的人正在禱告，見到炮彈落進來，大為驚恐，全衝出去，但後來發現沒造成嚴重傷害，又回去做禮拜。」每一絲希望都遭到放大。嘉布遣會教堂發生這奇蹟那一天，「晚上約八點時，我們引爆一枚從勒布爾稜堡帶到敵人工事的地雷，爆炸威力很強，他們（土耳其人）許多人被炸上天，粉身碎骨，我們從城牆上看到數隻手臂和腿炸到空中，夾雜著煙和垃圾。」但如此強烈的樂觀只是一廂情願。史塔勒姆貝格的工兵或許完成這難得的佳績，但阻擋不了土耳其人逼進。土耳其人的前進未達到宰相所要求的速度，但奧圖曼坑道工兵和戰壕裡的禁衛軍突擊隊，一路穩穩克服了每道障礙：外圍防禦土牆、防柵、乾溝、三角堡。攻擊未曾中斷，整個白天維也納城不斷遭炮轟，往往夜裡也未能倖免。地底下，土耳其坑道工兵和挖對抗地道的哈布斯堡工兵，輪班幹活，晝夜不停。有一兩次，雙方的鶴嘴鋤突然相碰，雙方工兵在鬆軟地底正面相對。誠如戰爭日記所記載：「這一次，值得一提的是，土耳其人不斷挖掘時……我們的人也從上面往下挖地道對抗，好巧不巧，雙方的鶴嘴鋤相擊，彼此狹路相逢。但土耳其人不願上去，一如我們的人不願下去，衝突瞬間結束。」雙方都擔心地道如果崩塌，會給悶死在土裡。在土耳其人戰壕和維也納城牆上，小型炮鮮少閒著，每一次齊發都引來敵炮的反擊。事實上，當炮火停歇時，通常是地雷爆炸或奧圖曼部隊新一波進攻前的寧靜。

❖ ❖ ❖

圍城期間和圍城後所寫的日記，都清楚寫到守軍的勇敢和他們無關大局的小勝。日記對敵人的優勢兵力著墨較少；後來的史書也忘了這場圍城戰的慘烈事實。維也納攻防戰的規模和激烈，在當時是空前，即使當時歐洲已連續打了三十年戰爭，直到一六四八年才獲得和平。但就連三十年戰爭裡死傷最慘重的幾次戰役，都比不上東邊這場可能發生的浩劫。從十七世紀開始，到維也納此次被圍之前，最慘烈的圍城戰乃是，天主教聯盟的軍隊在一六三一年攻下路德教派的馬格德堡一役。馬格德堡位在易北河畔，是個有城牆圍繞的古城，且一如維也納，擁有中世紀的防禦工事，天主教軍隊來攻前，已加築現代稜堡和強化防禦。馬格德堡攻防戰於一六三一年四月三日開打，到五月二十日所有外圍防禦工事全遭攻破。天主教軍隊從六個方向同時強攻，一天就攻下該城。天黑之前，城中已遭洗劫一空，兩萬名馬格德堡軍民被殺。但即使是這場災難，也比不上維也納城外的乾溝裡每日進行的寸土爭奪戰，比不上在維也納攻防戰死亡和淪為奴隸的人數。

維也納衝突最激烈的地區，差不多就在哈布斯堡都城裡舉行儀式的中心區。那裡原是演出大型歌舞秀的地方。奧圖曼人兵臨城下之前，緊鑼密鼓增強防務的最後幾天，史塔勒姆貝格已命人拆掉建在城牆與王宮之間狹窄土地上的木造宮廷劇場。那是皇帝萊奧波德娛樂消遣的地方，他本人寫了許多部戲劇和豪華音樂劇供劇場演出。一六六七年的騎士芭蕾舞劇《風與水的較量》，華麗到有船隊漂在人工湖上，有馬和馬車列隊走過（其中有些似乎凌空而馳），有爆竹從以熟石膏、粉飾灰泥塑製的埃特納山、帕納塞斯山爆發。如今，在劇場原來矗立的地方附近所上演的戲碼，更扣人心弦。

從城牆往下方如煉獄般的乾溝望去，看到的是從天亮至天黑無一刻停歇的戰鬥場景。在這舞台的一邊，土耳其人控制了原是外圍防禦土牆的大土丘，每天晚上，數百名奧圖曼步兵和工兵鏟起軟土，倒進下方的乾溝裡。地底下，數百名坑道工兵在以木樁支撐的地道裡幹活，他們一面前進，一面在頂上放粗木頭，上面再鋪上一層土。土耳其人在這些木構地道裡，以穩定速度向前挖，從上面紛紛落下的火、手榴彈、炸彈，大體上傷不到他們。在另一邊，維也納守軍高踞在距敵人數公尺的稜堡和城牆上，不斷以炮火轟擊敵人前線，希望找到曝露出來的目標。他們幾乎每天都有小成果，但完全擋不住土耳其人前進。或許有數百名土耳其禁衛軍和坑道工兵，死在從城牆後突然發出的攻擊，或死在一次成功的地道反制戰，但立即有人補上他們的位置。每天有一兩處土耳其人埋設的地雷爆炸，地雷炸陷的坑和炮彈炸出的坑，距那座三角堡和那兩座稜堡愈來愈近。

這時期的陸戰，大部分頂多激烈廝殺一天就結束，中間還穿插數次暫停。而海戰就較為慘烈，船隻開炮互轟，然後戰鬥人員登上已不能動的敵船，雙方人員在甲板上和甲板下互砍。在一九四二年的史達林格勒攻防戰之前，沒有哪一場戰役比得上維也納城外乾溝裡無休無止的爭奪戰。在這兩場戰役裡，雙方部隊為搶下瓦礫丘、殘破建築與完全荒涼的土地而激戰。

從聖司提反大教堂的塔樓，可以看到多瑙河北岸的所有動態。往往可看見洛林公爵部隊的偵察隊；有時可看到成群韃靼人游過河，突襲西方。史塔勒姆貝格會派信使出城，將城中狀況告知洛林公爵，最後，信使帶回有支援軍正緩緩前來的消息。偶爾，遠處會有縷縷黑煙升起，顯示又有一座村子或農莊遭土耳其襲擊隊放火燒掉。慢慢的，隨著維也納這邊襲擊隊出擊的收穫變少，又沒有援軍即將到來的好消息，維也納城內，大難即將臨頭的氣氛愈來愈濃。比炮火的殺傷力更大，比缺糧更糟糕的乃是，疾病傳播一發不可收拾。城裡的貓（戲稱為「屋頂兔」）都已吃光，有些維也納人設陷阱抓老鼠來填肚子。即使在承平時期，維也納都是感染、傳染的溫床。一六七九年瘟疫肆虐過維也納，一六八〇年代初期又爆發幾次新疫情，奪走城裡和周遭鄉村七萬六千多條性命。這場瘟疫始於東方遙遠的奧圖曼帝國境內，經由巴爾幹半島往西傳；其他城市受害更甚於維也納——布拉格在一六八一年死了八萬一千人。神奇的是，這次圍城期間未有新疫情出現。或許是殺掉、吃掉老鼠，因此減少了感染源。但城民和守軍躲過了瘟疫，卻因其他許多疾病而倒下。傷口很快即出現感染，城牆上的守軍飽受接連的腹瀉摧殘。疾病滋生，有個原因可以確定，那就是慢慢堆滿街道的發臭垃圾堆。「士兵和市場販子殺了牛之後，讓血流進排水溝，帶來惡臭和疾病。」來自該城醫師委員會的資料指出。他們同時提及被困在城牆裡所受到的精神壓力：「極度恐懼、憂慮、精神折磨。」

奧圖曼陣營的情況好不到哪裡去。隨著久攻不下，平日的紀律慢慢瓦解。料理食物、處理垃圾所應遵守的衛生規定，愈來愈馬虎。就連令西方人大呼不可思議的使用廁所、清洗廁所習慣——馬西利，路易基．費南迪諾伯爵被奧圖曼宰相俘虜期間，曾畫了張讓人震撼的小素描，描繪使用廁所的情形——這時也漸漸蕩然無存。在卡拉．穆斯塔法的營帳區，仍奉行傳統的衛生規定，但營地裡其他地方，則漸漸像是垃圾坑（且散發垃圾坑的味道）。死傷人數眾多，當傷者有裂開的傷口，因為正值盛夏，蒼蠅滿天飛，傷口幾乎很快就化膿。食物供應不穩定，但奧圖曼營地裡的人，吃得比維也納城裡人好，較少餓肚子。攻城初期，城裡女人會偷偷鑽過維也納北牆上的木防柵，在蘇格蘭城門旁開起臨時的糧食市場，拿麵包跟土耳其人換新鮮蔬菜。但這漏洞封死後，奧圖曼軍隊只能喝湯、吃米飯填飽肚子。

當土耳其禁衛軍與騎兵的傳統戰鬥期過了第四十天，這天是八月二十三日，卡拉．穆斯塔法必須留意自己部隊的士氣問題。他不懂如何和自己部隊打交道，士兵對他害怕更甚於尊敬。成功的奧圖曼指揮官，終日與麾下士兵相處，獎賞士兵的英勇表現，向他們說明戰勝之後會得到的好處，有多少戰利品等著他們去拿；指揮官甚至要每個單位的隨軍講道者，提醒他們在真主面前的義務。主要部隊期待列隊遊行、檢閱、獎賞英勇殺敵，且看重這些事。但這位奧圖曼戰地總司令似乎較善於罵人，而拙於鼓舞。他帶領麾下的指揮官，只帶人未帶心；每個奉命的指揮官，接到的都是要他們更用力逼部隊進攻，把戰線更往前推的命令，不容分說的命令。他一心一意要貫徹他的辦法，不容爭辯與討論。他的策略在前期就已確立，不容更改：因為只要遵照他頒定的計畫，必能攻下維也納。

較有經驗的指揮官建議卡拉・穆斯塔法不可低估敵人，但他聽不進去。並不是奧圖曼人沒掌握情報——韃靼人的掃蕩範圍及於維也納以西極遠處，自有關於西邊的情報回傳——而是他們的領導人不想聽。他似乎只關心維也納，對於那些可憐異教徒的動靜，他覺得無關緊要。他也不在意遼闊的奧圖曼營地，正漸漸失去長久以來令西方人大為佩服的秩序與紀律。動物屍體在大太陽下腫脹、腐爛，甚至埋得不深的人屍，都因為腐爛散發的氣體而膨脹，頂開稀鬆的覆土。

他那些已在匈牙利邊境打過至少十年仗的下屬，不像他們的指揮官那麼瞧不起眼前的敵人。他們知道哈布斯堡騎兵寧可戰死也不願逃走，該王朝的步兵在各種尖狀物、木樁、或野豬矛防柵保護其側翼下，可以用齊發的滑膛槍火力，擊潰衝來的騎兵。他們腦海裡共同記得的戰鬥，乃是一五九〇年代的「長戰」。那段期間，雙方軍隊一再交手，打得屍橫遍野，卻大體上無助於決定整體戰局的勝負，直到雙方打得精疲力竭，無心再戰，才握手言和。但卡拉・穆斯塔法聽不進他底下諸位帕夏的意見，活動範圍絕大部分侷限在城牆前他那座受到嚴密防護的木堡裡。

但他錯了嗎？蘇丹的軍隊，按照這位戰地總司令的戰術，正穩定往前推進，他深信，一旦城破，攻下維也納，他將會以帝國史上最偉大征服者之名，成就最高的科普律呂家族成員之名，而永垂不朽，他的征服偉業將與「征服者」穆罕默德二世、「立法者」蘇萊曼一世、「殘酷者」穆拉德四世等功績卓著的蘇丹一樣崇高。

隨著土耳其人的坑道愈挖愈近舊城牆，城裡人開始憂心敵人已在他們腳下四處亂鑽。城牆的地基不深，只是埋進土裡的大石板。城牆靠城裡這一側，有潮濕而帶霉味的地窖和儲藏室，在皇宮區的房間裡則存放著皇帝的葡萄酒。城牆某些地方有扶壁加固，但其他地方則靠自己的龐然體積和重量撐著。謠傳土耳其人除了每天引爆地雷以炸垮三角堡和稜堡，還更往裡挖，挖過城牆底下，挖到葡萄酒窖下面，挖出一條通往城裡的秘密通道。眼看恐慌就要爆發，史塔勒姆貝格不得不命人看守所有地窖，且要城民注意街道底下挖掘的聲響。他和他的民防指揮官，卡普利爾斯伯爵，每天都收到奧圖曼人繼續進逼的報告，但他們只能看著對方不斷進逼，幾乎無力阻止。

八月二十五日大清早，史塔勒姆貝格與高級軍官在勒布爾稜堡會面。這時候，土耳其人已在挖該稜堡下方的牆腳，且用重炮不斷轟擊該稜堡。他們一致認為必須延緩這一攻擊的速度和威力。他們整個早上糾集了兩隊挖掘員，下午四點，大批步兵從這主要受攻點旁邊的出擊口衝出，沿著乾溝推進，用滑膛槍、劍、矛攻擊土耳其人，步兵後面的擲彈兵則往戰壕裡丟進手榴彈。城牆上的火炮朝奧圖曼炮兵連連續開火，以使他們無法回應這一出其不意的出擊。另一支出擊隊，從位於卡林西亞城門旁的最大出擊口，衝向部署在前沿的奧圖曼炮兵連。自圍城以來，該炮兵連讓守軍死傷慘重，是一大禍患。希爾騰貝格親王和一些人殺死數名炮手，然後撤退，讓氣急敗壞的土耳其人在後追趕。

這一搗亂式的出擊，付出四名軍官、兩百名士兵的性命，卻絲毫撼動不了大局。隔天，又有兩枚地雷在那座飽受炮擊的三角堡底下爆炸，一枚在早上，一枚在晚上九點。這時候雙方陷入一固定的動作、回應模式。先是一枚地雷爆炸，震動地面，然後奧圖曼戰壕裡會舉起馬尾旗，一群人在馬尾旗後起身，衝向那個炸陷的坑和那座三角堡已然脫位的一側。上方的守軍會以炮火、沸水、石頭、手榴彈猛擊下方的來犯者，相鄰的稜堡則迅速調整炮位，以較重型的火炮猛轟這些土耳其禁衛軍。奧圖曼人每次進攻都失敗，但每次進攻都毀掉那座三角堡更多地方，使守軍可據以向敵人開火的根據地變小。土耳其人日復一日推進，基督徒一方則一步步被逼退。八月二十六日，杜皮尼上校帶領三十名騎兵和步兵團的三百名滑膛槍兵出擊。他們衝進城外乾溝，衝向敵人戰壕，殺死正在工作的所有坑道工兵，將手榴彈和火藥丟進地道，予以炸毀。但土耳其人這時已懂得如何因應這類突擊，派了特種部隊駐守坑道：於是，這一次，一場慘烈的戰鬥接著爆發，持續了一個多小時，最後滑膛槍兵揹著上校遺體撤退。同天，又有土耳其的兩枚大地雷爆炸，一枚炸碎那座三角堡更多地方，另一枚在布爾格稜堡旁邊爆炸。顯然那座三角堡一旦遭攻破，這座稜堡將是主要攻擊目標。

那座三角堡若完蛋，守軍的抵抗能力將大傷。在設計較佳的防禦體系裡，城市核心由前後層層布設而相互支援的防禦設施保護。兩防禦工事的火力將相互掩護，如果其中之一遭攻破，另一個可以負起這項保護之責。但在維也納，兩座稜堡與一座三角堡就是個三腳凳：拿掉其中一隻腳，三腳凳必然會倒下。雪上加霜的是，在布爾格稜堡上，有道堅實掩體占去表面許多空間，使人員和火炮無法迅速上下這平台，勒布爾稜堡則是中看不中用。尚存局部的慕爾克稜堡和卡林西亞城門，雖較為強固，但無法提供支援性火力。因此，奧圖曼人的進攻計畫，已瞄準維也納最大的罩門。[2]先摧毀那座三角堡，再約略同時攻擊布爾格、勒布爾兩稜堡，然後突破這兩座稜堡之間的幕牆。奧圖曼人一旦全面進攻，守軍將無法及時抽調兵力或火炮前來增援這兩座稜堡，且史塔勒姆貝格永遠無法掌握敵人的致命一擊會落在哪裡。同樣的，他不能抽走其他防區的兵力，以免奧圖曼人對該城其他地方發動強攻。那座三角堡這時只是個有幾平方公尺堅實地面在其上的一座土丘，但仍能為那兩座稜堡提供支援性火力。但能撐多久？

對雙方來說，勝負漸漸取決於誰能撐得久。在奧圖曼陣營，糧食開始短缺，因此他們殺掉基督徒俘虜，以免多耗糧食。在城裡，逃兵被捕，立即在市場吊死，顯示士氣日益低落。大膽出城襲敵，無異於送死，因為土耳其人已將火炮對準出擊口。愈來愈少人志願參加這種英勇出擊，而史塔勒姆貝格也知道，他禁不起如此浪擲人力。每日的死亡人數有增無減。有次，一發從土耳其人重型滑膛槍射出的子彈，竟一連射穿五人，使五人當場全部喪命。這場戰役淪為如煉獄般的折磨，使雙方所預期的末日論漸漸成真。雙方都預期會有一場類似善惡最後決戰的戰役：他們的牧師和講道者都如此告訴他們。基督徒知道〈啟示錄〉如何描寫這場決戰：「那一千年完了，撒旦必從監牢裡被釋放出，出來迷惑地上四方的列國，就是歌革和瑪各，要他們聚集爭戰。他們的人數多如海沙。」（第二十章第七、八節）對穆斯林來說，可蘭經如此提醒：「我所毀滅的市鎮，想復返人間，那是不可能。但當歌革和瑪各埋頭衝下每個山丘，當真實的應許快要應驗，不信道者將驚愕瞪著眼睛叫道：『悲哉我們！我們對於今天這事一直未留心。我們做錯了。』」（第二十一章第九十七節）

八月二十八日，天氣突變，颳起猛烈的夏季暴風雨，雙方炮火頓時沉寂，因為火藥沒辦法保持乾燥。但下午雨停時，又有一枚地雷在那三角堡側面爆炸。土耳其禁衛軍起身進攻，三角堡上稀少的守軍往下開火，布爾格、勒布爾兩稜堡上的守軍，以塞了鐵釘和彈丸的霰彈，掃射這座已毀壞之三角堡的牆面。但這時土耳其人離三角堡上守軍太近，守軍之間的射擊不可免會誤殺到自己人。然後，隔天早上，「九至十點」之間，土耳其人「在三角堡殘體下方引爆一枚地雷，將這三角堡完全摧毀。經過先前無數枚地雷一塊塊的撕扯，這座三角堡已沒有堅實地面可供我軍或敵軍在其上戰鬥；我們的人只能守住位在三角堡中央，躲過敵人的攻擊。敵人團團包圍住這塹壕，但他們堅不放棄。」此後，那座三角堡只是維也納堅不投降的象徵，因為它再也無法提供側翼火力以支援那兩座稜堡。

史塔勒姆貝格派自己的部隊前去駐守這個三角堡，並指派海斯特曼上尉負責這個幾無成功希望的任務。這位上尉原是史塔勒姆貝格的副官，出此任務之前，已被守軍視為英雄。守軍多次出城襲擊奧圖曼人營地，其中一次，他與一名孔武有力的土耳其禁衛軍扭打，將對方壓制在地，奪下對方的穆斯林彎刀，然後像打敗巨人哥利亞的大衛，「以土耳其人自己的彎刀」割下那土耳其人的頭。他拎著頭顱和彎刀回到城裡，將頭顱插在矛上，把彎刀獻給指揮官。前去駐防三角堡之前，史塔勒姆貝格告訴他，土耳其人如果逼得太緊，可以趁黑夜撤回，放掉這一小塊仍在基督徒手中的土地。但他無意撤退：「與五十名弟兄來到這三角堡駐守之後，儘管敵人已放火燒了防柵和木頭護牆——我們弟兄僅剩的防禦設施——（他）仍不願撤退。」二十名士兵在夜裡遇害，包括他的副指揮官，索梅佛格爾中尉，剩下三十名守軍抵禦往上逐漸逼近的數百名土耳其人。隔天，九月三日，一支救援隊遭土耳其人一陣飛箭擊退，史塔勒姆貝格以口頭直接下達命令，要海斯特曼燒掉剩下的防禦設施，在火力掩護下竭盡所能將弟兄帶回到幕牆邊。他在午夜時執行此令，「因而，土耳其人在九月三日那天，拿下那座讓他們付出大量死傷代價的三角堡。」

八月二十七日晚上，基爾曼塞格伯爵率領一小隊炮兵到聖司提反大教堂的塔樓上，對夜空射出四十發信號火箭，「向（洛林）公爵示意，我們希望救兵快來。」救兵根本是癡心妄想，但城裡人相信不久就會得救。事實上，已好久沒有收到偷偷帶進城的軍情通報，情況叫人洩氣。史塔勒姆貝格這位最冷酷現實的軍人，是否真相信援兵正在趕來，或即使有援兵趕來，是否還來得及，這問題恐怕無解。無論如何，此後每天晚上，火箭隊都登上那塔樓，儘管並無援兵到來的跡象。

多瑙河對岸的洛林公爵查理，從一開始就不看好維也納能久守。整個圍城期間，他從史塔勒姆貝格那兒收到的都是令人沮喪的信息和急報。如今他更知道，隨著那座三角堡的失守，土耳其人將會加緊進攻，維也納再撐，頂多撐個兩個星期再多一點。奧圖曼人立即加強攻勢。他們終於拿下那三角堡的隔天，一枚地雷在布爾格稜堡北牆下方爆炸。那是土耳其坑道工兵準備已久的地雷，且是目前為止威力最強的地雷。面朝奧圖曼攻擊戰壕的火炮，大部分因此變得無用武之地。這座稜堡垮掉九公尺寬，超過千名土耳其禁衛軍從戰壕裡湧出，爬過鬆土、磚塊、石塊，爬上近乎垂直的陡坡，爬向稜堡頂部的平台。爆炸發生在下午兩點鐘，正是守軍交班的時候，因此當時稜堡上擠滿了新舊值班人員。有些人在這場大爆炸中被炸死、炸傷，但等他們回過神，重新整隊，可反擊的火力幾乎加倍。

煙塵散開時，守軍見到黑壓壓一大票土耳其人往上爬，奧圖曼人的箭、滑膛槍子彈不斷朝他們射來。「火炮炮彈、迫擊炮彈、子彈從四面八方飛來時，乾溝頂端出現約一千名土耳其人，他們突然一個接一個下去某些洞和坑道，藉此下到乾溝底部，然後跑向那座稜堡已被地雷摧毀的部位。他們在頹圮區的凹陷處挖掘，用挖出的鬆土作為掩體，藉此站穩腳跟，也為更大批土耳其人的湧來闢出空間。」愈來愈多進攻者，透過相連的戰壕加入前線，一根根高舉的馬尾旗匯集於突破口。第一批攻上來的部隊，有些是別有代表勇武之肩章的土耳其禁衛軍，有些是想以不怕死闖出名號的敢死隊。他們距守軍只有幾公尺，守軍往下丟擲鬆脫的木頭、防柵的木樁、磚塊、石頭阻止他們逼近。在這第一波攻擊部隊後面，乃是數千名一心要爬過碎石堆與異教徒廝殺的土耳其人。

情勢緊急。奧圖曼人若在城牆這大缺口頂部取得立足點，就再也趕不走了。軍士官立即召集弟兄，要一部分人用「大樑、裝滿沙石的布袋」築設臨時防禦工事，那防禦工事「前面，肩並肩站了三排人，（前一排）往下射擊後，轉到旁邊重新裝填子彈，然後再度進入射擊線。」他們成功維持了一道近乎沒斷的火網，而這完全是因為有大量滑膛槍兵可用。守軍火速組裝了野豬矛防柵，將其推到突破口邊緣，構成緊急的野戰防禦工事。還有些防柵給往下推進突破口；幾名土耳其兵試圖翻越時被矛尖刺穿。

小型火炮靠人力急急搬上那稜堡、架起，以便向下方集結的敵人發射霰彈。數百枚手榴彈發下，點燃導火線，然後丟向下方土耳其人頭上；不可避免的，有些手榴彈提早爆炸，重創了守軍防線。那稜堡上的平台，擠滿奮力阻擋土耳其人上來的戰鬥人員，而似乎每個方向都有土耳其人湧上來。稜堡上的守軍擁擠到死了也不會倒下，因為有緊挨的人體撐著。「一枚炮彈打掉我身旁同袍的頭。鮮血、腦漿濺到我鼻子上，噴進我嘴裡，因為那天很熱，我那時張著嘴……事後我很不舒服，特別感到嚴重心悸和嘔吐。」

這場戰鬥激烈進行了兩個多小時。史塔勒姆貝格和麾下所有指揮官衝到現場，以堅定部隊的戰鬥意志，撐過難關。奧圖曼迫擊炮和火炮，不顧會傷到自己人，往這稜堡拼命炮轟，數百名守軍戰死在這狹窄的戰場上。入夜後，守軍往地裡打進數百根木樁，圍住這稜堡平台：他們擔心還會有大爆炸。這時守軍只剩四成人力，卻還得守六十四處防禦據點。已無受過訓練的儲備士兵可用。九月六日，三枚地雷在勒布爾稜堡下方爆炸，摧毀面向布爾格稜堡那面擋土牆的大部分牆面。有份日記寫道：「我們所擔心的事終於發生。下午約一點時，敵

一六八三年，維也納攻防戰，
在殘破的勒布爾稜堡上，做殊死爭奪戰。
一八三七年萊安德·魯斯（Leander Russ）所繪

地 獄

人引爆幾枚地雷……炸出很大缺口。這座以磚、石建成，厚至少二十呎的稜堡，從頂至底垮下一大塊，留下一個三十六呎寬的缺口，我們的人因此失去掩護。敵軍猛烈進攻，但因為炸下的殘磚碎石成堆擋在路上，通過不易，他們不久即撤退。」

在這幾次爆炸中，除了位於勒布爾稜堡左側的一些守軍火炮，其餘火炮都被毀。剩下的守軍立即往下衝，肩並肩站在缺口，以劍、矛、長鉤、乃至長柄大鐮刀為武器，不顧如雨般飛來的土耳其人炮彈和箭。萊安德．魯斯一八三七年那幅撼動人心的油畫，尚無法完全呈現這場戰鬥的慘烈。最後，守軍再度將野豬矛防柵──等於是十七世紀的有刺鐵絲網──推到定位，抵擋如潮水一波波湧進來的土耳其禁衛軍和騎兵。這場肉搏戰持續了整個白天，天黑才停歇。整個晚上，守軍沒有休息，因為一些人忙著建造新的臨時防禦工事，立起一道防柵，在稜堡後面建了幾座木堡，另一些人忙著將火炮拖到定位，構成新的炮陣地。幕牆得到強化，有更多人員和守牆武器（輕型火炮）駐守，還有炸彈、乃至胸牆上的壓頂石可砸向下方的敵人；史塔勒姆貝格顯然體認到，他這最後一道防線很快會遭到強力攻擊。

兩稜堡互為犄角、相互支援的能力，這時大不如前，而土耳其人看到每次地雷爆炸都重創守軍稜堡時，士氣大為高漲；腐屍、磚塵、火藥燃燒的臭味，這時成為勝利在望的甜美味道。大批土耳其人主動請纓進入乾溝，等待下一次進攻。在這道現已變窄的前線，到處都是忙碌的景象。奧圖曼軍隊攻擊那兩座稜堡時，奧圖曼坑道工兵挖了三道深坑道，朝著那道幕牆穩定推進，與那道幕牆連著的就是勒布爾稜堡。城牆上守軍開始往幕牆牆腳處丟炸彈，以

地　獄

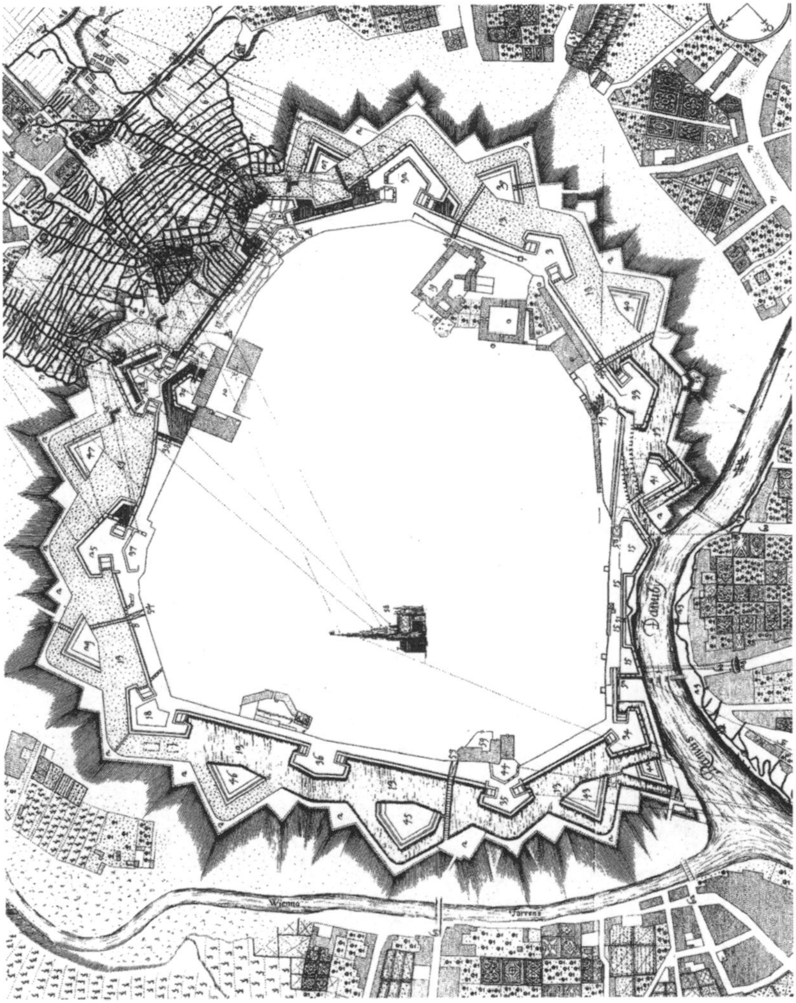

維也納攻防戰：鳥瞰圖

奧圖曼人圍攻維也納期間，著名軍事工程師丹尼爾．蘇丁格全程待在城裡。他根據個人實地觀察所繪的奧圖曼人進攻平面圖極為精確，刊布流傳全歐。

在地面炸出坑洞，使敵人較難挖地道穿過防禦土牆底下；但那無濟於事，因為奧圖曼坑道工兵只要挖得更深即可。史塔勒姆貝格和麾下軍官這時開始準備一旦城牆被破，他們可立即採取的抵禦措施。就地取材但計畫周全的防禦，說不定會和磚、石一樣有效。

第二道抵禦線的核心是築有防禦工事的中世紀城牆。這段古城牆位在皇宮旁邊，建造布爾格稜堡時，完整保留下來。出皇宮前往附近布格托爾城門的馬車伕，一直覺得這段城牆礙事。那使他們必須在幕牆和皇帝萊奧波德所建的新御花園之間，轉個難轉的彎。它與外城牆一樣高，以未加工過的硬石建成。重炮能在兩天內將其擊垮，但對步兵來說，它仍是難以逾越的障礙。這將成為最後防線。它的周圍還有塹壕和用木頭、兩輪拉車、沙包、篾筐搭成的矮牆。它後面高聳的新皇宮，可成為滑膛槍兵現成的射擊點，而幕牆上後方有個廣場，一旦土耳其人集中到這裡，炮手和滑膛槍兵可調轉武器，朝那裡開火。勒布爾稜堡後面，可供布防的點較少。那稜堡的上方後面有座舊木堡，但土耳其人一旦衝破那木堡，就可以在城裡的街上大肆散開。

守軍最大的麻煩，乃是奧圖曼的兵力供應似乎源源不絕。維也納仍被包圍，土耳其人已準備好在任何點發動攻擊。如果將其他城牆上的部隊全調去堵住皇宮正面的缺口，城裡其他地方將任由敵人逞威。每座大建築都作為抵禦中心，預先做好準備。教堂、醫院、住宅區裡堆滿武器，門窗均打上大木封住。城中巡夜人員和不分年齡的男子，均得負責保衛自己家園和所在街坊。每條街道、每座廣場都將成為與敵廝殺之處；最後，長長串起的大鐵鍊，則在史塔勒姆貝格命令下，攔住街道。

奧圖曼部隊也在為最後進攻做準備。來自布達的後備部隊已進駐前線，一長列兩輪獸拉車跟著他們來到，車上裝滿新補給的火藥、武器、糧食。儘管奧圖曼人的戰爭史書屢屢提到，異教徒不分男女戰鬥至最後的故事，但在當時，宰相和麾下諸軍官仍認為，土耳其禁衛軍、重騎兵和龐大非正規軍一旦進城，將很快壓制住維也納剩下的反抗力量。他們還聽說維也納的支援軍正在西邊多瑙河兩岸集結；但他們不清楚其兵力規模和當下所在位置。他們一致同意，最重要的任務是拿下該城，拿下這塊注定歸他們所有的肥肉。如果攻下維也納，他們將永垂不朽於整個伊斯蘭世界。但有個陰影一直在他們的腦海。他們的營地已成為污水坑，處處可見人屍，完全不符奧圖曼人講究秩序、紀律的傳統形象。比卡拉・穆斯塔法更接近部隊的眾指揮官，察覺到兵變的氣氛愈來愈濃。沒有人敢說出他們心裡共同擔心的事：如果這最後一次強攻未能拿下維也納，接下來會發生什麼事？

CHAPTER

8

'A Flood of Black Pitch'

「一道黑瀝青洪流」

深知情勢緊迫的哈布斯堡指揮官們，採行較大膽、較危險的直攻路線——往正東穿越多霧的維也納林山。奧圖曼典禮官在日記上寫道，一支基督教大軍攻向營地，好似「一道黑色瀝青的洪流浩浩蕩蕩往山下流，摧毀、燒掉擋在它路上的所有東西。他們奢望從兩邊包圍住伊斯蘭戰士。」

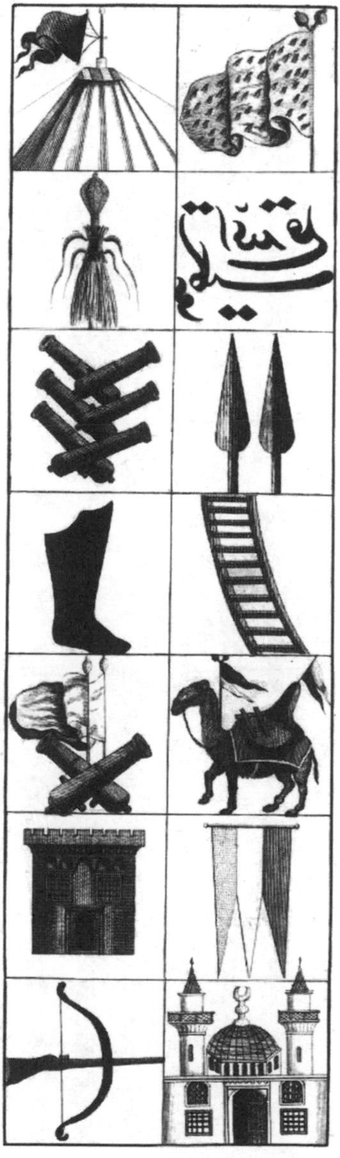

九月八日星期四，維也納歡慶萬福聖母瑪利亞誕辰。皇帝萊奧波德的祖父斐迪南二世在位時宣布，聖母瑪利亞是指揮哈布斯堡軍隊對抗異端新教徒和土耳其異教徒的最高統帥。這一天，大教堂和城裡各地熱烈慶祝，神父在祭台助手和捧香爐者隨侍下，將聖體送給城牆上的守軍將士。在持續整個白天的彌撒中，軍、民都祈求他們的最高統帥和聖母在這個存亡關頭前來解救。跡象顯示，真有神蹟出現在他們眼前。每天夜裡火箭隊到聖司提反大教堂的塔樓頂上發射信號火箭，結果都是白忙，但九月八日那晚，竟出現了他們渴望已久的回應。火箭射上天空，發出燦爛火光，然後消逝，火箭隊一行人隨之準備走下通往大教堂的狹窄樓梯，就在這時，他們注意到，在維也納西邊卡倫山高處，出現「以同樣方式回應我們的……五支火箭，表示我們所期盼的救兵就在附近。」

但隔天，他們從城牆上只見到奧圖曼宰相在火炮射程以外還很遠的地方集結部隊。顯然整個戰線沿線的奧圖曼人活動非常頻繁，跡象顯示土耳其人又開始挖地道，有部隊移入戰壕。那天白天，炮擊較少，而這往往是引爆地雷的不祥之兆。下午兩點，有枚地雷爆炸，又炸垮勒布爾稜堡的部分牆壁，史塔勒姆貝格的人這時知道敵人可能從哪個方向攻來了。士兵緊挨著站在兩座稜堡後面，準備應戰，還有些士兵在新防禦工事與舊城牆之間的地區挖戰壕，構築小堡壘。這時，稜堡與城牆上的火炮，有許多射的是霰彈——裝滿鐵片、舊鐵釘、燧石片與尖銳碎石片的帆布袋——而非炮彈，只有少數火炮與在更遠處戰壕裡的奧圖曼火炮，進行炮彈對決。土耳其人對這稜堡上的新缺口發動兩次強攻，都遭擊退，死傷慘重。「史

「一道黑瀝青洪流」

塔勒姆貝格伯爵則（始終）把最大心力放在鬮築塹壕和塹壕裡的土護牆、修復防禦土牆、修補稜堡上的缺口……用鐵鍊和柵欄替防禦土牆與稜堡附近的街道、房子築設防禦工事，務使不論何時何地，敵人都會遭到無法想像的抵抗。」

這一堅決的抵抗，最終可能是枉然。殘酷肉搏戰乃是奧圖曼人最看重的作戰技術。一六八三年時，西方已到處有人在談土耳其人的衰落，談土耳其禁衛軍如何不堪一擊，談他們已如何不如其前輩的驍勇善戰。但在維也納的城牆缺口裡或此後的戰役裡，西方部隊碰到的土耳其士兵，並非如此。他們碰到的是鬥志昂揚、充滿自信與勇氣、大無畏的敵人。有個土耳其禁衛軍成員寫道：「我們自開天闢地以來就是（伊斯蘭）信士。自那時起，我們就已認知到阿拉的獨一，我們願為這信念拋頭顱……從萬古以來，我們一直陶醉在這信仰中——我們是『神光』的蝴蝶——在這世上，我們是一支在阿拉的偉大面前永遠處於狂喜狀態的軍團。」而維也納守軍親眼見證了這段宣言最後幾行字的真確：「我們人數多到無法計數，我們的活力永遠不衰。」哈布斯堡士兵知道敵人的拼鬥精神究竟有多旺盛。

後來，英格蘭大使羅伯特・薩頓寫到一七一一年的普魯特河戰役：「有名土耳其禁衛軍來到大臣營帳前，大喊，『我們要躺在這裡，病死，痛苦而死嗎？所有真正的穆斯林都跟我去打異教徒吧』，然後他抓起營帳前的馬尾旗，走上前。其他禁衛軍成員、精心挑選出的突擊部隊（敢死隊）、亡命之徒（巴爾幹輕騎兵）立即跟進，他們集結成隊，喊著平日的口號，走向敵人。他們遭擊退三次，損失約八千人……」這些是「上天挑選的戰士」，一旦讓他們攻進城裡，就趕不走。這場維也納攻防戰過了約一世紀後，有位哈布斯堡將領寫到土耳其人時說道：「土耳其人堅守不退……實在超乎人所能理解。一防禦工事遭摧毀，他們立即挖另一個防禦工事。對付任何傳統要塞和任何軍隊，都要比對付防守據點的土耳其人來得容易。」

九月八日，情勢看來維也納肯定會落入奧圖曼人之手。同樣可能的是，這事一旦成真，所有守軍將遭屠，城中人口大減，要趕走他們就更不容易。[1] 守軍雖認為援軍就要到，土耳其人卻未露出驚恐或慌張的跡象：「他們繼續在挖他們的地雷坑道，好似完全不擔心外面的情況……」跡象愈來愈清楚顯示，維也納旁邊丘陵裡有一支基督徒大軍，但土耳其人攻擊的力道還是愈來愈強。

❖ ❖ ❖

從七月初起，維也納城外夠分量的哈布斯堡軍隊，一直就只有洛林麾下那些身經百戰的騎兵、龍騎兵、居拉西耶騎兵，加上一些稀有的滑膛槍步兵。他們擋住土耳其人和匈牙利人從多瑙河北岸而來的每次進逼，擊退往西窺探的每支奧圖曼縱隊。如今，兩個月後，他們準備與已在維也納西邊集結的一支援軍會合，那支援軍裝備齊全，且隨時可與敵廝殺。他們不是皇帝萊奧波德自己的部隊，而是從神聖羅馬帝國多個邦國、城市召募來的隊伍，以及由萊奧波德的盟友波蘭國王率領的騎兵隊。神聖羅馬帝國樹敵甚多，肯為它的存亡拼命者少。政治哲學大家撒繆爾・普芬道夫，在一六六七年寫說它是「個無法無天、類似怪物的實體」。啟蒙運動主要人物之一的伏爾泰，後來如此批判它：「這個過去被叫做神聖羅馬帝國而如今仍以此自居的實體，既不神聖，也不羅馬，也不帝國。」作為政治實體，它的軀體的確衰弱，但四肢仍極有力。布蘭登堡、巴伐利亞、薩克森的新軍隊，是三十年戰爭期間該帝國的軍隊主力，戰力傲視全歐。帝國內還有些較小的邦國，兵力較少，但能征善戰。三十年戰爭後，這帝國已被視為徒具軀殼，似乎無法號召各成員國有一致的行動。但為拯救維也納，這個奄奄一息的帝國，已從天主教、新教國家召集了總數約四萬的步兵和騎兵。

日耳曼人出兵，夾雜了政治、經濟、心理上的動機，但最大的動機是恐懼。哈布斯堡王朝的存亡，也攸關他們的實質利益，因為萊奧波德將他從梵蒂岡得到的資金，撥出一部分補助、報償他們，讓他們獲益甚大。日耳曼諸邦的部隊，占了這支援軍兵力的一半以上，因為如果奧圖曼軍隊拿下維也納，下一個往西攻打的目標，就是這些國家。巴伐利亞將是首當其衝者之一；史瓦比亞、佛朗科尼亞的大小公國也是。如果土耳其人往北推進，薩克森選侯的領地將成為攻打目標。他們在一六八三年支持哈布斯堡王朝，與感受到來自東方的威脅有直接關係。北日耳曼諸大國，例如布蘭登堡，最後選擇不出兵加入這支聯軍，因為自覺未受到奧圖曼人的直接威脅，唯一的例外是漢諾威，它象徵性的派出了六百名騎兵，還將子嗣喬治（後來繼位為英格蘭國王喬治一世）送往維也納戰場。[2]

皇帝萊奧波德大可號召全帝國出兵，但他和他的外交官頗為明智，鎖定與維也納存亡有最大利害關係的國家下功夫[3]。第一個要說動的對象是他未來的女婿，巴伐利亞選侯馬克斯·埃馬努埃爾。八月六日，他承諾派兵一萬一千餘人，包括五個騎兵團。事實上，他的部隊已在征途。他們在皇帝讚許的眼光注視下，七月底經過帕騷，然後沿多瑙河往東，在北岸的特萊森河畔紮營，距維也納不到八十公里。佛朗科尼亞、史瓦比亞兩國，經過與皇帝一番討價還價後，提供六千步兵和兩千騎兵；他們在八月二十一日抵達帕騷，八月三十日紮營於林茨。最後成軍且可能是最有用的部隊，乃是薩克森選侯約翰·喬治親自領軍的薩克森部隊。他帶了七千滑膛槍兵、兩千騎兵、一部分歐洲最精良的輕野炮兵，往東南緩緩前進，穿過波西米亞，來到麥騷鎮。八月底，已有兩萬多步兵紮營於多瑙河北岸平原。

這些援軍的兵力並未勝過奧圖曼大軍，但加上人數最多的來援部隊——這時仍在往南途中的波蘭騎兵——無疑就可和奧圖曼人一搏。最重要的是，他們精神飽滿，渴望一戰，且資金不虞匱乏。能解救維也納的奇蹟，不只是集結在多瑙河北岸的那些部隊，還有從梵蒂岡注入皇帝財庫、理論上只用於對抗土耳其戰事的龐大資金。來自帝國各地的分遣隊，不僅賣命應得豐厚報酬，他們的開銷也得全由皇帝支付（巴伐利亞例外）。一六八三年八月，萊奧波德已近乎破產：他的資金已幾乎用盡。而且他借不到錢。富可敵國的薩爾茨堡大主教，收到皇帝的親筆求救信，立即予以回絕。但一六七六年選上教皇而取了「英諾森十一世」這個響亮名字的貝內德托·奧德斯卡爾基，念念不忘奧圖曼人的威脅。他還時時刻刻記著路易十四當政下法國這個心腹大患。法國派兵占領教皇領地亞維儂，大大破壞教皇在天主教教會裡的威權，且其外交政策處處與英諾森的計畫作梗。萊奧波德既是羅馬教會的虔誠信徒，且東、西兩邊分受奧圖曼人、法國人的侵擾，因此，支持萊奧波德，不只有助英諾森實現其道德目的，也有助其實現政治目的。

一如一個世紀前的教皇庇護五世，英諾森十一世深信上天賜給他遏阻伊斯蘭勢力進逼的絕佳機會，前提是能夠組成基督教聯軍。為此，他組成由他領軍的「神聖聯盟」，類似庇護五世所支持、於一五七一年在勒班陀取得驚人勝利的那個聯盟。儘管沒有自己的軍隊可供調度，英諾森有經濟與意識形態兩方面的力量可供他動用。只有他能動用羅馬教會旗下的龐大資源。只有他能核准課徵教會土地稅，要求較富裕的教區上繳更多農產品，或向俗人提供價值不斐的精神信仰，以換取贊助這場大業。只有少數世俗化國家能如此輕鬆募集到資金，萊奧波德當然不在此列。英諾森當上教皇後即努力消除浪費、奢華，改善教廷的財務結構。因此，梵蒂岡有錢供他用在偉大計畫上。這位教皇資助成立「解放（維也納）大軍」，一如他資助波蘭國王約翰三世・索別斯基。

八月三十一日，期待已久的波蘭大軍，經過漫長跋涉，終於出現在多瑙河邊。波蘭國王騎在約三千名輕騎兵的前頭，洛林的查理騎馬上前迎接。波蘭的大部分部隊隨後到來，先抵達的是兩千名胡薩里亞騎兵（husaria）──著名的「飛騎兵」──和萬名其他騎兵，加上一些步兵。波蘭的胡薩里亞騎兵是獨一無二的精銳突擊部隊，身穿重重的金屬盔甲和鎖子甲、搶眼的豹皮和飾有羽毛的頭盔。他們騎馬時，手持一根長約四・八公尺的長矛、配戴雙劍和至少一對手槍。胡薩里亞騎兵攻擊時，放低長矛，一起駕馬疾奔，其任務在衝垮敵人任何隊形；配備馬刀、狼牙棒、手斧的輕騎兵緊跟在後，砍殺陣形大亂的敵軍。波蘭的胡薩里亞騎兵是厲害的重騎兵，在十七世紀歐洲無人能敵。人馬一體的騎兵，實際上是曾叱吒一時的中世紀騎兵的殘餘，手持長矛或揮舞長逾一．二公尺的刺劍，像支火箭衝進敵陣，他們的存在就只為了衝鋒。面對西方軍隊訓練有素的齊發火力，他們大抵上已無法發揮原先的功能，但對付奧圖曼的禁衛軍步兵或隊形鬆散的重騎兵，他們的破壞力可以如火炮一般強大。

來援的基督教部隊集結時，洛林與所有指揮官會面，一一取得他們的信任。他以尊敬但有如同志般的語氣，贏得多疑而敏感的波蘭國王支持：身為洛林公爵的他，毫無疑問承認波蘭國王地位較高，但也把他當平輩戰友般懇請他大力幫忙。波蘭國王其實比洛林公爵還大十四歲，卻經常顯得較有精神，在儀態和外表上無疑高貴得多。洛林平日就不修邊幅，在戰場上待了兩個月，更顯邋遢。危險在於援軍組成複雜，彼此協調不良，來自不同地方的部隊，各指揮官只想著自己的利害。對應這些各擁山頭的指揮官同僚，洛林駕輕就熟。這種問題他不是第一次碰到。哈布斯布堡的軍官團，七十多年來都是義大利人、日耳曼人、蘇格蘭人、愛爾蘭人、英格蘭人、法國人的大雜燴。洛林的查理，本身是古代洛塔林基亞國王的遙遠後代，也是神聖羅馬帝國的親王暨皇帝的女婿，很久以前就懂得如何贏得同僚的信任。[4] 他還深諳說服之道，從虛張聲勢、自以為是的戰士，到暗地搞陰謀的廷臣，他幾乎都能拉攏到自己陣營。他沒有大野心，但想打敗土耳其人；最重要的，他決心拯救維也納。只是時間緊迫。

洛林的指揮官同僚，對當下真正的情勢和奧圖曼人的進攻兵力，幾乎一無所知。只有他，曾在最近與土耳其人交手過——七月下旬時擊潰奧圖曼人在多瑙河北岸的某次強大進攻。只有他每個星期看著維也納一再遭到攻擊，只有他知道史塔勒姆貝格已快要撐不住。但援軍裡最龐大的部隊並不歸洛林的查理指揮，他的位階遠遠低於波蘭國王和薩克森選侯約翰．喬治。洛林心知這是臨時性的結盟，每個指揮官除了支持解救維也納這個最高目標之外，還各有各的盤算。因此，他指揮不了他們，而是必須想辦法讓他們相信，他的計畫是有限的幾個選擇中最好的選擇。

洛林有讓人卸除戒心的魅力，平易近人，讓每個人都覺得他只是個單純的戰地軍人。他不質疑任何人：約翰．索別斯基只對他的邋遢穿著有批評，但極力稱讚他的勇敢和軍人風範。所有大頭聚集在哈爾德格伯爵的史戴特爾多夫城堡旁，從那裡幾乎可看見史托克勞鎮旁的多瑙河。他們在此開會，籌畫將決定維也納存亡的決戰。洛林公爵代表哈布斯堡軍隊和皇帝；漢尼拔．馮．德根費爾德將軍代替他的主子巴伐利亞選侯馬克斯．埃馬努埃爾出席。德根費爾德組織能力強，但也是個冒險家，陸續在薩克森、巴伐利亞、威尼斯共和國的軍隊待過。他延續了家族傳統：他父親打過三十年戰爭，先是效命於蒂利、瓦倫斯坦統率的神聖羅馬帝國部隊，繼而效命於瑞典軍隊，最後效命於法國軍隊，然後在效命威尼斯的愉快日子中終老。第三位出席的職業軍人是神聖羅馬帝國陸軍元帥，卡爾．馮．瓦爾德克伯爵。他和洛林一樣作戰經驗豐富，為布蘭登堡打過仗，為瑞典人在波蘭打過仗，與蒙帖庫科利、洛林一起打過聖哥達之役，最後將以尼德蘭威廉三世的陸軍統帥身分，結束其戎馬生涯。

他們很快即談定攻擊計畫，決議採行洛林的構想。瓦爾德克坦白表示，皇帝逃離都城，行徑懦弱。皇帝希望採行較審慎的進攻路線，走較好走的路，從南側逼近維也納。深知情勢緊迫的洛林，主張採行最短的路線，往正東穿越長長的多山露頭——維也納林山。他們不甩萊奧波德的間接指揮，同意這條較大膽、較危險的直攻路線。多瑙河北岸的所有分遣隊，要在九月五日會合於多瑙河的幾個渡河點旁。薩克森部隊要走克雷姆斯附近的史坦因舊橋過河到南岸，[5]巴伐利亞部隊則要挺進到圖爾恩鎮之前紮營。

圖爾恩對面的多瑙河北岸是河邊沼澤地，當地人稱之為多瑙草地。洛林的人馬辛苦了十天，已闢出一條穿越這些沼澤地的崎嶇道路，且建了兩座浮橋通往河對岸的圖爾恩。在南側，洛林的工兵，在其蘇格蘭助手萊斯利領導下，建了一道木頭防柵保護南岸，防範仍在攻擊這平原區的韃靼人來犯。第一波下個不停的秋雨，使多瑙河水位升高、河面變寬，那座脆弱的橋幾度不禁水的衝擊而瓦解。九月六日，雨停，隔天，波蘭騎兵開始渡河，繼之以洛林的部隊，最後只剩下三個營的騎兵和一些步兵留守河邊的防柵。

十七世紀的戰爭裡，渡河是最危險的部隊調度行動之一，而韃靼人的確有可能趁此機會來襲，擾亂部隊渡河；奧圖曼正規軍和其匈牙利盟軍，十天前曾遭洛林擊潰，但這時在北岸仍有不少，且行蹤不明。波蘭人必須留下所有載運軍需品的四輪貨運馬車，因為那座臨時橋承受不了這麼重的輾壓。等到橋樑加固，橋上流量變少之後，他們才得以將這些馬車一次全

「一道黑瀝青洪流」

渡過河。九月九日，軍隊往維也納開拔時，只有一半的輜重車輛過河。

軍需品得從林茨往下游送：在圖爾恩前方平原集結的聯軍，領到夠吃上一個星期的麵包，且奉命要在三、四天內抵達維也納旁邊的丘陵。但他們很快就會糧食、軍需都告罄，而且在往維也納推進的途中，鄉村滿目瘡痍，他們將完全弄不到吃的。這可不是去散步兜風。九月八日，萬福聖母瑪利亞誕辰，所有部隊在圖爾恩防柵前的平地整隊，接受檢閱。在場有三位已和自己的部隊會合的君王，分別是波蘭國王約翰三世·索別斯基、薩克森選侯約翰·喬治、年輕的巴伐利亞選侯馬克斯·埃馬努埃爾；還有一些專業指揮官，一大群從四面八方前來參加解救維也納聖戰的年輕貴族。其中有一名貴族，年輕而瘦小的薩伏依歐根親王，是第一次上戰場。歐根日後將大放異采，成為拿破崙眼中自古以來最偉大的軍事指揮官之一。先前，洛林已派海斯勒上校率六百名龍騎兵快馬奔往維也納，偵察土耳其人陣地，且要他們如果可能的話，在卡倫山（「禿頭山」）拿下一可防守的據點。後來發射信號火箭告知維也納守軍，援軍已在趕來途中，就是海斯勒。

從圖爾恩到維也納，有三十多公里，但只有一條大路蜿蜒穿過維也納林山。大路兩側的森林裡，有許多條小徑穿過丘陵與深谷，還有一條路況較好的路，沿多瑙河而行。最後方案敲定。洛林公爵擔任最靠近多瑙河的左翼總指揮，轄帝國的所有步、騎兵和薩克森部隊；薩克森選侯全權統轄自己的部隊。中軍分成左右兩路，左路由佛朗科尼亞、巴伐利亞的步兵組成，指揮官是瓦爾德克伯爵。右路包括巴伐利亞、佛朗科尼亞的騎兵，加上馬克斯·埃馬努埃爾和其所帶來的部隊。但中軍總指揮官是薩克森—勞恩貝格公爵尤利烏斯．法蘭西斯，少數前來解救維也納的北日耳曼統治者之一。傳統上屬於尊位的右翼，由波蘭國王約翰．索別斯基統領的波蘭部隊組成。簡單來說，步兵集中於左翼，大部分騎兵位於右翼，大軍打算以大弧形隊形下丘陵，攻打將維也納城圍住的奧圖曼廣大營地的整個西面。

九月九日拂曉，哈布斯堡與日耳曼的部隊從圖爾恩平原拔營，開始東進。數千名波蘭騎兵還在後面未動，直到下午約三點時才出發，因為他們移動速度快過步兵。眾指揮官已一致同意採行洛林的意見，穿越維也納林山攻擊奧圖曼人。從他攤開給眾指揮官看的地圖看來，穿越維也納林山似乎不算太難，雖然眾指揮官對所要走的這條路線，沒有太多的了解。洛林本人也要等到部隊開拔，親自勘察了通往維也納林山山脊的某些路徑後，才算對此有詳細了解。一六八三年時，這整個地區是尚未繪入地圖的蠻荒地區，自一四九三年皇帝馬克西米連禁止進一步拓殖該地區後，除了住有一些獵人和伐木者，大部分地方一直無人居住。維也納林山就像一座地勢高的狹長半島，從東阿爾卑斯山延伸到維也納西邊的多瑙河急彎處，上面覆有繁茂而遼闊的山毛櫸、橡樹森林，靠維也納一側的陡坡上則是灌木叢林地。長期以來維也納林山一直是維也納人木柴與獵物的來源；哈布斯堡王朝聲稱那是御用狩獵場，但該地既沒有行宮也沒有狩獵小屋，因而漸漸失去皇室的青睞。萊奧波德較喜歡的獵場，無疑是有人工放養的動物、近旁又有設備齊全的行宮。

靠維也納一側的森林，先是地勢緩緩向上，有葡萄園和小村落；再往上，地勢陡得多，溪流和小溪谷切割山地。從多瑙河往西南逶迤的山脊，林木濃密，沒有樹木的地方則長有茂盛的低矮灌木。最高那座圓丘上有幾棟建築，還有一六八三年時已漸漸淪為廢墟的一座老隱修院。下雨時，眾多小溪的水量大漲，滾滾流下山坡。

就在多瑙河前，有一連數個取有名字的高地，分布在約十公里長的稜線上。這些地標從最西南邊算起，先是羅斯科夫山，再來是海拔最高的赫曼斯圓山（五百一十多公尺），最後是聳立於多瑙河旁邊，高約三百九十公尺的卡倫山。卡倫山旁邊是名字頗為俗氣的母豬山，因有成群野豬出沒該地，以橡樹實為食，而得名。一六二八年，皇帝斐迪南二世從克洛斯特新堡的僧侶手中買下這座山頭，立即將其改名為約瑟夫山，並建了一座供奉聖徒約瑟夫的小隱修院。[6]

洛林從海斯勒上校那兒得知，位於該稜線末端的兩個高地已遭一些土耳其人占領，但只充當觀測站。那些土耳其人已在不久前挖了些戰壕，可能就要進一步強化該據點的防禦。所幸奧圖曼人未占領那道稜線，未在其上建築野戰防禦工事：若有土耳其人在那稜線掘壕固守，即使只是一些滑膛槍兵，都將大大不利援軍的進攻。薄暮時，步兵和日耳曼騎兵已在維也納林山西沿的小鎮聖安德拉旁紮營，波蘭部隊在當天深夜抵達，紮營於西邊數公里處。眾指揮官開會，談定最後的進攻計畫。他們擬出作戰計畫，說明每個單位要如何與鄰近友軍合作，進攻時要如何機動，甚至大炮要擺在哪裡。他們商定援軍應占領從卡倫山往西南到羅斯科夫山這整條約十公里長的前線。

當時的歐洲戰爭，大部分在地勢平坦或起伏和緩的鄉野打，要調動如此多人，以如此寬的正面，穿越森林、爬上陡坡，幾乎是只能邊做邊摸索。稜線不高，且有數條小徑通往山頂，但沒有一條適合數千人使用。或許萊奧波德與其在帕騷的軍事顧問主張小心行事，並非如洛林等指揮官所認為的那麼愚蠢？全軍必須吃力爬上一道布滿灌木和矮樹的長坡，翻過山頭，下到山谷，再爬上另一邊的山脊，然後與敵人廝殺。

波蘭騎兵大軍吃的苦頭最大。從心理上來說，他們將是與敵廝殺的主力。他們在長長的山坡吃力往上爬時，先是騎著馬，再來下馬，跌跌撞撞走在疏鬆多石的地面上，密集隊形愈散愈開，隊伍愈拉愈長。走到距出發點只約三公里的哈根河河谷時，地形更為惡劣，地上有巨石和頁岩，有一處只容一兩隻馬通過。

天黑後許久，前鋒部隊才抵達預定的集結點，隔天還有一趟累人的上坡路。全軍在第一道山麓後方的威德林河深谷聚集時，有一支小隊在九月十日傍晚奉命先行。小隊由薩伏依山地志願軍和一些滑膛槍兵組成，年輕的歐根親王也在其中。他們的任務乃是在當地獵人帶路下，在迷宮般的森林小徑中找出爬上卡倫山頭的路。天全黑後，他們得摸黑突襲，攻下土耳其人位於卡倫山上的前哨。九月十一日星期六天亮時，他們已突襲了那個土耳其人的小基地，殺光他們所能找到的土耳其人。但有些奧圖曼士兵趁著黑夜逃走，回到下方平原上的土耳其人主營地，通報敵人即將來犯的消息。當天早上十一點，奧地利、日耳曼部隊的主力已抵達稜線。他們在卡倫山、福格爾桑山、赫曼斯圓山的山坡，按照野戰接敵時的順序，一連接著一連紮營。位在卡倫山上最靠近多瑙河的是洛林的奧地利部隊；再過來，紮營於福格爾桑山山頭下面的是瓦爾德克率領的神聖羅馬帝國部隊，然後是位於赫曼斯圓山山頭，由尤利烏斯・法蘭西斯公爵統領的薩克森—勞恩貝格部隊。波蘭人抵達稜線後，紮營在距多瑙河最遠的最後三個山頭：德萊馬克斯坦山、格蘭山和羅斯科夫山。這些活動，全被城裡大教堂塔樓上的觀察員，還有土耳其人，看在眼裡。

稜線上的營地，按照進攻計畫的兵力配置，排成數排。但洛林的查理與波蘭國王約翰・索別斯基騎馬上到卡倫山的制高點，赫然發現他們手上的地圖與實際地形差別很大。根據地圖，這丘陵下方是數塊平坦、開闊的長方形田野，地圖上甚至畫出田地裡犁過的整齊線條。但呈現在他們眼前的山下，讓他們大覺不妙。並沒有往維也納平順下降的山坡，而是坑坑洞洞、呈現一連串裂縫與隆脊的多岩地形。有小村落簇集在田野之間，田野並不平坦，而是陡斜，且往往被石牆、濃密的灌木樹籬隔成一塊塊。最糟糕的是下坡地勢太陡。大部分作物不是穀物，而是枝條蔓生糾纏、垂著飽滿果實的葡萄樹。再幾個星期就要採摘。大部分葡萄樹攀附在用柳枝編成的長欄架上，但在布滿裂縫的地方，它們往往在地上四處蔓生。這些田野上有一道道小沖溝穿行，沖溝裡是湍急的溪水，雨後滾滾流往多瑙河；此外，還有被多瑙河的支流切割出的較大、較深的河谷。田野區的下方是靠釀製葡萄酒為生的村落。

對步兵來說，這地形不易穿過，但對騎兵來說，則可能要命。索別斯基的胡薩里亞騎兵，高高騎在馬上，小心翼翼緩緩下山時，將成為奧圖曼射擊手的活靶。可能遠遠還沒到能整隊發起衝鋒的地方就遭殲滅。唯一的希望乃是得到能與奧圖曼人交火的滑膛槍兵強力支援，但索別斯基麾下的滑膛槍兵不多。他要求調撥一部分日耳曼最精良的步兵增援，洛林立即同意。兩人觀察這片地形，都理解到這將不是他們所預期的情況。他們的人數或許多於敵人，他們剛投入戰場，有體力充沛的優勢，在精神、心理上又得到牧師講道與基督教會的加持，但眼前的地形有利於奧圖曼守軍，奧圖曼人可設計一連串埋伏和近身遭遇戰。在這裡，凌空飛來的一排箭，其殺傷力可和齊發的滑膛槍火力一樣大，而較輕的土耳其馬，比壯碩的日耳曼或波蘭戰馬，更適合在這崎嶇地形馳騁。

因此，從戰術角度看，這有可能導致基督教援軍的大敗。不管是長矛兵或滑膛槍兵，都無法如指揮官所計畫的，以隨時可射擊的姿勢成排前進。頂多，就是一群一群的人亂糟糟的往下衝，爬過岩石和其他障礙物，停住，重新整隊，再繼續前進。完全不可能進行高明的部隊調度。然後，過了布滿葡萄藤的田野後，有許多村子，土耳其人很可能將其闢為一個個據點，構築野戰防禦工事或戰壕，將相鄰的村子串連成一體。奧圖曼的滑膛槍兵或炮手，可在援軍踉踉蹌蹌衝下山時，將援軍一個個擊倒，援軍在這途中幾無可用的掩護。天氣又格外熱，熱到叫人難以忍受，突如其來的暴雨，也未能稍減這叫人喘不過氣的悶熱天氣。

諸位將領可以孤注一擲，命令部隊進攻，但接下來的成敗，將完全看連隊軍官與士官的表現。反正目標很明確，就是山下的維也納城和圍住該城的龐大奧圖曼人營地。透過望遠鏡，蜘蛛網般通往城牆的戰壕和守軍防禦工事的受損情形，清楚可見。隨著太陽上升，他們還可看到奧圖曼人如何因應援軍突然逼近的壓力。奧圖曼人從巡邏兵所捕獲的俘虜口中得知，有支軍隊在多瑙河北岸集結；九月九日，卡拉．穆斯塔法得知那支軍隊已渡河，紮營於圖爾恩前的平原上。那支軍隊據稱兵力龐大，兵源來自異教徒世界的大部分地區。九月十日早上，在宰相營帳裡開了作戰會議，會中決定繼續攻城，但大部分騎兵仍留在營中備戰，以便敵人援軍來犯時迎擊。在這期間，宰相已下令位在匈牙利的預備軍趕來，包括步兵、騎兵、軍需品。會議還沒結束，預備軍便到來。

敵人逐漸逼近，卡倫山遭襲，證實這將是敵人的攻擊線：韃靼人的偵察報告，並未提到南邊有任何動靜。卡拉．穆斯塔法與麾下眾指揮官騎馬出營，慢慢巡視德萊馬克斯坦山下的整個正面，直到卡倫山旁的多瑙河。他們研判，敵人的攻擊最有可能集中在多瑙河邊這塊地區。這區域有道路從克洛斯特新堡的大修道院延伸過來，然後往下推進，穿過努斯多夫、海利根施塔特、下德布林、上德布林諸村。這計畫簡單而合理。因此，奧圖曼人的主要防禦位置，將是在上德布林村上面的山脊上，可俯瞰魏恩豪斯、蓋斯特霍夫兩村，兩村已構築好野戰防禦工事，加強防守。迪亞巴基爾的帕夏，再加上有作戰經驗的指揮官卡拉．穆罕默德，率五千四百名先遣隊迅速上山，將努斯多夫改闢為防禦據點。在更左邊，有支較小的部隊駐守從羅斯科夫山頭下通往維也納的路線——敵人較不可能採取的進攻路線。由於卡拉．穆斯塔夫的防線太寬，無法在全線各處都派同樣數量的兵力防守，因此，他倚賴紮營在陣地極左邊的韃靼人提供緊急掩護。

每個據點都配備火炮，總數約六十門，不過是從攻打維也納的那些火炮抽調過來。於是，城中守軍開始注意到炮擊減弱。土耳其人未想到構築任何防禦牆，就連用篾筐、粗木頭構成的防禦牆都沒有。看著奧圖曼人部署防禦的馬西利伯爵大感不解。他以欽佩口吻寫到奧圖曼人的攻城戰法，卻不解他們既有這些高明的構築工事本事，且明知基督教援軍逐漸逼近，卻完全未設想為步、騎兵提供保護。奧圖曼人用手邊可取得的材料，可草草搭建出一些木堡；在努斯多夫，只要在村與村之間那座高地上挖掘塹壕，甚至只要以削尖木樁構築臨時性的防柵，奧圖曼人陣地的防禦將無比強固。但奧圖曼人並未這麼做。不過卡拉．穆斯塔夫抽調了城外戰壕裡的土耳其禁衛軍，還有從匈牙利剛抵達，由八十歲的布達帕夏易卜拉欣統率的部隊，增援駐守這些新陣地的騎兵。這位老帕夏長久在匈牙利邊境的丘陵地區帶兵作戰、襲掠，磨練出一身的作戰本事，而這位宰相的作戰經驗，大部分侷限於攻城，沒有這位老帕夏的作戰本事。而且卡拉．穆斯塔法極不信任易卜拉欣，雖命他統率這關鍵的側翼部隊，但在如何阻擋敵人進攻方面，卻未給他很大的自主權。

理論上，奧圖曼人的防禦非常完備：從卡倫山高地下方的努斯山山頭開始，設了一連串防禦據點，還有位於另一側山坡上，派有重兵防守的努斯多夫村。敵人若拿下努斯多夫村，前方將會面對多瑙河，因此，基督教軍隊屆時應會右轉，進入由施萊伯溪切割出的小峽谷。若是這樣，從努斯多夫到前面的海利根施塔特之間，基督教軍隊將全程陷入奧圖曼火力之下。過了海利根施塔特，乃是已派了大量土耳其兵防守的山脊。這山脊下方的下德布林、上德布林兩村，部署了大量火炮和滑膛槍兵。在這山脊前，又有一條溪，名叫埃爾布森溪，溪岸陡峭，有些地方深度超過三公尺。屆時，哈布斯堡與日耳曼的步兵得一路往南打，打過田野、葡萄園、崎嶇地，打過流向多瑙河斜穿過進攻線的所有河流。陡斜的山坡地形，使基督教援軍難以往左或往右機動，在每個地方都將援軍導回到奧圖曼人的防禦工事上。那是由大自然構築且經人為工事予以強化的一連串射擊區。

在這片地區西邊，水道較少，地形較開闊，在此，卡拉・穆斯塔法倚賴在騎兵上的優勢。此外，維也納城西邊的丘陵區毫無活動跡象。這裡的確沒有任何動靜，因為波蘭部隊吃盡苦頭往上爬，要到九月十一日天黑後，才爬上山脊。卡拉・穆斯塔法注視著卡倫山上如蟻般活動的基督教軍隊，注視著炮陣地的安置和移動跡象，篤定認為敵人會從這裡攻擊，心中大樂。他一再增派兵力，進駐面向這條他所預期之攻擊線的陣地。他派一部分個人部隊占領俯瞰蓋斯特霍夫村的高地。高地位在至今仍叫「土爾肯桑茨」(Türkenschanz，土耳其人的孤立小堡壘)的峭壁上。

❖ 早上五點

拂曉時分，在卡倫山上。九月十二日星期日凌晨那幾個鐘頭，洛林的查理一直在外奔忙，一如皇帝萊奧波德最親信的心腹暨部隊隨軍牧師馬可・達維亞諾寫給皇帝的信中所說，「未進食、未睡覺」。[7]卡拉·穆罕默德率領的奧圖曼先遣部隊已占領努斯多夫，且在九月十一日，這位帕夏已派數小隊滑膛槍兵上到這山丘更高處，可將卡倫山的敵軍看得一清二楚的地方。洛林要炮手瞄準努斯多夫，但早上約五點時，已摸黑潛行到近距離的土耳其散兵，從一高地和下方山坡上的堅實圍籬後零星開火，造成死傷，而且後者所造成的死傷更多，因為土耳其人的重型滑膛槍，射程超過奧地利的輕型武器，而且從下往山上射，比從山上往下射更準。開始有人倒地，或死或傷；哈布斯堡部隊火速將兩營部隊編成兩排，一前一後，往山下襲擊土耳其人。

前排部隊舉了一根大白旗，旗上飾有鮮紅的十字，在明晃晃的黎明，從維也納城牆上清楚可見。他們大部分人在大清早已領受過聖餐。這是支要報仇雪恨的基督教部隊，很快即制伏土耳其散兵，然後繼續緩緩前進。來自帝國各地的其他分遣部隊，位在他們後面和右邊，看著正發生的事，但還沒行動；然後，較接近這支哈布斯堡部隊的薩克森部隊，編成隊形，開始往山下走。在一小時內，援軍的左翼部隊也開始往下移。在遙遠的卡倫山高地上，洛林看著他們出發，心中驚愕：他的計畫不是這樣。若要拿回這次作戰的主導權，他得有果斷的行動。

早上八點，他命令旗下的龍騎兵和最後一個薩克森團火速下山，擋住土耳其人從努斯多夫沿多瑙河邊往上的任何進攻，希望這麼做趕到哈布斯堡部隊的前面。在這同時，他陸續派了數名傳令官，傳令要哈布斯堡步兵放慢前進速度；他還派旗下最後一支步兵——巴伐利亞步兵和剩下的帝國分遣隊——下山支援他們。最後，在早上十點左右，先遣部隊停在努斯山的山坡上，開始遭遇敵人槍炮猛烈攻擊。整個山坡上都是人。那位奧圖曼典禮官後來在九月十二日清晨的日記上寫道，一支「吉烏爾」(Giour，基督教徒）大軍攻向奧圖曼人營地，好似「一道黑色瀝青的洪流浩浩蕩蕩往山下流，摧毀、燒掉擋在它路上的所有東西。」他們如此進攻，「奢望從兩邊包圍住伊斯蘭戰士」。

❖ 早上十點

那的確是個「奢望」，因為這支先頭部隊，正循著土耳其指揮層所預期的路線前進。土耳其人的兵力少於正往山下攻來的部隊，但他們有火炮和選擇得當的陣地。不過這場戰事的發展出乎奧圖曼人的預期。薩克森的炮手不久就將輕型火炮拉下山坡，到了努斯多夫村時，很快就有就定位的火炮支援。經過一番苦戰和多人死傷，基督教部隊攻下努斯山山頭，並將火炮對準山下那座由奧圖曼人占領的村子開火。奧圖曼人碰上基督徒，絕大時候都可以把對方打得四處潰逃，這次遭遇的基督教軍隊卻豁出性命，不斷往前推進，有時一起開火，有時各自射擊目標。奧圖曼人瞧不起沒膽的人，但眼前所面對的士兵，卻不怕與奧圖曼人近身肉搏，似乎受到上帝的怒火驅策，而對著大喊「阿拉，阿拉」的奧圖曼人，高聲咆叫當日的口號「耶穌，瑪利亞」。

卡拉．穆斯塔法從遠處觀看，認定這是決定性的時刻，下令其戰略預備隊往前，他本人帶著所有剩下的警衛隊和禁衛軍，移師到土爾肯桑茨的備戰陣地。他在那裡的一頂猩紅帳篷前立起先知旗，表明主帥在此，眾將士應奮勇殺敵。早上十一點，開打五個小時後，洛林成功讓不同部隊保住隊形，未散掉。在有溪河切割出深裂隙的土地上，這幾乎是不可能辦到的任務，因為在這種地形，要保持同步前進，根本不可能。一有犯錯，戰線一出現缺口，奧圖曼人立即以雷霆萬鈞之勢猛攻那缺口。這時，在從瓦林村延伸到多瑙河水道旁的這一線陣地，土耳其人與哈布斯堡和神聖羅馬帝國部隊陷入激戰。卡拉．穆斯塔法已顧不了維也納城外的主帥營區旁那道停下攻勢的戰線，和進攻城牆的諸戰壕。

沒有將領下令開打，但戰鬥已開始。要打贏這場仗，所有指揮官都得牢牢掌控戰場上的行動。下令部隊行動之後，洛林立即快馬前去會晤波蘭國王。波蘭部隊已靠夜色掩護抵達，且已集結為戰鬥隊形，占據德萊馬克斯坦、羅斯科夫兩山頭下方的地面。兩股援軍都已就定位。他們盡可能克服客觀條件的限制，商定一配合地形現實的共同計畫。索別斯基將指揮右翼進攻，洛林則要率部隊前進，與坐鎮在先知旗旁邊的奧圖曼宰相對決。相對的，卡拉．穆斯塔法已不想再去協調奧圖曼軍營前方諸帕夏的隊伍，或軍營西南邊韃靼人的行動。他未命人構築野戰防禦工事，未建造任何防線。面對來自維也納林山的攻擊，龐大軍營門戶大開。

❖ 正午前

走在前頭的哈布斯堡部隊，漸漸向新築上防禦工事的努斯多夫村集中，薩克森部隊則循著穆肯塔爾小溪谷而下，朝防守堅強的海利根施塔特村挺進。奧圖曼人立即反擊，且有卡拉·穆斯塔法的皇家部隊增援。整條戰線上演激烈肉搏戰，每個缺口都有更多奧圖曼騎兵衝上前來防堵。洛林的居拉西耶騎兵和薩克森選侯約翰·喬治統領的薩克森騎兵，守在步兵後面，然後衝上前加入戰鬥，快馬進攻土耳其重騎兵。經過逐戶苦戰，努斯山終於落入基督徒之手，但後來薩克森部隊遭擊退。他們重新整隊，再度往下衝，拿下第二個奧圖曼據點。眼見努斯多夫和海利根施塔特都已牢牢拿在手裡，土耳其人則集中在俯瞰上德布林、下德布林的那座小堡壘裡，洛林在午後某時下令停止進攻。太陽正大，眾人自拂曉後未曾進食，只喝了少許水，令人不安的靜寂籠罩戰線。雙方的殺敵口號都已停歇；奧圖曼人的據點活動頻繁，但沒有發出炮火。援軍已拿下所有村子——新斯蒂夫特、錫費林、格林欽，往南幾乎逼近到奧圖曼宰相樹立其帥旗所在的土爾肯桑茨。但奧圖曼的防線仍使援軍無法再往前逼近到隨時可能失陷的維也納。

兩邊前線日益寂靜時，位於努斯多夫、海利根施塔特的基督教士兵注視著西南邊高處山丘上的動靜。馬蹄捲起的煙塵出現在山脊上方：將近兩萬的騎兵，一移動，怎麼也藏不了。波蘭大軍編成三大隊：統領最右大隊的是史塔尼斯拉夫·雅布羅諾夫斯基。他是波蘭大軍裡最著名的軍人之一，打過瑞典人、哥薩克人、俄羅斯人、土耳其人、韃靼人，而一六七四年索別斯基能獲選為波蘭國王，他的支持功不可沒。再過來是波蘭國王統領的部隊，集結在格蘭山山坡；索別斯基左側是尼古拉·希耶羅尼莫斯·謝尼亞奧夫斯基的部隊，整齊排列在羅斯科夫山。在此之前，謝尼亞奧夫斯基曾與索別斯基一起打過幾場仗，他和雅布羅斯諾夫斯基都是波蘭國王的親信。在波蘭騎兵前面是一排排波蘭步兵，以及洛林所派去增援的日耳曼滑膛槍兵和長矛兵。在他們旁邊有二十八門費盡千辛萬苦才拉上山的波蘭火炮。有些火炮架設在格蘭山山腳，以掩護往山下挺進的部隊。其他野戰炮，架在帶輪的炮架上，跟著騎兵下山，提供近距離的火力支援，殲滅進入射程的任何步兵或騎兵。

下午約一點，波蘭國王約翰三世·索別斯基領軍緩緩下山，越過崎嶇地形，雅布羅諾夫斯基與謝尼亞奧夫斯基跟著率領其縱隊出發，各走不同路線穿越峽谷和崎嶇地形。索別斯基的部隊於下午約兩點抵達他們正下方的米迦勒山，波蘭騎兵立即由滾滾煙塵化身為一排排戰鬥隊伍，清楚呈現在奧圖曼人和哈布斯堡、神聖羅馬帝國部隊面前。遠遠看去，那似乎是威儀不凡的行列，但其實馬兒走得踉踉蹌蹌，有些馬摔斷腿，炮車往往掉了輪子。這三支縱隊往山下緩緩移動，最後全部的波蘭部隊在適合騎兵馳騁的平坦土地上排好隊伍。

❖ 下午兩點

波蘭國王準備以一天，甚至兩天時間，奪取一可靠的陣地，然後從那裡發動攻擊。奧圖曼重騎兵和部分步兵數次欲阻擋他們前進均無效，最後，下午約四點時，索別斯基和謝尼亞奧夫斯基的縱隊，已越過通往維也納林山的所有山丘和山麓丘陵，從蓋斯特霍夫村往西排成一陣線。

這時，在土爾肯桑茨，奧圖曼宰相坐在他的絲絨椅上，看著一場可能就要臨頭的大禍。他面臨軍事上的典型困境：防線同時遭前後夾攻。波蘭大軍可能穿過他，既截斷他與維也納的聯繫，也截斷往匈牙利的退路。在前面，他面臨絕不妥協的敵人，他麾下指揮官設立的每道防線都遭擊潰。他的全套計畫無效。他的直覺沒錯——應當攻擊、瓦解兩支敵軍，但他才智不足，未能執行這一行動所需的複雜調度。他一開始也未察覺到，由雅布羅諾夫斯基率領的第三支波蘭縱隊，仍在下山途中。他想在目前所在陣地的西側建立一新戰線，但需要時間安排。這是最後的希望，注定落空的希望。

不過，這時候，洛林與索別斯基面臨同樣的抉擇。部隊前進的速度和距離，都超乎兩人大清早時的預期。先前對崎嶇地形的種種猜疑和擔心，全證明是多慮的。這時他們得決定該乘勝追擊，一舉擊潰土耳其人，還是該休兵，隔日再給予致命痛擊。有關最後做出的要命決定，流傳種種傳說。其中有則傳說，說洛林召集一臉倦容的眾軍官，問他們該做何抉擇。最初，眾皆不語，然後薩克森老將軍馮德戈爾茨說道，上帝賜予他們這場勝仗，他們應繼續打，完成上帝要他們完成的任務。他還說，他年紀已大，很想當晚睡在維也納城裡舒服的床上。這股軍人豪氣打動了洛林，於是，他說「我們繼續前進」，下令部隊繼續打。戰線另一邊的索別斯基，在相當獨立的思考下，也決定這是了結敵人的時候。

❖下午三點左右

洛林與索別斯基的決定，符合他們一貫的性格。那時是下午三點左右，如果他們無法在天黑前解決掉土耳其人，敵人可能溜走或重新集結；更糟糕的，圍城之敵可能拿下維也納。自得到該城守軍已有最壞打算的報告之後，他們未再收到該城傳來的消息。奧圖曼宰相的戰略，完全以攻下維也納為基礎來擬定。如果仍在圍城的奧圖曼部隊在這緊要關頭成功突破防線，他可能抽師回援，傾全軍之力攻城，拿下這座他夢寐以求的城市，在該城聖司提反大教堂的史泰佛高塔上樹起伊斯蘭新月旗。從小心行事來考量，聯軍或許應等待一晚，但他們更擔心可能因此錯失掉大獲全勝的機會。將近下午三點半時，哈布斯堡與薩克森的部隊再度對整個奧圖曼防線發起攻擊，一開始奧圖曼人反擊甚猛。巴伐利亞部隊與帝國部隊（大部分來自佛朗科尼亞）開始炮轟土爾肯桑茨。下午五點，聯軍已攻陷上德布林、下德布林村，把所碰上的土耳其人全殺掉，且洛林已命令得勝的部隊從北邊集中進攻土爾肯桑茨。

「一道黑瀝青洪流」

當他們在一．五公里外進攻，另一邊的波蘭部隊開始對龐大奧圖曼營地的核心，發動一連串騎兵衝鋒。奧圖曼守軍則已在此集結了火炮和龐大騎兵。波蘭人的戰術乃是發動試探性衝鋒，派一隊胡薩里亞騎兵和騎士扈從測試敵人的戰力和火力。下午約四點，波蘭國王下令一支騎兵連隊衝鋒。這支連隊的名字來自國王的未成年兒子亞歷山大，人數約一百二十。他們快馬馳向敵人，黑、金色三角旗清楚可見於奧圖曼炮火和馬蹄捲起的煙塵上方。這場衝鋒一如拉科夫斯基在一六七〇年《可敬子弟的起床號》中所說的：「放低長矛，在馬頭之上；往前衝，以馬刺驅策底下的飛獸，對準敵人的肚臍。」史學家維斯帕西安．科喬夫斯基親身見證了這場維也納爭奪戰，並在一六八四年出版了這場大捷的《評論》。他寫道：

胡薩里亞騎兵才剛放低長矛
一名土耳其人就被刺死在矛尖上
這不只使敵人大亂，且嚇壞敵人
那無法抵禦或避開的一擊……
往往一次刺穿兩人，其他人見狀四處竄逃
如發狂的蒼蠅。

要撞上前方黑壓壓一大群土耳其人的前一秒，每名騎兵放低矛尖，確保長矛必然刺入前

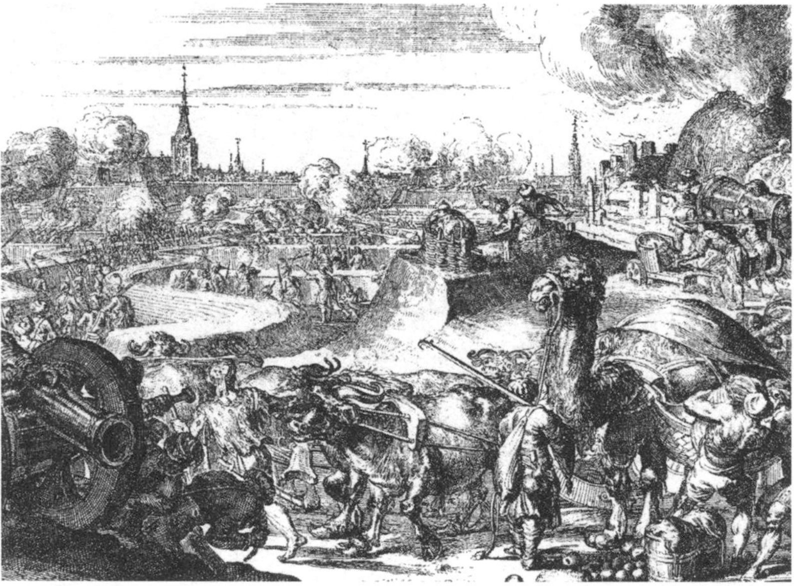

3	1
4	2

1. 攻占萊奧波德施塔特郊外的塔博爾島
2. 土耳其人戰壕
3. 匈牙利人臣服
4. 神聖羅馬皇帝萊奧波德進入棄置的奧圖曼宰相營帳

1683年維也納攻防戰想像圖

荷蘭著名藝術家羅邁因・德・霍格（Romeyn de Hooghe, 1645-1708），
根據雅各・佩特斯（Jacob Peeters）所繪素描，製作了一組十一幅維也納攻防戰雕版畫。
這些雕版畫在攻防戰開始不到一個月後出版，想像更多於紀實，
但仍傳神表達了一六八三年的維也納。

排敵人的內臟或胸部。這批注定有去無回的「敢死隊」與敵相接，長矛瞬間裂開，尖銳的裂聲，在喧囂的戰鬥聲中仍可聽見。只有極少數胡薩里亞騎兵生還。但波蘭國王認為這次試探極為成功，準備集三支縱隊的所有兵力，全面攻進奧圖曼營地的核心。

這時候，奧圖曼宰相已放棄位在土爾肯桑茨的陣地，帶著先知旗騎回他位在主營地的大帳。被他丟下的土耳其人，先是看著他離開，然後紛紛放棄自己在懸崖上的守備位置，開始逃命。不久，數千名土耳其人或往回騎或往回跑，但不是回去投入波蘭人與奧圖曼人的營地爭奪戰，而是通過營帳線，跑到廝殺戰場的另一頭，跑向通往匈牙利的大路。

❖下午六點

將近下午六點，波蘭人準備發動最後攻擊。這時，國王約翰．索別斯基統有將近三千胡薩里亞騎兵，還有大概六千名其他騎兵，其中有些騎兵身穿鎖子甲，還有些騎兵的盔甲較為輕薄。他們組成數個密實的方陣，胡薩里亞騎兵在前，他們的扈從和支援者組成密集隊形，跟在後面。今日常有人說這種密集隊形的衝鋒，沒什麼效用，主要在營造唬人的氣勢。但在一六八三年九月十二日，波蘭人面對的不是西方長矛兵或訓練有素的滑膛槍兵，而是一大群士氣蕩然無存且沒有機動空間的奧圖曼騎兵和一些步兵。卡拉．穆斯塔法在宰相營區裡，對這情勢一清二楚。他親眼親耳見識到波蘭人的第一波攻擊，他看到三個大縱隊的波蘭騎兵停

「一道黑瀝青洪流」

住陣腳，然後橫向移動，慢慢散開，擴及整個平坦地，接著組成波蘭軍隊的傳統陣式，隨即衝鋒。每支騎兵連都是個密實的方陣，在前排的每個胡薩里亞騎兵，直握長矛，彼此相隔稍超過劍長的距離。他們後面是組成密集隊形的扈從，扈從拔出馬刀，有些則偏愛長而直的波蘭矛狀劍（其實功能似矛而非劍）。騎兵連隊兩側，各立著數排滑膛槍兵。土耳其人看著這即將衝過來的敵人陣仗，未戰先怯。

在開闊野地上，不管是面對騎兵或步兵，波蘭騎兵都是望風披靡。對付固守在壕溝裡、前有野戰防禦工事、又有火炮支援的敵人，他們的威力就弱得多。土耳其人最大的指望，就是引誘波蘭人前去攻打有防禦工事的陣地。任何工事都行，比如綁在一起的四輪運貨馬車，一排尖樁防柵，後面配置滑膛槍兵和火炮。一五二六年的莫哈奇之役，奧圖曼人就用這個辦法摧毀匈牙利騎兵。土耳其禁衛軍和火炮，以尖樁擋住匈牙利的劍和長矛，把匈牙利騎兵殺得片甲不留。但在九月十二日這最熱的一天（「因為印象中沒有比這還熱的天」），奧圖曼人未有任何準備。維也納城外的攻城營地裡，滿是樑木、箴筐、木樁之類的東西，但全擺著沒用。這一疏忽、懶惰或純粹不小心，讓土耳其人付出慘重代價。波蘭大軍以整齊隊形陳兵於他們營帳前的開闊地上。

這些波蘭騎兵，身著擦得發亮的鋼質胸鎧，動起來更像是訓練有素的機器人，看過去就讓人生畏。他們聽口令就戰鬥位置，然後停住；他們往前進，然後等下一個命令。在索別斯基令下，約有五千至九千名騎兵，以胡薩里亞騎兵為前排，已準備好衝向土耳其大軍。這是波蘭騎兵最緊要、最震撼的一刻，但對於這一刻的細節，當時人卻未留下記載。達勒拉奇在其《秘史》裡說道：「情況完全如他所料：亞歷山大王子的胡薩里亞騎兵撲向奧圖曼宰相的主力部隊，予以擊潰，在那一刻，敵人全軍，絲毫未抵抗，即撤退。」波蘭騎兵大軍壓境的氣勢，似乎就瓦解了奧圖曼軍隊的鬥志。胡薩里亞騎兵的驍勇，百餘人的敢死隊奮不顧身衝進人數多更多的奧圖曼騎兵與禁衛軍陣裡，其英勇氣概讓土耳其人大為敬畏，正如一五六六年米克洛斯・茲林伊率隊衝出錫蓋特堡直至戰死那般，已成為蘇丹精銳部隊裡人盡皆知的作戰精神。

因此，當索別斯基的騎兵，開始騷動，準備衝鋒，土耳其人即認定這場仗已經輸了，因為這一次的波蘭騎兵，幾乎撲天蓋地，兵力比先前衝入奧圖曼大軍核心那批敢死隊更多上數倍。土耳其人棄營而逃。有些奧圖曼人誤撞上雅布羅諾夫斯基率領的胡薩里亞騎兵側翼，雖予猛烈攻擊，但不久就無心再戰，再度逃跑。「這場大捷，贏得全面又痛快，只有少許死傷……第二線部隊等於是坐壁上觀，因為他們還未上前，敵人就已逃跑，只有龍騎兵、步兵、胡薩里亞騎兵上了火線與敵交手。」

聽到那小股的胡薩里亞騎兵直搗營地核心，卡拉・穆斯塔法便離開營帳重新投入戰鬥，領兵衝進雅布羅諾夫斯基那支縱隊的側翼。他的貼身衛隊大部分戰死，而且先前已有人告訴他，他若被俘，蘇丹交付給他的聖旗將隨之落入異教徒之手。他於是返回營帳——最後一次回他的營帳——包好聖旗，帶上私人寶物盒，與一些重騎兵策馬出營，奔向安全的匈牙利。

他以戰地統帥身分做出的最後一件事，乃是下令圍攻維也納的部隊撤離，毀掉所有可能為敵所用的東西，殺掉所有戰俘。在兵慌馬亂的緊急時刻，這三項命令並未徹底執行。

奧圖曼人開始逃跑時，波蘭的胡薩里亞騎兵迅即衝上，其中許多騎兵丟掉笨重的長矛，改拿馬刀。平日的訓練使他們得以重創隊形大亂且無鬥志的敵人。他們揮刀砍向竄逃的土耳其重騎兵後背，土耳其人有時轉身，不要命的反擊，因而不免有一番惡戰；但大部分奧圖曼部隊只想逃。波蘭人追擊了一小段，眼見奧圖曼人無意調頭再戰，即收兵回去收拾那片廣大營地。

因此，這場在混亂中開打的戰鬥，十二小時後在大亂中結束，援軍大獲全勝。這時人在土爾肯桑茨的洛林，派人將維也納已解圍的消息，告知城裡守軍，事實上，從城牆上也早已看得一清二楚。史塔勒姆貝格和城中所有要人，加上一大群城民和難民，在蘇格蘭城門迎接他。第一批進城的援軍部隊由巴登—巴登侯爵路德維希．威廉領軍，他的龍騎兵就著「愉悅的定音鼓聲和喇叭聲」騎馬進城。范德戈爾茨得在帆布帳篷裡再捱一晚，波蘭部隊和其他援軍不敢睡覺，以防土耳其人使出回師偷襲的老技倆，但到了晚上十點，情勢表明他們已不會回來。維也納和基督教世界得救。

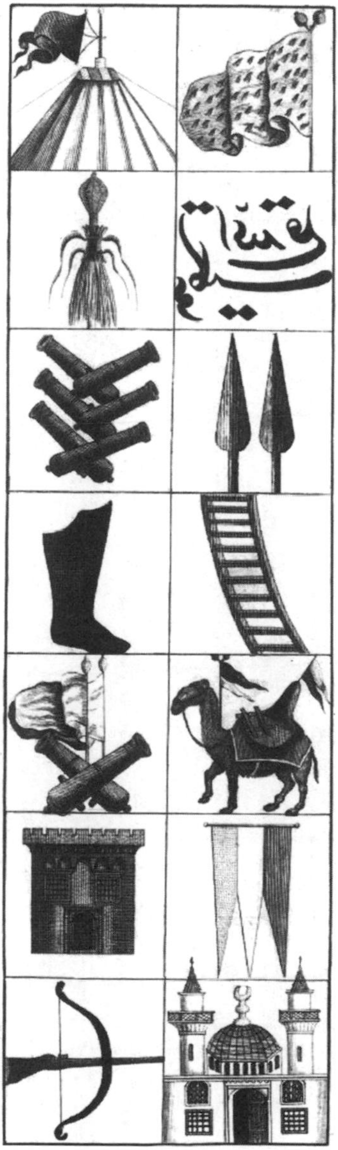

基督教大軍決定乘勝追擊，開啓又一個十六年的征服戰爭。

當基督教大軍在後追擊，土耳其人奔逃過橋時，「有些人拼命游，保住性命，有些人靠拉住馬鬃、馬尾保住性命，還有些人靠抓住斷橋的木板保住性命……大部分人死在水裡；人、馬的屍體，還有衣服，布滿河面。」

CHAPTER 9

A Holy War? 聖戰？

一六八三年九月十三日破曉時，土耳其大軍已消失無蹤。一些倒楣的坑道工兵，從城牆外的地下工事跌跌撞撞爬出之後，渾然不知時辰和戰局變化，隨即遭到俘虜，然後殺掉。奧圖曼人留下一處鬼城般的龐大營地，一再的遭到洗劫。夜間，波蘭騎兵先來搜刮，然後早上時，哈布斯堡與帝國部隊前來拿走他們應得的戰利品。維也納人從發出惡臭的城市湧出，搶走剩下的東西。有則半真半假的說法，說他們發現幾袋小豆子（咖啡豆），創立了維也納第一間咖啡館。圍城期間，格奧爾格．法蘭茨．科爾希茨基冒險穿越土耳其人防線，帶口信給城外的洛林公爵，再把援軍快到的消息帶回城裡，因此被譽為這次圍城戰的英雄。傳說他知道這些不起眼東西的用途，並取得開設城裡第一家咖啡館的權利。這純粹是想讓自家咖啡館壟斷這門新生意的科爾希茨基所虛構。如今來看，比較可能的人應是亞美尼亞人約翰內斯．狄奧達托。不過兩人有幾個共通之處。兩人都會講奧圖曼土耳其語，都能輕鬆自由的遊走於東、西方文化之間。

這則咖啡館傳說，說明了勝利的喜悅背後維也納不為人知的一面。這城市，一如幾乎所有邊境城鎮，有跨國界的貿易往來，而從事貿易者通常是中間商。[1]開始圍城時，許多人遭逐出維也納或遭殺害，其中便有不少人是「土耳其人」，也就是來自「皇家匈牙利」以東地區的外地人，但那些人不是穆斯林，而是基督徒或猶太人。在這之前，維也納作為西方抵抗奧圖曼東方的堡壘已數百年，但它也是西方與東方接觸的地方。漫長的恐懼與敵視的歷史，無疑支配了一般人的心態。約翰內斯．希爾特貝格所寫的奧圖曼人俘虜，乃是以德文印行，聖戰？

最暢銷的中世紀故事之一，到了十七世紀仍有廣大讀者。[2]希爾特貝格生動講述了十字軍兵敗尼科波利斯的故事，還有他自己被俘的那場戰鬥。那場戰役發生在一三九六年九月，奧圖曼蘇丹在戰後看著被俘的歐洲騎兵一個個遭砍頭，以報十字軍占領尼科波利斯時期殺害土耳其人之仇。格萊夫領主漢斯的故事，使漢斯成為後人景仰的英雄。

我看見身為(巴伐利亞)貴族的格萊夫領主與另外四人，被人用一條繩子綁在一塊。他看見正進行的大報復行動時，大喝一聲，安慰正站在那裡等著受死的騎兵和步兵，要他們「站直」。他說「今天我們的血是為基督教信仰而流，靠上帝之助，我們將成為天上的子民。」說完後，他跪下，與其同伴一起遭斬首。血從早上一直流到黃昏，(土耳其)國王的顧問見到血流了這麼多，且還不停，於是起身，跪在國王面前，懇請陛下看在真主份上，息住怒火，以免反而招來天譴，因為血已流得夠多。國王同意，於是下令停止殺人。

中世紀十字軍東征，始於十字軍攻占耶路撒冷的一〇九九年，而尼科波利斯之役，並不是十字軍歷史上令基督徒顏面無光的最後一役。這場戰役開啟了新的戰爭時代，在這時代裡，戰爭的主舞台在歐洲和地中海，而非「聖地」(巴勒斯坦)。在這場戰役裡，歐洲人首次與一個新敵人正面交手，那敵人比基督教世界先前所碰上的敵人都還要凶狠。庫德裔蘇丹撒拉丁在一一八六年從十字軍手中奪回耶路撒冷；來自埃及、曾經是馬穆魯克奴隸的蘇丹拜巴爾斯，在一二六八年將十字軍逐出其在巴勒斯坦的最後據點。但奧圖曼蘇丹巴耶濟德的打擊更具毀滅性，他在可見到多瑙河的尼科波利斯，殲滅了這些新十字軍。尼科波利斯的慘劇未遭遺忘。許多古老的十字軍故事，印製成書，重新問世。這時直接面對敵人的已是歐洲本身了，經過一五二九年奧圖曼人鎩羽而歸的維也納圍城戰後，維也納以基督教世界的「前沿堡壘」身分名聞全歐。有一天這堡壘若倒下，歐洲將跟著倒下，這樣的憂慮深藏在歐洲人心裡。

隨著可怕的奧圖曼大軍遭擊潰，各地跟著出現呼聲，希望再組十字軍奪回一四五三年起遭土耳其人占領的土地。現實上看，收復失土似乎不無可能。這想法不只是一六八三年這場意外變化的產物，也是實現西方天主教世界深摯的願望。將近三百年來，多少慷慨激昂的學者，以文字和口頭宣揚聖戰的主張，但通常是言者諄諄而聽者藐藐。偶爾確曾打贏聖戰，例如勒班陀之役，但通常歐洲諸統治者未能同心齊力，共同投入這項大業。十字軍東征是需要群策群力的事業，有賴羅馬教廷堅決而積極的領導。然而只有極少數教皇認為這個應盡的義務必須付諸實現，因為他們都還有更確切的事要做。即便如此，在這之前一個個短命的「神聖聯盟」，都是在教皇主導下成立。並非每個「神聖聯盟」都取得勝果：一五三八年成立的聯盟，在希臘西北部普雷韋札外海的海戰中，遭奧圖曼海軍徹底擊潰。一五七〇至一五七一年的第二個聯盟成就較大，在勒班陀為基督教一方取得同樣重大的勝利。但這些交手，長期來看，影響不大，沒有人嘗試遠更艱難的任務——集合基督教世界之力與土耳其人打場陸戰。一六六四和一六八三年的兩次危機，使發起陸上聖戰的想法重新抬頭。那或許是基督教世界最後一次暫時捐棄前嫌，攜手合作，因為天主教徒和新教徒都感受到威脅，這才積極投入對抗共同的敵人。這些偶爾才得一見的聯盟，靠教皇出錢化解成員之間的摩擦，而教皇英諾森十一世準備花大錢開戰，將伊斯蘭逐出原歸基督徒統治的地區。[3]

皇帝萊奧波德執著於提升哈布斯堡王朝的聲威，在突然打贏維也納之役後的日子裡，使命感開始在心中蠢動。他感覺應完成上帝交付的任務：完成一個世紀前他的先祖在西班牙展開的收復基督教失土運動。萊奧波德一世不是衝動之人，但四面八方聽到的，都是這叫他難以抗拒的收復主張。他博覽群書，宮中圖書館裡藏有《土耳其人現狀》等書籍。《土耳其人現狀》是嘉布遣會修士米凱爾・費布雷以義大利文寫的通俗作品，一六七五年出版，並有法語版、西班牙語版、德語版問世。費布雷的名言，乃是「所有帝國都步入衰退，現在換土耳其人步此後塵。」一六七五年，他又出了第二部著作《土耳其人的舞台》，並在書中厚顏無恥的題詞，將此書獻給法國戰爭部長盧伏瓦，冀望得到他的贊助與支持。與他同樣熱情澎湃的同時代人，尚・科潘神父，生於一六一五年左右，曾在路易十三麾下當騎兵軍官，後來陸續赴埃及和北非旅行，當傭兵四處打仗，最後自一六四四年起擔任法國駐達米耶塔領事。一六四七年返回法國後，他成為天主教神父，大力鼓吹發動聖戰。但所有神職人員，還有盧伏瓦，都對他的計畫不感興趣。

科潘遷居他位於勒皮的堂區，對這場大業死了心。維也納大捷讓他重生信心，推出他的老主張，《歐洲之盾與聖戰》這部著作先在他家鄉問世，後來被里昂一名很有生意頭腦的印刷業者相中，在一六八六年於巴黎重新推出，迅即在全歐賣開。當過軍人的科潘，除了以冗長篇幅大談四十年前在東方的旅遊見聞和經驗，且配上插圖，說明可以用哪種隊形和戰術打敗土耳其人。

他的論點很簡單：「最近兩年土耳其人遭遇非常重大的損失，那是自他們建立專制政權以來從沒有的損失……要進攻這一異教徒民族，可能再也沒有更好的機會。」這毋庸置疑正是教皇英諾森十一世堅信不移的觀點，他承諾會以當初支持解救維也納的程度，來資助這場聖戰。但撇開「收復失土」運動的作戰開銷不談，萊奧波德還面臨現實上的兩難麻煩。他是日耳曼民族神聖羅馬帝國（譯按：Holy Roman Empire of German Nation，十六世紀起神聖羅馬帝國的正式名稱）的皇帝，而這皇帝面臨一真切而可能致命的威脅，威脅來源是有「最基督教國王」（Most Christian King）稱號的法國國王。法國有意將其北部邊界從英吉利海峽重新直直拉到多瑙河，因而逐步侵占日耳曼諸邦和自由市的土地，侵占哈布斯堡王朝在低地國的豐饒領土。從權力與金錢的得失來看，若哈布斯堡王朝忽視西邊土地，其所招來的損失將會多於在廣大空蕩的匈牙利——它所未占領的地區——所可能得到的。

維也納解圍後，有兩條路可供皇帝選擇。一條路認定，奧圖曼人於一六八三年在維也納城外遭遇如此挫敗，軍力大傷，可能要再一百五十年，才敢再冒險進犯，甚至進逼到如此近的距離。另一條路則是對東方採取前進政策，所謂的「天賜」之路。主張放棄征服東方者（後來被稱作「西方派」）與希望進軍匈牙利甚至匈牙利以東者（「東方派」），各執己見，相拒不

聖戰？

下，最後萊奧波德決定採行東進的「天賜」策略。幾乎毋庸置疑的是，虔誠的宗教信仰是促成他作此決定的重要因素，但更有力的因素乃是發揚家族光榮傳統的心態。

他的先祖皇帝查理五世，曾御駕親征攻打突尼斯，與伊斯蘭正面交手。如今，在維也納的藝術史博物館，藏有一組大型織錦畫，頌揚這段功績。皇帝萊奧波德注意到天主教國王在西班牙完成收復失土的大業，而現在上天賜給他機會，可以從伊斯蘭手中收復廣大土地，假若成真，那將是他家族歷來所收復的最廣大土地。收復君士坦丁堡，也不無可能。古老的大一統羅馬帝國，說不定可以重現於世。西征或許可帶來政治益處，但東征獲勝所可能帶來的無上益處——榮耀、名聲——卻是西征所無法給予的。皇帝萊奧波德信教篤誠而熱切，但不狂熱，聖戰號召雖能打動他的心，但最終的決定因素仍是政治與現實上的利害。

維也納解圍的隔天，波蘭國王約翰．索別斯基進城，他一時興起，開始遊街，奧圖曼宰相的坐騎由他牽在後面，土耳其人的馬尾旗和奧圖曼旗高高舉起，一如古羅馬人凱旋的情景。這支騎馬隊通過城裡幾座主要教堂時，群眾高聲喝采、感謝。該日稍後，他寫信給妻子，「『波蘭國王萬歲』的叫聲、歡呼聲響徹雲霄。」該日稍晚，史塔勒姆貝格晚宴款待波蘭國王時，街頭腐屍無所不在的臭味，蓋過較為清淡的食物、葡萄酒味道，波蘭部隊一行人早早離席，來到城外的奧圖曼宰相營帳。索別斯基在營帳裡寫信，將勝利消息傳給歐洲其他統治者，每封信開頭都模仿凱撒的名句寫道，「我們來，我們見到」，繼之以散發濃濃宗教情懷的「上帝征服」。他派秘書將一面繡有圖案的奧圖曼大旗送到羅馬給教皇，深信那就是先知穆罕默德的旗。隔天早上，受不了奧圖曼營地裡的污穢與蒼蠅，波蘭人撤營，改落腳於邊遠村子施韋夏特。

戰後幾天，疾病與傳染病開始在得勝的軍隊裡蔓延。就連親王、將領都抵不住痢疾與其他各種「腹瀉」的折磨，病倒在床。瓦爾德克親王等著晉見皇帝時，因一陣急瀉而倒下。萊奧波德乘船順多瑙河而下，在索別斯基勝利進城的隔天，抵達維也納；接見史塔勒姆貝格之後，他先後巡視空蕩蕩的奧圖曼營地和維也納的受損情形。他的皇宮成為廢墟，幾乎每個房間都遭土耳其人炸毀，因而皇帝一行人不得不下榻於霍夫堡宮後面堂皇的皇家馬廄史塔爾堡。皇帝在這裡接見指揮官和賓客，辦了一場宴會，然後在隔天九月十五日早上騎馬出城，到波蘭國王的新營地向其致意。他會見索別斯基與他十六歲的兒子時拘謹而不露情感，有些波蘭人認為這表示他不知感激，羞辱了他們流血犧牲的付出。[4]波蘭國王也這麼認為，因為那天晚上他憤憤寫信給妻子時，表露了此一想法。

在陶醉於勝利喜悅的當兒，沒有人料到將會有一場持續十六年的征服戰爭，更料不到此後一百多年裡會有一連串戰爭。維也納解圍後，大家樂昏頭，對於「收復失土」運動需要作何準備，幾無計畫，也沒有冷靜思考。在東方建立大帝國的迷人憧憬，先是吸引了原本頭腦冷靜的洛林，繼而讓波蘭國王也為之著迷。兩人都深信，解救都城之後，奧圖曼土地就是囊中之物，拿下匈牙利必定可成，甚至可拿下整個巴爾幹半島。九月十七日，波蘭人不滿皇帝遲遲不下令出兵，於是拔營開始東進。索別斯基想法大膽，想直取布達，洛林的部隊則不情不願跟在他們後面。在維也納周遭，巴伐利亞與日耳曼的部隊仍動向未明；有些分遣隊，例如薩克森部隊，則已啟程返鄉。

最初的想法是快馬加鞭緊追潰逃的奧圖曼軍隊，後者只在數日行程外，且幾乎全軍潰散。這也是最可能的方案，因為基督教部隊幾乎全在多瑙河南岸，而最吸引人的目標全在北岸。北岸豐饒，聯軍可找到過冬的落腳處；相對的，南岸大部分村子裡，食物已被搜刮一空，且大部分房舍遭焚毀。北岸有新札姆基等仍威脅維也納防線的土耳其要塞。因此索別斯基和洛林決定往北進發。他們在布拉迪斯拉法對岸停下，焦急等待工兵前來架設浮橋，以便他們和他們的胡薩里亞騎兵、居拉西耶騎兵、龍騎兵渡過多瑙河。但浮橋和熟練的工兵仍在上游遠處的圖爾恩，也就是解救維也納之前進攻部隊留下他們的地方。這支小船隊花了十天才抵達布拉迪斯拉法，又花了兩天才將平底船相連結，鋪上木板，連通南北岸。九月二十七日，洛林的騎兵和波蘭騎兵跨過浮橋，進入上匈牙利，在避開多瑙河岸的沼澤地後，往東北馳去。

說起十七、十八世紀收復匈牙利的大業，不管談到哪個階段，都必然會提及河川與沼澤地。這塊土地為水所支配、切割的形象，最早出現在匈牙利的古老神話，第一批部落從遙遠東方的錫西厄遷徙到阿提爾科茲（多瑙河地區）之時。帶領他們的是外號「馬札兒亞當」的阿爾莫斯。他之所以有此稱號，源於他母親於幻覺中見到巨型猛禽圖魯爾顯像，「從天而降，落在她身上，使她懷孕。一股大泉從她子宮湧出，開始往西流。水流愈來愈大，最後變成滾滾河水，漫過白雪皚皚的山巒，流進山另一邊的美麗低地。水在那裡停住，從水中長出一棵帶有金枝的奇樹。她認為她的後代會出現著名國君，那些國君的統治者不是她族人現住的地方，而是她夢中為高大山峰所圍繞的那塊遙遠土地。」

在馬西利伯爵路易基·費南迪諾筆下，這則匈牙利起源神話變成有憑有據的科學著作。一六八三年秋，他仍是奴隸，被撤退的奧圖曼人帶著跑，但在倉皇撤退途中，他記下沿途所見。不過，到了晚年，身為軍人、工程師、學者而念茲在茲想著匈牙利的馬西利，出版皇皇六大冊，介紹這多水世界的全貌，從悠游多瑙河中的魚，到棲息於周遭沼澤裡的鳥，再到原居住於多瑙河岸和其支流的古老民族，全未漏掉。

匈牙利幾乎在每個方面都與其西邊的地區不同；以武力征服該地的方式，也與西方軍隊所打過的任何戰役都不同。奧地利人和波蘭人或許習慣於在他們與奧圖曼帝國交界沿線打小規模戰鬥，但並不清楚在廣大的匈牙利內地打仗會是什麼情形。在多瑙河北岸，築有完善防禦工事的哈布斯堡科馬諾要塞另一頭，座落著不歸雙方控制的無人地帶。[5]匈牙利都城布達之前，只有一座橋越過多瑙河，橋建在該河急轉向南流向貝爾格勒的大彎處。橋的北岸是有奧圖曼重兵防守的巴爾坎木堡，南岸是又稱「格蘭」的匈牙利古城埃斯泰爾戈姆。埃斯泰爾戈姆的護城城堡建在巨石上，可俯瞰這座築有城牆的古城：自蘇丹蘇萊曼一世於一五四三年首度拿下該城後，奧圖曼人和哈布斯堡王朝一直在爭奪這塊要地，不過蘇萊曼花了兩年苦戰，才拿下這要塞。[6]一旦渡河，距布達就只約五十公里，行走幾日即可抵達。索別斯基和洛林暗中準備閃電突襲布達，把土耳其人殺個措手不及，使匈牙利心臟地區脫離伊斯蘭掌控。他們此去唯一擔心的，乃是冬天降臨，但很難得的，天氣很配合。

波蘭國王帶頭，洛林跟在後面。「不耐延宕的波蘭國王，突然出乎意料的立即上馬，且派人告知洛林公爵他要（往巴爾坎）進兵。」洛林要步兵在後跟上，自己則帶著居拉西耶騎兵和龍騎兵趕上波蘭部隊。索別斯基冒進，未派偵察兵在前勘察敵情，但土耳其人已在前方埋伏伺候。土耳其人的韃靼部隊觀察波蘭人進逼的一舉一動，計算他們的人數，注意到他們隊形的凌亂。埃斯泰爾戈姆的指揮官要數千名從布達調來的增援部隊，越過埃斯泰爾戈姆橋。波蘭人接近巴爾坎木堡時，已有七千多名奧圖曼人躲在山坡的背面。索別斯基只看到木堡前面有些許土耳其騎兵和韃靼騎兵，於是下令全面進攻，欲擊潰這薄弱的防線。

波蘭胡薩里亞騎兵在國王親自帶領下一股腦往前衝，奧圖曼伏兵立即殺出。這是土耳其人典型的機動戰術。移動快速的土耳其重騎兵從四面八方湧上，切斷波蘭人的退路。與波蘭國王一同前衝的洛林聯絡官，見情勢不妙，立即派一人快馬馳回，向洛林報告波蘭人快被打垮，且有愈來愈多奧圖曼加入攻擊。洛林立即率領其先頭龍騎兵和居拉西耶騎兵快馬前奔，穿過灌木叢林地。抵達巴爾坎前方的平原邊緣時，他要龍騎兵下馬，排成類似滑膛槍兵的隊形，但要居拉西耶騎兵中隊保護他們。波蘭人逃離戰場時，索別斯基龐大的身軀成為每個土耳其人攻擊的目標。波蘭人穿過洛林防線，許多在後追趕的土耳其人遭龍騎兵開槍撂倒。

薄暮時，遭受重創而一身髒污的土耳其重騎兵退回巴爾坎城牆下，洛林和索別斯基也後撤，等待步兵和野戰炮前來會合。天黑後，埃斯泰爾戈姆的奧圖曼指揮官又派數千人穿過那道窄橋，增援其北岸部隊。但天亮時，土耳其人發現一萬六千名波蘭部隊、帝國部隊，排成戰鬥隊形呈現眼前：從西方過來的部隊，幾乎全到齊。約九點時，土耳其人與基督教軍隊開始朝對方緩緩移動，就在這時，奧圖曼騎兵突然對波蘭部隊發動大規模進攻。全部奧圖曼軍隊頓時開始往索別斯基的旌旗集中。土耳其人與胡薩里亞騎兵和後面的波蘭步兵近身肉搏，打得難分難捨之時，洛林率領居拉西耶騎兵和龍騎兵，帶頭衝進土耳其重騎兵的側翼。自信滿滿的奧圖曼騎兵剛剛還在痛宰波蘭人，結果才一下子就遭到夾攻，被更重、更大的西方馬壓制，沒有機動空間。他們兩面受敵，又沒有敵人那樣的重盔甲，經過辛苦奮戰，才殺出一條退往要塞的路。他們敗逃時，史塔勒姆貝格指揮的哈布斯堡步兵滑膛槍齊發，打得他們陣腳大亂。巴登親王路德維希·威廉則在這場與土耳其人作戰中第一次接受戰爭的洗禮。不久有人替他取了綽號「土耳其路易」（譯按：Türkenlouis，路易為德語「路德維希」的法語對應稱呼），又後來，有種大紅罌粟花以他為名，叫人想起他在戰場上讓敵人噴出的血。這綽號也可能因為他帶回大量奧圖曼戰利品，裝飾他（未完成）的大宮殿拉斯塔特宮而得名。[7]他與歐根為表兄弟，驍勇善戰與善於應變的精神一如他這位表弟。才幾分鐘，他就使自信滿滿的奧圖曼人由進攻轉為潰敗，奧圖曼人衝回木堡，然後過橋，退到埃斯泰爾戈姆的要塞。

巴爾坎木堡前這兩天的戰鬥，在接下來幾年多次重現。奧圖曼人進攻速度之快，一直令西方人膽寒。土耳其人和韃靼人會在幾秒鐘之內，彷彿憑空冒出來一般，突然現身，然後揮劍砍倒人和馬。西方的戰鬥隊形如果遭打破——若非禁不住如潮水湧來的土耳其重騎兵衝撞而破，就是被殺聲震天、猛往前衝的禁衛軍衝破——土耳其人就穩操勝券。但如果西方部隊穩住陣腳，保住紀律，如果西方部隊能把尖樁林立的野豬矛防柵往前推進，且以穩定速度持續開火，那麼慌亂逃離戰場的將是土耳其人。在巴爾坎，土耳其人逃回木堡裡，由於人太多，小小要塞區擠不下，數百人留在外面搶著要進去。巴登的路德維希・威廉運來三門火炮，同時要龍騎兵排好射擊隊形，然後往不遠處擠成一團的奧圖曼人開火。木堡的木牆著火，「火與劍的屠戮，殘酷又血腥。」擠進那要塞小院子裡的數千人中，只有約七、八百人位在較安全的堡壘裡得以存活，直到最後投降的時刻。

更慘的是那些想走木橋過多瑙河的人。木橋禁不住爭先恐後要通過的人重壓而垮掉，數千人瞬間掉入水裡。「有些人拼命游，保住性命，有些人靠拉住馬鬃、馬尾保住性命，還有些人靠抓住斷橋的木板保住性命……大部分人死在水裡；人、馬的屍體，還有他們的衣服，布滿河面。」洛林的查理看著奧圖曼人死在水裡，心裡湧起一股難以抗拒的衝動。他要率兵渡過多瑙河，圍攻、拿下戰略要地埃斯泰爾戈姆城，為這一年畫下完美句點。自一五四三年奧圖曼人攻下這要塞以來，為爭奪這要塞已打了六次仗，在土耳其人與哈布斯堡之間幾度易手。這時候，奧圖曼人牢牢掌控該要塞已將近八十年，且漸漸抹除該要塞最後僅存的匈牙利色彩。如果洛林無法如預期拿下布達，那麼拿下埃斯泰爾戈姆倒是不錯的替代選擇。該城護城城堡的火炮，扼控多瑙河上所有往上、往下的交通，若要將攻打布達所必需的攻城火炮順河運來，必得先拿下該城堡。

洛林最後一批部隊終於趕上拼命趕路的騎兵，巴伐利亞部隊則已休息過，急著想與敵人交手。波蘭人不然：在巴爾坎打了那場敗仗之後，波蘭部隊士氣低落，打漫長的圍城戰，不是恢復士氣的理想辦法。胡薩里亞騎兵和其扈從想找奧圖曼騎兵報仇，而非在防禦完善的城市外，無所作為、叫人洩氣的守在壕溝裡。波蘭國王約翰・索別斯基不願讓他的部隊參與可能曠日持久的圍城戰。一直有人在私底下抱怨，他想把他們拖進匈牙利境內的持久戰，而那似乎沒必要，甚至不符波蘭的利益。洛林與其幕僚在下游找到一處不在奧圖曼火炮射程內且可架橋的地點時，波蘭人在營帳裡生著悶氣。十月二十日，新橋建成，哈布斯堡與聯軍的步兵開始魚貫過河，接著是攻城炮一門門過河。不到一天，他們就在大雨中建立了數個射程涵蓋該城每個角落的炮陣地；二十四日，雨勢變小，他們開始炮轟這座築有城牆的城鎮和護城城堡。他們還未開始強攻，奧圖曼宰相就送援兵和補給來到埃斯泰爾戈姆，深信進攻者會遭到和他們在維也納城外一樣的下場，因久攻不下而潰敗。果真如此，巴爾坎的失敗，在蘇丹面前就交待得過去，卡拉・穆斯塔法可以進而打垮他的朝中政敵，同時提出看來可行的策略，在來年報仇雪恨。

情勢發展與他的計畫背道而馳，基督教軍隊開始炮轟埃斯泰爾戈姆的六天後，土耳其守軍接受格外有利的招降條件，開城投降。[8] 埃斯泰爾戈姆受攻擊前，這位奧圖曼宰相已離開布達，抵達貝爾格勒，發現蘇丹已返回位於埃迪爾內的皇宮後，他開始向敵人報仇。但他擋不了這些新近失利的消息傳到穆罕默德四世耳裡，十二月十四日蘇丹得知這些事的那一刻，聖戰？

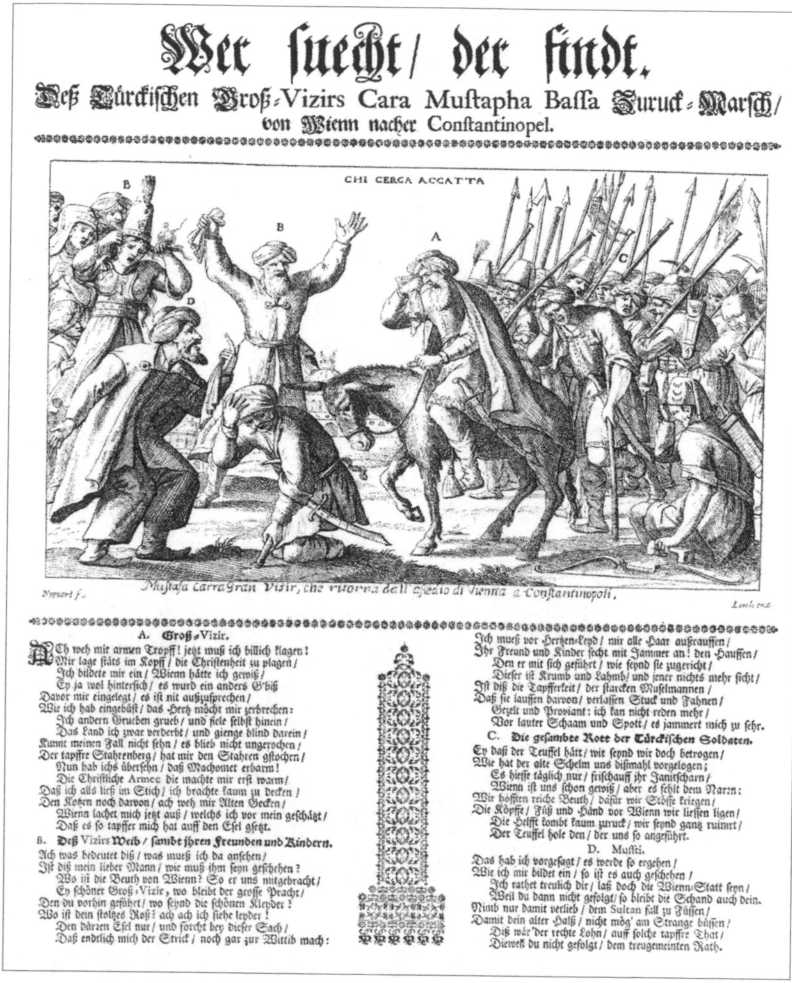

Wer sucht / der findt.

Deß Türckischen Groß-Vizirs Cara Mustapha Bassa Zuruck-Marsch / von Wienn nacher Constantinopel.

CHI CERCA ACCATTA

Mustafa Carra Gran Vizir, che ritorna dall'assedio di Vienna a Constantinopoli.

Nymort f. — Lenk exc.

A. Groß-Vizir.

Ach weh mir armen Tropff! jetzt muß ich billich klagen!
Mir lage stäts im Kopff / die Christenheit zu plagen /
Ich bildete mir ein / Wienn hätte ich gewiß /
Ey ja wol hintersich / es wurd ein anders G'biß
Davor mir eingelegt / es ist nit außzusprechen /
Wie ich hab eingebüst / das Hertz möcht mir zerbrechen:
Ich andern Grueben grueb / und fiele selbst hinein /
Das Land ich zwar verderbt / und gienge blind darein /
Kunnt meinen Fall nicht sehn / es blieb nicht ungerochen /
Der tapffre Stahrenberg / hat mir den Stahren gstochen /
Nun hab ichs übersehn / daß Machomet erbarm!
Die Christliche Armee die machte mir erst warm /
Daß ich alls ließ im Stich / ich brachte kaum zu decken /
Den Kotzen noch darvon / ach weh mir Alten Gecken /
Wienn lachet mich jetzt auß / welchs ich vor mein geschätzt /
Daß es so tapffer mich hat auff den Esel gsetzt.

B. Deß Vizirs Weib / sambt ihren Freunden und Kindern.

Ach was bedeutet diß / was mueß ich da ansehen /
Ist diß mein lieber Mann / wie muß ihm seyn geschehen?
Wo ist die Beuth von Wienn? So er uns mitgebracht /
Ey schöner Groß-Vizir, wo bleibt der grosse Pracht /
Den du vorhin geführt / wo seynd die schönen Kleyder?
Wo ist dein stoltzes Roß! ach ach ich siehe leyder!
Den dürzen Esel nur / und forcht bey dieser Sach /
Daß endtlich mich der Strick / noch gar zur Wittib mach:
Ich mueß vor Hertzen-Leyd / mir alle Haar außrauffen /
Ihr Freund und Kinder secht mit Jammer an! den Hauffen /
Den er mit sich geführt / wie seynd sie zugericht /
Dieser ist Krumb und Lahmb / und jener nichts mehr sicht /
Ist diß die Tapfferkeit / der starcken Muselmannen /
Daß sie lauffen darvon / verlassen Stuck und Fahnen /
Gezelt und Proviant: ich kan nicht reden mehr /
Vor lauter Schaam und Spott / es jammert mich zu sehr.

C. Die gesambte Rott der Türckischen Soldaten.

Ey daß der Teuffel hätt / wie seynd wir doch betrogen /
Wie hat der alte Schelm uns dißmahl vorgelogen;
Es hiesse täglich nur / frischauff ihr Janitscharn /
Wienn ist uns schon gewiß / aber es fehlt dem Narrn:
Wir hofften reiche Beuth / dafür wir Stösse kriegen /
Die Köpffe / Füß und Händ vor Wienn wir liessen ligen /
Die Helfft kombt kaum zuruck / wir seynd gantz ruinirt /
Der Teuffel hole den / der uns so angeführt.

D. Mufti.

Das hab ich vorgesagt / es werde so ergehen /
Wie ich mir bildet ein / so ist es auch geschehen /
Ich rathet treulich dir / laß doch die Wienn-Statt seyn /
Weil du dann nicht gefolgt / so bleibt die Schand auch dein.
Nimb nur damit verlieb / dem Sultan fall zu Füssen /
Damit dein alter Halß / nicht mög' am Strange büssen /
Diß wär der rechte Lohn / auff solche tapffre That /
Dieweil du nicht gefolgt / dem treugemeinten Rath.

奧圖曼人慘敗

一六八三年卡拉．穆斯塔法的兵敗、逃離維也納和日後遭絞死，
成為西方雕版畫家欣然創作的題材。
這張廣為流傳的大幅單面印刷品，在一六八三年九月維也納之圍破解後不久就問世。

卡拉・穆斯塔法注定要死。埃斯泰爾戈姆由蘇萊曼一世首次拿下，然後在一五九五年奧圖曼守軍的無比英勇下守住，結果現在不到一個星期就失守。蘇丹覺得很丟臉，而依照傳統，造成如此損失的人一律得以命相償。蘇丹派兩名朝中高官北赴貝爾格勒，十二月二十五日午禱時分來到宰相跟前。他們示以蘇丹聖旨，要求他交還象徵其官職的東西，即印信、先知聖旗、麥加天房鑰匙。然後告訴他，他得死。

卡拉・穆斯塔法以奧圖曼人面不改色的冷靜赴死，不辱他科普律呂家族的門風。他陸續脫下毛皮鑲邊的華麗袍服、頭巾，交予僕人，然後要求拿掉他剛剛跪著的地毯，以便倒下時倒在土地上，象徵他是以戰士身分而死，死後必然可進天堂。兩名手拿絲線的劊子手走上前，靜靜站在他後面。宰相再度跪下，這一次跪在布滿灰塵的地板上，雙手抬起長鬚以露出頸子。然後，劊子手俐落熟練的將軟繩輕拋過他的頭頂，繞頸緊纏，使勁拉。他不旋踵即死去，幾乎未見其顫動，屍體一時未倒下，由劊子手的絞繩拉著。他們將遺體放到地上，一人迅速割下其頭顱。然後兩人合力割下頭皮，在頭皮裡塞進乾草，製成一具叫人毛骨悚然但還認得出是誰的紀念物。頭顱和軀體用白屍布包在一塊，帶到附近清真寺，葬在緊靠院牆的外面。任務完成，這一小支行刑隊伍，帶著填充頭啟程前往埃迪爾內。填充頭用絲巾裹著，放在鞍囊裡。卡拉・穆斯塔法漫長而爭議的一生，就此結束。[9]

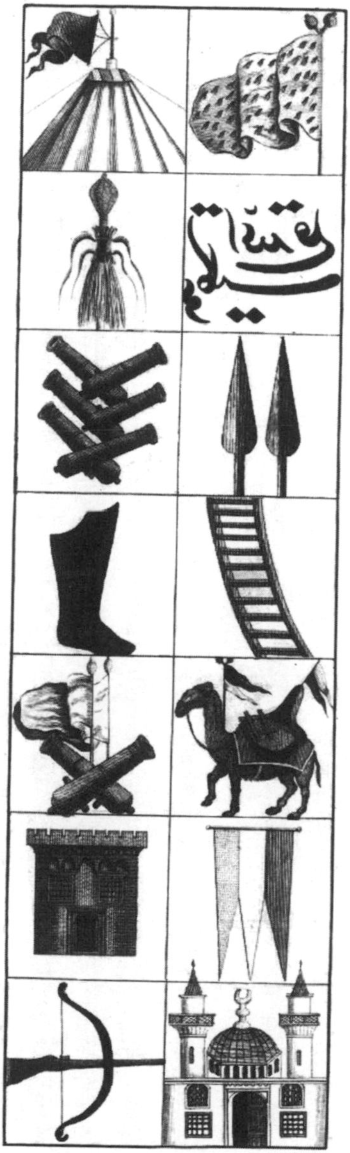

追擊戰相當殘忍，一名被俘的基督徒，「戴著腳鐐」踉踉蹌蹌走出防線。「三名土耳其人追上來，在眾目睽睽之下，砍掉他的頭。」而且隔天，土耳其人還將三、四百顆砍下的基督徒頭顱，插在木防柵的尖樁上。

CHAPTER

10

Storming Buda

強攻布達

歐洲人對蘇丹穆罕默德四世不屑且反感，對卡拉．穆斯塔法則視為「敵人的化身」。歐洲人持之有理的認為，攻打維也納出自他個人的邪惡意圖，而那意圖肇生自他對西方所有事物的深深憎恨。我已說過，奧圖曼人在一六八三年進攻一事，有充分的政治動機驅使他們這麼做，這一役之所以失敗，大部分得歸因於這位宰相軍事上的無能。他有作戰經驗，但這次打的不是他所擅長的那種戰爭。卡拉．穆斯塔法的失敗、不光彩的撤退、得到罪有應得的懲罰，在西歐引來幸災樂禍的對待。有數幅圖畫呈現這位宰相受了傷，弓身騎在餓得半死的馬上，逃離維也納的情景。法國暢銷小說家尚．德．普雷夏克，將這宰相的一生寫成小說，在國際大賣；[1] 卷首插圖畫出穆斯塔法最後的下場，且一如該書的英語版譯者所說，呈現了這個殺人無數的宰相最後如何「自食惡果」。對英格蘭讀者來說，心得很簡單：「英格蘭人要看到……世上最專制的土耳其帝國政府，才能真切體會自己的幸福。當他們想著生活在唯法是依的君王統治下的子民，處境有多不幸時，只要看到那些在隨心所欲、毫無法紀觀念的君王高壓統治下呻吟的子民，兩者處境的天差地別……就不得不感謝上帝。」卡拉．穆斯塔法的崛起、衰落，成為一則富含教化意義的故事，象徵了奧圖曼人勢不可擋的衰落。保羅．萊科特在其一七〇〇年出版的土耳其帝國史大作中，以無可置疑的權威口吻宣布，兵敗維也納「給了他們致命的打擊，他們的勇氣和鬥志從此只會一蹶不振。」

在這點上，事實與虛構完全交纏，難以解開。萊科特大錯特錯：奧圖曼人還是恢復了鬥志。聯軍樂於往反方向認定，因為他們正在籌組收復匈牙利的行動。維也納得勝的震撼、萊科特所呈現的那種典型心想事成，激發出將伊斯蘭趕回亞洲的雄心壯志。在法國，老神父科潘為其手稿做最後修潤時論道，「我今日所追求的，將遠不只是一場聖戰。」他提議基督教諸國同心協力，聯合出兵攻打奧圖曼，以消滅這個宿敵，海上要攻打地中海和亞得里亞海，陸上則攻打匈牙利。這一次，這份雄心，非常難得的，漸漸要成真。

一六八四年二月初，人在埃迪爾內的蘇丹穆罕默德四世，收到從貝爾格勒傳來的示警報告。匈牙利的指揮官得到消息，基督教諸國正聯合起來對付土耳其人，決意打贏這場「歐洲爭奪戰」。奧圖曼帝國將受到四面八方的攻擊。春天，俄羅斯人會進攻克里米亞半島的韃靼人，波蘭人會沿著德涅斯特河前進，往南挺進奧圖曼人掌控的瓦拉幾亞。威尼斯會進攻波士尼亞，打算奪回克里特島，劫掠愛琴海地區。所有國家都投入這一大規模包圍行動，包括瑞典、法國、西班牙、英格蘭、荷蘭共和國、熱那亞、羅馬教廷。報告中雖然誇大了這一龐大的聯合攻擊，但基督教的威脅確實存在。一六八四年三月五日，波蘭國王、皇帝萊奧波德、威尼斯總督簽署協議，對奧圖曼人開戰，且承諾除非他們三者都同意，絕不言和。即使未來簽署任何和平協議，他們仍將維持永久的共同防禦同盟，防範日後奧圖曼人進攻。

這份協議後面有教皇英諾森十一世在力推：所有基督教國家都受邀參與這場攻打共同敵人的行動，而且不只基督教國家。皇帝萊奧波德甚至委請人已在波斯的天主教大主教塞巴斯蒂安・克納布，試看看能不能將波斯國王拉進來，好對付共同敵人土耳其。但情勢發展並非如萊科特筆下所寫。奧圖曼人展現出過人的韌性與堅忍，西方人則將這歸因於他們的好戰本性；但奧圖曼人顯示了他們有能力年復一年募得軍隊投入戰場。都城伊斯坦堡或許瀰漫不滿情緒，朝廷裡或許派系傾軋嚴重，但只要蘇丹一聲令下，整個軍事、後勤體系還是能再度啟動運轉。

一六八三至一六八四那個冬天，哈布斯堡朝廷為重組東征大軍而忙得不可開交。比起一年前他們所碰上的任務，這容易多了。這場位於東方的新戰爭，將仍是善惡之戰，但如果從維也納城外的奧圖曼營地可搜括到戰利品算是先例的話，這場戰爭還可能帶來戰利品和榮耀。[2]先前由波蘭國王約翰·索別斯基擔任的最高統帥一職，此時搶奪激烈。要求獨立行使指揮權的年輕巴伐利亞選侯馬克斯·埃馬努埃爾，是有志此位者之一；一六八五年七月成婚之後，他將成為哈布斯堡皇族一員。但洛林的查理已是皇族一員，堅持最高統帥一職應由他擔任，如若不然，他可能會退出這次東征。擁有統治權的巴登—巴登侯爵路德維希·威廉，則是充滿年輕活力的新競爭者，他的後盾是有力的叔叔赫曼——巴登侯爵暨哈布斯堡作戰會議主席。

還有一位實力強大的角逐者，即堅信喀爾文主義的布蘭登堡統治者佛利德里希·威廉。這位大選侯在三十年戰爭中戰功彪炳，但一六八三年，任憑各方請求，都不願出兵相助皇帝萊奧波德，如今則主動表示願提供他訓練精良的部隊，參與這場新戰爭。他已老得無法親自帶兵，但仍要求給點回饋以報答他的付出，那就是哈布斯堡王朝在西里西亞的土地。但雙方到一六八六年四月才簽署協議，然後，八千名訓練有素的普魯士步兵、騎兵才投入匈牙利的

強攻布達

戰爭。

哈布斯堡朝廷裡，由洛林與皇帝的宗教顧問馬可・達維亞諾為首的一派頻頻施壓，要求立即出兵。一六八四年，當漫長的聯軍籌組作業尚未完成之際，皇帝即下令攻打元氣大傷的奧圖曼軍隊。約四萬三千人的部隊，集結於瓦阿格河河邊的史卡利亞鎮，目標遙指布達。五月二十日，大軍分成數支縱隊開拔，沿多瑙河北岸經巴爾坎，再沿多瑙河南岸，向數公里外的奧圖曼要塞維舍格勒前進。這要塞位於多瑙河大彎最窄處的山丘頂上，距布達約五十公里，是抵達布達之前多瑙河南岸最後一個奧圖曼據點。六月十五日，洛林在維舍格勒城外部署火炮，開始炮轟。兩天後，守軍仍不降，他發出最後通牒，只要開城門，交出護城城堡，就放他們生路，如果繼續頑抗，「守軍將全予刺死」。隔天，「維舍格勒的守軍帶著全部家當離開」，免去了可怕的命運。自此，一路到布達，暢通無阻。

聯軍充滿自信，因為聽說「佩斯與布達的守軍只有八千，布達附近只有兩、三千韃靼人。」佛洛里蒙・馮・梅爾西伯爵——一六八二年才投身哈布斯堡軍隊的洛林年輕人——在一六八四年的東征中，負責率領偵察隊。他帶回第一手的可靠消息，證實北至多瑙河，南至德拉瓦河之間的匈牙利境內，土耳其總兵力只一萬七千人，且沒有部隊從南方前來增援的跡象。但隨著大軍日益逼近布達，奧圖曼人的抵抗愈強。步兵在一身黑頭盔、黑盔甲的居拉西耶騎兵保護下往前挺進，突然遭遇一大群排成傳統新月隊形的土耳其騎兵。帶領居拉西耶騎兵的哈利韋爾將軍幾乎不知所措，他在撤退時落馬，「胸部中了一（標）槍，臉上挨了一箭」。更多重騎兵衝入這團混戰，支援受困的居拉西耶騎兵，趕走土耳其重騎兵，土耳其重騎兵則帶著奧地利俘虜退走。

穿越丘陵地區途中，這類疾迅如風的突襲騷擾愈來愈多，原認為土耳其人無鬥志或抵抗能力的想法迅即煙消雲散。在佩斯城旁邊的魏岑遇到的奧圖曼野戰部隊，人數超過一萬八，且有火炮和步兵。奧圖曼人立即進攻，「撲向我們左翼，聲勢驚人而迅猛。」奧圖曼人一次次遭擊退，仍一次次往前衝。聯軍拉上野戰炮，朝龐大的土耳其部隊連續齊發，這才逼退他們。上千名土耳其士兵和軍官戰死，約略同樣數目的人遭俘。有位帕夏的屍體，「因極為肥胖」，引來多人圍觀；許多人納悶怎有馬載得動他，更別提載他與敵廝殺。

這次東征並不容易。騎兵花許多時間在替馬找草料，因為哈布斯堡的補給體系不如奧圖曼。此外，韃靼人在野外毫無生存問題，靠周遭能取得的食物就能活命。這些哈布斯堡的覓食隊伍成為土耳其襲擊隊輕易就能得手的獵物。每次遭遇時，聯軍只要能展現其火力和優越的軍事訓練，就能趕跑敵人，但他們並未因此就高枕無憂。因為韃靼人和土耳其重騎兵，會在隔天或當天晚上回來，攻擊前進部隊的邊緣。土耳其步兵也能快速移動，當時有幾份紀錄一再提及分遣隊猝不及防碰上一大群土耳其人，隨之被吞噬，然後增援部隊前來時，土耳其人又迅即退走。「土耳其人重整後，立即緊跟在後，組成某種隊形，狠狠撲向我們右翼。」

一六八四年夏，洛林非常樂觀，他認為攻下布達的機率很大。他仍在等巴伐利亞部隊前來會合，屆時他的步兵、炮兵實力將大增，但即使沒有他們，他還是決定開始攻城。這時候他有一條沿多瑙河到維也納而通行無阻的補給線，且他的工兵迅速復原了佩斯與布達兩城之間橫跨多瑙河上的浮橋——奧圖曼人撤退時曾試圖毀掉這些橋，但未果。最重要的，他有整個夏天可以攻下此城，然後在天氣變壞前回到冬季居住區。六月十四日，大軍越過新修復的浮橋，最後集結於布達城外。寬大的多瑙河，隔開北岸築有城牆的佩斯城和南岸的要塞城市布達。

兩城的差異猶如天壤。佩斯位在河岸，地勢低，周圍環以一道中世紀石牆；布達城堡則居高臨下，建在陡峭的岩質高地上，為山丘所環抱。這座築有防禦工事的大宮殿，座落在俯瞰多瑙河的高原上，以近乎垂直的峭壁和下方土地隔開，有塹壕、層層圍繞的城牆和堡壘防護，固若金湯。它狀似一根粗短棍，較細的握柄位在南端，最靠近多瑙河。但布達並非堅不可破，因為蘇萊曼一世曾在一五二六年短時間占領過該城，並奪走城中拿得走的財寶。[3]直到一五四一年，它才遭永久占領，成為奧圖曼匈牙利的首府，土耳其語改稱為布丁。一六〇三年，哈布斯堡王朝曾短暫攻打此城，但未能拿下這座高原上的要塞。

前一個夏天堅守維也納，使奧圖曼人未能得手的呂迪格·馮·史塔勒姆貝格，這時是洛林麾下的指揮官之一。他絕不讓哈布斯堡這次攻打布達時，犯上去年土耳其人攻打維也納時所犯的錯。他設置炮陣地，從四面八方炮轟該城，且朝該城的每一面挖掘坑道，在其中埋設地雷。但布達與維也納大不相同。它比較像是個山寨。奧圖曼人任由匈牙利國王的王宮頹圮，淪為廢墟，卻花大錢修築該城的防禦工事，建造生產火藥、炮彈、火炮的工廠。一六八四年，該城城牆內存有六百八十四公噸的火藥。此外，與維也納不同的是，布達有縱深的防禦，在被圍期間，守軍能在舊防禦工事構成的防線內，構築強固的新防禦工事。但哈布斯堡和其盟軍所面臨的最大難題，乃是守軍的兵力強大和鬥志高昂。在維也納攻防戰期間，守方兵力（頂多）是攻方的五分之一，在布達則是將近一半，且聯軍得時時提防隨時可能來攻的奧圖曼強大野戰部隊。這場東征在基本上就失算，土耳其人並未逃離匈牙利，也未失去鬥志和信心。

十七世紀時，有人創造了éminence grise一詞，以反映一位灰袍嘉布遣會告解神父對法國樞機主教黎希留的莫大影響力（譯按：此一法語的字面意思為「灰色袍服」，源自該神父的灰袍穿著，後用來比喻幕後掌權者或操縱者）。但灰袍嘉布遣神父馬可・達維亞諾，對皇帝萊奧波德的影響更大。在這之前，達維亞諾就將大半人生投入於對抗土耳其人。十六歲時，他曾試圖搭船到克里特島，想和圍攻坎迪亞要塞的土耳其人廝殺並以身殉，結果未能搭到船。個人聖戰事業受挫之後，他加入嘉布遣會，此後幾十年間，以講道和聖潔生活而名聞遐邇。一六八〇年，他成為皇帝萊奧波德的宗教顧問，此後直至一六九九年達維亞諾去世，萊奧波德都會就個人所遇到的許多信仰上和政治上的問題請教於他。他成為萊奧波德最信賴的顧問，往往還成為他的耳目。布達城外的營地和壕溝裡，常可見到神父達維亞諾的灰袍和剃光毛髮的頭。他不怕死，時時曝露於敵人炮火下；他的不受傷害和冷靜沉著，使他成為部隊裡的傳奇人物。他從營地寫信告訴萊奧波德，他們能重重打擊布達的土耳其人，「使他們陷入莫大的恐慌」。

他略懂戰爭之事，因為一六八三年解圍維也納之役，他在場；後來他跟著部隊度過收復

強攻布達

匈牙利運動的頭幾年。即使在臨死之際，他仍告訴萊奧波德可如何繼續聖戰，打出滿意的結果。從他們往來的書信，或許最能看出萊奧波德複雜糾結的心思。皇帝曾向達維亞諾吐露，一六八三年七月逃離維也納，置該城生死於不顧的內心不安，以藉此卸下久壓心頭的愧疚。達維亞諾則是那個興奮的寫信告知皇帝維也納解圍的人；還有一六八六年，在紙片上以潦草而幾不可辨的字跡，告知皇帝匈牙利勝利的人，也是達維亞諾：「榮耀歸予上帝和瑪利亞。布達已攻下……道道地地來自上帝的奇蹟。」

達維亞諾雖總是心懷樂觀，一六八四年漫長的夏、秋，卻毫無奇蹟出現。在居高臨下的布達護城城堡下方，座落著下城，洛林部隊不斷炮轟、不斷挖地道、埋地雷、不斷正面強攻，卻總是無法完全牢牢掌控下城——他們的第一個目標。不久，大部分建築成為廢墟，燒到只剩空殼，無險可守。到了夜裡，它成為雙方戰線之間的無人地帶，護城城堡派出小隊滲透西方部隊的戰壕，有時還占領戰壕。傷亡持續攀升，每週戰死或受傷的軍官，甚至上校和將領層級，有增無減。但圍城行動還是一步一步往前推進，漸漸的，護城城堡的外圍防禦工事有某些部分被轟垮。發給維也納的戰情報告仍一派樂觀，但不敢掩飾無實質進展的事實。

洛林帶兵敢衝敢打不怕死，但對於曠日持久的圍城戰，糧食、彈藥的補給該如何安排，他幾無所知或幾無經驗。最迫切的問題乃是讓騎兵團保持戰力，讓騎兵的馬吃得飽，因為奧圖曼野戰部隊會在布達城西側、南側地區出沒。這意味著得每天派兵出去巡邏，查探對方是否有進攻之意，而對方來攻時，居拉西耶騎兵和龍騎兵必須保持兵強馬壯，隨時可一戰的狀態。溯多瑙河上到維也納的補給線，靠一連串在上下游間穿梭的平底船運行，它們（大部分）運載火藥和彈丸，有時有戰艦護航。但要使部隊得到充足補給，河上的運輸工具根本不足。布達城西、北、南邊的道路附近，有奧圖曼人據點，韃靼人和土耳其重騎兵從那些據點出來，四處巡遊，伺機攻擊往東走的補給車隊，只有派重兵保護的車隊才有機會安全通過。

隨著攻城戰的進行，奧圖曼人與西方人在挖掘坑道上的基本差異豁然清楚。八月九日星期四，圍城部隊在某小塔旁邊引爆一枚地雷，但一如日記所記載，「它反炸向我們，所幸未造成太大傷害；土耳其人察覺到這爆炸後，穿過舊牆的一個缺口，大舉出擊，聲勢嚇人。這時雙方都極為混亂，發射炮彈和滑膛槍彈，投擲手榴彈，但敵人最終蒙受頗大傷亡，不得不後撤。」這位日記作者，對此事件極盡溢美之能事，最後寫道，「這枚地雷雖然安得不好，還是炸出幾個堪稱便於躲藏的洞，我們決定守住這些洞。」拚戰一天下來，毫無進展，星期四、五，部隊休息。星期六，作戰會議決定對該塔已變弱但未垮掉的部分發動正面強攻。「最後決定進攻那些缺口。我方步兵英勇開火，但大批敵人湧上前來反制，從塔上猛向我方丟擲石頭、手榴彈、炸彈；我方奮戰兩個多小時，不得不撤退。」

同一天，在相鄰的某段城牆，另一枚地雷，「在該鎮一角」，守軍防禦工事下方爆炸，圍城部隊「打算在該地雷爆炸後發動總攻；但那只炸掉一小塊城牆，炸藥反炸向我們。這一不幸事故，使我們無法執行預定的計畫。大家普遍認為，有一些逃兵把我們的意圖向敵人通風報信，就在昨天，我們才吊死一名想溜走的騎兵。」

強攻布達

經過一個月的每日攻擊，這份日記在此首次提到逃兵和接連兩次無效的進攻。奧圖曼人其實正在強化他們飽受轟擊的防禦工事，在上城的舊防禦工事後面建造小堡壘和新土木工事。經過六個多星期的包圍和炮轟，聯軍幾乎未破壞奧圖曼人的防禦。根據該日記，不幸的事件繼續發生。八月十七日，土耳其人突襲圍城部隊，然後在夜裡引爆兩枚地雷，造成嚴重傷害。我們不知道史塔勒姆貝格看著布達圍城戰遲無進展，心裡作何想法，但他看到眼前哈布斯堡地雷的無效，想必想起一年前奧圖曼人無休無止挖掘的坑道和擺放得當的地雷，如何摧毀維也納的防禦工事。或許他還想起土耳其人不知疲累為何物，猛向他部隊進攻的那種戰力。

九月九日，巴伐利亞部隊終於全部抵達，士氣大振。但選侯馬克斯·埃馬努埃爾進入營地才幾分鐘，就發生一件慘事，顯示軍官與士兵都可能碰上圍城的危險。他剛下馬，走向一旁與某些指揮官同僚打招呼，他的馬伕牽著馬，就在這時，奧圖曼人打來一枚炮彈，炸掉那馬的後腿，血、骨、內臟飛濺，灑在附近路德維希·威廉與薩爾姆斯公爵的帳篷上。這與馬克斯·埃馬努埃爾在之前那場維也納解圍戰中所經驗的大不相同。他命令其體力充沛而鬥志高昂的部隊發動大規模強攻，以慶祝維也納解圍一週年，但未能得手。隔天，他派一名會講土耳其語的下士持停戰旗爬上山丘，並獻上一名前一次交手時擄獲的土耳其人示好。下士帶去「一份以土耳其文、拉丁文寫成的招降令。土耳其人將他帶去晉見布達的帕夏，帕夏靜靜聽他唸完招降令，然後告訴這下士，他沒理由交出這城，他的糧食、彈藥非常充足，他也不需要那名土耳其俘虜，然後賜給下士十五枚杜卡特金幣，回報他辛苦爬上山。」

同一晚，有名斥候帶回消息，說有一支新增土耳其部隊在奧西耶克渡過德拉瓦河，正往北進，可能幾天後就會到達。那一晚，聯軍如火如荼備戰，以迎接這一新近威脅，但後來傳回的報告將那支部隊的兵力由四萬下修為一萬五。巴伐利亞部隊繼續猛轟布達的防禦工事，但在聯軍的戰壕裡，「幾無動靜」。不過，隨著九月漸漸過去，天氣變壞，不停下雨使布達周遭的戰壕積滿水。惡名昭彰的「匈牙利病」開始蔓延，這種普發於多沼澤、低地區的致命熱病，使大批人失去戰力，每天死掉數百人。就連巴伐利亞部隊都失去鬥志，作戰日記上愈來愈常出現如下的記載：十月七日週六；沒有值得一記的東西」，或寥寥數語的「十一號週四：無事。」到了十月二十日星期五，這份日記的作者只寫道「無事」，然後，數天後，他寫道，「我得了某種嘔吐病」，但他仍記載了此後到十月結束，主要發生的事。「土耳其人每天以小股出現在營地前，也出擊了幾次，其中一次，他們在該城入口處抓走我們一名坑道工兵，此外未帶來大傷害。」

對圍城部隊來說，戰局顯然愈來愈不妙，而有多少關於此一情勢的消息傳到維也納，我們不得而知。數千人戰死或病死。一六八四年六月出征的部隊，已有一半若非死亡、受傷，就是因病而失去戰力，而該城仍如夏初一樣強固。聯軍每次遭遇奧圖曼野戰部隊都會擊敗對方，但聯軍的氣勢卻漸漸轉居下風。如果士氣繼續低落，每日繼續有人病死，聯軍隨時有可能被日益惡化的天候困在圍城營地裡，得在土耳其野戰部隊和布達上城守軍的夾擊下過冬。

然後，去年奧圖曼人大批逃離維也納的慘劇可能在聯軍身上重演，或者聯軍根本會餓死。

最後，洛林失去了掌控權。他想繼續圍城，不顧現實情勢的險峻。但十一月初，哈布斯堡作戰會議主席巴登的赫曼來到營地，表面上是來接替史塔勒姆貝格的指揮職（這位維也納的救星這時健康不佳），事實上是皇帝派他來查明真實情形。經過一連串激烈爭執的作戰會議，赫曼直截了當決定撤兵。攻城工事拆除，火炮拉回多瑙河北岸。十一月二十九日，一隊船隻載火炮往上游駛去，隔天，全軍開始往西移向埃斯泰爾戈姆。奧圖曼人沿途騷擾，但並不構成嚴重威脅。

是誰向皇帝或作戰會議示警，不得而知，但最可能的人應是巴登的路德維希．威廉或馬克斯．埃馬努埃爾，兩人都沒理由去保護對手洛林。但也有可能是馬可．達維亞諾所示的警。現僅存他於十一月二十四日呈給皇帝的一份長篇報告，詳細說明下一場仗該怎麼打（報告中許多地方顯露出相當不簡單的軍事專業知識）。一六八四年的幾次失敗可以歸咎於傲慢和自滿。許多人記得那幅刻畫卡拉．穆斯塔法倉皇逃離維也納的雕版畫，而且輕鬆拿下埃斯泰爾戈姆和在巴爾坎大敗土軍的經驗，使聯軍相信奧圖曼人的確已不再是軍事強權。未能攻下布達，讓他們體認到對手仍然很強。即使是在該城周邊事先精心部署的戰鬥，雖然最終都擊退土耳其人，讓對方付出慘重傷亡，但仍是靠拼死拼活的力戰贏來。洛林在達維亞諾強烈的聖戰熱情鼓舞下，想在這場聖戰贏得全面勝利。但他直搗布達的舉動，忽視了多瑙河北岸仍有新札姆基等尚未攻下的強大要塞，且多瑙河南岸有一連串防守堅強的奧圖曼城市。元氣大傷的聯軍往西緩緩撤退時，任誰都看得出，若要再次攻打布達，得有全然不同的策略。

部隊留在多瑙河北岸的冬季營舍過冬，眾指揮官則返回維也納。聖誕節前後召開了一連串公開與私下的會議。有些指揮官想趁土耳其人修復受損的防禦工事之前，回去攻打布達。有些指揮官則認為，先前這趟進攻太倉促，準備不足，兵力本身就不足以打贏。有些人頗為務實的主張，先以圍城或強攻的方式拿下幾個較小的土耳其要塞，再重啟這一攻勢比較好。然後，還有川西瓦尼亞境內叛軍的問題，畢竟他們仍是嚴重的潛在威脅。這一憂心並非無的放矢。因為二十年後的一七〇四年，威脅維也納的不是奧圖曼軍隊，而是川西瓦尼亞親王法蘭西斯二世．拉科奇的庫魯奇（譯按：kuruc，指「皇家匈牙利」境內反哈布斯堡王朝統治的武裝匈牙利叛軍）襲擊者。那些襲擊，再加上大眾一直擔心奧圖曼人可能再度來犯，促使那時的哈布斯堡作戰會議主席歐根親王，決定耗費巨資，命人興建三．六公尺高的外層防禦工事（利寧城牆），設計者是御用數學家約翰．雅各．馬里諾尼。

這道城牆以土、石、木頭防柵建成，呈一個大弧形保護該城和其郊區，建造時把一六八三年被圍的經驗也納入了考量。維也納一直擔心來自東方的威脅，而一六八三年的勝利並未能化解這一憂心。哈布斯堡朝廷計畫如何收復匈牙利時，也在以最快的速度重建、修復該城在一六八三年受損的舊防禦工事，並吸取被圍的教訓，重新部署、強化稜堡。到了一七一〇年，維也納的防禦已強化到前所未有的程度，比以往更能抵擋土耳其人的攻擊。官方雖大肆宣傳必勝的信心，大眾仍然不安而憂懼。政府空洞、沒完沒了的樂觀論調，掩蓋住表象底下

強攻布達

人民的憂慮和懷疑。民眾的憂慮必須予以化解，哈布斯堡王朝必須繼續在對抗土耳其人的聖戰中扮演突出的角色。因此，東征不是戰略選擇的問題，而是不得不為的事。

一六八四至一六八五年冬之間擬出新策略，計畫出為時兩季的戰爭。這時，一六八四年的魯莽自大已消失，對打敗奧圖曼人的困難，已有切合實際的了解。要在一六八六年前召集到攻下布達所需的兵力，乃是不可能的事，特別是因為欲說動一些主要的日耳曼國家出兵，協商過程不知何時才會有結果。一六八五年，最終定案的東征策略，比前一年過度自信的遽然出兵，更謹慎得多。大軍將在巴爾坎附近集結，徹底掃除多瑙河北岸那些有奧圖曼人駐守的要塞，以填平維也納防線的缺口。然後，一旦杜絕了奧圖曼人往西突襲奧地利的機會，聯軍全部兵力就可以在一六八六年集結於布達城外。一六八三年底失去巴爾坎之後，奧圖曼人在多瑙河北岸仍握有三處大據點。其中最具威脅者，乃是新札姆基。它位於尼特拉河的河曲內，哈布斯堡在多瑙河畔的科馬諾護城城堡北方。更東邊是新赫拉德地區的幾座城堡，最東邊是埃格爾的要塞。

洛林的查理在一六八五年六月十三日率領部隊抵達新札姆基，當時聯軍已展開小規模圍城。這一要塞是哈布斯堡王朝於一五七一年按照西歐最高標準興建，作為維也納最強固的前沿防禦。它抵抗過奧圖曼人多次攻擊，但於一六六三年經歷一場慘烈而漫長的圍攻後投降。奧圖曼人攻下新札姆基一事，曾在北歐廣為報導，將其視為土耳其國力再度抬頭的警訊。若能拿下該要塞，等於是昭告世人哈布斯堡王朝國力復振，為世人仍未忘記的那場大敗討回顏面。奧圖曼人抱持同樣想法：蘇丹命令匈牙利的指揮官死守那座要塞，戰至最後一人也不投降。守軍堅守到底，全部戰死的圍城戰很少見。以一六六三年那場圍城戰來說，哈布斯堡守軍頑強抵抗，造成雙方慘重傷亡，最後還是向土耳其人議降。「他們遣使晉見奧圖曼宰相，要求不失顏面的投降。」宰相「要他們只把火炮留在堡壘裡，投降條件他們可以自擬。」一六八四年，洛林公爵以同樣寬厚的投降條件對待奧圖曼的埃斯泰爾戈姆守軍，放他們乘船到下游的布達。

攻下新札姆基，標誌著對待敵人的態度遽然轉趨冷酷。基督徒與穆斯林之間的戰爭，並非必然是至死方休的戰爭。發生在基督教世界邊境的聖戰，往往不如遜尼派穆斯林與什葉派穆斯林之間的戰爭，或天主教徒與新教徒之間的戰爭，來得那麼嚴酷，但在這場新札姆基攻防戰後，情形改觀。攻城的基督教軍隊，目睹守軍的暴行而憤慨不已。七月十六日，他們眼睜睜看著一名被俘的基督徒，「戴著腳鐐」踉踉蹌蹌走出正遭聯軍炮轟的奧圖曼防線。「但三名土耳其人追上來，在壕溝裡攻城者的眾目睽睽之下，砍掉他的頭。」但天譴立即就落在這些凶手上：他們還未能返回防線，「其中兩人就死在帝國部隊的子彈下」。隔天，土耳其人將三、四百顆砍下的基督徒頭顱，插在木防柵的尖樁上。這些都是虛張聲勢的舉動：一六八三年，維也納守軍也曾剝去土耳其俘虜的皮，將血淋淋的皮掛在城牆上。象徵性的野蠻行徑，表明這場戰役將會打到一兵一卒才會罷休。七月二十二日，土耳其人將上了鐐銬的基督徒奴隸帶出來，修理遭帝國炮兵炸損的稜堡，洛林公爵修書「一封給帕夏，要他知道，如果虐待那些奴隸，等他攻下此地，他絕不會饒過守軍；帕夏對此毫無回應。」七月三十日，大批圍城部隊拔營南移，以因應埃斯泰爾戈姆附近奧圖曼野戰部隊的威脅。新札姆基的守軍以為聯軍放棄圍城，於是提出交出城市和要塞的交換條件。洛林斷然拒絕：他要強攻拿下該城，屆時絕不會饒過守軍。

埃斯泰爾哈吉伯爵帶來兩千名匈牙利人，聯軍兵力更強。八月十九日破曉前，聯軍大舉翻越崩毀的稜堡，進入城裡。守軍幾無抵抗，不久，家家戶戶和未受損的防禦工事紛紛豎起白旗。土耳其人求饒遭拒。一如當時的記述所說，「土耳其人待在屋子裡想保住性命，但第一波追查時，所有被查到的，全淪為刀下亡魂。」「所有」意味著男女老少。有一群試圖守住某稜堡的土耳其人，在被聯軍團團包圍後，跳入下方的水中，「若非溺死，就是遭殺死。」該記述最後扼要說道：「土耳其人付出重大代價才拿下的新霍伊塞爾，重入我們懷抱。」

這段期間，洛林統率的騎兵已在埃斯泰爾戈姆城下擊潰奧圖曼野戰軍；在多瑙河北岸，奧圖曼守軍得悉新札姆基的悲慘下場後，乾脆棄守。在更南邊，萊斯利將軍猛攻位於奧西耶克的橋頭堡；在川西瓦尼亞的丘陵地區，舒爾茨將軍和卡普拉拉將軍消滅了土耳其人的基督徒盟軍。這支土耳其人的基督徒盟軍由匈牙利伯爵特克伊統率，作戰不力、運氣不佳的他，只能眼睜睜看著他的稱王美夢和川西瓦尼亞的獨立美夢化為泡影。[4] 奧圖曼人四面受敵，在東地中海受到威尼斯人攻擊，在德涅斯特河沿岸有波蘭人和哥薩克人來犯。神聖聯盟從四面八方進逼土耳其人的計畫漸漸實現。[5]

但攻下布達的最後一擊，留待明年發動。最樂觀的想法認為，土耳其人遲早會棄守退走，永不再涉足「基督教土地」。甚至，基督教聯軍有可能收復君士坦丁堡這個一直難以得手的都城，把基督教的十字架插在聖智教堂上。但抱持這些想法的人，不曾真正在戰場上與奧圖曼人交過手。一六八五至一六八六年那個冬天，結果似乎已然在望。皇帝的外交官終於和布蘭登堡選侯談定協議，選侯同意派其訓練精良的部隊投入戰場對付奧圖曼人。這一協議直到一六八六年初春才敲定，談判過程幾經波折，但終於使八千名步、騎生力軍往東南開拔，前往集結點，投入一六八六年的戰事。[6]

這一生力軍的加入，很可能是最後得以攻下布達的關鍵因素之一。[7]但這時候的奧地利部隊，無論是訓練或裝備都優於維也納剛解圍之時。更多士兵的滑膛槍配備了刺刀，且受過使用刺刀的訓練。此外，野豬矛經實戰證明，抵禦奧圖曼騎兵極有效，這時普遍配發給哈布斯堡步兵。就連一六八四年時嚴重失靈的軍需補給體系，這時也大為改善。但有個潛在問題仍未解決，那就是誰來真正掌控草草拼湊成的聯軍。當時撰寫的史書，提及「洛林公爵方面」、「巴伐利亞部隊方面」，或「布蘭登堡盟國援軍方面」，各有自己的將領和軍官。定期召期的作戰會議，意在制定方針，實行商定的策略，但由於每個人都想搶得榮耀，還有最重要的是掠奪品，於是國家利益和個人利益往往被擺在第一位。

一六八六年的征戰季開始前，皇帝萊奧波德派其掌璽官到巴爾坎附近的戰營。六月十日，史特拉特曼伯爵在全員出席的作戰會議上告訴所有將領，他們的目標不只是布達，還有

「消滅奧圖曼帝國」。如果拿下匈牙利首府布達，接著就能將匈牙利其他地方從土耳其人手中永遠拿走。所有行動絕不能偏離這一大目標；攻下布達的護城城堡，「將可以為前一次圍城時死於壕溝中的弟兄報仇。」六月十二日，大軍分成兩路縱隊出發，沿多瑙河而行，由騎兵打前鋒。不斷有船隻經過他們順流而下，船上滿載「火炮、彈藥、乾草、其他維生必需品。」較輕的船裝載了數千個柳條筬筐，用以在填入泥土後，堆在防線前方。還有大量帳篷、醫療用品、食物、草秣、挖掘戰壕的工具，以及一六八四年那一役欠缺的所有輜重。他們以穩定的速度前進，沿途未見敵人蹤跡，但偵察兵抓獲的土耳其人說道，方圓數公里內的駐軍全已退回布達。十六日時，大軍已在距布達數小時行程的地方停下，工兵則用船架了浮橋，連接南北岸，步兵受命替筬筐裝土。有兩天時間，他們緩緩前進，沿途挖戰壕，放置筬筐，建築防禦工事，將布達城團團圍住，因此（理論上）將完全切斷布達與外界的聯繫。

布達的要塞有兩個部分，彼此相通。上城（城堡）是個平坦的岩床露頭，從河平面拔起將近六十公尺。匈牙利國王王宮原來就建在這裡，但這些古建築已大部分崩潰，這時用作補給站和射擊位置。在上城最東端，峭壁幾近垂直，往西則一路緩降。精心配置的一套縱深防禦，在石牆和土牆後方構築的一座座強固小堡壘，使這原本就易守難攻的地方，更為固若金湯。下城（水城）建在河岸與峭壁之間的高地上，保護城堡的城門和出擊口，駐守的官員和其家人，有許多住在下城。一六八四年遭圍城之後，雖然下城城牆草草修復，但這些城牆是舊式防禦工事，所以難敵炮轟。守軍除了糧食、飲水充足，還有大量的火炮、火藥、彈丸。

聯軍慢慢構築圍住上城、下城的戰壕線時，偶有齊發的炮火從下城或護城城堡襲來，土耳其重騎兵成群衝出城門，都遭聯軍騎兵擊退。有位被俘的土耳其禁衛軍，將布達帕夏向全部守軍發表的演說告訴審訊者。他說帕夏已下達（蘇丹）要求守住布達「直至最後一滴血」的命令，「他本人決心奉行這命令……土耳其禁衛軍和重騎兵則回應，他們願為陛下，願為守護他們的律法，犧牲性命。」但對這承諾，他們有嚴格但書。帕夏必須立刻發餉給每位軍士官兵；必須釋放城中監獄裡的所有囚犯，不管犯了什麼罪；最重要，「他必須堅守到最後關頭，以免他們的下場和新霍伊塞爾的守軍一樣悲慘。」這指的是一六八五年叫奧圖曼人驚駭的那場大屠城。這些要求，他全答應。這一協議意味著，不管會遭圍多久，他們都願為他們所已領到的錢和榮譽而戰。要到已全然不可能有援軍到來之時，他們才會放下武器。

六月二十一日，聯軍炮兵開始猛轟下城城牆。炮擊精準而集中，兩天後就在外牆轟出第一個缺口。反擊火力不大，有兩天時間，聯軍以最重型火炮逐步擴大那個缺口。六月二十四日晚，巴伐利亞部隊對外牆發動一波強攻，只遇到少許抵抗。他們穿過缺口，進入城裡，發現空無一人，因為奧圖曼部隊全已集中於上城。這場初期的勝利令聯軍大為雀躍，協同攻擊的技巧比兩年前更有效得多。此外，聯軍對攻擊線部隊實施定期輪調，以使攻擊部隊保有充沛活力；聯軍也比較能抵禦疾病，不再像前次攻城那樣，許多人死於戰壕裡。一隊非正規軍俘獲了數艘趁著夜色往下游航往貝爾格勒的船，船上有約九十名婦孺，包括帕夏的家眷和大量銀塊。

強攻布達

六月二十一日大舉展開的圍城，最終持續了七十四天，比三年前維也納被圍還要久，戰況更為艱苦而激烈。一六八六年的聯軍，在組織和指揮方面，都比卡拉．穆斯塔法統率的那支大軍來得好。布達的奧圖曼守軍，不僅兵力少於史塔勒姆貝格在維也納統率的數目，他們在城堡丘那長長的石灰岩峭壁和下城，也遭遇來自四面八方的攻擊。這次的圍城更有計畫且更專業：聯軍從四面八方不斷猛轟布達的上、下城。洛林手上有許多重炮，隨著巴伐利亞部隊占領俯瞰上城的聖蓋勒特丘這塊高地，六月二十四日起，洛林部隊可以用迫擊炮對下方城堡發動精準的毀滅性炮擊。[8]但聯軍雖一再強攻，奧圖曼陣地卻幾乎仍是安穩如山。常有人說土耳其人的防守格外頑強，在布達，他們為了因應通往上城的多岩地形，又修正了傳統戰術。

聯軍幾乎每天攻擊城牆，土耳其人則迅即增援受壓迫區域。他們會在既有的陣地後面，以防柵或野戰防禦工事構築新防線。新防線一旦完成，與敵接觸的奧圖曼前線部隊會撤退；然後，得意的西方人會往前推進，結果碰到來自新防線精準的毀滅性火力。往往，訓練有素的土耳其禁衛軍會接著發動反擊，炸毀聯軍後方的戰壕線。實戰證明，近身肉搏時，奧圖曼人的戰法比西方人拘泥形式的戰術有用。當時有份西方人的記述試圖掩飾這一狀況。「我們無法攻破被圍者在缺口後方所構築的，以柵欄保護的二線防禦工事……我們的重要軍官，在遭遇敵人不斷射擊下，不是受傷，就是死亡，因此，（我方）進攻部隊作戰雖英勇，還是撤退比較好。」就連小巧而發箭迅速的土耳其弓，都是比滑膛槍還厲害的武器。歐根親王有隻手遭土耳其箭射穿，呂迪格·馮·史塔勒姆貝格的侄子古多，有隻腳挨了一顆滑膛槍彈，一邊肩膀裡有手榴彈碎片；還有許多來自歐洲各地的軍官，在日復一日的肉搏戰中，遭馬刀或穆斯林彎刀砍傷。

經過數星期的廝殺，情勢漸漸顯示，除非能說服奧圖曼人投降，不然最有希望的致勝之道，乃是靠強攻拿下上城。唯一可行的進攻路線，是穿過位於城堡丘北端盡頭的大城門，而這個城門有一道大弧形的防禦工事保護，防禦最強。[9]土耳其人攻維也納時，曾以挖地道、在其中埋設地雷的方式，破壞稜堡和三角堡，手法非常純熟，但眼前，要以同樣手法炸垮這城門，成功機會渺茫。聯軍炮火雖造成目標的部分毀損，卻不足以將其摧毀。但那是瓦解奧圖曼防禦的唯一途徑，因此一如卡拉·穆斯塔法傾注全力攻擊維也納皇宮旁那兩座稜堡，聯軍對布達的攻擊力道，也愈來愈集中於那座城門。

七月二十四日，巴伐利亞部隊發出迫擊炮彈，有一枚正好引爆城裡的火藥庫，炸死多達千名的土耳其人；但仍未取得決定性的進展，聯軍的傷亡與日俱增。火藥庫爆炸的隔天，洛林公爵派一人持停戰旗進城招降。兩小時後，那名特使帶回用紅絲絨套著的信。奧圖曼指揮官阿布杜拉赫曼·阿布迪帕夏在信中義正嚴詞說道，「他絕不會做這麼可恥的懦弱事；他是為了榮耀先知、光榮穆斯林而戰；他和守軍決心堅守到底；守護城池直到最後一口氣；大人（蘇丹穆罕默德四世）交予他掌管這塊地，他要誓死守護。公爵閣下不妨過來，把它從我手中奪走」；「他會發現他已在缺口等著阻止他進去。」

洛林公爵平靜收下信，要炮兵加倍炮轟。他似乎把這位帕夏視為軍人，可敬的對手；畢竟那是他或史塔勒姆貝格處於類似處境下會表現出的不屈精神。自圍城開始，戰鬥一直激烈且不斷，但完全未出現圍攻維也納或新札姆基時雙方幹出的那些象徵性暴行——割俘虜的皮，把頭插在防柵上。至這時為止，最慘無人道的事，就是洛林的部隊在擊退土耳其人後，從死在戰壕裡的土耳其禁衛軍屍體割下六十顆頭顱，獻給洛林。

到了一六八六年七月最後幾天，圍城已陷入停滯。謠言滿天飛：據說有支奧圖曼大軍已在奧西耶克渡過德拉瓦河，正往北進發，欲解布達之圍。洛林開始保存自己部隊的戰力，在每日的進攻中用匈牙利志願軍當炮灰。七月二十七日的大規模強攻，出現許多可歌可泣的英勇事蹟，特別是鬥志旺盛的布蘭登堡部隊表現英勇，但這番奮戰只取得少許進展，傷亡卻超過三千。七月三十日，洛林召開作戰會議，因為他聽聞奧圖曼人內部失和，許多奧圖曼人想投降。於是他又派一名特使前往山上。帕夏收信後，告知他得徵求麾下軍官的意見。他給洛林的答覆，態度不如前一封信明確。「他既不能也不願交出這個『攸關奧圖曼帝國存亡』的地方，但如果他想握手言和，他們會把具有同樣價值的城鎮交到我們手裡。」

看來雙方都想找個不失顏面的辦法，擺脫眼前的僵局。聯軍軍官在上城受到奧圖曼人的慇勤款待；送到聯軍陣營充當人質的奧圖曼軍官，在巴伐利亞營地也受到周全招待。帕夏清楚表示，他知道自己受困於城中，約定要來的援軍尚未到來，但要他在沒有合適條件下交出布達，他會被宰相砍頭。洛林的特使克洛斯男爵，透過通譯答道他沒有權力協商，但擺在眼前的事實是，如果再來一次傷亡慘重的強攻，屆時「將領有沒有辦法壓下士兵的怒火」（就很難說）……這場圍攻的結局最後可能和圍攻新霍伊塞爾一樣悲慘。」也就是說，全部守軍和所有城民都會遭屠或淪為奴隸。

雙方交談時真誠到何程度，不得而知，但攻下該城一旦已成必然的結局，努力達成某種和解，就是正常的事。不到幾小時，敵意再現。但到了八月開始時，仍無進展。洛林派人去搬援兵；有關有支奧圖曼援軍正逼來的傳聞，傳得更加沸沸揚揚；雙方繼續以火炮對決。土耳其人雖然被炸掉一個火藥庫，彈藥似乎不缺。八月十三日，奧圖曼援軍的傳聞得到證實：有約四萬人正往北進。奧圖曼人打算要援軍一路打進上城，八千名韃靼人則同時掃蕩方圓數公里的鄉野，襲擊聯軍的補給線。已有人在布達城旁邊的丘陵上，見到部分韃靼人的蹤影。隔天，洛林公爵帶著他所有騎兵和部分步兵，調走圍城部隊裡他大部分的手下，啟程迎擊奧圖曼援軍。這個風險很大，因為如果他的敵人避開他，沒有正面跟他交手，可能將成功增援布達。那麼這次圍城，將如一六八四年那次，以一敗塗地收場。

不過，實際發生的正與此相反。洛林的居拉西耶騎兵堵到一部分奧圖曼騎兵，將其困住，大批土耳其重騎兵和韃靼人則與匈牙利非正規騎兵遭遇，後者使出奧圖曼人的老招，立即佯逃。奧圖曼人動身追擊時，側翼遭洛林的騎兵予以壓倒性的攻擊。奧圖曼騎兵陣腳大亂，奧圖曼步兵隨之遭聯軍無情砍殺。據圍城日記所記載，土耳其人「如落入獵人網裡的野獸遭到屠殺」。三千具土耳其人屍體躺在戰場上，其餘土耳其人全面撤退。這些人「大部分是土耳其禁衛軍和精選的壯丁……原發誓若未能衝進城裡，就戰死沙場。」這是天賜的大勝，洛林派「年輕的帕爾菲伯爵將消息告知皇帝，將這次戰鬥奪來的二十八面旗幟放在他腳邊。」

洛林還把這次戰鬥奪來的其他戰利品，展示在聯軍所攻下的各段防禦工事，讓上方的奧圖曼人得以清楚知悉，他們期盼已久的援軍絕不會到來。但坐困愁城的守軍反擊更為凶猛，到了八月十九日，洛林理解到他們「決心堅守到最後一口氣」。為解此城之圍，奧圖曼宰相又發動一次更有力的進攻，終於有小股的土耳其人成功突破聯軍戰線，打進城裡。這少數幾百人不足以扭轉圍城局面，但守軍士氣大漲，在牆頭掛起勝利紅旗。只是這一招只能得逞一次，接下來幾次的進城行動都遭擊退，且付出慘重傷亡。

聯軍幾乎每天都逮到布達城裡溜出來的傳令兵，他們是要送信給潛伏在城外的奧圖曼軍隊。洛林因此對上城城內士氣的低落瞭若指掌，且一再於信中看到帕夏提及，再一次強攻，他就會守不住。但守軍抵抗絲毫未有放鬆的跡象，聯軍每次進攻都只取得少許的新優勢。聯軍嘗試了幾種孤注一擲的辦法。奧地利工兵造出奇妙武器。那是以木板製成的某種木橋，上有遮頂，下有輪子。步兵負責將這裝置推向敵人防柵，然後將其抬起，往下砸上那些木樁，將木樁砸毀，最精銳的突擊部隊則藉由木橋，進入土耳其人防線。工兵在木橋表面貼上錫片，以防這中世紀風格的戰爭機器著火。但第一次上戰場時，土耳其人就從牆頭和壕溝灑上易燃液體：「瀝青、焦油、硫磺、其他易燃物」，導致木橋全身著火，不一會兒就燒成灰燼。八月三十日，等待已久的聯軍援軍抵達，共五個步兵團，「全部精神抖擻且訓練有素」，和二十五個騎兵中隊。決定性的時刻到來。

援軍抵達那晚，洛林與選侯馬克斯・埃馬努埃爾等所有將領會商，一致同意最佳的機會乃是在接下來幾天內強攻城堡。但有些將領認為應得到維也納的批可，而這將會延誤時機。好巧不巧，掌璽官史特拉特曼在同一天抵達，帶著皇帝的秘令。萊奧波德要求這場戰爭要有決定性的結果：這下，所有人達成共識。眾指揮官一致認為，布達城可以攻下；因為精力充沛而鬥志高昂的援軍抵達帶來了優勢。但他們認為出其不意才是得手的關鍵，因此特意在營地裡放出謠言，說大軍將啟程，全力去對付奧圖曼宰相，所以圍城部隊要抽走絕大部分的兵力。九月二日早上，聯軍營地裡出現明顯的移動跡象。騎兵馬匹上鞍，準備上戰場；步兵接受檢閱，所有將領和野戰軍官聚集在各自部隊的前頭。這些緊鑼密鼓的活動，城牆上方的奧圖曼人全看在眼裡。但聯軍準備開拔進攻奧圖曼宰相的軍隊時，突接獲「調頭」命令。不久，大軍就分成三路縱隊，全體向那道弧形防禦工事和後面那座城門移動。在這同時，所有火炮開始向布達城齊射。

第一波進攻對準土耳其人的前沿防線，遭擊退；第二波進攻幾乎立即就遞補上前，也遭擊退。但這時候聯軍士兵激起鬥志，帶著怒火與恨意，重回前線發狂猛攻。這一次，三支攻擊縱隊擊潰頑強但寡不敵眾的守軍。他們往山上強力推進，攻向布達城。進攻者毫不留情，砍向、刺向每個活著或已死的土耳其人。約一千名土耳其人躲在一個小堡壘自保，舉出白旗請求饒命。聯軍衝進堡壘，開始砍殺這些未抵抗的土耳其人，最後洛林公爵和巴伐利亞選侯

強攻布達

直接下令止殺，要敵人繳械，要殺紅了眼的聯軍部隊攻破城門，打進上城。

布達帕夏在上城結束一生。「他在城牆缺口手持短彎刀勇猛自衛，不屑後退，也不求饒，英勇戰死。」他曾發誓「若不能保住這城，就要光榮結束生命。」許多土耳其人跟著他一起戰死：一開始守衛該城的一萬三千人，最後只剩兩千人活著。萊科特寫道：「守軍逐屋、逐牆後退，從窗戶和洞裡，從各個地方，開火，決心讓敵人付出最大代價，才交出他們的房子和性命……神聖羅馬帝國的擁護者成為這城的主人之後，發動至為可怕的屠殺，見人就殺，殺紅眼後，連婦孺都沒放過。」屠城的情景，我們今天仍可見到。有一幅為洛林公爵而繪的小油畫，現藏於因斯布魯克的霍夫堡，畫中呈現上城的主廣場。畫上注有日期：一六八六年九月六日。廣場地上，人體橫陳，有男有女，有的還活著，有的已死。有名婦女以身體護住自己的小孩，還有名婦女遭士兵粗暴扯下衣服，竭力遮住私處。其他土耳其人一臉驚駭的看著，手掩著嘴，數隊士兵押走已繳械的土耳其禁衛軍，要將他們關起來，發配為奴。畫中看不到高階軍官。後來，洛林的孝順兒子請人製作一組掛毯，頌揚父親的軍事功績，其中有張掛毯上的織錦畫，就是根據這幅小得多的油畫製成。但在織錦畫版本裡，那些遭凌虐的裸身婦女消失，換上一臉嚴肅巡查現場的洛林和其麾下指揮官。

這場勝利的背後意涵，當時人一眼即看出。收復布達的日子——九月二日——正是蘇萊曼一世在一五四一年攻占它的日子，意義重大。還有些巧合出現。君士坦丁堡是在一四五三年由穆罕默德二世拿下。這時，有人「發現」一古老的土耳其俗語，說「另一個穆罕默德在位時，它會被奪回。」維也納、布達兩場奇蹟似的勝利，意味著世上沒有不可能之事。誠如那部圍城日記的作者最後寫道：「我們（這時）有理由期盼完成更光榮、更浩大的征服，以推動『上帝的大業』，提升奧地利皇室的威望，撫慰在異教徒的專制暴政下呻吟的許許多多基督徒。」但那只是開始：基督教可能征服、一統全世界；伊斯蘭本身可能衰落，不久會有「無數蠻族重新投入真正的『上帝教會』的懷抱。」解救維也納與收復布達這雙重奇蹟，說不定預示著，將會有一場超乎過去所有聖戰所曾想像的偉大成果，在最神聖的哈布斯堡皇家主導下完成。那將是全面的勝利。

PART 3

第三部

玫瑰與紫杉
同壽。沒有歷史的民族
未擺脫時間的制約，因爲歷史向來
是由一個個沒有時間性的瞬間構成。
——艾略特，〈小吉丁〉

Der Ungarische Kriegs ROMAN
HUNGARIA
Ofen
Pest
Papa
Sigeth
Fünfkirchen

CHAPTER

11

英雄輩出的時代

The Age of Heroes

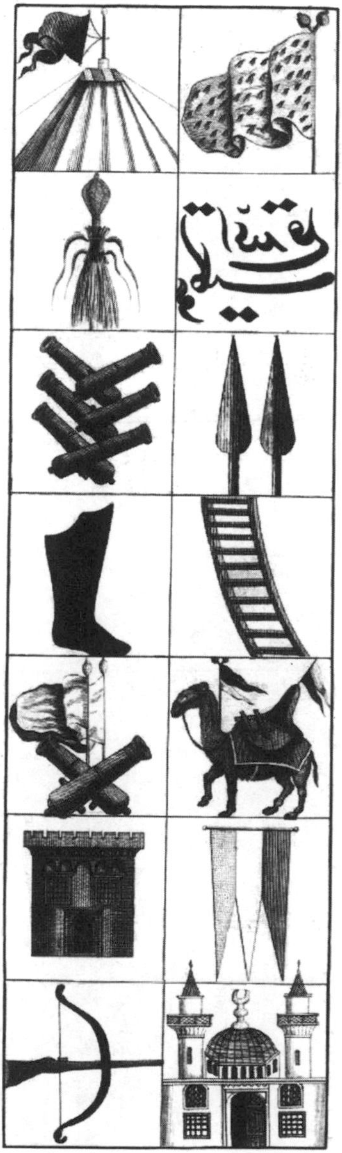

經過維也納圍城之後，奧地利人得了「土耳其人恐懼症」。即便哈布斯堡與土耳其人的邊界已經推離維也納相當遙遠之處，且真正威脅哈布斯堡的敵人全在西邊：法國與普魯士，但他們仍花相當多的經費在東邊，以建造防禦工事。

格拉茨市海倫街十六號，堂堂皇皇的巴洛克式立面後面，座落著該市的軍械庫。它始建於一六四二年，一六四四年建成，象徵施蒂里亞地區在反土耳其人戰爭中所扮演的中心角色，裡面藏有八萬五千多件矛、劍、全套盔甲、馬具、手槍、滑膛槍、火炮。[1]危險時期，格拉茨市和周遭的壯丁會排隊領取武器；有些人可能當過兵或傭兵，有作戰經驗，但大部分人是市民和農莊男孩，前來執行保衛家園的人民義務。這一模式在許多地方如法炮製，但規模沒那麼大。哈布斯堡王朝的領地從未有優秀的軍事傳統，該王朝倚賴地方體制，雇用傭兵，或鼓勵個人自行召募非正規部隊（並自行負擔開銷）。這是臨時性的安排，與奧圖曼人的軍事國家殊若天壤。這座軍械庫說明了這座富裕城市的實力，但也說明了奧地利從事征戰時的基本業餘特色。奧地利籍歷史學家米夏埃爾．霍赫德林格，描述這一「過時的大國」時，說得相當精闢：「它雖有堂皇的巴洛克外表，卻可能有更多地方是錯覺，類似靠泥塑的雙腳立著的巨像，存亡始終在旦夕之間。」

騙人的外表和欺人的錯覺，就是哈布斯堡王朝典型的特色。這兩個特質內建於一心得過且過的傳統當中。但有時，外在情勢會使這一昏昏欲睡的體制突然振奮起來。維也納被圍、維也納奇蹟似解圍、天賜的收復布達這三重震撼，就是這樣的外在情勢之一。哈布斯堡體制，在勝利與成功的刺激下，在國際舞台上大展身手三十餘年，直到那股衝勁衰退為止。

哈布斯堡王朝久不識真正勝利的滋味：從十六世紀初期起，他們最拿手的，大多是以巧妙的宣傳，將失敗說成勝利。一五九三至一六〇六年，奧圖曼與哈布斯堡兩王朝，進行一場沒完沒了、無關大局勝負的「長戰」，而在官方宣傳下，這場「長戰」變成像是一場勝利，失敗遭粉飾，成功則遭誇大。但在一六八三至一六九九年的第二場「長戰」，則出現規模前所未有的真正勝利。這之後的一七一六至一七一八年間，又出現短暫的戰爭。第二場「長戰」期間，哈布斯堡王朝成功收復匈牙利，收回被蘇萊曼一世納入伊斯蘭勢力範圍的所有土地。十六年間，萊奧波德一世的軍隊和他兒子約瑟夫一世（一七〇五～一七一一）、查理六世（一七一一～一七三九）的軍隊，幾乎把奧圖曼帝國自一五二一年以來所攻占的土地全數收回。只有貝爾格勒仍爭而未決，在奧圖曼與哈布斯堡兩王朝之間幾度易手。一七〇四至一七一三年的西班牙王位繼承戰爭中，哈布斯堡軍隊連戰皆捷，馬爾伯勒公爵和帝國指揮官薩伏依的歐根親王率領聯軍，挫敗歐洲軍力最強的法國軍隊。[2]

打敗土耳其人，不只是哈布斯堡王朝的勝利，也是法國以外基督教歐洲大多地方的勝利。[3] 一六八四年三月五日，教皇英諾森十一世發起新一波的神聖聯盟，打算打一場直到取得最後勝利才罷手的戰爭，而加入聯盟的各方，均不可自行與奧圖曼人談和。就連莫斯科的沙皇也受邀加入。這一聯盟決心立即採取聯合行動，由哈布斯堡王朝出兵匈牙利，波蘭人出兵德涅斯特河以北地區，威尼斯人出兵亞得里亞海、地中海、希臘。這個從四面八方壓迫奧圖曼帝國的戰略構想，使土耳其人受到決定性的壓力。攻下布達之後的十年期間，基督教世界頻頻出兵，在戰場上取得一連串不凡勝利。如今把奧地利歷史上這段戰爭時期通稱作「英雄輩出的時代」，名列英雄者包括洛林的查理、「土耳其路易」（即巴登的路德維希・威廉）、古多．馮．史塔勒姆貝格（呂迪格的侄子）、佛洛里蒙．德．梅爾西，以及曾在東方戰場打出名號，但後來在西班牙王位繼承戰爭期間，又在西歐與法國軍隊交手，而戰績同樣斐然的其他許多人。在這時代之後，除了精瘦結實的薩伏依歐根親王——「英雄輩出時代」最偉大的英雄——其他人全都變老變胖，或死去或退休，奧地利的熠熠光芒隨之黯淡下來。這個時代一連六場的奇蹟似勝利，當時人可以如連珠炮般一下子背出來。第一場勝利，當然是波蘭國王約翰．索別斯基所領導的解救維也納之役。第二場是洛林的查理在一六八六年攻下布達，讓奧圖曼老帕夏戰死在城門邊。第三場是一六八七年的哈爾薩尼之役，往往又被稱作「第二次莫哈奇之役」，是洛林的查理戎馬一生的最大成就；使得舊匈牙利王國在一五二六年遭蘇萊曼一世消滅的恥辱終得洗雪。第四場勝利，是巴伐利亞選侯馬克斯．埃馬努埃爾在一六八八年攻下貝爾格勒這座歷來兵家必爭之城；但隔年，又被土耳其人奪回。第五場是「土耳其路易」在一六九一年的史蘭卡門之役消滅土耳其軍隊。第六場勝利，是一六九七年薩伏依歐根親王在森塔大敗蘇丹穆斯塔法，使蘇丹倉皇逃離戰場，蒂薩河上布滿奧圖曼人屍體。經過十四個作戰季，雙方終於達成和解，一六九九年，在貝爾格勒附近的卡洛維茨鎮一座大帳篷裡，簽署了和約。

這些勝利是在有限資源下贏得，因而更顯不凡。在西側對法國重新用兵，使哈布斯堡王朝這時和奧圖曼人一樣陷入兩面作戰。一六九一年八月十九日，在貝爾格勒北方約六十五公里處的史蘭克門，巴登的路德維希．威廉只有兩萬兵力，對方則是由法濟爾．穆斯塔法帕夏（又一位活力十足的科普律呂家族成員）領軍，兵力更大得多的奧圖曼軍隊。「土耳其路易」能贏，有一部分得歸因於奧圖曼人作戰所不可或缺的韃靼部隊仍在南下途中，未能前來助陣；還有一部分是因為他那人數居於劣勢但身經百戰的部隊，能精準而有效的回應他的指揮。但最重要的或許是幸運之神的眷顧。一顆流彈不偏不倚打死奧圖曼統帥，其部隊立即瓦解，丟下所有火炮，甚至丟下供應全軍作戰開銷的錢箱，調頭逃向安全的貝爾格勒。若同樣的意外發生在「土耳其路易」身上，他因此死在戰場，他的小兵力部隊也不會分崩離析。因為屆時會有別的高階軍官接下兵符繼續戰鬥，同時計畫撤兵事宜。這是奧圖曼軍事體制的固有弱點：奧圖曼軍隊若沒了頭，就等於是一群烏合之眾。但哈布斯堡軍隊如果人數變少（大多因為病死），缺人，缺糧食，缺錢，士氣也會很快低落到同樣程度。有位英格蘭人說，奧西耶克那座橋的守軍，「看去個個像死人」。

哈布斯堡王朝於一六九七年結束對法戰爭後，維也納慢慢將更多資源投入東方，最重要的，帝國作戰會議同意讓歐根親王（哈布斯堡王朝史上唯一用兵如神的指揮官），返回匈牙利前線。皇帝萊奧波德不失其一貫作風，在任命他時提醒道，「行事要極謹慎……避開所有風險，且避免與敵交手，除非有優勢兵力，且有把握百分之百打贏。」一六九七年七月結束時，歐根抵達哈布斯堡部隊的新集結點，即位於貝爾格勒更上游處，多瑙河畔的彼得瓦爾丁（今彼得羅瓦拉丁）舊要塞。他的部隊（名義上）有三萬名奧地利、薩克森、布蘭登堡的步、騎兵，但其中許多不適合作戰。不到一個月，他就擬好掃蕩多瑙河東岸的廣大地區，最北及於川西瓦尼亞的計畫，並提振了部隊的士氣和體能。他擔心部隊若未領到薪餉會出大亂子，於是他自己借錢發薪餉。他要求帶上相當於五萬人部隊所需的彈藥、口糧、裝備。他派體能狀況最好的兵到北邊對付匈牙利叛軍，並專注於改造殘餘的士兵。不久，維也納、布達之間開始有船隻穿梭往返，船上滿載補給。來得正是及時。

八月十八日，蘇丹穆斯塔法三世從貝爾格勒率領一支奧圖曼軍隊，約八萬人，渡過多瑙河，往北進向川西瓦尼亞之前最後一道主要的河川障礙蒂薩河，從那裡往西，有路通往布拉迪斯拉法，最後抵達維也納。歐根的軍事情報做得很好，他的偵察兵一直尾隨奧圖曼軍隊。蘇丹緩緩北進時，歐根要其部隊從彼得羅瓦拉丁南移，渡過蒂薩河，沿著東岸往上游走。他從北方召回部隊在蒂薩河畔會師後，總兵力達到約五萬。奧圖曼人完全不知敵人的行蹤，大概認為歐根已轉移，以躲開他們不停的進逼。

這時候，不管是哪裡的軍隊，渡河仍是危險的調動，特別是軍隊有一半在此岸，一半在彼岸時。奧圖曼人打過多次慘不忍睹的敗仗，吃敗仗的原因之一在河流，例如一六六四年的聖哥達之役。當奧圖曼軍隊抵達蒂薩河畔的森塔時，蘇丹下令嚴防敵人來襲。搭浮橋時，土耳其禁衛軍挖戰壕以保護渡河點，甚至立起防柵，用鐵鍊將兩輪獸拉車串在一塊，構成野戰防禦工事，作法大異於從前。九月十一日早上，騎兵和炮兵開始移動時，奧圖曼步兵在野戰防禦工事後面各就各位，擺出準備射擊姿勢，嚴密注意敵人蹤影。那是渡河時的標準防禦作為，顯示奧圖曼人能從先前的挫敗中吸取教訓。如果歐根遵照皇帝謹慎行事的指示，特別是敵眾我寡時，那麼這些土耳其人大概會安全過河。但一旦土耳其人過了河，歐根就未必擋得了土耳其人的前進。

他採取了極度冒險的辦法。九月十一日大清早，歐根的胡薩里亞騎兵抓到一名奧圖曼帕夏。歐根給這帕夏兩條路走：說出蘇丹和其軍隊的位置，不然就等著被砍死。帕夏猶豫不決，歐根叫他的克羅埃西亞手下抽出劍，把土耳其俘虜大卸八塊。這些克羅埃西亞人轉而要對帕夏下手時，帕夏說出歐根想知道的。蘇丹位在森塔，他的火炮和輜重位在對岸，但大部分步兵仍未過河。歐根立即帶著胡薩里亞騎兵，先行全速馳往，步兵和野戰炮則急行軍到森塔與他會合。歐根和輕騎兵在下午約三點左右抵達，主力部隊幾小時後趕到。剩不到三小時就要天黑，奧圖曼人仍未全部渡河，仍未擺脫危險。

哈布斯堡部隊出其不意的突然出現，嚇壞了奧圖曼人。誰來發號施令？蘇丹、宰相分別在河的兩岸。叫他們更為吃驚的，歐根未採取他們眼中西方部隊一貫的作法，即緩慢的調動陣地，而是採行典型的奧圖曼戰術。天光漸暗時，整個哈布斯堡部隊，以騎兵為左右翼，以步兵為中軍，對敵人駐守的橋頭堡發動直接的全面進攻，將橋頭堡團團圍住。歐根未留下預備隊，因為他靠的是戰況最激烈時能將部隊在戰場上四處調動的能力。不久，敵人防禦圈開始出現弱點，在某些地方，土耳其禁衛軍開始撤出防線，撤往橋。歐根跟著從戰線不同地方抽出一部分居拉西耶騎兵和龍騎兵，將他們重組成密集的戰術隊形，攻打土耳其防線上開始出現裂隙之處。在大部分地方，土耳其禁衛軍堅守不退，歐根因此要其部隊將他們困住即可。

但對於防線出現裂隙之處，則毫不留情的施壓。激戰於黃昏中繼續進行，歐根與身邊的傳令兵，在奧圖曼防線中央的戰場附近，在愈來愈暗的光線中觀察戰局的消長變化。

暮色降臨時，土耳其人的防禦圈瓦解。哈布斯堡騎兵大肆砍殺在橋四周亂竄的數千名驚慌失措的奧圖曼人，龍騎兵和步兵則開槍將他們一個個撂倒，直到天暗得看不見目標為止。然後他們朝著人馬雜沓、亂成一團的土耳其人齊射。主要戰鬥結束後才抵達的炮兵，則炮轟橋和未死的土耳其人。隔天早上，整個戰場就像是個藏骸所：河岸上土耳其人屍體橫陳，已開始腐爛，他們或是被馬刀砍死，或是被滑膛槍彈或炮彈打成肢體不全。河正處於低水位，流動緩慢，河的兩岸之間布滿土耳其人屍體，有些與浮橋碎片糾結在一塊，有些被輕緩的水流推擠在一塊，成為一簇簇交纏的浮屍。據說有兩萬人遭戮於河岸，可能有一萬人溺死於河中。歐根的軍隊則有三百人戰死。他們終於過河到對岸時，發現蘇丹與奧圖曼騎兵已逃往泰梅什堡（今蒂米什瓦拉），留下九千輛載運輜重的二輪車、六千頭駱駝、一萬五千頭牛。此外還有奧圖曼人丟下的作戰錢箱，裡面有三百萬「皮阿斯特」（金錢的單位）。

打贏森塔之役後，歐根以六千騎兵和一些輕型火炮，南襲波士尼亞，洗劫塞拉耶佛，帶著「大量土耳其布、許多土耳其女人……」返回薩瓦河北岸。一六九八年，雙方都有言和之意，最後，經過不計其數的延宕和外交詭計，終於在貝爾格勒附近的卡洛維茨簽署協議（而非停戰協定）。在這條約中，奧圖曼人被迫割讓許多土地，但保住他們在一六八九年從哈布斯堡手中收回的貝爾格勒。

英雄輩出的時代

「收復失土」的行動，要到一七一六至一七一八年那場決戰打過之後，才真正結束。一七一五年，奧圖曼人出兵，收復了在「神聖聯盟」聲勢如日中天時，他們喪失給威尼斯人的希臘土地。哈布斯堡出兵援助其威尼斯盟友，一七一六年七月，過度自信的奧圖曼宰相錫拉赫達爾·阿里帕夏，再度在貝爾格勒集結軍隊，出兵攻打哈布斯堡王朝。他將森塔之役慘敗的記憶給拋到九霄雲外，結果慘不忍睹。土耳其人在卡洛維茨附近，看到一六九九年簽約的地點後，渡過多瑙河，然後往北迅速推進，抵達彼得羅瓦拉丁，開始圍攻該地重新建好的要塞。他們所面對的將領又是歐根親王，他熟悉當地地形，土耳其人則不然。這座要塞俯瞰多瑙河岸的平坦地，矗立在縱橫交錯的溪河水道網之中。一七一六年八月五日，率兵來援的歐根，將奧圖曼宰相的大軍困在嚴密防守的要塞外，使其腹背受敵。若非歐根就在附近，可即時來援，這座要塞大概會不保，因為土耳其禁衛軍已攻下外圍防禦工事。但一如森塔之役，奧圖曼人不知歐根的行蹤，歐根率兵來襲，叫他們猝不及防。

奧圖曼宰相處於難以防守的位置，前後遭彼得羅瓦拉丁守軍和歐根復仇軍隊的夾攻。森塔之役，歐根逼使土耳其人退入河中溺死；這一次他則用一波波騎兵、無情炮火和滑膛槍火力摧毀他們。戰鬥結束後，在堆積如山的奧圖曼人屍堆底下，發現錫拉赫達爾·阿里的屍體。打過這一仗的人，都記得突如其來的夏季雪暴使大地和士兵化為一身白。奧地利部隊裡開始流傳聖母瑪利亞撒下神物護住他們的事。後來，在泰基耶建了一座朝聖教堂供奉白雪聖母，如今每年八月五日，當地人仍會慶祝這場勝利。這一仗，河水裡又是布滿死屍。

但不管是戰場上那一連串勝利，或是一六九九年卡洛維茨和約，或是歐根於一七一七年奪回貝爾格勒之後，一七一八年簽署的帕薩羅維茨條約，都未能使「歐洲爭奪戰」畫下句點。帕薩羅維茨條約簽署之後，奧圖曼與哈布斯堡的邊界，不再位在距維也納數日征程的地方，而是位在多瑙河和薩瓦河，接近奧圖曼帝國歐洲地區的巴爾幹心臟地帶。這時貝爾格勒就座落在邊境。一六八三年時，哈布斯堡得時時提防奧圖曼人來犯，如今形移勢轉，換成奧圖曼人受到哈布斯堡強化邊境要塞的嚴重威脅。但哈布斯堡顯得比較不安。他們有時把奧圖曼人視為不堪一擊的敵人，認為奧圖曼人經過一次次的挫敗，已經無法對哈布斯堡的宏圖大業，也就是建立遠及伊斯坦堡的大業，構成實質障礙。有些時候，他們又認為土耳其人是致命的威脅，永遠準備侵占匈牙利，甚至入侵奧地利諸省。沒有人真的認為維也納被圍之事會再上演，但韃靼人再度帶來新恐怖，卻是絕對有可能。

因此，維也納政府花費巨資，在匈牙利南部和穿越克羅埃西亞的邊境沿線，建造了極複雜的邊境防禦體系。作戰會議的邏輯很簡單：除非有縱深防禦，有軍隊駐守邊境，有龐大預備部隊，難保一六八三年被圍的事不會重演。一六九九年時，哈布斯堡已開始在貝爾格勒上游八十公里處，多瑙河畔的彼得羅瓦拉丁，建造比貝爾格勒的護城城堡更龐大得多的要塞。彼得羅瓦拉丁的舊要塞，將是他們防禦體系的關鍵。這座要塞於一六八七年被聯軍攻下，然後，歐根親王那兩場大捷都以此為基地。龐大的新要塞建築群於一六九二年開始動工，一七六〇年才完工，外號「多瑙河上的直布羅陀」。這座要塞的建造，意味著哈布斯堡王朝認為主要威脅會來自南方的奧圖曼人。不過這樣的認知與常識和證據背道而馳。

扼守北侵路線者，不只彼得羅瓦拉丁，還有位於薩瓦河、德拉瓦河之間，一七一二至一七二一年間建成的一排新要塞，包括一七七〇年代建成的布羅德，以及靠近亞得里亞海岸的卡爾洛瓦茨。這些沿著南部邊境布設的龐大防禦工事所費不貲，排擠掉大量軍事預算。在這浩大計畫的背後，有一弔詭現象。到了十八世紀中葉時，嚴重威脅奧地利的敵人已全在西方；但這時奧地利卻已沒錢建造防禦工事，以保護有助於抵禦法國或腓特烈二世與其普魯士軍隊入侵的戰略要地。米夏埃爾・霍赫德林格指出一無法答覆的問題：「十八世紀下半葉，普魯士一直是奧地利最大的敵人。失去西里西亞之後，保住波希米亞變得愈來愈重要。」但除了強化摩拉維亞境內奧洛穆茨的防禦，奧地利對這方面的投入相對較少。在這同時，南疆的要塞建設工程，仍緊鑼密鼓在進行。奧地利認為「強化與奧圖曼帝國交界地區的較大型要塞，乃是必要之務。」

那麼，為何針對較不迫切的威脅建造這些複雜的防禦工事，乃是奧地利「必要之務」？原因在於那威脅或許並不存在，但無疑存在於人心中。一如二十世紀兩次世界大戰之間那道馬奇諾防線，彼得羅瓦拉丁讓奧地利安心，防範惡夢上身。經過維也納被圍之役後，奧地利人更怕土耳其人。奧地利諸省久遭韃靼人蹂躪，韃靼馬蹄最深入之處幾乎到達施泰爾——有人估計已有多達十萬人被殺或抓去當奴隸。當時製作的一張地圖具體呈現了遭焚毀的村子：大地上布滿這些小象徵。社會生活結構整個遭摧毀，大部分堂區檔案和土地資料在韃靼人的大規模劫掠中付之一炬。經過三代，那時期的回憶仍然鮮明，仍叫人感受到切身之痛。在更南邊的施蒂里亞境內以及和克羅埃西亞交界的地區，土耳其人則確確實實仍在近旁。

簽署帕薩羅維茨條約時，哈布斯堡已徹底掌握對東方式戰爭的對應之道。在東方，要存活，步、騎兵就必須合作無間：稍有空隙，一時疏忽，土耳其人就會如閃電般奔來，直搗那弱點。緩慢、穩重、笨拙的西式戰法，在這裡不管用。但哈布斯堡新軍隊得應付在東、西方作戰的需求，且東、西方地形全然不同，作戰方式也大不相同。有位在一六八〇年代服役的高階軍官，扼要說明了在東方打的戰爭：

他說的這個戰術非常高超，因為帝國軍隊排成緊密隊形，加以堅定服從指揮，讓土耳其人猶如碰上銅牆鐵壁。這一戰法乃是蒙帖庫科利將軍所創，藉由這戰法，他碰上兵力遠大於己方的土耳其人時，仍占上風。根據他遺留給皇帝的一份珍貴手稿，他是從經驗和深思熟慮中構思出這個戰法。他的接班人洛林公爵，學到這些觀念，且實際應用，成就斐然，因此，與土耳其人交手許多次，他都獲勝。

(居拉西耶)騎兵中隊排成緊密一排，緩緩推進。除非已極接近(敵人)，否則不准開槍。土耳其人無法打破騎兵中隊緊密的橫排隊形，他們的銳利馬刀也就無法發揮威力，這意味著一旦橫排隊形瓦解，立即會遭到四面八方的攻擊而喪命、被殲。但由於撞上堅不可破、堅定不移的帝國部隊，他們撤退，自認打輸。以這種方式，一萬人的帝國團隊可頂住兩萬名土耳其人。這聽來或許不可能，但不只一次的交手，已證實確是如此。

在西方，戰爭過程可預料；在東方，則不然。奧地利最終要其步兵與土耳其禁衛軍對抗時，一定要持續不斷的瞄準目標開火，而非採行已漸成西方作戰準則的齊射方式，因為齊射一有中斷，就給了奧圖曼欺近的機會。若打起近身肉搏，土耳其人擁有絕對優勢。同樣的，在大軍前方偵察敵情，摸清捉摸不定的奧圖曼人行蹤，成為胡薩里亞騎兵和其他輕騎兵的首要任務。這種新戰法，建構自數十年的實戰經驗，有時由軍官寫下，以手寫稿的方式傳閱。而且這種新戰法漸漸打造出新式戰爭的核心。

克里斯多夫・杜菲是鑽研十八世紀戰爭的歷史學家，對哈布斯堡帝國和俄羅斯尤其有深入研究，他稱這種新式戰爭是「位在較野蠻邊陲地區的戰爭」。十七、十八世紀的西方戰爭，或許會裝出某種程度的文明樣，但在東方邊境地區，完全把文明拋在腦後。割人皮、把人釘在尖樁上、無窮無盡隨心所欲的暴行，在雙方都司空見慣，而這些作為全是為了威嚇敵人或激怒敵人。有時這類作為的確威嚇並激怒了敵人，但通常只招來以牙還牙的報復。邊區戰爭的節奏和凶殘，催生出另一種作戰心態，那種心態比較類似二十一世紀的「特種部隊」，而比較不像受規則約束的傳統軍事戰術。

杜菲描述了二十一歲的莫里斯・德・薩克斯——日後成為極擅帶兵打仗的名將——在一七一七年八月十六日，歐根攻打貝爾格勒的戰役中，所學到的教訓。當時薩克斯在山丘上，看著不遠處獨立部署的兩個奧地利步兵營：「我看見那兩個步兵營舉起滑膛槍瞄準，對著二十步外來犯的一大群土耳其人一起開火。齊射和接下來的混亂，幾乎是同時發生。那兩個步兵營沒時間逃，所有人在三十或四十步縱深的一塊地方被砍死。」他首次目睹奧圖曼人攻擊的駭人情景，計算了土耳其禁衛軍死於齊射的人數：只有三十具土耳其人屍體，但奧地利人死了一大堆。凡是在東方打仗的人，這些是每天要面對的危險。奧圖曼人是比任何歐洲敵人還要危險、還要快速、還要致命的敵人。面對殺聲震天、如潮水般猛衝而來的土耳其禁衛軍，看著土耳其重騎兵銳利的馬刀一揮，同袍的頭顱、手腳落地，那需要過人的勇氣。

「收復匈牙利」運動的編年史裡，記載了許多這種意外的英勇與殘暴行徑。「我爬上缺口，一名土耳其禁衛軍持馬刀砍來，砍裂我的頭盔，我則一刀刺穿他的身體；前一場仗裡手部挨了一彈的選侯，這次右臉頰又中了一箭。沒有比這更光榮或更血腥的事。恐怖與可笑畢聚一處，世所罕見。」[4]對接下來的幾代人來說，這些硬漢似乎體現了英勇驃悍的作戰精神，是拼戰到底「不折不扣的高貴騎士」，而歐根親王正是箇中典範。一七一九年有首很受歡迎的歌謠在萊比錫發表，歌名叫做「歐根親王，高貴騎士」，以拉丁語和日耳曼語描述他於一七一七年攻下貝爾格勒的故事。那是哈布斯堡王朝所要推崇、歌頌、獎賞的那種英勇，那是哈布斯堡王朝所深信，他們軍隊特別承繼到的武德，從他們與土耳其人戰鬥的英勇行徑中衍生而出的武德。

❖ ❖ ❖

如果，土耳其戰爭正好在一七一八年（哈布斯堡王朝如日中天那年）簽署帕薩羅維茨條約結束，那麼有關奧圖曼國力江河日下的傳統認定，將證明是對的。但土耳其戰爭並未在那時結束。還有兩場戰爭爆發，摧毀了那一代哈布斯堡英雄連連大捷所激發出的樂觀自信。一七三七至一七三九年攻打奧圖曼人的那場侵略戰爭，一七八八至一七九一年的那場防衛戰爭，大概是哈布斯堡王朝戰史上最沒意義、最愚蠢的兩場戰役。事後來看，這兩場戰爭都是主事的哈布斯堡官員昧於軍事現實，在思慮不周的情況下，只為滿足外交考量而打。一七三七年的戰爭開打時，哈布斯堡王朝無比樂觀，且盛大舉行了出征儀式。

七月十四日，浩浩蕩蕩一行人，包括宗教修會代表、法官、外交使節、朝臣、皇帝本人，從霍夫堡宮曲曲折折走到聖司提反大教堂，向維也納市民宣布戰爭已開打。所有人聚集在大教堂大門前，聆聽宣戰聲明和敕令。根據敕令，城內各教堂會在每天早上七點敲鐘，每個人不管在哪裡，不管正在做什麼，都要跪下來，祈求上帝保佑皇帝的軍隊。

這場戰爭，就只有這個部分按照計畫進行。

整個漫長的邊境沿線，補給不足，兵力不夠，到一七三七年八月下旬，仍不見作戰計畫的蹤影。奧地利人攻打土耳其人的維丁要塞，行動拖沓——若進攻迅速，當能攻下——而挺進波士尼亞境內以攻取巴尼亞盧卡鎮的部隊，則碰上奧圖曼大軍，不得不迅速退到薩瓦河對岸，留下九百二十二名士兵和六十六名軍官的屍體在戰場上。這一年以失敗收場，著實讓奧地利人顏面無光。這次出征唯一重大的成就，乃是攻下往南通到伊斯坦堡路線上的戰略要地尼什鎮。該鎮帕夏一看到奧地利軍隊出現就舉旗投降。在維也納，奪下尼什這樣的名城，被視為大勝，認為這正證明了奧圖曼人確已失去以往的鬥志。

但一七三七年十月，一大群土耳其重騎兵來到尼什城外，遣使告知該城指揮官，奧圖曼宰相艾哈邁德．科普律呂已率其所有部隊在攻來的路上。指揮官道薩特將軍自忖存糧不足，援兵無望，於是當科普律呂來到城外時，即主動表示願意獻城，以換取他和部隊安全前往奧地利營地的通行許可。一七三七年七月，土耳其守軍放棄該城時，表現出來的似乎也正是這種不戰而降的怯懦行徑。消息傳回維也納後，群情激憤：經過軍法速審，為貝爾格勒設計並建造了龐大防禦工事的道薩特遭斬首，以示懲戒。

道薩特不是最後一位受懲的軍官。到一七三八年這場尼什鎮戰爭結束時，每位高階指揮官不是已遭撤職，就是遭停職，或遭報紙文章冷嘲熱諷。隨著蠱惑人心的政客問道：「新的歐根在哪裡？」維也納群眾的憤怒日益高漲。老歐根親王已死了將近兩年，接替人選仍不明朗。戰地最高指揮官陸軍元帥塞肯多夫被召回軟禁，等待軍法審判。他是新教徒，佩克哈特神父在聖司提反大教堂的講道壇上公開說道，「由異教徒將軍統率天主教軍隊，只會侮辱上帝，使天主教徒陛下的軍隊得不到祂的祝福。」為澄清疑慮，證明哈布斯堡王朝仍把自己的天主教徒身分看得最為重要，皇帝任命駙馬爺，洛林的法蘭西斯．史蒂芬，擔任一七三八年作戰季的名義統帥，他隨之啟程前往南部邊境。這項任命最初未能「贏得民心」，後來傳出年輕的洛林「在槍林彈雨中冷靜下達命令」，才得到改觀；這時，朝廷稱譽他既是歐根再世（不可能的事），也是一六八三年拯救維也納的洛林公爵查理不折不扣的孫子。

不久，接替塞肯多夫出任最高指揮官的科尼希塞格伯爵，也表現出懦弱，下令戰略性撤退，以避開與奧圖曼人接戰；他的高階軍官反對，要求追擊敵人，一如歐根親王處在同樣情況下會做的事。皇帝認定他那沒有經驗的駙馬爺軍事履歷更佳，更有能力領軍得勝，於是要他總綰兵符。法蘭西斯．史蒂芬識時務的稱病返回維也納，於是兵符復歸科尼希塞格，法蘭西斯．史蒂芬和妻子瑪麗亞．泰蕾莎被送到托斯卡尼公國過田園生活，心情大樂。這段期間，皇帝「事事不順心……極度激動不安，內心苦楚於『我帝國的前途會跟著歐根去世而完蛋？』」他繼續尋找具有大無畏特質的指揮官。用過所有看來可用的人選之後，他最後選擇了陸軍元帥喬治．奧利佛．瓦利斯。愛爾蘭裔的瓦利斯家族效力於哈布斯堡王朝已久，長久以來擁護流亡在外的英王詹姆斯二世。瓦利斯曾在歐根麾下打過一六九七年的森塔之役、一七一六年的彼得羅瓦拉丁之役、一七一七年攻下蒂米什瓦拉之役、一七一七至一七一八年占領貝爾格勒之役。在這之前，他一直未得到重用，因為他不是個好相處的部下：執拗、專橫、暴躁。他在戎馬生涯的晚期，學到行事應帶幾分謹慎，但他的第一本能是攻擊。如果查理六世想要找個歐根型的戰將，上了年紀的瓦利斯大概是手中最好的人選。

一七三九年七月中旬，接掌兵符不久的瓦利斯，來到貝爾格勒和紮營該地的三萬奧地利部隊會合。斥侯向他報告，奧圖曼宰相的軍隊正從東邊逼來：奧圖曼的先遣部隊位在多瑙河畔小鎮格羅茨卡，距奧地利營地只數小時行程。有位暫調到奧地利指揮部任職的蘇格蘭籍英國軍官，生動記述了接下來的發展。這位年輕的蘇格蘭貴族是第二十任克勞福伯爵約翰・林賽，曾以志願軍身分跟隨歐根親王打過歐根在西方的最後一場戰役，一七三七年加入東方軍打這場奧土戰爭，最後為格羅茨卡這場慘烈的戰鬥，留下精彩的手稿紀錄。誠如克勞福所述，瓦利斯的軍隊有一部分仍在多瑙河北岸，由奈佩格將軍統率，幕僚建議瓦利斯應等這一萬五千兵力抵達再開戰。瓦利斯派人通知奈佩格，要他在通往格羅茨卡的路上會合，隨即連夜帶兵出發，欲奪下據稱只有少數土耳其人據守的該村。一旦得手，他就可以在他選定的地方等候奧圖曼宰相。從地勢上來說，從貝爾格勒穿過低矮丘陵過來，道路良好，行走容易，過了格羅茨卡，道路地勢漸漸高起，通往更高的地方。

快到格羅茨卡時，道路變窄，進入隘谷，隨之豁然開朗，進入平原，再往前即是這座河畔村子。道路出村後往南行，通往更高的地方。瓦利斯知道速度是成敗關鍵，因此他率騎兵——大部分是居拉西耶騎兵和龍騎兵，加上一些胡薩里亞騎兵——迅速推進，派他們穿過隘谷，占領下方地區，趕走占據該地的土耳其人。他們由帕爾菲伯爵的居拉西耶騎兵打頭陣，衝出隘谷，開始往下疾馳，進入格羅茨卡前方較開闊的地區。天剛露出曙光，他們隱約看到下方有一大群人，然後從前方和道路兩側突然傳來刺耳的開火聲。他們仍占有居高臨下的優勢，但情勢清楚顯示，那不只是奧圖曼的先遣部隊。事實上，全部奧圖曼大軍已在山丘上和下方山谷裡就定位，完全掌控了奧利地騎兵前方的道路。土耳其人第一波齊射，許多人中彈，或死或傷，地上橫七豎八躺著已死或垂死的人、馬。

克勞福伯爵是傷者之一。他捱過這場戰鬥，但腹股溝中彈，傷勢嚴重。十年後，這疼痛、化膿的傷口要了他的命。在這十年期間，他奮力撰述，為這場戰役和接下來的發展留下生動的紀錄。

從拂曉到早上十點左右，靠著不斷發射卡賓槍和來自後方部隊的火力支援，他們頂住土耳其禁衛軍的進攻。正午時，步兵抵達，十八個連的擲彈兵頂著槍林彈雨強行衝入隘谷，以解救他們。早上期間，奧圖曼宰相已下令部隊上到受困奧地利騎兵兩側的山頭，以便包圍敵軍，從正上方往他們的臨時陣地開槍。在隘谷另一頭，統率步兵的陸軍元帥希爾德伯格豪森命部隊強攻那些山頭，擊退土耳其人。野戰炮拉上山坡，開始與對面山坡上的奧圖曼炮兵對決。戰鬥持續了一整個白天，愈來愈多奧地利人穿過隘谷，奧圖曼人的致命火力則未停歇。夜色降臨時，奧圖曼宰相井然有序撤回部隊，除了傷兵的叫聲，戰場上一片靜寂。這場戰鬥傷亡驚人：從天亮到天黑，奧地利一方就死了兩千兩百二十二人，傷兩千四百九十二人，耗掉瓦利斯兵力的一成以上。帕爾菲的居拉西耶騎兵損失將近一半，包括大部分軍官。即使過了一年，那裡仍像個藏骸所。有位旅人寫道，「如今，十步以內必定會踩到層層堆疊的屍骸，那些屍骸全只腐爛一半，許多還穿著制服。斷手斷腳的屍體、帽子、馬鞍、子彈帶、靴子、清洗器具和其他騎兵裝備，散落一地。每一樣都埋在林下植物裡。在周邊的鄉間，農民拿顱骨當稻草人：許多顱骨戴上帽子，有一個甚至戴了假髮。」瓦利斯麾下的高階軍官，有一部分建議對敵緊追不捨，但他擔心再中埋伏：奧圖曼人在格羅茨卡設陷阱讓他跳入，使他吃了大虧，面對這時已在丘陵區的奧圖曼人，他不想重蹈覆轍。

因此，第三個作戰季，在害怕心理作祟下，奧地利軍隊按兵不動，最後卻以不幸收場。奧地利在一七一七年拿下的貝爾格勒，這時已轉變成美好的城市，但那只對操德語的人來說是如此；倒楣的道薩特生前且已為它構築了高明的防禦工事。但它卻在混亂的戰局中，給失策獻給土耳其人。奧圖曼宰相在營中與奈佩格談判，告之奧圖曼人必會拿下該城，要保住性命，最好立刻開城迎降。奈佩格最終同意，只要求一個條件，即把帕薩羅維茨條約後教皇與全歐天主教徒出資興建的該城防禦工事拆除，以免落入異教徒之手。宰相爽快答應，只要求先讓他的土耳其禁衛軍占領護城城堡的城門和城牆。

奈佩格是奧地利派出的全權談判代表，但他談出這協議後，維也納朝廷更加大力尋找代罪羔羊。兩人被召回，押入大牢，審判庭最終對瓦利斯扣上四十九樁罪名，對奈佩格扣上三十一樁。後者因簽約割讓貝爾格勒，犯下「史上未有」的大罪。兩人看來就要走上和道薩特一樣的命運，但一七四〇年十月皇帝查理六世的突然駕崩救了他們。他二十三歲的女兒，奧地利女大公瑪麗亞·泰蕾莎想結束這整場災難，於是下令停止調查，赦免已遭懲罰之人。她恢復他們的官階和特權，甚至補發他們損失的薪水。

哈布斯堡王朝的威信，甚至存亡，這時繫於它重新塑造的英勇傳統和戰場上的勝敗。它禁不起在戰場上再遭奧圖曼人羞辱，畢竟奧圖曼是它最弱的敵人。該王朝決心不再重蹈過往的錯誤，約翰．格爾奧格．布朗在其五卷手寫稿（現藏維也納戰爭檔案館）簡明記述的那些錯誤。因此，一七八八年與奧圖曼人再動干戈（最後一輪交手）時，皇帝約瑟夫二世御駕親征異教徒。自一五三五年查理五世親征突尼斯以來，哈布斯堡王朝終於又有統治者如此做。不幸的，這次仍重蹈半個世紀前那場戰爭的許多錯誤，甚至還冒出一些新錯誤。從某個角度來說，這無法避免，因為基本難題仍在。軍中青年才俊之士不足：多的是想以戰場上的血氣之勇贏得「瑪麗亞．泰蕾莎勳位」的軍官，而且規畫者、軍師、軍事工程師不足。一七八八年南征的這支軍隊，可能是哈布斯堡王朝歷來派去與土耳其人作戰的軍隊中，裝備、訓練都最精良的一支，但還是有數千人還未見到敵人就病死於途中。

這場戰爭未如實呈現於民眾眼前，而是經精心淨化後再公諸大眾。戰爭期間，極受歡迎的維也納藝術家約翰．希羅尼穆斯．勒申科爾，推出一組蝕刻版畫，以圖畫呈現廣為人知的《戰爭日曆》。他在版畫中譏諷土耳其人的無能，把他們畫成完全無法吸收歐式戰法的一群人，也呈現奧圖曼軍隊的衰弱，有意讓人以為奧圖曼軍隊裡老頭子居多。這位藝術家藉由迎合大眾喜好而名利雙收，而報喜不報憂無疑正是維也納人所想聽到的。奧地利人一直被灌輸以「英雄輩出時代」種種勝利故事，在那時代，靠著基督徒的勇氣、進取、本事，奧地利始終得以打敗東方的游牧民。好在，歷史最終抹除了這位藝術家的虛構迷障。

雖然事事都未如計畫所願，但還是有個滿意的結局：陸軍元帥勞東在一七八九年九月奪回貝爾格勒。他在炮轟前對全軍的講話，幾乎就是歐根親王所講的翻版：「這裡是我們未能取勝就得成仁的地方。我絕不會後退。」經過一番猛烈炮轟，可以說是到當時為止，戰場上所用過最猛烈的炮轟之後，貝爾格勒投降。勞東的炮兵指揮官利涅親王，發動十六小時不間斷的齊射式攻擊，炮擊之猛烈把土耳其人嚇得乖乖投降。奧圖曼指揮官奧斯曼帕夏致函勞東，「閣下，您的大名叫我們的人害怕；你的火力將岩石劈為兩半；您的炮彈叫我的士兵在街上魂飛魄散。我必須呈上我絕望守軍的懇求。」這最後一仗完全照歐根的方式打：絕不留情，直到得勝為止。但事後證明，那只是徒勞。在尼科波利斯附近，多瑙河畔的錫斯托瓦鎮簽約締和之後，貝爾格勒依照條約歸還蘇丹塞利姆三世。約瑟夫二世未及看到和平就去世，和約由他兄弟萊奧波德二世接位後匆匆簽定。一如他們的母親瑪麗亞．泰蕾莎，他上任後迅即與前任皇帝的愚行劃清界限。

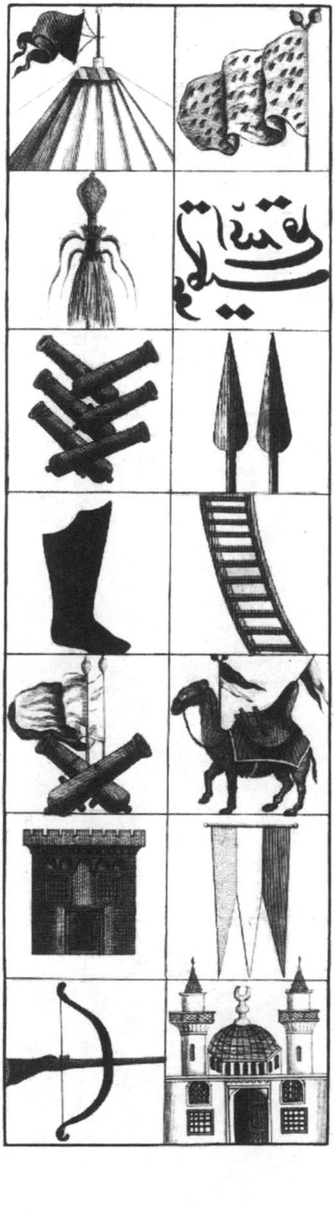

十九世紀，兩國的國力已在實質上降級；開始發現彼此有共同利益。一八二八年，作風務實的奧地利首相梅特涅終於可以寫下其肺腑之言：「我們把奧圖曼帝國視爲我們最好的鄰邦。」他們得共同面對斯拉夫民族勢力的興起。

CHAPTER

12

迷思取代歷史

Myth Displacing History

「英雄輩出的時代」乃是刻意創造出來的傳統，斧鑿痕跡鮮明。這傳統始於一六九〇年代，最早創造出這傳統的人就是那些英雄本人。洛林的查理和歐根親王是核心人物；我們可以看到對他們的迷思是如何被創造出來，如何傳播出去，如何歷久不衰。洛林所呈現的英雄典範不如曾追隨他的晚輩歐根鮮明有力，但他創造了這角色的原型。洛林開始其匈牙利戰役時，就帶了一名戰爭藝術家隨行（此人名姓不詳）。在這點上，他只是在效法皇帝查理五世於一五三五年率兵遠征突尼斯時，帶了畫家揚．佛默倫同行。佛默倫聽皇帝指示作畫，他所重現的那些圍城場景，最後化身為一組華麗氣派的掛毯，現藏維也納的藝術史博物館。十七世紀，法王路易十四透過設立戈布蘭工廠，進一步將掛毯發展成宣傳文化的有力工具；一六九九年，他送了一組氣派的掛毯給皇帝萊奧波德一世，整組掛毯取名《亞歷山大大帝的征服事蹟》。這份大禮背後的用意，不言自明。

這種頌揚自身成就的作法是否出自洛林的查理本人，不得而知，但他的孝順兒子洛林公爵萊奧波德，在一七〇九至一七一八年間，出錢請人在南錫製作了一組十九張掛毯。這些掛毯全面呈現他父親的戎馬生涯，而以解放布拉迪斯拉法之役為始。這城在聯軍集結以拯救維也納之前，遭匈牙利叛軍和奧圖曼人奪走。有四張掛毯描繪解救維也納，八張刻畫最終拿下布達的那場戰役，最後一張呈現洛林將川西瓦尼亞交還皇帝萊奧波德的情景。這些掛毯以洛林本人認可的人像為基礎，以他本人委製的一小組畫作為藍本。但從那些油畫到這些掛毯，內容更動頗大。那些油畫提供了得自觀察的原始資料，這些掛毯則是精細得多的敘事畫。在每個場景裡，洛林公爵都被擺在舞台中央，即使在原油畫中他並不在那位置。

軍隊指揮官可能會寫作戰日記，日記中合適的資料，有時被不同作家、印刷業者抄錄下來而後出版。事實上，這是官方的戰爭史，任何作家或藝術家若偏離那官方歷史，很可能會招來麻煩。作者和出版商大大利用了這一文學體裁。《洛林公爵的政治與軍事評論》，以洛林留下的資料片段為材料，由掌璽官史特拉特曼編纂而成。史特拉特曼對「收復失土」行動的唯一參與經驗，乃是一六八四與一六八六年為了帶皇帝的親筆信給前線將領，而前赴巴爾坎、布達參加作戰會議的那兩趟旅行。前面約一百頁讀來的感覺，與最後部分，也就是「軍事評論」的部分不同。或許史特拉特曼在統兵作戰的細節之外加進一些東西，使該書更顯莊嚴高尚？該書譯成他國語言且定期重印；最後一版問世於一七六〇年，洛林去世的七十年後。第一版於一六九九年問世時，哈布斯堡軍隊沒有印刷版的教戰手冊，洛林的軍事評論正填補了這缺漏。

洛林與歐根親王的見解，往往大同小異。年紀較大的洛林寫東西時，口吻頗似親王：「軍人應有的性格乃是有敢於正視危險的勇氣，軍人應有不是打贏就是戰死的決心。」洛林的軍事評論，放諸百代而皆準，不只適用於他那個時代。他寫道，指揮官在必要時必須嚴厲，但絕不要成為只知要求遵守規定的軍官：「（部下的）小錯可以放過，但對所有人絕對要公平。」洛林把自己比喻為父親：「一個自認暗地裡偏愛某個小孩，但很聰明的不表露出那偏愛的家長——鼓勵所有小孩，不讓哪個小孩心生怨懟。」陸軍元帥，他所熟悉的角色，「逃不過妒嫉與責備，因而那是榮耀與煩惱多過滿意的職位。」

對於共同的敵人，「喜歡亂砍、殺人、在無辜者的血泊中打滾的」土耳其人，他論道，「鄙視敵人之前，要先了解敵人……不怕敵人者，不知何為戰爭。」洛林是個衝動的騎兵將軍，帶兵打仗時總是帶頭衝，因此，談到騎兵作戰時，可想而知，他的精神一下子就來了。「劫掠鄉野靠馬，騷擾鄉野靠襲擊。只要與馬有關的，都離不開危險或困難。」讓敵人畏懼的是馬背上的人。真正讓土耳其人畏懼的馬背上的人，乃是身形矮小的歐根親王。

洛林公爵查理，四十七歲就去世。他未像歐根那麼好命活到七十幾歲，因而沒有充裕時間和龐大財富以淨化自己的形象，完美呈現給後人。一如洛林，歐根雇了一名藝術家。那人名叫揚·胡赫騰堡，一七〇八和一七〇九年跟隨他征戰。他畫了許多畫，最後畫出一組十一幅同樣大小的畫，讓歐根大為滿意，認為它們貼切的呈現了他的戎馬生涯。這組畫所描繪的，包括他與土耳其人的那些大戰，還有他在西班牙王位繼承戰中於西方取得的勝績。[1] 胡赫騰堡是為一專橫、堅決的客戶作畫，這些畫想必正是歐根所希望呈現的。

書是歐根的最愛；他的藏書全是紅皮裝幀，上有鍍金飾章。他決定將這位藝術家的作品化為一部高品質書籍，於是請法國作家尚·狄蒙執筆撰文，由他本人出資贊助出書，並將胡赫騰堡的畫作轉製為雕版畫，作為書中插圖。狄蒙和胡赫騰堡聯手製作了一部傳記的傑作，而我們知道歐根本人參與了此書的製作，至少在結構的規畫上，在大部分附加資料、地圖、平面圖的選取上是如此。但歐根未留下任何文件，因此他參與到何種程度，將一如他私生活的許多層面，永遠無法查明。

狄蒙和胡赫騰堡擬好一百三十二頁正文，然後胡赫騰堡親自雕製所有插圖版畫。一七二五年此書以對開本形式在海牙出版，書名《最尊貴薩伏伊歐根親王，在匈牙利、義大利、日耳曼、低地國，打贏信仰的敵人和打贏皇帝、帝國之敵人的諸多戰役》。今日看來，那是很怪的一部出版品，在當時似乎也是如此。歐根親王還採取行動，使他的民間地位和文化地位廣為周知。他委請年輕藝術家薩羅蒙．克萊納雕製「觀景宮」（譯按：歐根在維也納建造的巴洛克式宮殿建築群）和他家動物園的整版插圖。這些插圖是該豪宅的設計圖，但在插圖旁邊，呈現了該豪宅裡的生活情景：一輛四輪大馬車抵達停車門廊時，一隻獵犬跑下氣派的樓梯；等待主人接見的權貴訪客和普通訪客；四處走來走去的僕人。偶爾可見到親王本人。身形瘦小的他，戴著「金羊毛勛位」頸圈（哈布斯堡王朝頒予個人的崇高騎士勛章），在接見室接待奧圖曼使節（帕夏與土耳其禁衛軍）。或者獨自一人站在他的藏書室裡，站姿相當拘謹；又或者突然出現在他的私人畫廊裡。

但不管畫中有沒有他的身影，他的個性烙印在每張版畫上。這位親王把觀景宮——維也納的凡爾賽——打造得比皇帝的任何皇宮還要氣派堂皇。一如薩羅蒙．克萊納在書名頁上對其贊助人的形容，歐根是「本世紀無與倫比的英雄」，親王很喜歡自己養的動物，克萊納則為親王的動物園繪製對開圖，集結成薄薄一本有趣的畫冊。透過畫冊中的雕版畫，他隱約表示，一如人類社會畢現於觀景宮，天地萬物也被帶進歐根的生活圈，從鸚鵡、猩猩、猴子，到野貓與非洲狐、一臉嚴酷的獅子和健壯的野牛，來自西西里島、印度、匈牙利的鵰，到數量可觀的綿羊和山羊，種類繁多。這些動物或在觀景宮庭園裡林立的雕像與植物間徜徉，或在那些雕像、植物上攀爬。這些畫冊於一七三一至一七三四年間在奧格斯堡出版，他死後又重印。歐根甚至打算以胡赫騰堡的雕版畫為藍本來製作一組掛毯，一如為馬爾伯勒公爵所織造、現仍掛在布萊尼姆府邸牆上那十張「勝利」掛毯。歐根的戰場功績，最後未以此方式傳世不朽，原因不詳。

透過狄蒙與胡赫騰堡的作品，歐根親王的形象得到重新包裝、轉介，而在十八、十九世紀期間普遍傳播到歐洲各地。有法語版、英語版、德語版問世，有兼納歐洲其他名將的特殊版本出版。有位名叫魯塞的夥伴，在狄蒙死後繼續出版新版本，使歐根成為萬能的歐洲英雄。在哈布斯堡王朝境內，從十八至二十世紀，他一直是最偉大的民族英雄，民族一統的象徵。

「英雄輩出的時代」對哈布斯堡帝國此後的整個歷史影響甚大。它推崇英勇行徑、攻擊精神，而把較平實、較乏味的軍事技藝擺在其次；歐根在波蘭王位繼承戰爭（一七三三～一七三八）中乏善可陳的表現，被歸咎於年老和健康不佳。但一如那首歌謠所說，他仍是「高貴騎士」，勇猛的化身。一七四〇年哈布斯堡帝國遭普魯士攻擊，被用兵如神的腓特烈二世和其驍勇善戰的軍隊打得無招架之力時，社會各階層的判斷，乃是哈布斯堡帝國需要新英雄，需要歐根之流的人物。

一七五七年，奧地利女大公暨匈牙利女王瑪麗亞・泰蕾莎[2]下令設立新的騎士勛位，以紀念奧地利在科林出人意表擊敗普魯士入侵的勝利時，明顯意在宣揚「英雄輩出的時代」所體現的奧地利英勇傳統，使人民對英勇精神的渴望得到官方的支持。打贏科林一役的是陸軍元帥萊奧波德・馮・道恩，奧地利盡忠職守這個傳統的象徵。至萊奧波德・馮・道恩為止，道恩家族已一連三代在哈布斯堡王朝擔任陸軍元帥；他擊潰此前所向無敵的腓特烈二世——奧地利的新死敵——為接連敗北的哈布斯堡王朝討回顏面。第一位獲頒瑪麗亞・泰蕾莎勛位大十字勛章者，就是道恩。只有哈布斯堡金羊毛勛位，比這更為尊榮。瑪麗亞・泰蕾莎軍事勛位的創立，旨在獎勵過人的大無畏表現，只頒予有顯著英勇戰功者。贏得這勛位的軍官，人生與前途隨之改觀，將躋身奧地利更高的社會階層。但看重英勇表現，導致年輕軍官一心只想著在這方面得到青睞，而忽視了其他方面。[3]

但他們該以誰為榜樣？一八〇九年，拿破崙威脅消滅奧地利帝國時，帝國人民想起他們的民族英雄。《歐根親王傳：以其親筆手稿為本》，一八〇九至一八一〇年間首度問世，迅即大賣。這本書的身世頗有蹊蹺。歐根未留下任何自傳、個人書信，生前對其個人生活的詳情隻字未提。他的友人和景仰者也不可思議的口風緊閉，至死未洩露歐根的秘密。這讓哈布斯堡陸軍元帥，利涅親王查理—約瑟夫，大為頭痛。崇拜歐根的他，決心替歐根立傳，以彌補歐根生前疏於提供的個人生平。歐根親王的短篇《傳記》不到百頁，於一八〇九年在威瑪首度問世。歐根生平事蹟重見天日的過程，叫人費疑猜，但最初沒有人質疑其真偽。

這本書大為叫座，在日耳曼、法國、美國印刷出版，在英格蘭以英語版、法語版印刷問世，一印再印許多次。突然間，歐根親王，以專橫、傲慢、精明、不怕死的勇者形象，重現於世人眼前。但利涅為何寫這本書？他說，他小時候就把歐根視為偶像。這本傳記出版時，他已七十四歲，戎馬生涯已結束。生前最後十年，利涅看著奧地利軍隊接連打敗仗，看到那位「高貴騎士」辛苦得到的教訓，在奧地利「得過且過」的舊習下遭冷落或遺忘，於是他將心目中的英雄賦予生命，重現於人間。薩伏依親王歐根成為類似日耳曼神話中的沉睡英雄、查理曼大帝、「紅鬍子」腓特烈大帝的人物，在一個又一個世紀裡耐心蟄伏，等待危難時刻奮起拯救民族。利涅重新喚醒他已死的英雄，以拯救哈布斯堡王朝。[4]

我們可以看出歐根的象徵性身分在幾世紀間有哪些轉折。十八、十九世紀時，他忠心耿耿於哈布斯堡王朝，擁護帝國。最後他成為不朽的典範。一八七八年，皇帝法蘭茨·約瑟夫將霍夫堡宮萊奧波德房（圍城期間遭奧圖曼炮火嚴重炸損的部分）與拆除舊城牆新建的環城大道之間的空地，指定為英雄廣場。這廣場以兩尊已存放倉庫十年的青銅騎馬巨像為中心來設計。其中一尊巨像，是歐根駕著揚起後蹄奔馳的駿馬，巨像的底座周邊，銘刻了他歷來打過的勝仗。這些勝仗並未完全按照發生年代的先後來排列。底座正面是最搶眼的位置，上面刻著打敗土耳其人那幾場勝仗的名稱，而非他打敗法國的勝績。[5]「勝利之王」歐根，到了一九三〇年代初期，則成為奧地利法西斯主義者的輝煌象徵，然後在一九三八年後遭納粹據為己有。他身不由己為邪惡理想服務，但捱過了這段黑暗期。[6]戰後出版的一九四八年《奧地利年鑑》中，他是新奧地利的全民英雄：

勝利終於到來！如果世界史上有真正的勝利，這就是了。它的意義，不是光藉由描述薩伏依親王歐根的歷次遠征，描述卡洛維茨和約（一六九九）、帕薩羅維茨和約（一七一八），這兩個使奧地利勢力範圍深入巴爾幹半島而成為西方強權之一的條約，就可以草草打發掉的。[7]

這時，與歐根掛鉤的，乃是良善的奧地利使命，一個「甜美的奇蹟」，而不是「戰爭的苦難與回響」：

他們所夢想的，乃是情感與理性為生命的圓滿而猛然打開，欣然喜樂於接受所有美好、迷人、剛強的東西，還有接受來自東方與西方、北方與南方的相對立元素，在對立的事物中創造出和諧。

有人把這認真看待嗎？到了一九五〇年代，奧地利的小學孩童拿那首有關歐根親王的著名老歌開玩笑，把它改編成粗俗版本：

Prinz Eugenius, der edle Ritter
sitzt am Scherbm und spielt die Zither.....

意思大略為：

歐根親王，高貴騎士，
坐在幼兒便盆上彈齊特琴。

這是各地小孩都會做的事；是他們開始運用語言的方式。或許純粹是他們聽膩了歐根的事和他垂範世人的性格。但是否如此，我們不得而知。

❖ ❖ ❖

一七三六年，歐根親王與黑眼睛美女暨他的繆斯女神包賈尼伯爵夫人於某個晚上打了牌之後，與世長辭，享年七十有三。而就連他的死都遭神化：傳說那天早上發現他死在床上時，還發現他養的那隻大獅子死在獸欄裡。皇帝查理六世帶著怒意在日記裡寫道，「這下，所有事情都會比較好辦」；但經過一七三九年土耳其戰爭的慘敗之後，查理六世改變了看法：「我們的幸運星難不成已跟著歐根一起徹底消失了？」幾年後，歐根唯一存世的繼承人，也就是他素未謀面的姪女，賣掉他的豪宅、鄉間莊園、藝術收藏品、摩洛哥革裝幀的書籍。歐根在世時已是歐洲最有錢的人之一，就一個兩袋空空逃難到維也納，只能靠親友接濟的年輕人，如此風光走過一生，可說世間少有。但他死後，除了辛苦掙來的名聲和不斷增生的迷思，沒留下什麼東西。相對的，在對法戰爭中與他並肩作戰的英格蘭籍同僚，馬爾伯勒公爵約翰·邱吉爾，死時也是有錢的大地主，死在他位於牛津附近布萊尼姆的豪宅，但他建立了傳承不息的家族，至今家族後人仍在他所造的豪宅裡過著尊貴生活。

歐根親王的家當，因此落入他人之手。他位於維也納舊城的冬宮，如今成為辦事員和官員的辦公場所。觀景宮成為博物館，他的施洛斯霍夫獵屋和其他鄉間宅邸，則遭後人冷落。但透過威尼斯藝術家貝爾納多·貝洛托的眼睛，我們仍能一窺那個世界。這位以「卡納列托」之名更為人知的藝術家，他以歐根的觀景宮為中心畫了維也納全景圖；他以抒情筆調畫了施洛斯霍夫鄉間宅邸，從其宏偉的正立面到庭園中的綿長大道，盡數納入畫中。這些油畫如今揭露了一個錯覺，透過繪畫技巧欺騙、約束人眼而產生的錯覺，就像那些宏偉教堂，雖然有著高聳的大理石柱，但那些石柱其實和塗上的灰泥一樣不能持久。歐根努力想創造後代，以傳承香火。如果他娶妻，創造自成一脈的顯赫家族，他的後代將和歷來的馬爾伯勒伯爵一樣，擁有一份世間少有的世襲財產。如果他的兄弟更能生，沒那麼體弱，他的世系大概可以綿延不輟。

但這位親王，一如亞歷山大大帝，成為英雄迷思。第一次世界大戰的最後一個星期，哈布斯堡帝國瓦解時，《紐約時報》有則標題，以墓碑碑文似的簡潔，總結這一發展：「奧地利三百年來的戰爭。除了薩伏依親王歐根統率時期，餘皆敗北收場。」歐根迷思之類的虛構故事，建立在事實上，但對那事實的記憶，卻隨著時間流逝而逐漸模糊變質。本書所提及的迷思：「英雄輩出的時代」、歐洲爭奪戰、對土耳其人的恐懼，全始於千真萬確的勝利和實有其事的恐懼。但隨著歲月的推移，那段歷史漸漸消失無蹤，而迷思與傳說則倖存下來，且方興未艾。[8]

本書所描述的那段漫長衝突史，最後以十足傳統的形式收場：一七九一年八月四日，奧圖曼與哈布斯堡王朝雙方的談判人員，在熱得叫人發昏的多瑙河港鎮錫斯托瓦簽訂和約。他們的決定迅即在伊斯坦堡和維也納得到批准。過去九十年間，雙方已簽署過三項和平協議，分別是一六九九年在卡洛維茨，一七一八年在帕薩羅維茨，一七三九年在貝爾格勒。在錫斯托瓦所簽的協議，乃是前述協議的重新登場。前兩個和約被當時人譽為奧圖曼人已走上無可挽回之崩潰的鐵證，後來的歷史學家也幾乎眾口同聲如此認為。但我們不該輕易盡信，因為外交、條約、政治協議只能算是提供了現成好用的標記，它們呈現的是某一特定時刻瞬間的優勢或劣勢。

當時人稱之為「土耳其戰爭」的那段漫長衝突，就此劃下句點。「那之後，平靜無波」。但這說法只是個便於行事的歷史假設，以為過去某段時期已結束而新的時期已開始。事實上，繼續有事發生，只是發生的方式不同以往。[9]他們已抵達他們的最終點，而歷史繼續往前，走向更有意思、更重要的發展。就在談判人員慶幸脫離多瑙河畔的濕熱後一年，發生了讓「今天起，世界史邁入新時代」（歌德語）的大事。一七九二年九月十九日，銳不可當的普魯士大軍（反制法國大革命的聯軍裡兵力最強的一支），正從萊茵河逼來，打算扭轉一七八九年法國大革命的情勢。法國的革命政權阻擋普軍前進的部署，已如螳臂擋車迅遭普軍掃平；凡爾登、隆維的邊境要塞迅即投降，因而，此去直到巴黎，只有一支臨時拼湊成的軍隊，阻擋訓練最精良的歐洲軍隊——普魯士大軍。在法國東北部阿戈訥山脈和深邃森林的邊緣，瓦爾米村附近，法軍陳兵於高地。他們有三十四門野戰炮，由受過訓練而手法純熟的炮兵操作：就是這些炮手細心瞄準而發射迅速的炮火，摧毀了普魯士從容篤定的進逼。

率領三萬五千餘人的普魯士指揮官布倫瑞克公爵，在遭遇只有一百八十四人死傷後，退兵撤走。這場戰鬥規模不大，但九月二十日的「瓦爾米炮擊」擋住了普軍對巴黎的進軍，保住了法國大革命，使拿破崙得以改造歐洲，包括廢除神聖羅馬帝國和派其軍隊占領維也納。一八〇九年，奧地利皇帝法蘭西斯一世不得不將女兒嫁給這個法國狂魔；一如利涅親王粗俗但貼切的說法：「讓一個女大公被操，總比讓這個王室給毀掉來得好。」

一八一五年拿破崙終於遭徹底擊潰而舊制度得到「恢復」時，情勢顯示有太多改變已無法挽回。來自德紹的藝術家海因利希．奧利維耶，畫了一幅小型水粉畫，具體而微說明了「恢復舊制」的虛妄。「恢復舊制」的主導人物是俄羅斯沙皇亞歷山大一世，他曾在維也納會議後主導成立由俄、奧、普組成的「神聖同盟」，以對抗無神論革命思潮的影響。奧利維耶以虛構的哥德式大教堂為該畫的背景，將這三國的統治者畫成道德高尚的中世紀武士，十字軍騎士。三人從頭到腳包著發亮的金屬盔甲；站在中央的奧地利皇帝法蘭西斯一世，從頭到腳趾頭鍍金，另兩人則只鍍銀。神聖羅馬帝國已於一八〇六年遭拿破崙廢掉，所以法蘭西斯不再享有其古老尊榮的頭銜。普魯士國王和俄羅斯沙皇站在奧地利皇帝兩側，兄弟般握著他的手。但他比這兩個魁梧的國君矮小得多，他們熱情的握手使他看去像是被他們兩人控制的傀儡。這幅畫不知是有意還是無意，畫出了這新時代的政治實情。

一七八九年，哈布斯堡王朝已名列歐洲一等強國之林；一八一五年，該王朝主要以傳統主義者不可或缺的團結象徵身分，繼續保有那地位。在與拿破崙法國的對抗中，歐洲列強之間的均勢已遭改變：一八一五年時的主要大國是俄、普和世界強權英國。法國短暫式微，但會恢復；角逐失敗者包括西班牙和某些較大的日耳曼國家。哈布斯堡王朝（打腫臉充胖子）主辦維也納會議，聲勢似乎臻於頂峰，其實影響力已一日不復一日。奧圖曼帝國位在這歐洲架構外，國力也在衰退中。

哈布斯堡王朝和奧圖曼帝國很快就被給定模稜兩可的位置：地位低於那些大國，但高於那些競逐大國之位失敗的國家。他們已在實質上遭降級；兩者都亟欲恢復往日的風光，但終歸徒勞。這兩個世代為敵的國家開始發現彼此有共同利益，未言明的共通之處開始將兩者湊在一塊。一八二八年，作風務實的奧地利首相梅特涅終於可以寫下其肺腑之言：「我們把奧圖曼帝國視為我們最好的鄰邦：她絕對說話算話，因此我們認為與她往來，就和向來不起眼或從不需我們努力維持的天然邊界一樣。」他所避而未言的，乃是兩國與同一個凶狠而好侵略的國家為鄰。俄羅斯或許是維繫梅特涅專制統治的堅實支柱，但也是難以相處且盛氣凌人的夥伴。相對的，奧地利絲毫不擔心南鄰的奧圖曼人會有不利舉動。

這一國際均勢的調整，乃是克里斯多夫·貝利所謂「從舊制度過渡向現代性」過程的一部分。事實上，奧圖曼、哈布斯堡兩王朝雖有許多子民熱衷於過渡到現代性，兩王朝卻從未能完全完成這過渡。兩王朝認為沒理由變動。一八四八年即位而活到一九一六年的奧地利皇帝法蘭茨·約瑟夫一世，曾得意自稱是「歐洲最後一個老派君主」。奧圖曼最後一位專制君主，蘇丹阿布杜勒·哈密德二世，強調奧圖曼王朝自古以來守護伊斯蘭的傳統職責，藉此局部重建了該王朝對內部的統治。哈布斯堡君主國和奧圖曼帝國都把目光轉向內部。法、英、德、俄能期盼恢宏的未來；二流的歐洲國家則只有一個選擇：把沒落的往日榮光當作目前和未來地位的中心。

他們費力打造出以紀念性儀式為基礎的新政治文化，而這種創新沒有可茲效法的榜樣。哈布斯堡和奧圖曼兩王朝過去都已發展出精細複雜而往往刻意玄奧難解的儀式。這時他們出於本能，開始慶祝、紀念過去的勝績，以供大眾消費。就奧地利來說，「英雄輩出的時代」或許已顯露未來該走的路，但從十九世紀下半葉起，這兩個古老王朝各自發展出「遺產」的觀念，差不多就是在該觀念於一九七〇年代在歐洲重新被發掘的一個世紀前。哈布斯堡和奧圖曼兩王朝刻意整理、改造其歷史，拼湊出有所選汰的新版歷史。我們可稱那清楚表達了自己的品牌形象。他們所建構的迷思體系，無一處禁得起嚴謹的歷史考證，但那不是重點。他們成功提升了王朝的玄秘和群眾魅力，他們的計畫，一如文化性、政治性意識形態，運作良好，且維持將近七十年。這些「遺產」運動有力界定了哈布斯堡王朝的忠貞子民或奧圖曼的忠貞公民應有的作為。

如果這語言如今聽來顯得時空錯置，這些遠超過它們所處時代的觀念，在當時亦予人這樣的感覺。[10]哈布斯堡王朝與奧圖曼人創造了能改寫事實，甚至能將慘敗改寫為勝利的體制。曾是日耳曼地區龍頭老大的哈布斯堡王朝，在一八七〇年後被完全排除在新日耳曼帝國之外，隨之賦予自己新職責：創造有益世人的道德帝國。幾年後，曾在一八七八年遭俄羅斯羞辱的奧圖曼蘇丹——當時得勝的俄軍駐紮在可見到伊斯坦堡的國土上——開始將注意力轉移到其在近東（安納托利亞、黎凡特、阿拉伯半島）的領土。在這同時，勤於政事的皇帝法蘭茨·約瑟夫一世，孜孜不倦向人民傳輸哈布斯堡王朝首開先河提出的多民族帝國觀念。奧圖曼王朝則頌揚蘇丹對其子民、對真主、對穆斯林世界的貢獻。哈布斯堡與奧圖曼兩王朝都找到象徵性辦法，以讓這些抽象觀念為子民所理解：政府的合法性從統治者的外顯人格表現出來，這個作法與灌輸君主制或共和制優點的其他歐洲國家不同。但這辦法有其風險，因為無法永久，因為「親愛的皇帝」終會衰老、死去，或失去魅力。

事實表明，支撐這兩個帝國的這些觀念，一如最成功的廣告宣傳，比它們所推銷的產品，存世更久。他們往往運用類似的方法，包容他們所管轄的大不相同的族群，且試圖修正這些觀念以用在國際上（但成果較小）。他們投入龐大的政府經費，以維持他們所創造的東西。主要計畫所投入的資金最多，但他們也投注資金在宣傳品。哈布斯堡王朝往往透過紀念品、裝飾物等補助或批准商業計畫。他們把重點放在法蘭茨·約瑟夫一世這位領袖身上，強調他自我犧牲的形象和性格，把他弄成四處可見，出現在政府贊助的宣傳資料和愛國展覽上。因伊斯蘭教義限制而無法運用圖像的奧圖曼人，則創造出能體現蘇丹對子民關心的象徵性物品。因此，安卡拉一家咖啡店老闆出於忠心，在店內牆上展示一張蘇丹阿布杜勒·哈密德二世的肖像時（在奧匈帝國，即使是最小的村落，都必須擺出君主肖像），報告即一路上傳到蘇丹。蘇丹立即命人製作一件上面只繡有「蘇丹萬歲」這口號的橫幅標語，送給那店老闆：這些不違宗教禁忌而愛國精神十足的東西，漸漸出現於帝國境內各地。

安卡拉這一事件，說明奧圖曼帝國花了多大心血尋找最適於影響、說服人民的方法。在奧地利，則藉由展示皇帝（與極受愛戴的皇后伊莉莎白）的肖像來表達愛國精神。肖像可見於從公共場所到家居環境的各個層面：官方紀念堂和雕像、明信片、海報、供擺設於客廳的半身瓷像。但政府也會製作讓人民得以申明其參與「效忠計畫」的物品。最可觀的是一套二十四冊的龐然百科全書，總數超過一萬頁，書名《奧匈君主國文圖百科》，王儲魯道夫是這計畫的推手，他在一八八四年寫信給父皇說道：「研究帝國內子民，不只為學者提供了極重要的活動領域，也對發展團結愛國精神有部分助益。隨著對各民族的特質、特色與民族間的日益互賴，將祖國所有民族統合為一的團結精神必然得到強化。」這套書從一八八五至一九〇二年逐月分冊出版，因而就連收入普通的人都訂購得起。這不只是尋常的出版計畫，還是官方主導的作為。「編輯群明顯有一更大的目標，即把文化的多元視為哈布斯堡君主國的基本特質予以呈現，配合『聯合力量』這句箴言的要求。」但阿科斯．莫拉凡斯基有更為鞭辟入裡的闡釋：「烏托邦是觀念的測試場，用以引導未來的行動，所以是不可或缺的。王儲完成的這二十四冊，因而可視為是中歐烏托邦的基石，是一個典範。這典範不以現代民族國家原則為基礎，而讓多民族現象保留在由歷史賦予合法性的君王制架構裡。」

「聯合力量」是皇帝法蘭茨．約瑟夫於一八四八年即位後採用的個人箴言，十足貼切說明了這個多民族君主國的中心思想。一八九八年，為慶祝他在位五十週年（他的皇后伊莉莎白遭到謀殺一事，使得這盛事蒙上了陰影），他的小女兒，女大公瑪麗．瓦勒里，出資出版了一部紀念性的巨冊，名叫《聯合力量：皇帝法蘭茨．約瑟夫一世之書》。這本紀念冊巧妙彌補了這位老皇帝所象徵的傳統、堅實君主國與這新時代的精神之間的落差。出現在書中的法蘭茨．約瑟夫一世，身邊不只圍繞著廷臣和官員，還圍繞著歡喜接受這位「親愛的皇帝」統治的子民：農民、城市居民、各種民族的子民。在某幅雕版畫中，這位皇帝迎接他的小孫子，每個小孫子穿著不同地區的傳統服飾。相對的，書名頁上滿是衣著暴露的年輕女子、衣著不男不女的年輕男子、身形輕巧的邱比特裸像，全以「維也納直線派」風格呈現。在這位皇帝眼中，那是墮落而駭人的藝術風格，[11]但在公開場合，他不得不把那視為他身為國父這象徵性角色的一部分而予以接受。

此外還有兩項非常浩大的工程，分別在奧圖曼王朝和哈布斯堡王朝發生。兩工程象徵性體現了兩王朝處於日益格格不入的世界裡，各自的使命感。第一項工程（奧圖曼）是條沙漠鐵路，第二項（哈布斯堡）則創造了社會團結的官方表象。就第一項的鐵路工程來說，阿布杜勒・哈密德二世是穆斯林聖地麥加與麥地那理所當然的守護者。他每年送一件繡有金線可蘭經文的新罩幕到麥加，供替換罩住克爾白方形石殿的舊罩幕。他身為所有真穆斯林的哈里發，是一年一度朝覲活動的守護者。朝覲信徒來自世界各地，許多人走海路，在紅海岸的吉達上岸。但大部分朝覲者聚集於大馬士革，然後組成駱駝旅行隊前往位於希賈茲地區的麥地那。這趟路至少要花上三星期，途中往往有盜匪或當地部落的威脅。一八六四年首次提出從大馬士革建鐵路到麥加的構想，但最後未付諸實行。一九〇〇年九月一日，這位蘇丹登基二十五週年紀念日，開始動工興建哈密德・希賈茲鐵路。鐵路掛上蘇丹的名字，以表明這是他個人發起的工程，而他也大筆捐資這工程。但大部分經費來自各地虔誠穆斯林的個人捐獻。奧圖曼政府官員和軍官被要求捐出一定比例的薪水，商家和個人也被要求捐款。興建工程由土耳其工兵和奧圖曼軍隊負責，花了八年完工。這條鐵路由穆斯林建造、經營，清楚說明伊斯蘭社群完全不靠西方之助也能成事，強有力體現了哈里發蘇丹阿布杜勒・哈密德二世欲支持、捍衛「真信士」的決心。鐵路於一九〇八年啟用，被視為哈里發為伊斯蘭社群謀福祉的表現，在伊斯蘭世界各地廣為宣傳。這條鐵路還具有可貴的軍事價值，讓奧圖曼軍隊得以迅速派兵增援在阿拉伯半島的駐軍。遺憾的是鐵路蓋得太晚：開通一年後，阿布杜勒・哈密德二世遭奧圖曼軍隊罷黜。鐵路線本身於一九一六年阿拉伯人暴動期間大部分遭毀，至今未能恢復到完全營運的地步。

第二項工程，奧匈君主國透過文化多元（「聯合力量」）增強國力，體現了哈布斯堡王朝與奧圖曼人長久以來競爭對抗的最後階段。安德烈・金格里奇的《邊境東方主義》理論，為十九世紀最後二十五年和二十世紀初期所真正發生的事，提供了最令人信服的解釋。事實上，哈布斯堡王朝將幾百年來的敵對轉化為某種艱鉅的慈善事業。邊境東方主義孕育自愛德華・薩依德一九八〇年首次出版的《東方主義》，但金格里奇迅即超越《東方主義》的理論架構。邊境東方主義不是薩依德筆下英、法帝國主義特有的那種僵固而不可更動的結構，它的適應能力更強得多。簡而言之，他描述了過去攻擊邊境的「壞」穆斯林轉化為「好」穆斯林的過程。消滅敵對的心態，乃是哈布斯堡王朝得以在波士尼亞和赫塞哥維納展開良性殖民事業的「決定性前提」。[12]

金格里奇說明了幾百年來，哈布斯堡王朝如何相應於奧圖曼人的作為，重新建構他們的重大使命，藉此合法化他們的統治。他們將查理曼大帝於西元一〇〇〇年創建神聖羅馬帝國，集合眾人之力拯救基督教世界的作為，與他們自己在十六、十七世捍衛歐洲的作為之間，虛構出一脈相傳的關係。

藉由建構出這種一脈相傳的關係，哈布斯堡王朝在十七世紀將「初期現代性」擴及半個地球一事，被形容成是完成了某種歷史任務……哈布斯堡王朝在自己與查理曼大帝之間建構出一脈相傳關係——作為先驅和作為另一個日耳曼裔的「歐洲統治者」——當然有其當時的目的，那目的根植於十六世紀的歐洲政治、世界政治。但在十九世紀晚期，國力日衰的帝國將注意力轉向東南歐時，這第一次建構的關係，再度被搬出來使用。這帝國的巴爾幹「邊境」，成為重新祭出的一脈相傳關係——天主教東方前哨基地的一脈相傳關係——新指涉的對象，這時，在這地區，「馴服」的穆斯林是對抗新「斯拉夫威脅」的忠貞衛士。

哈布斯堡王朝一直聲稱從未有重大改變，但其實他們極善於創新。一八六七年的政治「妥協」和二元君主國的創建——兩個成員國彼此關係完全平等的奧匈帝國——已解決了匈牙利問題；但那很快產生別的問題。奧匈帝國境內的斯拉夫族群：西部的捷克人和斯洛伐克人、南部的克羅埃西亞人和塞爾維亞人，開始要求享有與日耳曼、匈牙利同胞一樣的權利。他們後面有所有斯拉夫民族最強大的靠山俄羅斯：這時來自沙皇的威脅，更大於來自蘇丹的威脅。

對土耳其人的恐懼，有頗長一段時間仍很強烈，但那絕非鐵板一塊。即使在這一恐懼最強烈的時期，都有奧地利人認為奧圖曼人是厲害而可敬的對手。在土耳其風大行其道許久以前的十七世紀，就已有男女要畫家將他們畫成奧圖曼人打扮，就已有人沉迷於對東方的想像裡。十八世紀啟蒙運動期間，這一既愛又恨的心態普遍存在於歐洲許多地區。愈來愈常見把「土耳其人」拿來代表人類錯誤行為的案例，但用意不是拿來專指邪惡的穆斯林，而是用來代表全人類皆有的行為。這時還出現了富於幽默感的諷刺。伏爾泰虛構的主人公史卡門塔多，「坎迪亞的城民」，描述了他旅遊所見的「趣事」。在法國，有人拿人肉給他當早餐；在英格蘭，虔誠天主教徒要炸掉國會；在荷蘭，他看到有人割下首相的頭。「看到這叫人震撼的一幕，我心生同情，於是問他犯了什麼罪，是否叛國？」

「他犯的罪比那嚴重得多，」身穿黑斗篷的傳道士回答：「他深信人除了可靠信仰得救，還可靠善行得救。你得清楚，」他補充道，「這種看法如果大行其道，共和制無法維持；必須有嚴刑峻罰壓制這種可惡且可怕的褻瀆言行。」

史卡門塔多在西班牙遭到宗教裁判所的特別看待，然後前往土耳其。「我向同伴說，『這些土耳其人是尚未受洗的異教徒，因此會比宗教裁判所那些牧師大人審判官還要殘酷。與穆罕默德信徒在一塊時，我們要保持沉默。』」在君士坦丁堡，他未能上教堂做禮拜，於是決定：

為撫慰這一失落，我時常去找一位長得非常漂亮的切爾卡西亞人。我在尋花問柳場所從沒碰過像她那麼周到的女子，而且她是最虔誠的穆斯林。有天晚上，她溫柔體貼招待我，甜蜜的喊叫，「阿拉，除阿拉外，別無他主。」

那是土耳其人宣告做禮拜的呼喚語。我以為那是在表達愛意，於是跟著以非常溫柔的語調喊道，「阿拉，除阿拉外，別無他主。」

「啊！」她說，「感謝真主，你是土耳其人？」

我告訴她，我在感謝真主給我這麼舒服的享受，我認為自己快樂無比。早上，伊瑪目前來要我去行割禮，我拒絕，該地區的卡迪（譯按：按伊斯蘭教法進行宗教審判的法官），信教極虔誠之人，提議將我刺死在木樁上。我付了一千枚西昆金幣保住自由之身，然後一路逃進波斯，決心以後絕不去做希臘或拉丁彌撒，也絕不在愛的邂逅中喊「阿拉，除阿拉外，別無他主」。

伏爾泰的意旨很簡單：土耳其人再壞也不會比其他人類壞。喬納森・以茲雷爾則把「重新思考伊斯蘭」，即「與主流意見相左的」套伊斯蘭觀」，視為啟蒙運動的中心原則之一。

一七五三年，女大公瑪麗亞・泰蕾莎為翻譯者創立帝國東方學院，開啟了維也納對東方的研究，到了一八二〇年代，這一研究已開始影響奧地利人對東方的態度。年輕的約瑟夫・哈默於一七八八年進入該學院，以其對東方的研究闖出名號。他的事業扶搖直上，以約瑟夫・馮・哈默普格史塔爾之名，出版了德語和幾種外語的著作。這些著作影響深遠，標誌出觀念上的逐漸改變：奧圖曼人和東方不再是宗教上令人厭惡之物，而漸漸成為值得研究與理解的歷史現象與文化現象。

隨著奧圖曼帝國開始有意的往西方移動，合作精神出現。一八五三至一八五六年的克里米亞戰爭，法、英、義大利的皮埃蒙特王國與奧圖曼帝國四國聯手對付俄國，最終締結巴黎條約，在這條約中，土耳其人首次獲承認為歐洲國際體系的一部分。從那之後，奧圖曼人處心積慮參與國際事務。一八六三年，奧圖曼政府在伊斯坦堡舉辦博覽會（仿效一八五一年在倫敦舉辦的博覽會，那次土耳其有參與）。博覽會場地位在索非亞清真寺前面，古羅馬賽馬場所在的市中心區。主場館展示土耳其產品，附屬建築裡展示參展國的物件，包括奧地利施泰爾的約瑟夫·溫德爾兵工廠的產品。此後，每場大型國際展覽，奧圖曼人幾乎都未缺席。

一八七三年，維也納仿效一八六七年巴黎的萬國博覽會，舉辦國際博覽會。來自埃及、波斯、奧圖曼帝國的「東方」展示品大受歡迎，特別是土耳其館和土耳其咖啡館。柏林《畫報》刊出一群奧地利人和身穿傳統服飾的土耳其人互動愉快。奧圖曼政府最用心準備的參展品中，有三件是書：一是傳統土耳其服飾的大部頭照片集，書中有男女小孩，精確呈現奧圖曼人的社會生活；另一部檢視奧圖曼建築，第三部說明博斯普魯斯海峽周邊的景點。這符合此次博覽會的目的，即維也納應成為東西方的交會點。後來，奧地利藝術與工業博物館館長阿圖爾·馮·史卡拉寫道，「新世界敞開在大部分參觀者眼前……他們不得不開始覺得，東方傳送到維也納的豐富寶藏……提供了用之不竭的知識來源，而那知識來源是與四面八方建立熱絡新接觸的起點。」因為這些連結——從東方學家哈默普格史塔爾與東方學院，到商業網和貿易網——一種新的結合關係出現。奧匈帝國與東方可以成為天造地設的經濟夥伴和文化夥伴。曾針對巴黎萬國博覽會之後未來的藝術產業撰文的雅各・馮・法爾克，描述了一八七三年維也納博覽會的影響：「欲治療退化的色彩感，東方不可或缺……將改變我們的色彩品味，且將改革我們所生產之地毯、掛毯、瓷器的，乃是東方。」而且不只是應用藝術：克林姆在一八七六年進入維也納藝術學院，終其漫長一生，他的繪畫都顯示出一種在色彩與表象的「東方」魅力，一如法爾克所預料。

這一文化上、政治上的連結，漸漸促成政治上的進一步轉向，藉以反制俄羅斯的勢力和影響力。因為這一漫長的連結關係——原先敵對但現今良性的關係——奧匈帝國或許可接下促使落後的土耳其歐洲諸省進行經濟、社會轉型的任務。藉此，哈布斯堡王朝可在前敵人的熱心合作下，完成其文明開化任務。正所謂「敵人的敵人就是朋友」。套用金格里奇的說法，「壞」穆斯林正漸漸轉化為「好」穆斯林。這一戰略憧憬，非常突然的化為政治現實。一八七八年，奧匈帝國透過外交取得其最大勝利。一八七七至一八七八年的俄土戰爭，造成歐洲境內奧圖曼帝國的瓦解，而柏林會議肩負解決此一戰爭所導致之政治動亂的責任。經過一番快速談判，條約決議讓奧匈帝國永久占領並治理波士尼亞、赫塞哥維納、帶狀戰略要地「新帕札爾的桑札克」，但主權在形式上仍屬奧圖曼帝國。[13]

稱霸東方的古老企圖立即再起，奧地利立即派兵南下，以占領這天外飛來的領土。協商移交事宜的奧匈帝國外長安德拉西伯爵表示，用兩支胡薩里亞騎兵中隊和一支騎馬軍樂隊就可以占領。結果他錯了。花了四年才占領下來，而且完成占領時，哈布斯堡軍隊已蒙受超過五千死傷，而鄉間仍然武裝游擊隊橫行。叛亂爆發前，法國駐塞拉耶佛領事認為，叛軍「大概會在奧地利軍隊發出第一炮時就鳥獸散」。他也錯了。奧地利的強行統治，最終促成雙方龐大的財力損失和許多人喪命。此後三十年間，浩大的現代化工程施行，此一現代化計畫所產生的「良性」結果，讓波士尼亞─赫塞哥維納成為主要的受益者之一。帝國軍隊招募進來的波士尼亞人、赫塞哥維納人，以最勇敢、最堅毅的軍人形象著稱，其輕快的軍隊進行曲，為奧地利城市居民所特別喜愛。許多城鎮有穆斯林步兵駐紮其中，居民感受到他們的沉靜、嚴肅和循規蹈距。好處之一是這些頭戴紅色非斯帽、受軍中伊瑪目嚴密掌控而軍紀嚴明的帥氣軍人，未把當地居民的女兒或女僕肚子搞大，對帝國的其他軍隊來說，這是難能可貴的事。

哈布斯堡王朝迅即在其迷你巴爾幹帝國中學到殖民技倆。在波士尼亞，宣揚改信基督教的那套古老觀念遭揚棄，取而代之的是以比奧匈帝國其他地方更為公正的態度，用以對待宗教上的少數族群。波士尼亞的穆斯林軍人在第一次世界大戰的可靠──第二波士尼亞師贏得的戰功獎章多過其他任何單位──進一步驅散了長久以來的恐懼。維也納對波士尼亞的統治，最終產生了「好穆斯林，危難時刻『我們』堅定不移的盟友。」這就是這段漫長而多變的歷史裡最後的階段，一九一八年以奧匈帝國的戰敗收場。這階段完成了，或幾乎完成了，奧地利邊境東方主義的進程。[14]它結束於何處？這結束的過程始於戰場。奧地利軍隊開始時時擔心軍事的挫敗，於是計畫先發制人。「聯合力量」這個出於想像的奧地利多元文化取徑，最後，一如諾曼．史東一針見血所指出的，落得成為「一套制度化的逃避現實體制，它帶給其對象的主要好處，乃是使他們脫離現實。」第一次世界大戰於一九一四年八月四日的爆發，肇因於哈布斯堡王儲在塞拉耶佛遭暗殺，開槍行刺的是受塞爾維亞人的歷史幻想鼓舞的波士尼亞民族主義分子。因為在一三八九年的同一天，塞爾維亞帝國就在科索沃波利耶遭奧圖曼人擊敗，開啟五百年來受土耳其人統治的日子，也隨之展開哈布斯堡王朝與土耳其人的「歐洲爭奪戰」（編按：一九一二年第一次巴爾幹危機後，原本塞爾維亞有機會擴張領土，但是北邊的土地遭奧地利強占，南邊的土地又因為新成立阿爾巴尼亞，導致美夢幻滅）。刺殺事件之後，奧地利對塞爾維亞的報復性攻擊一塌糊塗。這場戰爭乃是古老神話與當下政治現實之間的定期撞擊。一邊陣營是德國、奧匈帝國、奧圖曼帝國；另一邊是俄國、法國、英國，三個世界性帝國強權。四年戰爭摧毀了德國、奧地利、奧圖曼、俄羅斯四個帝國，把世界留給英、法、美三個民主國。這場大災難產生了許多弔詭現象，而最叫人不可思議的，乃是強大的土耳其從奧圖曼帝國的瓦礫堆中崛起，領導此一大業者乃是後來被稱作「阿塔圖爾克」（土耳其人之父）的戰爭英雄穆斯塔法．凱末爾將軍。他的肖像如今仍可見於每個機關學校，一如親愛的皇帝法蘭茨．約瑟夫一世的肖像，曾裝飾著奧匈帝國的建築。

Coda
尾聲

一九九〇年代，海地社會人類學家米歇爾羅爾夫·特魯約，以歷史如何創造為題，寫了一本令人信服（且引發爭論）的書。他稱那本書為《叫過去噤聲》。在該書開頭，他道出自己的用意：「這本書主要著墨於歷史和權力。歷史敘述的產生，涉及到相對立的群體和個人雙方，對此一生產歷史的工具有不平等之取用權，而本書即探討在此涉及的諸多方面。我所揭露的力量，不如炮火、階級屬性或政治聖戰那麼清楚可見，但我要強調，那些力量的威力絲毫不亞於這些東西。」

我這本書中炮聲隆隆（且完全未觸及階級或屬性），但它的焦點其實就是特魯約所描述的：對生產歷史的工具有不平等取用權而相對立的兩個群體。在歷史的生產上，哈布斯堡王朝（和涉及此爭戰的其他西方國家）穩占上風，而我已提過，這一歷史需要再斟酌。

在奧圖曼與哈布斯堡兩王朝的漫長鬥爭期間，發生了一件不尋常卻一直未受到注意的事。他們互為死敵數百年，然後卻不再為敵，甚至化敵為友，在一九一四至一九一八年間成為叫人難以置信的盟友。第一次世界大戰之後，彼此的商業關係日益緊密，一九五〇年代，土耳其人開始以外勞身分赴奧地利工作，一如有更大量的土耳其人赴西德工作。他們未受到善待，但幾乎沒有人視他們為威脅。如今，西方陷入恐懼之中，有人主張，要直接延續過去那場「歐洲爭奪戰」，打新一場的「歐洲爭奪戰」。

實際發生的歷史和這些精心捏造的迷思，兩者差別之大，叫人震驚。一六八三年的維也納圍城戰，再一次成為鼓舞西方人投入西方對東方、穆斯林對基督徒那場永恒對戰的暗喻，一如數百年前它曾扮演的角色。這一事件再一次被有心人士拿來替自己的主張發聲助威。如今，它為新的「歐洲爭奪戰」提供了依據。在二十一世紀，絕不可讓土耳其加入歐盟，因為這會摧毀基督教世界。他們會在維也納一償一六八三年其奧圖曼先民未能得手的遺憾。

抱持這些觀點的，包括有頭有臉的大人物，前歐盟執行委員會委員佛里茨．博爾凱斯坦就是其一。他非常公開的表示，如果土耳其加入歐盟，「一六八三年解放維也納就將是白忙一場。」後來成為教皇本篤十六世的樞機主教約瑟夫．拉欽格，也乞靈於歷史：「塑造出歐洲的東西，使歐洲得以在這大陸形成的東西，源自基督教。土耳其一直以來代表與歐洲永遠相異的另一個大陸。土耳其攻打過拜占庭帝國、攻占君士坦丁堡、發動巴爾幹戰爭、威脅維也納和奧地利。將這兩個大陸混而為一，將是個錯誤……讓土耳其進入歐盟，將是與歷史背道而馳。」

與歷史背道而馳？這是非常有力的主張。但相信這一傳說的，不只博爾凱斯坦和教皇本篤十六世。「維也納城門」部落格的刊頭，說得簡單明瞭：「一六八三年伊斯蘭圍攻維也納時，似乎打算侵占基督教歐洲。我們現正處於一古老之戰爭的後續階段。」我一直努力以不偏不倚的態度呈現過去幾百年所發生的事。那段期間，交戰者之間有令人難以想像的殘酷、野蠻和無法消除的仇恨。但在十九世紀，充斥於那些對抗裡的仇恨心態降低，新關係問世（前一章我已提及）。那時候，較古老的想法和態度仍存在（且如今仍存在），但它們無疑蟄伏未發（如今也是）。

在歷史較黑暗的部分裡搜尋，創造出不實的記憶作為武器，此舉有其危險。沒人說得定那會導致什麼結果。在一九九〇年代的巴爾幹戰爭中，我們目睹了許多為滿足政治目的而祭出偏頗之歷史觀點的例子。神話化的歷史成為野蠻暴行的藉口：種族清洗是二十世紀最令人反感的新詞之一。

伊莉莎白．柯斯托娃在其暢銷小說《歷史學家》中，呈現了歷史裡隱藏的危險。女主人公在訴說其個人故事之前，寫了份短箋給讀者，簡短但一針見血：「身為歷史學家，我已了解，把手往回伸進歷史者，其實並非個個都能捱過歷史。而且，危及我們的，不只是把手往回伸進歷史一事；有時，歷史本身以難以捉摸的爪子，以難以阻擋之勢，往前伸向我們。」她所寫的土地，正是我在寫的土地，東抵伊斯坦堡，西至維也納，南鄰馬其頓，北至比喀爾巴阡山更北的土地。她所描寫的歷史，其實是「迷思－歷史」，那不是安然保存在圖書館與檔案室裡的那種歷史，而是在世界上未受約束的那種歷史：永無止境，且可能和惡毒疾病一樣危險。弔詭的是，對治這惡毒過去的藥方，就是歷史過程本身：透過仔細的剖析，「如實」揭露過去，使真相為世人所知。

往後望，望向紀錄下的篤定歷史後面，半回頭望，
望向原初的恐懼。

——艾略特，〈乾燥的薩爾維吉斯〉

Notes
注　釋

❖ 序

1. 這班火車起於雅典，往西北蜿蜒而緩慢行駛。
2. 這位友人是克里斯多夫・杜菲（Christopher Duffy），對圍城和圍城戰法的了解無人能及。他們為建造地鐵而往更深處挖，挖出許多更古老的手工製品。
3. 我想，這是因為得到州立博物館事務局的寶貴建言。
4. 在河邊平地上還有一大理石十字架和大理石匾額。
5. 維吉尼亞・阿克桑（Virginia Aksan）的不凡之作《奧圖曼戰爭》（*Ottoman Wars*）是例外。此作深入探討了奧圖曼帝國，但有關哈布斯堡王朝的部分，不得不倚賴二手資料。
6. 以維也納攻防戰為題的英語著作，有兩部屬於上乘之作，一是約翰・史托（John Stoye）的《維也納攻防戰》（*The Siege of Vienna*），一是湯馬士・巴克（Thomas M. Barker）的《雙鷹和新月》（*Double Eagle and Crescent*）。兩書都從攻防戰之前開始說起，而以該戰結束時告終。
7. 十七世紀末期之前，西方人口中的東方，主要指歐洲東邊、南邊的伊斯蘭地區；中國通常給稱作契丹（Cathay）或韃靼地區（Tartaria）。但對東方的恐懼，並非只與伊斯蘭有關。十三世紀蒙古人橫掃歐亞，引發歐洲人恐懼，十世紀時似乎勢不可擋的馬札兒人也曾引發歐洲人恐懼。又更早，有中亞部落民族匈奴人西遷的恐怖故事，如吉朋在《羅馬帝國衰亡史》裡所記錄的「阿提拉風暴」和「阿瓦爾人（駭人）的天生勇武」。從十八世紀的吉朋到二十世紀史賓格勒的《西方的衰落》，一直不乏以吉朋筆下「人類史上最可怕且或許最偉大場景」為主題的著作。

8. 諾曼·史東（Norman Stone）是例外，他在《東戰線》（*Eastern Front*）中特別解釋了失敗的深層根源。

❖ 導 論

1. 伊斯蘭倭馬亞（Ummayad）王朝統治西班牙更久，但阿拉伯世界已分崩離析。
2. 這故事已知有拉丁語、希臘語、西班牙語、英語、法語、德語、敘利亞語、亞美尼亞語、波斯語、阿拉伯語、希伯來語、科普特語、衣索匹亞語、塞爾維亞語、克羅埃西亞語、捷克語、波蘭語等版本。
3. 阿歷克賽後來遭堂兄安德羅尼卡（Andronicus）下令絞死。
4. 奧斯曼是奧圖曼王朝的創建者，他的父親埃特格魯爾（Ertegrul）率領卡耶部落成員前來安納托利亞協助賽爾柱人抵抗拜占庭。
5. 塞利姆將天命觀傳給蘇萊曼。「事實擺在眼前，我將如亞歷山大大帝統轄東、西方……我是國王，我的父王經歷二十代國王一脈相傳下來。」

❖ 第一章

1. 他們體現了馬爾薩斯筆下錫西厄與乾草原游牧民的「野蠻和破壞精神」，而奧圖曼人據稱就是這些游牧民的後裔。
2. 根據某些原始資料，是否已有開戰的打算仍無法確定，但有兩次插上蘇丹馬尾旗後都發生戰爭，一次是一六六三至一六六四年施蒂里亞邊界上的戰役，一次是一六七二年波蘭境內的霍京（Khotin）戰役。

✦ Notes ✦

注　釋

3. 在埃迪爾內的蘇丹夏宮，有第二組工場間和倉庫。
4. 根據阿塔索伊（Nurhan Atasoy）研究的某頂大帳，其屋頂超過三百公斤。
5. 奧圖曼詩人喜歡擬人化的野獸意象，就這來說，奧圖曼帝國就像隻獅子。這比喻很貼切。獅子慵懶，起身緩慢；在徹爾佩奇草地建造這處逐日壯大的戰營，乃是奧圖曼人從容奮起的第一個顯之於外的表徵。
6. 嚴格來說，與奧圖曼帝國相鄰的乃是立陶宛大公國。
7. 例如，土耳其禁衛軍運用齊射火力，與西方同時（或早於西方）。
8. 這無意去貶低當時的偉大遊記作家，如喬治・桑迪斯（George Sandys）等人的成就。但阿斯利・吉拉克曼（Asli Cirakman）正確區別了從未去過奧圖曼土地就寫書的作者，和桑迪斯之類真正親眼見過筆下事物的旅行家。我要加上第三類，那可稱作是僑民，這類人在別種文化裡度過漫長歲月，產出不同的印象。
9. 他曾以皇帝特使的身分，到溫徹斯特參加過西班牙王腓力二世與英格蘭瑪麗女王的婚禮。
10. 最晚近的版本，由路易斯安納州立大學出版社於二〇〇五年出版。
11. 埃澤爾・庫拉爾・蕭（Ezel Kural Shaw）曾指出親身體驗奧圖曼一事的基本侷限。她論道，「欲檢討、分析、評價外國人對奧圖曼帝國的記述，得除掉兩個障礙或面紗。首先得理解觀察者因個人性格和文化、語言背景所加諸的有利條件和限制，其次得理解奧圖曼社會的錯綜複雜。」
12. 尼古萊於一五六六年獲命為亨利二世宮廷的宇宙誌學者，且在一五六九年從西班牙文翻譯了佩德羅・德・梅第納（Pedro de Medina）的名著《航海術》（*L'Arte de Navegar*），在那兩年後，他個人的遊記才由同一位出版商魯耶（Rouille）在里昂出版。
13. 還有，穆斯林異端教派的畫像，呈現出環刺穿陰莖的可怕模樣，特別是貞潔自持的卡倫德里教派（Kalenderi）。
14. 例如佛朗切斯科・桑索維諾（Francesco Sansovino）《情報》（*Informatione*）一書中的巴爾幹輕騎兵形象，得自尼古萊一五六八年里昂版著作中第一四四頁後那幅銅凹版畫。
15. 一如其二十世紀的外交後輩，布斯貝克一離開駐在國返國，即提出一份長篇「建議」。他寫到「如何打贏土耳其人的方法」。他的答案是仿效土耳其人：建造常備軍，召募國中最精壯男子予以訓練。

16. 要找到擁有同樣恐怖形象的國家，我們得進入自己的時代，來到史達林治下成熟壯大的蘇聯。不管是對或錯，鐵幕以西的歐洲諸國恐懼於俄羅斯的強大與虎視眈眈，恐懼於它叫人難以抵禦的軍力、它在國際政治上呼風喚雨的影響力，特別是它在意識形態上對所有宗教和西方民主原則的挑戰。對俄羅斯的恐懼，非肇因於哪個具體事件：史達林治下的俄羅斯，什麼都不做，就讓人害怕：它的存在就是邪惡而具威脅性。

❖ 第二章

1. 古羅馬城市哈德良城（後改名埃迪爾內），乃是奧圖曼帝國在西方的第一個城市。
2. 在蘇丹阿布杜勒・哈密德二世所建的易爾迪茲（Yildiz）建築群，很容易就可體會到這點。那是埃迪爾內宮在一八七五年對俄戰爭期間遭意外摧毀後所興建，如今正在重建，其中大大反映了奧圖曼人對庭園的熱愛。
3. 這句短語出自費利克斯・卡尼茨（Felix Kanitz）之口，他在一八五八至一八八九年間曾周遊巴爾幹半島。但如今已成為西方對奧圖曼傳統形象的普遍比喻。
4. 淡色馬在軍中較不受青睞，因為在戰場上目標較鮮明。
5. 如今，稱他們為韃靼人較為普遍，但這忽略了西方人在韃靼人（Tartar）與塔爾塔羅斯（Tartarus）一詞之間強加上的有力關連。塔爾塔羅斯意為最深的地府，在《伊利亞德》中，稱它位在冥府更下面的極深處，從地面到塔爾塔羅斯的距離，一如從地面到天上的距離。後來的作家稱那是懲罰惡人靈魂的地方。據希臘詩人赫西奧德（Hesiod）的說法，從天上掉下的銅砧，要花九天九夜才會落到地，要從地面落到塔爾塔羅斯，又要再花上同樣時間。塔爾塔羅斯是陰暗潮濕的坑，被一堵青銅牆圍住，牆外是三層黑暗。
6. 《惡魔的騎士》（*The Devil's Horsemen*）是詹姆斯・錢伯斯（James Chambers）替自己論蒙古人的著作所取的書名。現代研究顯示，諾蓋韃靼人仍保有蒙古人戰法的精髓。
7. 韃靼馬好用，原因之一或許在牠們的日常食物。土庫曼馬有兩種，一種粗壯，覆滿粗毛，另一種是身形修長，為中國人所珍愛的「汗血天馬」。如今，汗血馬以名叫阿哈捷金馬（Akhal-Teke）的直系後代倖存於世；但韃靼馬很可能是這兩種馬的混種。中亞部落民習慣「將乾苜蓿、羊脂、煎過的麵餅混合，用來餵馬。」這一高蛋白而低份量的食物，使牠們較不依賴青草或乾草料——大部分歐洲馬所不可或缺的兩種食物。見談馬的網站www.turkishculture.org。沃什（J.H. Walsh）與路普登（I.J. Lupton）在他們的權威性論文中，形容韃靼馬「跑得快又不會累，天生最為吃苦耐勞，因而，同樣份量、質量的食物，今日的驢子會吃不飽，牠們卻能活得好好的。根據當時奧圖曼部隊的配給，奧圖曼戰營裡備有大量的羊脂。我很感謝蘭德里（Donna Landry）在這主題上給了我正確的指點。

❖ 第三章

1. 他們已在和瑞典人、丹麥人、法國人的交戰中磨練出戰鬥技能。
2. 韃靼人的「密襲」戰術（譯按：swarming，指自主或半自主的戰鬥單位分從不同方向攻擊同一敵人再重新部署的作為），已被重新發掘並改造，應用於二十一世紀的作戰情況。
3. 這一詞語發展自美國的戰略暨政治科學領域，指一國藉由武力或武力威脅，將其意志強加在遙遠邊界或邊境以外的能力。
4. 許多報紙和宣傳小冊信心十足的宣稱，他們必會奪回茲林伊的祖先曾英勇捍衛過的那座城鎮，結果未然。
5. 在此我稱之為「哈布斯堡軍隊」，但其實，這支軍隊包括了幾個奧地利團、一支來自萊茵蘭的帝國分遣隊、一支由法國貴族志願軍組成的獨立小分隊。
6. 蒙帖庫科利遭米克洛斯・茲林伊指責進攻不夠積極，未追擊奧圖曼人。此後的匈牙利歷史學家，全遵循這一看法。但這位義大利籍指揮官沒做錯：他未派兵追擊，因為那是唯一能保衛這邊境的部隊。這也是為什麼後來倉促停戰的原因。這點被自覺遭到拋棄的匈牙利人痛罵。
7. 根據史料，韃靼人從未攻占過任何一座有兩萬居民的城鎮。

8. 特別是仍隨軍出征，但在戰場上用處不大的非正規輕騎兵和巴爾幹輕騎兵。
9. 萊科特是拉辛劇作《巴耶濟德》（*Bajazet*）的創作來源。濟亞德・埃爾馬薩菲（Ziad Elmarsafy）針對此事提出精闢觀點：「似乎叫萊科特感到困擾的，乃是帝國初期的羅馬和十七世紀奧圖曼帝國之間的相似性，特別是他們的國勢興盛與內在邪惡之間明顯的相關性。」

❖ 第四章

1. 一六六六年大軍從埃迪爾內走到埃斯泰爾戈姆，花了一百一十九天，其中六十七天是休息。平均來講，天氣好的情況下，這支軍隊一天能走二十多公里，就屬難能可貴。
2. 這是我的推測，因為涵蓋這一時期的文獻，若非不存在，就是在事後遭修改以抹黑卡拉・穆斯塔法的為人。據稱清楚交待這情況的唯一文獻，其來源可疑，因為那文獻的撰寫者其實不在現場。
3. 我深信，從既有的資料和其背景看來，傳統觀點認為穆罕默德四世軟弱而卡拉・穆斯塔法無比貪婪，並非事實。
4. 當然，這次大舉出征一失敗，歷史隨即遭重寫，蘇丹被寫成從一開始就對此心存懷疑，後來更對其奸詐下屬的陰謀詭計渾然不知情。
5. 這問題同樣適用於對哈布斯堡王朝與對奧圖曼帝國的論述。不過加布里爾・彼得貝格（Gabriel Piterberg）的《奧圖曼悲劇》（*An Ottoman Tragedy*），對處理哈布斯堡王朝的文獻也可能有幫助。
6. 雄巴德洛威在其著作中描述許多現代大都市的無政府特質，這些城市構成定居區與暫居區之間的一組邊界。
7. 塞西莉亞・荷蘭（Cecilia Holland）在小說《拉科西》（*Rákossy*）中，以令人振奮的手法，淋漓盡致的描述了這個世界。該書出版於一九六七年，二〇〇六年重新發行。
8. 格萊恩的故事，類似娜塔莉・戴維斯（Nathalie Zemon Davies）在《馬丁・蓋爾的歸來》（*The Return of Martin Guerre*）中馬丁・蓋爾的生平遭遇。
9. 匈牙利科學院的帕爾・佛多爾（Pal Fodor）博士，在二〇〇五年向我說，雖有許多紀錄提及奧圖曼人在匈牙利的暴行，紀錄詳細到指出地名、日期、甚至有時受害者人名的地步，但不盡是事實。

❖ 第五章

1. 土耳其禁衛軍於五月十三、十七、十八、二十日啟程往北。
2. 如果他們一如一六六四年時，走南路前往格拉茨，在聖哥達渡過拉布河，路程會更短。但由於那場大敗餘悸猶存，不可能走此路線。
3. 在土耳其和伊斯蘭世界，有一整套關於紅蘋果、金蘋果的傳說。
4. 這將由呂迪格・馮・史塔勒姆貝格與老伯爵卡普利爾斯率領。
5. 他寫給馬可・達維亞諾那封痛苦的長信，非常清楚表達了他的感受。

❖ 第六章

1. Auff, auff Ihr Christen，這是著名傳道士亞伯拉罕・聖克拉拉（Abraham à Sancta Clara）所寫小冊子的冊名，碰巧就在一六八三年七月七日於該城出版。
2. 但其實幫助不大，因為許多人在往西的路上遭韃靼人抓走。
3. 一五四七年，有張城市地圖顯示有一百五十座大菜園；到了一六〇〇年，這些菜園已全蓋上房子。
4. 一如在這時期的鳥瞰圖上所見。
5. 見博尼法濟烏斯・沃爾穆特（Bonifazius Wohlmut）所繪地圖。
6. 後來被叫做奧塔克林溪（Ottakringbach）。
7. 有人主張，路易十四的陸軍元帥塞巴斯蒂昂・德・沃邦（Sebastian de Vauban）便是根據奧圖曼人進攻稜堡要塞的技巧，發展出他的攻擊戰法。
8. 那裡有一段小防禦土牆，是利用布格托爾城門上方「西班牙人」舊城牆的一段建成。

9. 較晚近的要塞設有暗炮台，暗炮兵的地下部分經過強化，以防止敵人坑道工兵靠近城牆或在城牆下方引爆炸藥。
10. 這支波蘭部隊是親王盧博米爾斯基的騎兵，以無法無天著稱，按合約替神聖羅馬皇帝效命。在這之前他們與匈牙利叛軍作戰。
11. 史達林格勒攻防戰等二十世紀戰事，對理解維也納攻城戰也幫助不大，因為現代武器在火力和射程上大不同於當時。

❖ 第七章

1. 特克伊的部隊一度攻下布拉迪斯拉法，但不久，該城居民即在洛林部隊支援下，在八月二十九日擊潰他們，光復該城。
2. 有人主張，進攻面朝萊奧波德施塔特島的維也納城牆會比較容易得手，但若這麼做，土耳其人將得穿過滿是多瑙河爛泥的開闊地強攻城牆。當時的西方軍官一致認為，進攻布爾格稜堡是正確選擇。

❖ 第八章

1. 後來的歷史學家認為，土耳其人若拿下維也納，也沒能力守住，因為那已是他們戰略「前伸能力」的極限。理論上的確如此，但實際上要趕走他們不會這麼容易，特別是因為（一如後來奧地利陸軍元帥勞東所說）他們會為保衛一堆殘破的廢墟而力戰到底。
2. 漢諾威未出兵，乃是因為公爵擔心自己遭攻擊，他雖有龐大兵力，但禁不起抽走部隊，讓公國陷入防衛空虛的風險。
3. 哈布斯堡王朝也費了極大心血說服布蘭登堡大選侯出兵相助，這主要是因為該選侯的三萬精兵是歐洲最精良的部隊。

4. 並非所有人都信服於他。帝國作戰會議主席，巴登的赫曼，就與他誓不兩立。
5. 這是克雷姆斯與維也納之間唯一的過河橋樑。
6. 一六八三年，為慶祝維也納的勝利，皇帝萊奧波德一世下令在卡倫山，這場大捷象徵性發動的地點，建造一座大型教堂。但一六九三年該教堂啟用時，他下令此後應以他個人的名字稱呼該山，因為這麼叫比較威嚴，於是漸漸改名為萊奧波德山（Leopoldsberg）。在這同時，他把附近的約瑟夫山（Josephsberg）改名卡倫山，以致此後幾代人常搞不清楚哪座才是卡倫山。
7. 達維亞諾是嘉布遣會修士，因此，身穿灰色法衣的他，是名副其實左右皇帝萊奧波德想法與決定的éminence grise（字面意思「灰袍」，比喻幕後有力人物）。他親身經歷了解圍部隊所遭遇的種種困難和艱辛。

❖ 第九章

1. 大部分的接觸證據來自十八世紀，但十七世紀已有蛛絲馬跡。克爾斯丁·托梅嫩達爾（Kerstin Tomenendal）斷定，嗜飲咖啡的熱潮在一六六五年由卡拉·穆罕默德帕夏的大使館帶起。
2. 十九世紀之前出現許多新編的故事版本，目前所知的最後一個版本，在一五九七年由葛雷哥爾·胡貝爾（Gregor Huber）在維也納印行。布達佩斯的國立塞切尼圖書館藏有該書。
3. 除了來自羅馬的資金，他還下令當地主教和修道會捐輸。對哈布斯堡王朝和其他天主教統治者來說，主教和修道會是遠更豐沛的資金來源。然後，用這些天主教資金付錢給擁有訓練精良、戰技高超之職業軍隊的新教國家，換取他們出兵相助。
4. 萊奧波德自豪於他的莊重而不露情感，但波蘭人想要的不是這種反應。他不大可能有意怠慢其盟軍。
5. 這一要塞名義上位於奧圖曼人領土上，守軍不多，且在其東北邊是川西瓦尼亞，川西瓦尼亞人雖未盡全力幫助盟友土耳其人，但痛恨哈布斯堡王朝的統治。
6. 他並非靠強攻拿下該城，因為哈布斯堡傭兵將它賣給土耳其人。

7. 他的收藏品與日俱增，有一百件是他叔叔巴登的赫曼所贈。一七七一年，他兒子奧古斯特．格奧爾格（August Georg）闢了一間土耳其室安置這些珍奇物品；但一八七七年，這些藏品被帶到卡爾斯魯厄，以「土耳其珍奇品」之名予以收藏。一九二〇年後一直放在巴登州立博物館（Badisches Landesmuseum）。

8. 皇帝萊奧波德向達維亞諾訴說這一重大勝利帶給他的喜悅，說維也納這邊完全料想不到會這麼順利。

9. 哈默（Joseph Hammer）有稍稍不同的說法，認為見面和行刑時間是午夜前後。

❖ 第十章

1. 《宰相，或卡拉．穆斯塔法的一生，一六八三年圍攻維也納的奧圖曼軍隊統帥》。這部小說先出法語版，然後出了英語、德語、義語、荷語版。

2. 身為日耳曼皇帝的萊奧波德很想完成這次征服行動，但西邊的法國威脅讓他芒刺在背，因為哈布斯堡王朝在低地國有利害關係。但達維亞諾告訴皇帝，收復失土大業對「整個基督教世界具有莫大的好處」。

3. 據說蘇萊曼一世的軍隊是用計攻下這座護城城堡，在這之前，他們已擊退欲從匈牙利人手中奪下這城堡的哈布斯堡軍隊。「但匈牙利鄰邦日耳曼的國王，名叫費蘭杜斯（斐迪南）的不信我教者——可惡的異教徒，因不斷與伊斯蘭信徒交戰且一直是報復心切的叛亂分子——想成為匈牙利國王。因此，他不信我教的兄弟卡洛（查理五世），在與西班牙國王結盟，且有其他生活墮落之不信我教者的支持之後，從恐怖活動溫床的那些省分集結了一支大軍，把火炮和武器搬上多瑙河上多不勝數的船上。可惡的佩倫伊（Perenyi），匈牙利上院議員之一，也加入他的陣營。藉由這些力量，他入主匈牙利，圍攻布達城。」

4. 他因未全心全力支援奧圖曼人，而遭奧圖曼人抓走，上鐐銬押到埃迪爾內。

5. 拉攏波斯國王加入反奧圖曼陣營，最後未成，但萊奧波德的特使曾努力遊說波斯出兵攻打奧圖曼帝國的東界。

6. 皇帝萊奧波德割讓西里西亞一小塊地區，且還錦上添花，付予對方龐大補助，以拉攏對方出兵。

7. 根據廣泛的軍事情報，路易十四無疑這麼認為。

8. 這是一八四八年匈牙利革命後，哈布斯堡王朝架起大炮威懾布達城民的地方。

9. 攻城日記記載，每天晚上，「受圍者用篾筐和防柵，修補守護該城堡的城牆。」

❖ 第十一章

1. 這是一六二九年庫藏清冊上的總數，後來庫藏繼續增加，達到十萬件以上。光是一六八三年，就收進一百套居拉西耶盔甲。

2. 一七〇八年八月十八日的英國《每日新聞》報上，出現推銷歐根親王肖像的廣告。「今天出版了歐根親王的祈禱文，有精巧刻在銅凹版畫上的歐根畫像。祈禱文精美印在大幅單面印刷品上，適合裝框，掛在每戶家裡。這份祈禱文，思想深湛，絕無僅有，已受到所有國家的欣賞，並譯成所有語言，理當收藏保存，讓以後的世世代代同享這位作者的不朽光輝。價格三便士。鄰近（倫敦）出版公會的摩菲商店有售。」

3. C. H. L. 喬治（博士論文）描述道：「洛林公爵查理在布達大捷的聲名，也傳到（英國官方媒體）《倫敦憲報》（*London Gazette*）最後幾頁的廣告版。地圖與版畫販售業者約翰．奧利佛刊了三則廣告，推銷與此圍城之役有關的產品。八月九日，他廣告一張地圖，名叫『著名的布達圍城之役精確圖』；九月十三日，他推銷一幅洛林公爵查理的網線銅版肖像畫；十一月一日，他刊出『強攻布達之役精確圖』的販售啟事。十月四日和七日，英王的印刷業者亨利．希爾斯（Henry Hills），刊出『布達城精確描寫圖』的廣告。十月二十八日，出版商理察．帕爾默（Richard Palmer）刊出銷售匈牙利地圖的啟事。十月二十一日，獎章製作商喬治．鮑爾（George Bower）廣告『一面洛林公爵查理的勛章，勛章背面刻畫有基督教象徵戰勝奧圖曼新月旗的圖像。』在後來的斯圖亞特王朝期間，出現於報紙上的獎章廣告只有十三則，說明了這則獎章廣告反映出當時英格蘭人對這場圍城之役的強烈情緒。」

4. 這段話雖掛名歐根親王所寫，實則出自利涅親王筆下。貝爾格勒城牆缺口的這場戰鬥，或許是「歐根」主導，但關心猶太人遭強征入伍的遭遇，則是不折不扣的「利涅」作風，他在這之前曾為猶太人的法律權利和保障寫過文章，而歐根對此議題毫無興趣。關於利涅，見第十二章。

❖ 第十二章

1. 馬克斯・布勞巴赫（Max Braubach）在其為歐根所寫的傳記中，提到在施洛斯霍夫鄉間宅邸，特別收藏有一組旨在確保其身後名聲的畫作。布勞巴赫未道出畫家的名字，但那些畫無疑出自胡赫騰堡之手。
2. 她因為是女性，無法成為女皇；她又拒絕受加冕為皇后；她丈夫登帝位的加冕儀式，她也未參加。
3. 當時，那是歐洲境內唯一專為獎賞戰功而設立的勛位。普魯士功績勛位（Pour le Merite）的頒予對象，既有軍官，也有平民，直到一八一〇年才規定只頒予軍人。
4. 他也向親近的大女兒克莉絲汀吐露同樣想法：「我覺得我似乎已讓歐根親王說出為保衛（一八〇九年的）維也納我們本應做的事。」
5. 奧地利史學家彼得・史塔赫爾（Peter Stachel），描述了「歐根親王」如何被塑造成非宗教性的國家守護神和想像的祖國守護靈。第一次世界大戰結束和哈布斯堡王朝覆滅之後，這位毫無日耳曼血統的義大利親王，突然成為日耳曼的民族英雄。一九三二年起，奧地利法西斯分子進一步在教育上推動「愛國」運動。民謠《歐根親王，貴族騎士》（*Prinz Eugen, der edle Ritter*）出現在許多學校的歌本上，而在一九三八年遭納粹接管之前，支持教權主義的奧地利法西斯政權，一直將宣揚歐根親王視為施政重點之一。一九三五年新通行的小學初級識字讀本，以A（可想而知）代表「Austria」（奧地利），以C代表「Christianity」（基督教），學校教導孩童：「奧地利是個基督教國家」。E則代表「Prinz Eugen」（歐根親王），H是「為祖國打仗，犧牲性命」的「heroes of the homeland」（祖國英雄）；V代表「被我們如熱愛父母般熱愛」的「Volk und Vaterland」（人民與國家）。但這些東西，並不是在同一時期仇恨猶太人的思想架構下設計出來，它們全是針對敵人土耳其人而設計。
一九三五年新推出的中學課程，導入一新主題：祖國研究。它為課程提出如下受認可的基本思想：「奧地利是歐洲天主教文化的支柱之一」，「奧地利是對抗土耳其人的堡壘」。較年長的孩童被灌輸：哈布斯堡王朝覆滅後的奧地利是舊帝國在東方使命的承繼者，奧地利一直在捍衛基督教世界，使免遭土耳其人的屠戮，且將文明帶給東方。在《奧地利教育界》(*Die österreichische Schule*)這份主要刊物上，有位投稿者寫道，誰都不該忘記一六八三年發生的大事，學童當然也是。那一年，「奧地利、維也納、施蒂里亞抵抗土耳其人……堅定不屈，(因此)西方諸民族保住命脈，存在至今。」甚至一九三八年遭德國人接管後，歐根親王仍極受推崇。一九三八年出版的納粹《德國奧地利地區書》(*Book of the German Ostmark*)，還頌揚「歐根親王的日耳曼勝利」。

6. 彼得・史塔赫爾寫道：「在德國，歐根被宣揚為納粹征服東方政策的先驅。一九三二至一九四一年在德國境內出版了二十二部有關歐根親王的小說，其中絕大部分或多或少呼應這一趨勢。德國海軍且以他的名字為一重型巡洋艦命名(一九三八)。」

7. 一九五二年的中學讀本(Lesebuch für Mittleschulen)第三冊裡，仍收錄民謠「歐根親王，貴族騎士」。但這時候，他與日耳曼民族勝利的關係已完全被清除掉，已和一九四二年從東南歐的日耳曼少數民族召募成軍的納粹黨衛軍歐根親王師，沒有瓜葛。

8. 小談一下過去與記憶：個人的記憶只存在於個人在世時，以及與那人有直接關連者在世時；從集體的角度來說，社會能「記住」很長一段時期。揚・阿斯曼(Jan Assmann)、阿萊達・阿斯曼(Aleida Assmann)這兩位德國埃及學家，以及約翰・薩普利卡(John Czaplicka)，在一九九五年《新德國評論》(*New German Critique*)第六十五期刊出的文章，〈集體記憶與文化認同〉(Collective Memory and Cultural Identity)中，進一步闡釋了一九二五年首次探討這主題的學者，法國哲學家暨社會學家莫里斯・阿爾布瓦克斯(Maurice Halbwachs)，所提出的這個觀念。揚・阿斯曼提到透過交談在人與人之間傳遞的知識、態度、「吐露個人想法」的個人記憶。但那過程頂多只能進行三、四代多一點，大約一個世紀。在那之後，剩下「文化記憶」，而「文化記憶」較趨近於理論，而較不像是對真實作為的描述。這是考古學家與人類學家普遍使用的一種解釋，在歷史學界則較不受青睞。阿斯曼描述了創造並維持文化記憶的「固定點」。那可能是「過去的重大事件，對那些事件的記憶，透過文化構成物(文本、儀式、紀念性建築)和單調而重複的溝通(背誦、練習、奉行)而維持不墜。」這些記憶遭到徹底的編整和簡化。誠如阿斯曼所說：「多餘的成分遭揚棄，明確而有力的文化訊息問世，供進一步傳述。」不管要被「記住」的東西為何，都和隨性、混亂、不精確的個人記憶大不相同。阿萊達，阿斯曼則在〈社會與集體記憶〉(Soziales und kollektives Gedächtnis) 中，描述了「文化記憶」如何「以正面陳述『我們是這樣』或反面陳述『那與我們相反』的方式……保存住一群人賴以從中意識到自己之單一性和獨特的知識庫。」但事實上，不盡然能這麼順利。要在長時期內保存住「我們是這樣」和「那與我們相反」的這個認知，難如登天。猶太教、伊斯蘭教、基督教等宗教信仰，相較之下相當成功；但即使在這些宗教內，異議「內敵」的威脅，往往比「外敵」來得大。新教徒仇恨天主教徒，遜尼派仇恨什葉派，恨意之強超乎天主教徒和什葉派的其他敵人。長遠來看，「彼」、「我」的分界線絕非永遠不動如山。只要是最讓人覺得威脅的，就是最令人害怕的。

9. 哲學家約翰·利爾 (John Lear) 在一本篇幅不長但思想精闢的小書中，描述了這個過程。在《孤注一擲的希望：文化崩毀下的倫理學》(*Radical Hope: Ethics in the Face of Cultural Devastation*) 中，他描述了他的研究對象（克里族印第安人），在以打勝仗和獲得榮耀為基礎的文化根基遭摧毀之後，如何捱過那段「平靜無波」的時期。克里人靠著「先知夢」存活下來，而我認為哈布斯堡王朝和奧圖曼王朝也是。

10. 發展中的民族國家，無論大小，愈來愈常使用這套慶祝、團結方法，但手法往往不夠細膩。他們有值得慶祝的事物，但反過來，他們也會受到現實狀況與事件所框架：英國人難以接受一八五七年的印度反英暴動，法國人為一八七〇年普法戰爭的挫敗而震撼不已，帝俄因日俄戰爭的驚人挫敗和接下來的一九〇五年革命而膽顫心驚。

11. 但他極欣賞國家劇院和藝術史博物館裡的克林姆傳統畫作，特別頒予他個人獎項。

12. 「邊境東方主義的迷思—歷史後設敘事基本上主張，壞穆斯林和壞東方人攻擊且嚴重威脅我們的邊境，一如他們在現代初期土耳其戰爭中之所為……歷史踏入現代時，壞穆斯林是『我們』的難纏對手，嚴重威脅『我們』的生存。哈布斯堡王朝接下來要順利展開殖民擴張，就一定得先擊潰那對手。」這一關鍵理論，是安德烈·金格里奇在〈東方主義的邊境迷思：中歐官方文化與民間文化裡的穆斯林世界〉一文中發展出來，文章發表於一九九六年在斯洛凡尼亞舉辦的第三屆地中海民族學夏季學校。因此，邊境東方主義存在於奧圖曼—哈布斯堡的邊陲地區已超過十年，但其在史學界所產生的回響，我認為仍不理想。

13. 一九〇八年，奧匈帝國以阿布杜勒·哈密德遭罷黜為由，併吞這些省分。

14. 安德烈·金格里奇：「奧地利邊境東方主義的後設敘事，因此連接了其實彼此沒什麼關係的時期和社會—政治體制，以建構出永恆的邊境任務。透過邊境東方主義的迷思—歷史敘事，透過好、壞東方人的疊合，查理曼大帝對抗東方的中世紀前哨基地、一五二九和一六八三年兩次攻打維也納之前奧圖曼人的幾次挫敗、十九世紀末期和二十世紀初期哈布斯堡王朝與塞爾維亞、俄羅斯的敵對，全被膚淺而人為的連在一塊。」

✦ 名詞對照表 ✦

上塔特拉山脈 High Tatra Mountains
上德布林 Oberdobling
下德布林 Unterdobling
于斯屈達爾 Üskudar
凡湖 Lake Van
凡爾登 Verdun
《土耳其通史》*Generall Historie of the Turks*
《土耳其蘇丹的生活與肖像》*Vitae et Icones Sultanorum Turcicorum*
大衛・特里姆 David Trim
川西瓦尼亞 Transylvania
丹尼爾・蘇丁格 Daniel Suttinger
今蒂米什瓦拉 Timişoara
厄登堡 Ödenburg
厄爾・史班默 Earle Spamer
巴巴里沿海地區 Barbary Coast
巴尼亞盧卡鎮 Banjaluka
巴本貝格的萊奧波德五世 Leopold V of Babenberg
巴拉尼亞 Baranja
巴耶濟德二世 Bayezid II
巴統 Batum
巴登侯爵赫曼 Hermann, Marquis of Baden
巴爾坎木堡 Barkan
巴爾庫海恩與費特尼爾的萊斯利家族 Leslies of Balquhain and Fetternear
文琴左・史卡莫齊 Vincenzo Scamozzi
《出使土耳其書信集》*Letters of the Turkish Embassy*
加里波利 Gallipoli
加博・阿戈斯頓 Gábor Ágoston
《卡皮斯特拉努斯》*Capystranus*
卡拉・穆罕默德 Kara Mehmed
卡拉・穆斯塔法 Kara Mustafa
卡林西亞 Carinthia
卡林西亞城門 Carinthian Gate
卡門內茨 Kamenets
卡洛斯二世 Carlos II
卡洛琳・芬克爾 Caroline Finkel
卡倫山 Kahlenberg
卡納列托 Canaletto
卡普拉拉伯爵 Count Caprara
卡萊梅格丹 Kalemegdan
卡爾・馮・瓦爾德克 Karl von Waldeck
卡爾洛瓦茨 Karlovac
卡羅爾・希倫布蘭 Carole Hillenbrand
古斯塔夫・克林姆 Gustav Klimt
古斯塔夫・阿道福斯 Gustavus Adolphus
《叫過去噤聲》*Silencing the Past*
《可敬子弟的起床號》*Reveille to worthy sons*
史卡利亞 Scalia
史瓦比亞 Swabia
史托克勞鎮 Stockerau
史特拉特曼 Strattmann
史特拉特曼伯爵 Count Strattmann
史塔尼斯拉夫・雅布羅諾夫斯基 Stanislaw Jablonowski
史塔爾堡 Stallburg
史蒂芬・帕爾菲 Stephen Pálffy
史戴特爾多夫城堡 Stetteldorf
史蘭卡門之役 Battle of Slankamen
司提反・耶拉西莫斯 Stephane Yerasimos

尼什鎮 Nish
尼古拉・尤里希奇 Nikola Jurišić
尼古拉・米修爾 Nocholas Michault
尼古拉・希耶羅尼莫斯・謝尼亞奧夫斯基 Nicolas Hieronymus Sieniawski
尼古拉・德・尼古萊 Nicolas de Nicolay
尼克拉斯・薩爾姆 Niklas Salm
尼科波利斯 Nicopolis
尼科波利斯之役 Battle of Nicopolis
尼特拉河 Nitra River
布拉迪斯拉法 Bratislava
布倫瑞克公爵 Duke of Brunswick
布格托爾門 Burgtor
布爾格稜堡 Burg
布羅德 Brod
瓦拉幾亞 Wallachia
瓦林村 Wahring
瓦阿格河 River Waag
瓦倫斯坦 Wallenstein
瓦爾米村 Valmy
瓦爾特・萊斯利 Walter Leslie
瓦薩王室 House of Vasa
瓦羅亞王室 Valois
「白堡」White Castle
皮埃蒙特王國 Kingdom of Piedmont
伊姆雷・特克伊 Imre Thököly
伊莉莎白・柯斯托娃 Elizabeth Kostova
伊斯托爾尼・貝爾格勒 Istloni Belgrad
伊斯特萬・錫爾邁 Istvan Szirmay
「光榮者」萊奧波德六世 Leopold VI "the Glorious"
《匈雅提，或貝爾格勒攻防戰》*Huniades, or, The siege of Belgrade*
吉斯朗・德・布斯貝克 Ghislain de Busbecq
《名人的命運》*De casibus virorum illustrium*
因斯布魯克 Innsbruck
安娜瑪麗亞・阿爾馬西 Annamaria Almásy
安德列・金格里奇 Andre Gingrich
安德拉西伯爵 County Andrassy
安德烈・金格里奇 Andre Gingrich
安德烈亞斯・格萊恩 Andreas Grein
托馬斯・馮・維拉赫 Thomas von Villach
托普卡珀宮 Topkapi Palace
米克洛斯・茲林伊 Miklós Zrínyi
米迦勒山 Michaelerberg
米凱爾・費布雷 Michel Febure
米歇爾羅爾夫・特魯約 Michel-Rolph Trouillot
考尼饒 Kaniza
亨利・內維爾 Henry Neville
亨利・馬爾什 Henry Marsh
亨利克・安德森 Henrik Andersson
佛利德里希・威廉 Friedrich Wilhelm
佛里茨・博爾凱斯坦 Fritz Bolkestein
佛洛里蒙・馮・梅爾西 Florimond von Mercy
佛倫斯堡 Frondsberg
佛朗科尼亞 Franconia
克里斯多夫・貝利 Christopher Bayly
克拉根福 Kalgenfurt
克勞狄婭・法比安 Claudia Fabian
克塞格 Köszeg
克雷姆斯 Krems
利格尼茨之役 Battle of Liegnitz
利涅親王查理—約瑟夫 Charles-Joseph, Prince de Ligne
利寧城牆 Linienwall
努馬・龐皮利烏斯 Numa Pompilius
努斯多夫 Nussdorf
呂迪格・馮・史塔勒姆貝格 Rüdiger von Starhemberg
坎迪亞 Candia

希爾騰貝格親王 Prince of Hirtenberg
希濟爾・伊利亞斯 Hizir Ilyas
杜皮尼團 Regiment of Dupigni
沃什堡 Vasvár
沃伊卡 Vojka
狄奧根尼・羅曼努斯 Diogenes Romanus
肖普朗 Sopron
貝內德托・奧德斯卡爾基 Benedetto Odescalchi
貝格村 Berg
貝爾納多・貝洛托 Bernardo Bellotto
里格斯堡 Schloss Riegersburg
亞列克西・卡羅伊 Alexy Károly
亞歷山大・萊斯利 Alexander Leslie
《亞歷山大傳奇》*Alexander Romance*
佩奇 Pecs
佩斯城 Pest
奈佩格將軍 General Neipperg
尚・狄蒙 Jean Dumont
尚・科潘 Jean Coppin
尚・德・普雷夏克 Jean de Préchac
尚雅克・布瓦薩 Jean-Jacques Boissard
居拉西耶騎兵 cuirassier
帕爾・佛多爾 Pál Fodor
帕薩羅維茨條約 Treaty of Passarowitz
帕騷 Passau
彼得・帕夏爾 Peter Parshall
彼得瓦爾丁 Peterwardein
彼得與芭芭拉・蓋邁耶 Peter and Barbara Geymeyer
彼得羅瓦拉丁 Petrovaradin
拉布卡河 River Rabca
拉布河 River Raab
拉科夫斯基 Rakowski
拉摩爾邁尼 Lamormaini
易卜拉欣 Ibrahim
林茨 Linz
果戈 Gog
法濟爾・艾哈邁德・科普律呂 Fazil Ahmed Köprülü
法蘭西斯・史蒂芬 Francis Stephen
法蘭西斯二世・拉科奇 Francis II Rákóczi
法蘭克・塔列特 Frank Tallett
波卡宏塔絲 Pocahontas
直線派風格 Secession
阿巴札・哈桑 Abaza Hasan
阿巴斯一世 Abbas I
阿戈訥山脈 Argonne
阿布杜拉赫曼・阿布迪 Abdurrahman Abdi
阿布杜勒・哈密德二世 Abdul Hamid II
阿希克帕夏札德 Aşikpaşazade
阿拉蒙伯爵 Count of Aramont
阿科斯・莫拉凡斯基 Ákos Moravánszky
阿涅斯・薩爾戈・沃伊提拉 Agnes Sálgo Wojtila
阿提爾科茲 Atilköz
阿塔圖爾克 Ataturk
阿圖爾・馮・史卡拉 Arthur von Scala
阿爾布雷希特・馮・瓦倫斯坦 Albrecht von Wallenstein
阿爾莫斯 Álmos
阿爾普・阿爾斯蘭 Alp Arslan
阿歷克賽 Alexius
保羅・萊科特 Paul Rycaut
保羅一昂利・雄巴德洛威 Paul-Henry Chombart de Lauwe
哈利韋爾 Halliweil
哈狄嘉・圖爾罕・哈提斯 Khadija Turhan Hatice
哈根河 Hagen River

格蕾塔・科切瓦 Greta Kocevar
格羅茨卡鎮 Grocka
格蘭 Gran
格蘭山 Granberg
泰基耶 Tekije
泰梅什堡 Temesvar
泰莎・哈維 Tessa Harvey
泰爾札・奧博尼 Terza Oborni
海因利希・施密特 Heinrich Schmitt
海因利希・奧利維耶 Heinrich Olivier
海利根施塔特 Heiligenstadt
海恩堡鎮 Hainburg
海斯勒上校 Captain Heissler
《消費與商品世界》*Consumption and the World of Goods*
烏古斯汗 Orghuz Khan
特萊森河 Traisen River
《秘史》*Secret History*
《航遊記》*Navigations*
茲林堡 Zrinvar
馬可・達維亞諾 Marco d'Aviano
「馬札兒亞當」Magyar Adam
馬西利伯爵 Count Marsigli
馬克斯・埃馬努埃爾 Max Emmanuel
馬果戈 Magog
馬格德堡 Magdeburg
馬提亞・科維努斯 Matthias Corvinus
馬爾伯勒公爵約翰・邱吉爾 John Churchill, Duke of Marlborough
馬爾馬拉海 Sea of Marmara
馬穆魯克 Mamluk
勒布爾稜堡 Löbl
勒皮 Le Puy
勒班陀 Lepanto
基特塞 Kittsee
基爾曼塞格伯爵 Count Kielmansegg
曼努埃爾・康尼努斯 Manuel Comnenus
曼齊刻爾特戰役 Battle of Manzikert
梅特・德・羅安 Maitre de Rohan
梅爾濟豐 Merzifon
理察・諾爾斯 Richard Knolles
莫里斯・拿騷 Maurice of Nassau
莫里斯・德・薩克斯 Maurice de Saxe
莫松鎮 Moson
陸軍元帥希爾德伯格豪森 Field Marshal Hildburghausen
陸軍元帥勞東 Field Marshal Laudon
陸軍元帥塞肯多夫 Field Marshal Seckendorf
麥可・阿塔萊特斯 Michael Attaleiates
麥騷 Maissau
傑拉爾・麥克林 Gerald Maclean
傑爾 Györ
凱瑟史坦因團 Keiserstein Regiment
喬治・奧利佛・瓦利斯 George Oliver Wallis
喬納森・以茲雷爾 Jonathan Israel
喬福瑞・貝斯特 Geoffrey Best
揚・佛默倫 Jan Vermeulen
揚・胡赫騰堡 Jan Huchtenburg
《斐迪南的懿行》*The Virtues of Ferdinand*
斯考特圖門 Schottentor
普雷韋札 Preveza
普雷斯堡 Pressburg
普魯特河戰役 Battle of River Pruth
森塔 Zenta
湯瑪斯・巴克爾 Thomas Barker
舒茨中將 Lieutenant General Schultz
菲利貝 Filibe
菲利普斯堡 Philippsburg
萊安德・安吉索拉 Leander Anguissola
萊希費爾德之役 Battle of the Lechfeld

萊塔河 River Leitha
萊奧波德・馮・道恩 Leopold von Daun
萊奧波德一世 Leopold I
萊奧波德施塔特 Leopoldstadt
萊蒙多・蒙帖庫科利 Raimondo Montecuccoli
費沙河 River Fischa
費沙蒙德鎮 Fischamend
隆維 Longwy
雅各・馮・法爾克 Jacob von Falke
塞巴斯蒂安・克納布 Sebastian Knab
塞克什白堡 Székesfehérvár
塞利姆一世 Selim I
塞倫尼伯爵 Count Sereni
奧古斯特・格奧爾格 August Georg
《奧匈君主國文圖百科》*Die österreichisch-ungarische Monarchie in Wort und Bild*
奧吉耶・吉斯朗・德・布斯貝克 Ogier Ghislain de Busbecq
奧西耶克 Osijek
奧洛穆茨 Olomouc
奧格斯堡 Augsburg
奧斯曼 Osman
奧斯曼・阿迦 Osman Aga
《奧斯曼的夢想：奧圖曼帝國一三〇〇至一九二三年史話》*Osman's Dream: The Story of the Ottoman Empire 1300-1923*
《奧圖曼戰爭，一五〇〇至一七〇〇》*Ottoman Warfare, 1500-1700*
奧爾罕 Orhan
奧爾斯佩格伯爵 Count Auersperg
《感性殺人：十八世紀的愛與狂》*A Sentimental Murder: Love and Madness in the Eighteenth Century*
新札姆基 Nové Zámky
新帕札爾的桑札克 Sanjak of Novipazar
新斯蒂夫特 Neustift
新赫拉德 Novohrád
新霍伊塞爾 Neuhäusel
聖安德拉 St Andra
聖克羅伊 St. Croy
聖哥達之役 Battle of St Gotthard
蒂伊伯爵約翰・車爾克萊斯 Johann Tserclaes, Count Tilly
蒂利 Tilly
蒂薩河 River Tisza
詹姆斯・萊斯利 James Leslie
詹姆斯・諾爾斯 James Knowles
路易基・費南迪諾 Luigi Fernandino
道薩特將軍 General Doxat
達米耶塔 Damietta
達勒拉奇 Dalerac
達爾達村 Darda
圖爾恩 Tulln
徹爾佩奇草地 Çirpeci Meadow
漢尼拔・馮・德根費爾德 Hannibal von Degenfeld
漢娜・布蘭德 Hannah Brand
瑪麗・瓦勒里 Marie Valerie
瑪麗亞・泰蕾莎 Maria Theresa
福格爾桑山 Vogelsangberg
維丁 Vidin
《維也納攻防戰》*The Siege of Vienna*
「維也納新城」Wiener Neustadt
維舍格勒 Visegrád
維斯帕西安・科喬夫斯基 Vespasian Kochowski
維滕貝格的斐迪南・查理 Ferdinand Charles of Wittenberg
蓋斯特霍夫 Gersthof
赫曼斯圓山 Hermannskogel

德拉瓦河 River Drava
德紹 Dessau
德萊馬克斯坦山 Dreimarkstein
慕爾克稜堡 Mölker
摩達維亞 Moldavia
撒拉丁 Saladin
撒繆爾・普芬道夫 Samuel Pufendorf
《歐洲之盾與聖戰》*Le Bouclier de l'Europe et la Guerre sainte*
《歐根親王傳：以其親筆手稿為本》*The Life of Prince Eugene: from his Own Manuscript*
潘諾尼亞 Pannonia
魯塞 Rousset
《戰役之面》*The Face of Battle*
《戰爭日曆》*Kriegskalender*
澤蒙 Zemun
盧伏瓦 Louvois
盧博米爾斯基親王 Prince Lubomirski
穆罕默德・吉雷 Mehmet Giray
穆罕默德・科普律呂 Mehmed Köprülü
穆肯塔爾小溪谷 Muckenthal
穆爾河 River Mur
錫西厄人 Scythian
錫拉赫達爾・阿里 Silahdar Ali
錫梅林村 Simmering
錫斯托瓦鎮 Sistova
錫費林 Sievering
錫蓋特堡 Szigetvár
《錫蓋特堡之亡》*Szigeti veszedelem*
《聯合力量：皇帝法蘭茨・約瑟夫一世之書》*Viribus Unitis: das Buch vom Kaiser*
謝芬貝格伯爵 Count Scherffenberg
黛安娜・卡利 Diana Káli
薩瓦河 River Sava
薩伏依的歐根 Eugene of Savoy
薩克森—勞恩貝格公爵尤利烏斯・法蘭西斯 Julius Francis, Duke of Sachsen Lauenburg
薩爾姆斯公爵 Duke of Salms
薩爾茨堡 Salzburg
薩羅蒙・克萊納 Salomon Kleiner
魏岑 Weizen
魏恩豪斯 Weinhaus
懷凱恩・德・沃德 Wynkyn de Worde
羅伊・波特 Roy Porter
羅多彼山脈 Rhodope mountains
羅伯特・薩頓 Robert Sutton
羅斯科夫山 Rosskopf
羅德斯・默菲 Rhoads Murphey
《邊境東方主義》*Frontier Orientalism*
蘇珊・彼得斯 Susanne Peters
蘇萊曼一世 Suleiman I
《權力的主要憑藉》*The Sinews of Power*
龔查加 Gonzaga

左岸歷史　233

1683維也納攻防戰

哈布斯堡王朝與土耳其人的對決

（初版書名：1683維也納——
哈布斯堡王朝與土耳其人的對決）

The ENEMY at the GATE

HABSBURGS, OTTOMANS AND THE BATTLE FOR EUROPE

作　　者　安德魯・惠克羅夫特（Andrew Wheatcroft）
譯　　者　黃中憲
總 編 輯　黃秀如
責任編輯　林巧玲
美術設計　黃暐鵬

社　　長　郭重興
發行人暨出版總監　曾大福
出　　版　左岸文化
發　　行　遠足文化事業股份有限公司
231新北市新店區民權路108-2號9樓
電　　話　(02)2218-1417
傳　　真　(02)2218-8057
客服專線　0800-221-029
E-Mail　rivegauche2002@gmail.com
臉書專頁　https://facebook.com/RiveGauchePublishingHouse/
法律顧問　華洋法律事務所　蘇文生律師
印　　刷　成陽印刷股份有限公司
初版一刷　2010年9月
二版一刷　2016年1月
二版一刷　2019年5月
定　　價　420元
I S B N　978-986-5727-31-4

團購專線　讀書共和國業務部02-22181417分機1124、1135

1683維也納攻防戰：
哈布斯堡王朝與土耳其人的對決／
安德魯・惠克羅夫特（Andrew Wheatcroft）著；
黃中憲譯.
－二版.－新北市：左岸文化出版：
遠足文化發行，2016.01
　面；　公分.－(左岸歷史；233)
譯自：The enemy at the gate : Habsburgs,
Ottomans and the battle for Europe
ISBN 978-986-5727-31-4（平裝）
1.歷史 2.東西方關係 3.奧地利維也納
4.土耳其 5.歐洲
744.1226　　　104028919